es 1740

edition suhrkamp

Neue Folge Band 740

Gender Studies
Vom Unterschied der Geschlechter

Mittels des der Bibel entnommenen Begriffspaars »Worte und Blut« zeichnet Karin Wieland eine historische Entwicklungspsychologie des männlichen Selbst nach, so wie sie sich in Europa von 1000 bis 1500 herausgebildet hat. Die Metamorphose beginnt mit der magischen Einheit in der Gestalt des gesalbten Königs, und sie endet in der nach den Wertsphären der Kunst, Wissenschaft und Politik differenzierten Männlichkeitstypologie der italienischen Renaissance. Der Gang der verschiedenen Koordinationen von Worten und Blut vollzieht sich über die ewige Wiederkehr des immer gleichen Problems: Worte, die das Blut zu überwinden suchen, aber immer wieder des Blutes bedürfen, um sich ihres Seinsgrunds zu vergewissern.

Karin Wieland, geb. 1958, studierte Politische Wissenschaften an der Freien Universität Berlin. Sie arbeitet derzeit als wissenschaftliche Assistentin für Politische Theorie und Ideengeschichte an der Technischen Universität Chemnitz.

Karin Wieland
Worte und Blut

Das männliche Selbst
im Übergang zur Neuzeit

Suhrkamp

edition suhrkamp 1740
Neue Folge Band 740
Erste Auflage 1998

Erstausgabe

Satz: Jung Satzcentrum, Lahnau
Druck: Nomos Verlagsgesellschaft, Baden-Baden
Umschlagentwurf: Willy Fleckhaus
Printed in Germany

1 2 3 4 5 6 – 03 02 01 00 99 98

Inhalt

I. Das Szenarium

II. Das Ordnen der Körper und Seelen Frankreich 1000-1200

III. Prolog der Vollendung

IV. Narzißtik, Arithmetik, Diplomatie
Italien 1300-1500

V. Finale

I.

Das Szenarium

Das Modell

Bevor er die heilsbringende Frau trifft, wird er von dem Heiden mit Krone und Mitra über sich selbst gekrönt.

Der Heide hatte ihn, der als einziger »in seinem Fleisch wandelt«[1], durch die neun Kreise der Hölle geführt, vorbei an ungetauften Kindern, Wollüstigen, Gaumensündern, Verschwendern und Ketzern, Sodomiten und Geizigen, vorbei an Blutschuldigen, die in einer Lache siedenden Bluts stehen, und vorbei an dem schönsten der gefallenen Engel, vorbei an Luzifer. Alle Hoffnung ist von denen, die in der Hölle leiden, gewichen, denn sie wissen, daß Gott sie für immer verlassen hat.

Nachdem die beiden die Hölle passiert haben, gelangen sie zum Tor des Fegefeuers, und der wachhabende Engel im grauen Büßergewand ritzt ihm mit seiner Schwertspitze sieben P auf der Stirn ein. Diese sieben P stehen für die sieben peccata, die sieben Sünden, von denen er sich bei der Besteigung des Läuterungsberges zu befreien hat. Die sieben P stehen auch für die sieben Skrutinien, die der Katechumene zu absolvieren hat, ehe er durch die Taufe von der letzten Sünde, dem peccatum originale, befreit wird.

Nachdem er mit seinem Führer die sieben Kreise des Purgatoriums durchwandert hat und durch das Feuer gegangen war, sind sie auf dem Gipfel des Läuterungsberges angelangt. Dort wischt ihm der Engel, der an der Mauer zum Garten Eden, zum irdischen Paradies, Wache hält, das letzte P von der Stirn. »Frei, grad und heil«[2] war er aus dem Feuer hervorgegangen und ist nun in den Zustand Adams vor dem Sündenfall zurückgekehrt.

Sein Führer krönt ihn und verabschiedet sich sodann, denn jenseits des irdischen Paradieses ist kein Platz für ihn, und der Ungetaufte muß umkehren, wo der Getaufte das Schauen des göttlichen Lichts herbeisehnen darf.

Vergil, der Dichter des Augusteischen Zeitalters, dessen Verheißung aus der 4. Ekloge der *Aeneis* durch die abendländischen Zeiten geistert, verehrt als Prophet des Messias und Kundiger der Unterwelt, ist der Heide, und Dante Alighieri, der exilierte Dichter, der in seiner Heimatstadt Florenz zum Tode verurteilt war, Christ und Mystiker zugleich, ist der Pilger und Erzähler. Dante schrieb dieses »totale Gedicht«[3], diese Reise durch das Universum am Ausgang des Mittelalters auf.

Die Bedeutung der Begegnung des Heiden und des Christen wird markiert durch ihre Verabschiedung, eben durch jene Krönung Dantes über sich selbst, von der eingangs die Rede war. Nachdem er unter der Führung Vergils die Qualen der auf ewig verdammten Höllenbewohner und die Leiden derer, die im Purgatorium auf Zeit büßen müssen und von der Hoffnung auf Erlösung getragen werden, gesehen, nachdem er das Feuer durchschritten hatte, war er zum Ebenbild Adams geworden.[4]

Der Mensch Dante Alighieri gelangt zurück in seinen vorsündigen Zustand, er bleibt der sterbliche Mensch und wird zugleich der Vertreter der unsterblichen Menschenwürde; er ist nunmehr Gattung und Individuum zugleich. »Adam, der natürlich der einzige Mensch im Paradies und folglich mit der Menschheit identisch war, war zu dieser besonderen Zeit die volle Verwirklichung der intellektuellen Potenzen des Menschen oder der humanitas. Mit Glorie und Ehre gekrönt, war er der Herr nicht nur der ganzen Schöpfung, über die er gesetzt war, sondern auch der Menschheit, die er selber repräsentierte.«[5] Vergil, der heidnische Dichterkollege, tritt ab, und Beatrice, die Herrin des Gottschauens, tritt auf. An dieser Stelle, vor dem Eintritt in das Paradies, wird deutlich, daß Dante nicht nur Gattung und Individuum repräsentiert, sondern auch sein Geschlecht. Nur dem Mann Dante ist die Erfahrung gewährt, in Umkehrung der biblischen Geschichte nicht auf die ihn verführende, sondern auf die ihn erlösende Frau zu treffen.

Sie erscheint mit verschleiertem Antlitz und klagt ihn mit gestrengen Worten der Untreue an. Sie fordert Reue von ihm, ehe ihm die Entsühnung gewährt werden kann. Nach dem Eingeständnis seiner Schuld wird er im Fluß Lethe und im Fluß Eunoe, die aus einer Quelle entspringen, gebadet und getränkt. Lethe löscht das Bewußtsein der Schuld, und Eunoë weckt die Erinnerung an das Gute. Ein Trunk aus diesen beiden Flüssen des Paradiesgartens macht die Seele bereit zum Schauen Gottes.

Das Purgatorium endet mit den Worten des Geläuterten:

> »Der heiligen Flut entstieg ich, ganz erneut,
> Dem jungen Baume gleich, der, recht im Kerne
> Verjüngt, sich neuen, jungen Laubes freut:
> Rein und bereit zum Aufflug in die Sterne.«[6]

Adam trifft Beatrice, die reine Mittlerin zu Gott und ungeküßte Geliebte aus dem Leben, die ihn mit strengen Worten zur Reue mahnt.[7] Er gesteht seine Schuld ein, wird erlöst und kann neu erblühen.

Die Typologie als Denkform betrachtet die Geschichte als eine Heilsgeschichte, die nach Gottes Heilsplan abläuft. Aus einer Begebenheit, Figur, Ding oder Einrichtung des Alten und des Neuen Testaments wird ein Ereignispaar gebildet, so daß »durch die Zuordnung zu einem spiegelnden Sichbeleuchten ein Sinnzusammenhang zwischen den beiden an den Tag gebracht wird«.[8] Eine zusätzliche Bedingung der Typologie ist die Steigerung. So ist die Schlange am Baum der Typos und Christus am Kreuz der Antitypos. Gerhard B. Ladner, der auf den Zusammenhang von Pflanzen-Symbolik[9] und dem Renaissance-Begriff hinweist, sieht in den zitierten Versen aus dem 33. Gesang des Purgatorio die Steigerung des biblischen Schemas. »Dantes Bewußtsein seiner persönlichen Erneuerung ist in der Tat epochemachend: es kündigt das Zeitalter der Renaissance an durch die ausdrückliche Erkenntnis und Feststellung der Tatsache, daß es geistig erneuernde Erfahrungen geben kann, deren unmittelbare Ursache eher menschlich als göttlich ist.«[10] Der Dichter säkularisiert gleichsam die Heilig-Kreuz-Legende, die Begegnung mit der himmlischen Frau hat für ihn dieselbe heilende Wirkung wie das Kreuz für die gesamte Menschheit. Dante schreibt seine eigene Heilsgeschichte auf, und wie wir gesehen haben, heißt das, daß er die Heilsgeschichte der gesamten Menschheit fortschreibt.

Die *Divina Commedia* ist – nach der Geschichte des Menschen als Gottes Geschöpf (Altes Testament) und der Geschichte des Menschen als Gottes Sohn (Neues Testament) – die Geschichte der Rückführung des Mannes aus dem sündigen in den vorsündigen Zustand durch einen klugen Heiden und eine heilsbringende Frau. In der *Divina Commedia* erlöst die Frau Adam, statt ihn zu verführen.

Die Reise durch das Universum endet nach dem Aufstieg Dantes durch die neun Himmelssphären mit dem Schauen Gottes. Gott ist Licht, aber ein Licht, das der menschlichen Vorstellung und der menschlichen Vernunft unerreichbar bleibt.

Dante ist eine Übergangsfigur zwischen dem ausgehenden Mittelalter und der beginnenden Neuzeit. Er ist der städtische Laie, der es wagt, ein Universum des Seins und des Werdens zu entwerfen, das von Figuren bevölkert wird, die dem System der Sünde unterworfen sind. Doch er hat in seinem großen Gedicht nicht nur den Versuch unternommen, Gottes Glanz im Rhythmus der Worte zu bannen, sondern er preist darin auch die neu entdeckte Menschenwürde und die geistig erneuernde Erfahrung menschlichen und männlichen Ursprungs. In diesem Sinne können wir seine Wanderung durch die Hölle und das Fegefeuer in das Paradies lesen als das Zirkulieren einer reflexiven Ich-Einsamkeit, als die Suche des Menschen Dante nach einem Ort und einer Zeit. Der kluge Heide leitet ihn dabei als Inbegriff der menschlichen Erkenntnis über die Abgründe hinweg. Die tote, in den Himmel eingegangene Frau ist des Dichters Medium, sie ist allein Objekt seiner narzißtischen Nutzung. Beatrice ist der tragende Pfeiler seiner symbolischen Ordnung, oder wie Harold Bloom sagt: »... sie war sein eigenes Geschöpf, der persönliche Mythos im Zentrum seines Gedichts.«[11]

Dante ist der Mittler, die geheime Gestalt zwischen den Zeiten. Er ist der Dichter, der Anfang und Ende zugleich verkörpert.

Das Motiv

Was Dante in der *Göttlichen Komödie* vorführt, ist die unblutige Geburt seines männlichen Selbst in Worten. Dante ist es gelungen, in Worten zu überleben. Er hat ein sprachliches Gebilde geschaffen, das weder historische Erzählung noch literarische Fiktion ist. Die *Göttliche Komödie* ist ein Modell unseres europäischen Selbstseins geworden, das in immer neuen Adaptionen und Interpretationen fortgeführt wird. Es soll im folgenden darum gehen, die abenteuerliche Anmaßung, die in dieser Methode der Selbstgeburt liegt, in ihrem Entstehungskontext zu untersuchen. Dante weist uns den Weg. Wir müssen uns daher auf die Ursprungsrhetorik der abendländischen Kultur einlassen: auf den Glauben an das Wort Gottes und das Blut Jesu. Was auf den ersten Blick unvertraut erscheinen mag, ist am Ende das Vertrauteste. Wie konnte der »abendländische Mann« auf die Idee verfallen, sich selbst in Worten erschaffen zu können?

Dem leidensgeschichtlichen Schema zufolge ist der Christus als der Auferstandene ohne den empirischen Jesus nicht zu denken. Nur weil das Wort Fleisch und Blut geworden ist, können die Menschen Erlösung finden. In diesem Ursprungsschema kommt der Frau eine konstitutive Bedeutung zu. Es war die Jungfrau Maria, die nach der Zeugung durch die Worte des Engels den Erlöser der Menschen geboren hat. In der blutigen Geburt des Jesus von Nazareth nahm das Wort Gestalt an. Es konnte sich die Botschaft der Worte erfüllen, daß Blut für die Menschen vergossen werden würde. Dieses theologische Schema liegt dem Phantasma der unblutigen Selbstgeburt in Worten zugrunde. Es sind die Worte des Menschen, die Wirklichkeit schaffen wollen, und die seinssetzende Macht geht auf die Sprache selber über, die ihren transzendenten Bezugspunkt eingebüßt hat. Auf dem Glauben an die zeugende Kraft der Worte beruht die europäische Kultur. Das gilt für non-fiction und fiction gleichermaßen: also für das Recht, die Wissenschaft wie die Literatur. Aber das Blut kehrt wieder: Im casus belli glaubt man dem Wort nur, wenn der Einsatz des Blutes gewagt wird.

Meine Interpretation beruht nicht auf neu hinzugekommenen oder entdeckten Fakten, sondern ordnet das, was wir wissen, anders und vielleicht neu. Die Einfachheit des Ordnungsschemas entspricht seiner grundlegenden Bedeutung. Das abendländische Streben nach männlicher Vervollkommnung verfängt sich einerseits in der Paradoxie von Worten und Blut und wird andererseits von ihr angetrieben. Mit dem Begriffspaar Worte und Blut wird eine historische Entwicklungspsychologie des männlichen Selbst nachgezeichnet, so wie sie sich in Europa von 1000 bis 1500 herausgebildet hat. Die Metamorphose beginnt mit der magischen Einheit in der Gestalt des gesalbten Königs, und sie endet in der nach den Wertsphären der Kunst, Wissenschaft und Politik differenzierten Männlichkeitstypologie der italienischen Renaissance. Der Gang der verschiedenen Koordinationen von Worten und Blut vollzieht sich über die ewige Wiederkehr des gleichen Problems: Worte, die das Blut zu überwinden suchen, aber immer wieder des Blutes bedürfen, um sich ihres Seinsgrunds zu vergewissern.

Die große Gefahr historischer Rekonstruktionen besteht darin, das Reale (»wie es wirklich gewesen ist«) immer zu suchen und dem Imaginären (»die Motive und Absichten der Subjekte«) stets zu verfallen. Was bei diesem ewigen Schwanken zwischen den Fakten und den Fiktionen verpaßt wird, ist die »dritte Welt«[12] der symbolischen Schemata, die überhaupt erst bestimmen, was als wirklich und was als eingebildet gilt. Die methodologische Unterstellung eines »objektiven Geistes« ermöglicht eine ganz andere Art der historischen Erzählung, die die Beziehungen zwischen Text und Autor, zwischen dem Text und seiner Zeit und zwischen den Texten verschiedener Zeiten neu zu denken versucht. Ins Auge gefaßt wird das geschichtliche Fortleben geistiger Schablonen, die den Zuweisungscharakter und die Produktivkraft des menschlichen Einbildungsvermögens bestimmen. Durch ihre historischen Transformationen hindurch erhält sich das konstitutive Schema: Der Mensch erschafft sich mit Worten und findet sich gebunden ans Blut.

Als Gott und die Welt eins waren, gab es keine Aufspaltung in Natur und Geschichte. Die Sünde brachte diese Trennung in die Welt, und die Geschichte vollzieht sich nunmehr im Ineinander und Auseinander von Leben und Tod. Einen Schnittpunkt stellt der abendländischen Ursprungserzählung zufolge die Existenz des »zweiten Adam« dar. Das Leben Jesu ist genauso Geschichte, weil es zwischen den Polen von Geburt und Tod erzählbar ist. Das zu Fleisch gewordene Wort wurde von der Jungfrau Maria geboren und starb am Kreuz. Der Sohn Gottes vergoß sein Blut für die sündigen Menschen. Aber durch die Auferstehung, die das Wunder der Schöpfung überhöht, bewies er seine Macht über die Zeit und über den Tod. Die Himmelfahrt markiert den Punkt, nach dem er wiederkehren wird, um seine Braut zu holen, die durch sein Blut mit ihm verbunden ist. Durch den Kult um Jesus, der Christus ist, wurde »das Schicksal eines Menschen Sinnbild und metaphysischer Mittelpunkt der Schöpfung«.[13] Gerade aufgrund der Tatsache, daß auch er geboren wurde und sterben mußte, also den einsinnigen Weg in der Zeit ging, der allen Menschen bestimmt ist, fühlen sich die Gläubigen mit ihrem Erlöser verbunden. Der christliche Zwiespalt besteht jedoch darin, daß Geist und Fleisch getrennt sind und allein in ihrer unlösbaren Verbindung erst den Menschen hervorbringen. Der Mensch kann weder nur Geist oder nur Fleisch sein. Diese Spaltung des Christen in sich selbst wird durch das Begriffspaar Worte und Blut angezeigt. Auf dieser Formel gründet sowohl die christliche Heilslehre als auch die Diesseitigkeit des Menschen. So glaubt der Christ an das Wort Gottes und erfährt Gnade durch das von Jesus vergossene Blut. Das Blut spielt im christlichen Glauben eine doppelte Rolle: Es ist die Metapher der Erlösung, ein Begriff aus dem Bereich der Transzendenz, während es gleichzeitig ganz konkret mit der biologischen Existenz des Menschen verbunden ist. Dieser Doppelcharakter kehrt beim Wort wieder: Das Wort ist innerhalb der Heilslehre das, was Gott uns geschenkt hat, und auf Erden gebrauchen wir Worte zur Beschreibung der Wirklichkeit oder stellen Wirklichkeit durch Worte erst her. So ist die verfluchte Immanenz und die ersehnte Transzendenz, sprich: Geist und Körper, auch in diesem Begriffspaar untrennbar miteinander verbunden. Für die Beziehung der Christen zu ihrem Erlöser heißt dies, daß sie sich in ihm erkennen und doch von ihm geschieden sind. Ihre Worte interpretieren oder schaffen Wirklichkeit, doch sie nehmen nie Gestalt an, und ihr Blut hat keinen erlösenden Wert, sondern bleibt rein biologische Funktion. Der Kreislauf des Blutes hält sie am Leben, welches jedoch unweigerlich zum Tode führt.

Das Leben Jesu wird zur exemplarischen Biographie eines jeden Menschen. In ihm sind Worte und Blut vereinigt.

Um die Einmaligkeit und den Glauben an das unwiederholbar

Neue zu markieren, wird in der christlichen Periodisierung die Zeit in eine Zeit vor und eine Zeit nach Christi Geburt eingeteilt. Nach des Erlösers Tod und Auferstehung gibt es auch für die Menschen ein Vorher und ein Nachher. Die Geschichte ist somit irgendwo zwischen der Erlösung und der Schöpfung angesiedelt.

Vom Jahr 1000 nach Christi Geburt an können wir in einem begrifflich präzisen Sinne von der abendländischen Christenheit sprechen, denn im 11. Jahrhundert spaltete sich die Christenheit in eine westliche und in eine östliche, womit der Aufstieg des Abendlandes begann. Das erste große Kapitel, »Das Ordnen der Körper und Seelen«, behandelt den Zeitraum von der Mitte des 11. Jahrhunderts bis zum Ende des 13. Jahrhunderts, wobei der räumliche Schwerpunkt der Westen Europas, genauer gesagt Frankreich ist. Marc Bloch[14] hat in seiner berühmten Studie über die feudale Gesellschaft für die Zeit um 1025 im Westen Europas einen Richtungswechsel ausgemacht. Grundlage dieses Richtungswechsels war das Ende der Völkerwanderungen und Invasionen, der Anstieg der Bevölkerung und die qualitative und quantitative Verbesserung der Nutzung des Bodens. Man geht heute davon aus, daß der Bevölkerungszuwachs Mitte des 11. Jahrhunderts eng verbunden war mit einer »Agrarrevolution«, die es ermöglichte, daß mehr Menschen satt wurden. Diese Agrarrevolution läßt sich auf den Zugewinn von Land durch Rodung, auf die effektive Nutzung der tierischen Kräfte durch den Einsatz des Pferdes anstatt des Ochsen und auf die Verbesserung bei der Werkzeugherstellung durch die Verwendung von Eisen zurückführen. Kennzeichnend für diese Periode ist eine bestimmte Form der Einheit des Kosmos. Die Einheit der diesseitigen und der jenseitigen Welt wurde durch den Herrscher dargestellt. Der König galt innerhalb der Grenzen seines Territoriums als der Mittler der göttlichen Gebote, er war der Garant der gottgewollten Ordnung. Er war der Stellvertreter Gottes auf Erden, und der Glaube nahm die monarchische Gewalt als Abbild der himmlischen. Der König verkörperte die magische Einheit, er vereinte in sich das Sichtbare und das Unsichtbare, das Geistige und das Weltliche.

Im Verlauf des 11. Jahrhunderts zerbricht diese magische Einheit, und es tauchen Texte auf, in denen die harmonische Einheit der menschlichen Gesellschaft als eine trifunktionale beschrieben wird. Es sind Kleriker, Diener Gottes, die dieses neue Modell der menschlichen Gesellschaft entwerfen. Diesen Männern wurde aufgrund der letztlich schlichten Tatsache, daß nur sie lesen und schreiben konnten und der lateinischen Sprache mächtig waren, das Privileg verliehen, die Schriften der Wahrheit, das heißt die Bibel und die christlichen Quellen, auszulegen und dadurch über die anderen zu bestimmen. Was gedacht wurde und werden durfte, galt als vorgegeben und in der Heiligen Schrift festgelegt. Das Denken der Geistlichen des Mittelalters zeichnet sich nach Karl Mannheim[15] vor allem dadurch aus, daß es textinterpretativ und nicht seinsinterpretativ ist, beziehungsweise die Seinsinterpretation der Textinterpretation untergeordnet scheint. Der französische Historiker Georges Duby hat dieses von den Monopolisten des Seins entworfene Ordnungsmodell in einer Vielzahl von Studien analysiert. Interessant ist dabei, daß auch er seine Arbeit als Historiker des 11. und 12. Jahrhunderts als Geschichte der Interpretation von Wortbildungen begreift. Es sind die Wortbildungen der Monopolisten, anhand derer Duby der Frage nachgeht, welche Vorstellungen von ihrem Platz in der Welt diese Menschen hatten. Er nennt in seiner Studie über den Feudalismus Adalbero, Bischof von Laon, und Gerhard, Bischof von Cambrai, als die ersten, die in ihren Texten von einer trifunktionalen Gesellschaft sprachen. Dahinter steckte die Vision eines harmonischen und wohlgeordneten Kosmos. Jedem Menschen war darin von Gott ein Platz zugewiesen, den er auszufüllen hatte und nicht verlassen durfte. Das Menschengeschlecht galt als »von Anbeginn der Welt in drei geteilt«.[16] Es gab die Männer des Gebets (oratoribus), die Männer des Schwerts (pugnatoribus) und die Bauern (agricultoribus). Jeder Stand wurde als wechselseitiger Empfänger eines gegenseitigen Dienstes aufgefaßt. Diese gegenseitigen Dienste muß man sich so vorstellen, daß diejenigen, die das Land bearbeiteten, den Herren des Schwerts unterworfen waren. Diese wiederum hatten dafür zu sorgen, daß die sichtbaren Mächte in die Flucht geschlagen wurden und Frieden herrschte. Die Ritter hatten das Land unter ihresgleichen nach demselben Prinzip von Dienst gegen Dienst aufgeteilt. Es gab Grundherren und Vasallen, die sich gegenseitig verpflichtet waren und einen Bund geschlossen hatten. Den Schutz vor den unsichtbaren Mächten des Bösen garantierten die Herren des Gebets, eben jene Monopolisten der Seinsauslegung. Nachdem die weltliche und geistliche Macht in der einen Person des Königs vereinigt gewesen war, ging sie auf die beiden Eliten, die Kleriker und die Krieger, über. Sie bildeten zusammen mit den

Körpern und Seelen der Arbeitenden, deren Beherrschung sie sich teilten, den gottgewollten Gesellschaftskörper. Die Trifunktionalität war es, die die strukturelle Statik des gesellschaftlichen Körpers garantierte. Der Einzelne war nur wichtig als Teil eines Ganzen, getrennt von seinem Stand hatte er keine soziale Existenz. Dieses universale Gesellschaftmodell des Ordo fußt auf dem Primat des Politischen und integriert gleichzeitig den Bereich der Ökonomie. Innerhalb des Modells wird den Männern der kriegerischen Praxis und den Experten der Seinsauslegung ein prominenter Platz zugewiesen. Diese beiden Stände sind es, die wiederum eine Einheit bilden und sich die Macht über das Sichtbare und die Macht über das Unsichtbare, über Körper und Seele, aufteilen. Somit schließen die Männer des Schwerts, die für die Ausübung von Macht durch Gewalt stehen, sich mit den Männern des Wortes, die das Imaginäre verwalten, zusammen und bilden gemeinsam einen politischen Bund. Worte und Blut sind in diesem Modell des Gesellschaftskörpers durch die beiden Stände harmonisch gegeneinander stabilisiert.

Die Zeit zwischen dem 11. und 13. Jahrhundert war eine Zeit der großen Transformation des gesellschaftlichen Kosmos. Das, was man in Begriffen von Max Weber als »Differenzierung der Wertsphären« bezeichnet, nimmt hier seinen Ausgang. Der Mann ist in diesem Prozeß die seinssetzende Figur, da er sowohl über das Schwert als auch über das Wort verfügt. Der dritte Stand wird von mir nur am Rande betrachtet, da er in dieser Periode aus der Entwicklungsgeschichte aufgrund fehlender Literarität ausgeschlossen ist.

Krieger und Kleriker bildeten nicht nur spezielle kulturelle Formen des Umgangs mit Leben und Tod, sondern auch der Liebe aus. So war eine der wichtigen Streitfragen, anhand derer Bewegung innerhalb des Ordo aufkam, die der Ehe. Mit der Frage nach dem unbefleckten oder dem befleckten Mann betritt die Frau die historische Bühne. Es geht jedoch nicht um die Frau als eine aktiv Handelnde, sondern um die Imaginationen, die die Kleriker über das Weibliche haben. Die Kirche wollte den weltlichen Herren Eheregeln vorschreiben, die wiederum deren Macht schmälerten. Der Streit um die Ehe führte zu einer wichtigen Ausdifferenzierung des männlichen Seins. Körper und Geist werden Kategorien gesellschaftlichen Seins. So wird durch den Zölibat festgeschrieben, daß nur noch diejenigen Männer, die ihr biologisches ihrem gesellschaftlichen Sein unterordnen, Mittler des Unsichtbaren und Interpreten des Wortes Gottes sind. Sie wollen nur noch Geist sein.

Die Ritter dürfen nach bestimmten Regeln heiraten, sich mit ihrer Frau paaren und als Laien Nachkommen zeugen. Sie sollen ihr Fleisch mehren. Die Frau erhält als imaginiertes Objekt einen neuen Platz in der Ordnung der Männer zugewiesen. Sie ist für den minnenden Ritter als Frau seines Herrn begehrtes Liebesobjekt, und für die geistlichen Herren erstrahlt im Glanze der Jungfräulichkeit die Mutter Gottes. Das Ordnungsproblem der Männer löst sich durch die Idealisierung eines imaginären Weiblichen. Die real existierende Frau wird zum Merkmal der sexuellen Ökonomie des Mannes und kennzeichnet dadurch dessen gesellschaftlichen Stand.

Neu waren diese Bestimmungen nicht. Neu war jedoch, daß die Kirche über deren Einhaltung mit äußerster Strenge wachte. Die Beziehung des Selbst zu seinem Sex ist eine der wichtigen Innovationen, die das Christentum vorangetrieben hat. Der christliche Glaube ist ein Bekenntnis und gründet sich auf die Pflicht, das Wort Gottes wie ein Gesetz zu achten und sich selbst zu ergründen. Das heißt, es geht darum, all die Versuchungen, Phantasien, Illusionen und Verführungen, die in uns verborgen sind, aufzuspüren und zu bereuen. Dadurch kommt ein endloser Kreislauf in Gang: »Je mehr wir die Wahrheit über uns selber entdecken, um so mehr haben wir uns selber zu entsagen; und je mehr wir uns selber entsagen wollen, um so mehr müssen wir die Wirklichkeit unser selber ans Licht bringen.«[17] Das Augenmerk dieser christlichen Hermeneutik des beständigen Verdachts gegen sich selbst richtet sich auf den Sex. Die Kirche fordert die Übereinstimmung von Wahrheit und Wirklichkeit. Sinnbild der Wahrheit und Wirklichkeit, die sich nicht Gottes Willen unterstellen, ist nach Augustinus der erigierte Penis. Durch den Sündenfall, so seine Lehre, verlor der Mensch die Fähigkeit, daß der Körper ganz seinem Willen untertan war. »Diesen Zwiespalt, diesen Widerstand, diesen Streit des Willens und der Begierde und günstigenfalls dies Zurückweichen der Begierde vor dem stärkeren Willen hätte die paradiesische Ehe ohne Frage nicht gekannt, wäre nicht auf die Schuld des Ungehorsams die Strafe des Ungehorsams gefolgt, sondern alle Glieder wären dann ohne Ausnahme dem Willen gefügig gewesen. Das zu diesem Werk geschaffene Glied würde das Zeugungsfeld ebenso besät haben wie die Hand des Säemanns den Acker.«[18] Die Hauptfrage der sexuellen Ethik zielt nach dieser einflußreichen Lehre des Kirchenvaters nicht auf die Penetration, die sexuelle Beziehung zu einem anderen Wesen ab, sondern auf die Erektion, die Beziehung des männlichen Selbst zu seinem Penis. Damit erhält die männliche Biologie unmittelbare moralische Bedeutung.[19] Die Kontrolle des Selbst wird überprüfbar an dem Stau des Blutes im männlichen Glied: Das Wort soll mit dem Blut übereinstimmen, die Abweichung des Blutes vom Wort verrät sich durch den erigierten Penis. Es gibt zwei Zustände: den des Verlangens und den des Gesetzes, wobei der Christ das Verlangen in sich abtöten muß und sich allein dem Gesetz Gottes zu unterwerfen hat.

Die weltlichen Herren, welche im Stand der Ehe leben, müssen darüber wachen, daß der Penis sich aus Pflicht und nicht aus Lust aufrichtet. Der Zweck der Ehe ist die Fortpflanzung und nicht die Lust. Die geistlichen Herren haben nach dem Zölibat in ihrer Gesinnung und in ihrem Tun geschlechtliche Enthaltsamkeit zu üben. Sie haben auf jeden leisen Gedanken zu achten, daß dieser sich nicht unbemerkt verdichtet und »zum schließlichen, aber einsamen Erguß«[20] führt. Es heißt, die Gegner des Zölibats würden den Blutkreislauf im Leibe Christi stören. Durch das beständige Suchen nach der Versuchung schaffen die Diener Gottes einen Phallus, der das Sinnbild einer magisch-transzendentalen Männlichkeit ist.

Das 12. und 13. Jahrhundert stehen im Zeichen der Vollendung des Differenzierten. So zeigt uns eine Figur wie die des Bernhard von Clairvaux oder des Franz von Assisi, daß innerhalb des geistlichen Standes sich eine veränderte Haltung des Glaubens an die Erneuerung des Geistes und an die Mitarbeit an der Vervollkommnung des christlichen Existenzideals herausbildet. Derselbe Prozeß ist auch bei den Rittern zu verfolgen, wo durch die Verfeinerung der Kampfesregeln, den Frauendienst und die höfischen Verhaltensformen das Ideal des höfischen Ritters geschaffen wurde. Sowohl die Vollkommenheit geistlichen als auch weltlichen Seins ist nicht individuell zu verstehen, sondern bezieht sich auf das vollendete Ideal eines ganzen Standes.

Der Beginn der Neuzeit wird nicht durch einen großen historischen Einschnitt markiert. Es ist allenfalls eine Folge von Verschiebungen im gesellschaftlichen und kulturellen Gefüge festzustellen, die erst im nachhinein als Prozesse der Wertsphärendifferenzierung begreifbar werden. Die mittelalterlichen Scholastiker verbegrifflichten die Welt in Hinblick auf Gott. Sie versuchten immer wieder die Frage »Cur Deus homo?«, warum wurde Gott Fleisch?, zu beantworten. Doch die weitreichenden Veränderungen im ausgehenden 13. und beginnenden 14. Jahrhundert – sei es durch das Aufkommen der städtischen Zentren, die umwälzenden Schriften des Aristoteles oder die Zunahme des Fernhandels und Geldverkehrs – sprengten den auf das Supremat Gottes ausgerichteten Denkrahmen der Scholastik. Dazu kam das erneute Erstarken der monarchischen Gewalt. Zwar hatte das Königtum an mythischem Glanz verloren, doch dafür an diesseitiger Effizienz gewonnen. Die neuartige Genese von Staat, Steuern und Recht beraubte die weltlichen Herren ihrer geschichtlichen Aufgabe. Das bereits erwähnte Ideal des höfischen Ritters war das Ideal irdisch-praktischer Zwecklosigkeit. Das in den Texten ausformuliertes Ethos diente keiner praktischen Wirklichkeit mehr. Die Spannung der wechselseitigen Reflexion zwischen geistlicher und weltlicher Macht, welche den mittelalterlichen Kosmos zusammengehalten hatte, läßt nach, und die organische Einheit des Gesellschaftskörpers zerbricht. Die Ordnung des Ganzen wird von magischer Einheit in der Person des Königs oder trifunktionaler Stabilität des Gesellschaftskörpers auf institutionelle Differenzierung in der frühen Neuzeit umgestellt.

Im Norden Italiens nahm im 14. Jahrhundert eine Bewegung ihren Ausgang, die eine neue Idee der Kultivierung und Selbstvervollkommnung des Menschen aufbrachte. Die Besonderheit der italienischen Entwicklung läßt sich zunächst auf das römische Erbe zurückführen. Die von den Römern hinterlassenen Städte und Handelswege waren die schlummernden Potenzen Nord- und Mittelitaliens. Der Mittelmeerraum gewann im 8. Jahrhundert erneut an Bedeutung, und dort entstand früher als im übrigen Europa eine städtische Bewegung. Auch existierten in Italien kaum vergleichbare Feudalstrukturen wie in Frankreich. Die Städte lagen dicht beieinander, und eine monarchische Gewalt konnte schon allein deshalb nicht zur Zentralgewalt werden, da ihr das Hinterland fehlte. Die Städte waren gut funktionierende Gemeinwesen und verfügten über ein hohes Maß an Autonomie, welches sie dem Kaiser abgerungen hatten. Doch Italien weist auch die Besonderheit des Vatikanstaates und die ständige Anwesenheit ausländischer Mächte auf. Im 12. Jahrhundert, nach erbitterten Auseinandersetzungen zwischen papsttreuen Guelfen, welche die Partei des städtischen Bürgertums bildeten, und kaisertreuen Ghibellinen, bei denen sich der alte Feudaladel sammelte, begann der Aufschwung der Städte unter der politischen Führung des popolo, des besitzenden Bürgertums. Die norditalienischen Kaufleute mit ihrem nüchternen Wirklichkeitssinn waren politisch und ökonomisch erfolgreich. Weite Reisen und neue Eindrücke hatten sie flexibel und erfindungsreich gemacht. So erfanden sie den Wechsel, der den Vorteil hatte, daß man ohne Gefahr Geld transferieren konnte, die Buchführung nach Soll und Haben wies dem Kaufmann schwarz auf weiß seine Gewinne beziehungsweise seine Verluste aus, und der Zusammenschluß in Sozietäten verbesserte die Gewinnchancen des einzelnen durch erhöhten Kapitaleinsatz. Diese Männer schlossen wegen des Gewinns und nicht wegen Gott einen Bund. Der ökonomische und politische Aufschwung ging einher mit einer kulturellen Hochphase, die gemeinhin als Renaissance bezeichnet wird.[21] Als die beiden großen Übergangsfiguren von dem mittelalterlichen Kosmos zur Piazza der norditalienischen Städte gelten Dante und Giotto. Doch während bei Dantes Figuren ihre Abhängigkeit von Gott noch deutlich spürbar ist, gilt für die Nachfolger des Dichters, daß Gott in deren Denken nur noch wichtig war, weil er den Menschen geschaffen hatte. Sie dachten Gott nunmehr in Relation zu den Menschen. Die Denkprobleme verlagerten sich denn auch von der Theologie und dem Streit um den Ursprung, dem Grübeln über die Fleischwerdung Gottes auf lichtere, schöngeistige Themen, wobei man bevorzugt auf die Konzepte der hochverehrten Antike zurückgriff. Im Mittelpunkt des neuen Denkens stand das Wort. Es war die Elite der Humanisten[22], der städtischen Laien und Bildungsaufsteiger, die den Kult der klassischen Sprache der Antike pflegte. Konrad Burdach schreibt über das Phänomen des Humanismus: »Was wir im engeren und eigentlichen Sinne Humanismus nennen und von Rechts wegen allein so nennen sollen, unterscheidet sich von den verwandten Regungen der früheren Jahrhunderte durch die weithin reichende Macht seiner Wirkung und den neuen Geist, der von ihm ausgeht. Auch viele mittelalterliche Menschen kannten antike Autoren und bildeten daran ihre lateinische Sprache wie ihr Wissen und ihre Gesinnung. Aber erst in jener Kulturbewegung, die wir gemeinhin Humanismus nennen, tritt solche Kenntnis und solche Nachbildung antiker Schriftsteller als ein Programm neuer

Anschauung und Gestaltung des Lebens auf, als begeistert gepriesene Quelle einer Bereicherung und Läuterung des Menschen.«[23]

Die Pflege der klassischen Autoren bescherte den gebildeten Laien Wissen (scientia) und Tugend (virtus).[24] Man glaubte daran, daß die universelle menschliche Natur durch das Studium der Worte verfeinert werden könnte. Der Mensch entdeckte sich als ein erziehbares Wesen, und sein Streben nach Vervollkommnung erstreckte sich nun auch auf die diesseitige Welt. Die neuen Interpreten des Seins waren im Gegensatz zu ihren gläubigen Vorgängern nicht einer rein eschatologischen Zeitbetrachtung verhaftet, sondern fühlten sich als Vertreter einer glänzenden Zeit der Menschheitsgeschichte. Nach Theodor W. Mommsen ist es gerade dieser Glaube der Menschen an eine neue Zeit, die sie erleben und gestalten, der die italienische Renaissance von den vorangegangenen karolingischen oder ottonischen Renaissancen unterscheidet. War Dante, wie bereits erwähnt, ein Vertreter des Glaubens an das Licht, das Gott ist, so gilt seinem Nachfolger Petrarca, als dem ersten Humanisten, die Antike als Zeit des Lichts, und die vorangegangene Zeit erscheint ihm »tenebra«, finster.[25]

Neu war an dieser Bewegung nicht allein der Glaube an das den Christen veredelnde Wort der Heiden, sondern auch die Art der Kommunikation. Zwar hatten auch die Scholastiker Wortgefechte geführt, doch diese erinnerten an die Austragung eines ritterlichen Turniers, wobei der Ablauf streng festgelegt war. Die städtischen Laien aus Italien entdeckten den Dialog und die männliche Geselligkeit. So hat Torquato Tasso den Dialog als die typische Form beschrieben, in der philosophische Dialektik sich mit dramatischer Poesie verbindet. Im Dialog mit Gleichgesinnten und nicht im Monolog mit Gott konnte der Humanist seine Gelehrsamkeit und seine veredelte Natur unter Beweis stellen.[26] Die Dialoge wurden in geselliger Männerrunde geführt und trugen zur aktiven und kontemplativen Unterhaltung der Versammelten bei. Diese gesellige Ethik ist ein Beweis für die Vitalität und Elastizität dieser Denkbewegung. Die »neuen Freigelassenen des weltzugewandten Temperaments«[27] formulierten ein Ideal menschlicher Größe, das die von Dante gepriesene Menschenwürde noch bei weitem überstieg. In der Renaissance glaubte man an das Primat der persönlichen Vorzüge, man glaubte an die göttlichen Anlagen des Menschen, die dieser formen und durch Bildung zur Vollendung bringen kann. Oder, wie Ernst Cassirer es ausdrückt: »Daß die

Darstellung eines besonderen Menschen als besonderen Menschen – mit all seinen Eigenheiten, Zufälligkeiten und einmaligen Wesenszügen – von theoretischem Interesse sein könnte, war vor der Renaissance von keiner philosophischen Richtung erkannt worden.«[28]

Die Synthese des christlichen Zwiespalts wurde neu hergestellt. An die Stelle des Gegensatzes von Gott und Welt, Himmel und Erde, Geist und Fleisch trat die Betonung von Mensch und Welt, Subjekt und Objekt, Person und Ding. Hatte man im Mittelalter versucht, durch Königstum oder Ordo die Welt dem Himmel anzunähern, das Oben mit dem Unten zu versöhnen, so fühlte man sich in der Renaissance einer rein irdisch-menschlichen Existenz verhaftet. Der alte Kompromiß von Weltlichkeit und Geistlichkeit wurde aufgekündigt, und der Mensch entwarf sich in der Einsinnigkeit der Zeit und damit in der Einsinnigkeit seines Lebens. Bildlich gesprochen: Die vertikale Starre ist einer horizontalen Linie gewichen. Auf dieser horizontalen Ebene ist nicht nur die Zukunft, sondern auch die Vergangenheit angesiedelt. Die Technik der diesseitigen Vervollkommnung besteht darin, sich als Subjekt der Kultur selbst hervorzubringen. In der dialogischen Praxis mit den toten Vorbildern der Antike und mit den lebenden Freunden der Gegenwart suchen die Humanisten, diese Vollkommenheit zu erlangen. Es ist der Glaube an das veredelnde Wort, der diese Männer zusammenführt. Wie ein festes Band verknüpft es die Lebenden mit den Toten, die Vergangenheit mit der Gegenwart. Somit ist für die wortkundigen Laien die geschichtliche Kontinuität, derer sie sich durch ihre Worte vergewissern, der Beweis für die Bedeutung des menschlichen Daseins. Die Besinnung auf die lichte Zeit der Antike und das Bewußtsein einer glänzenden Gegenwart, die sie gemeinsam erzeugen, läßt in diesen Männern jedoch das Gefühl für die Vergänglichkeit wachsen. Die Kehrseite dieses anti-vertikalen Kompromisses ist die Furcht vor dem Tod. Die Entdeckung der Freuden der Diesseitigkeit, die Ausbrüche jubilierender Selbsterfahrung, die sich in artistischem Wagemut und kühnen Spekulationen niederschlugen, führten zu einem neuen Erleben der Endlichkeit. Die Menschen des Mittelalters, ob Kleriker, Krieger oder Bauer, hatten ihr Dasein auf Erden als Durchgangsstation erlebt, denn sie warteten auf die geschichtslose Zeit im Reich Gottes. Anders die Menschen der Renaissance. Die Versuche, sich aus dem lähmenden Glaubensgebäude und der alten Synthese von sichtbarer und unsichtbarer Welt zu befreien, brachte eine neue Art der Todesfurcht und Ruhmessucht hervor. Man wollte die Zeit auf Erden als die seine definieren, und säkularisierte solcherart die Lebenszeit. Die neuen Interpreten des Seins nahmen den Todesgedanken in ihr Denken auf, als sie den Tod als ihren Konkurrenten entdeckten. Sie wagten es, zwar noch stammelnd, aber auf dem Weg zum europäischen Roman, von sich zu sprechen und zu schreiben. Der Ruhm, den sie ersehnten, sollte ihnen Unsterblichkeit bescheren. Mit Ruhm wollten sie dem Tod trotzen. Damit bekamen die Worte eine ganz neue Bedeutung.[29]

Wie ihre antiken Vorbilder, die in ihren Schriften, das heißt in ihren Worten, überlebt hatten, wollten auch sie sich mit Worten dem Faktum des Blutes entheben.

Im zweiten Kapitel, »Narzißtik, Arithmetik, Diplomatie«, geht es um Kunst, Wissenschaft und Politik – die klassischen Ressorts abendländischer Männlichkeitsentfaltung. In diesem Sinne habe ich drei Männer ausgewählt, die jeweils eine Wertsphäre abendländischer Männlichkeitsentfaltung verkörpern und für einen bestimmten kulturellen Abschnitt der Renaissance stehen. Die Renaissance begreife ich dabei als einen Zeitabschnitt europäischer Geschichte, in dem eine neue Formel des Mann-Seins erdacht und erprobt wurde. Das Band der Worte verbindet die toten und die lebenden Männer miteinander. Allerdings kommt dieses männerbündische System der Worte nicht ohne die Frau aus. Die Frau existiert als hochmoralisiertes Ideal, das den Männern Anreiz bietet, Worte zu tauschen, die sie aneinander binden. Die Worte des Leidens, des Begehrens und der Liebe zirkulieren unter den Männern und erreichen die wirkliche Frau nie. Sie ist eine Nachricht.[30]

Die Humanisten kombinierten die Praxis der Selbstversenkung mit der kommunikativen Gattung des Briefs und des Gesprächs. Beide Methoden sind Verstehensformen über sich selbst und werden mit Worten hergestellt. Die Humanisten befinden sich in einem biographischen Wunschzustand, der sie ermächtigt, über sich selbst Worte zu finden. Sie erproben unter Rückgriff auf die Worte ihrer toten Freunde aus der Antike ein transzendentes Sprechen, das jedoch keinem transzendenten Gesetz unterworfen ist. Diese Männer vergehen nahezu in der Imagination ihres Selbst und schaffen mit ihren Worten einen allzu großen Phallus.[31] Doch der Wortstau ist dem Blutstau nicht gleichzusetzen. Das phallische Ideal ihres Seins erreicht nicht die Zeugungskraft des Penis. Es fehlt das Blut, dessen sie sich entledigt glauben. Sie brechen das Monopol der biblischen Textinterpretation über das Sein und entwerfen sich – mit Hilfe von antiken, aber auch christlichen Quellen – als Subjekte der Kultur. Die drei von mir ausgewählten Männer können als beispielhaft für dieses Vorgehen gelten. Ihre Lebensläufe und Texte, die im kulturellen Gedächtnis für die neue Zeit stehen, bilden den Mittelpunkt des zweiten Kapitels.

Francesco Petrarca, der Dichter des Trecento, war der erste, bei dem das neue Denken eine in sich geschlossene Form aufwies. Er war es, der dieses Denken bei den gebildeten Schichten Italiens modern machte. Petrarca war ein Multiplikator. Er unterschied präzise zwischen dem sterblichen Menschen, der er gewesen sein wird, und dem Dichter, als der er unsterblich werden wollte. Petrarca gehört der Wertsphäre der Kunst an, er ist der ästhetische Typ.

Leon Battista Alberti, der Theoretiker des Quattrocento, war ein »uomo universale«. Er war ein Gelehrter der Worte und der Zahlen und strebte danach, die Erfahrungen der Welt auf griffige Formeln zu reduzieren. Seine Bemühungen erstreckten sich sowohl auf die schriftliche Fixierung der Gesetze der Perspektive als auch darauf, die Gesetze der Familie aus der Perspektive des »pater familias« darzustellen. Alberti gehört der Wertsphäre der Wissenschaft an, er ist der theoretische Typ.

Baldesar Castiglione, der schöngeistige Höfling des Cinquecento, verbrachte sein Leben im Schatten von Tyrannen. Er hat ein Buch über das richtige Verhalten des Hofmannes geschrieben, das sich wie ein »Konstruktionsplan zur Selbstbildung«(Peter Burke) liest. Castiglione gehört der Wertsphäre der Politik an, er ist der gesellschaftlich-politische Typ.

Alle drei sind sie Virtuosen des männlichen Selbst, die ihre Eigenproduktion als Subjekte der Kultur betrieben und dadurch europäische Geschichte gemacht haben.

Zeichnen und Erzählen

Bekanntermaßen heißt zeichnen weglassen.

Die Schwierigkeit der folgenden Darstellung besteht darin, daß der Gegenstand gleichzeitig sowohl konstituiert als auch dargestellt werden muß. Es handelt sich nicht einfach um eine historische, sondern um eine theoretische Erzählung, die die Verwandlungen eines symbolischen Systems über einen Zeitraum von nicht weniger als sechs Jahrhunderten verfolgt. Der zeitliche Rahmen muß deshalb so weit gesteckt werden, weil die zugrunde gelegte historisch anthropologische Zyklik nur über eine lange Dauer bewiesen werden kann.

Symbolische Strukturierungen der Wirklichkeit sind nicht im historischen Geschehen selbst zu finden, sondern gestalten dieses und müssen aus ihm herausgelesen werden. Ein solcher Interpretationsvorgang kommt immer einer gewissen Überzeichnung gleich. Die Dinge werden klarer gemacht, als sie sind, und die Vorgänge werden aus ihrer flüssigen Gegebenheit in ein schematisches Muster überführt. Mein Interpretationsschema ist sehr grundlegend und sehr einfach und gehört zur Ursprungsrhetorik der abendländischen Kultur. Der Schematismus von Worten und Blut, der der Bibel entnommen ist, ist im Grunde der Schematismus von Kultur und Natur und von Funktion und Substanz. Mit Worten wird die Welt kommentiert, und das Blut bringt uns in die Welt. Durch Worte werden Positionen erworben und durch Blut zugeschrieben.

Jede historische Darstellung muß allerdings der narrativen Logik gehorchen, denn der historische Gegenstand wird überhaupt erst durch historische Narration hergestellt. Meine Narration vollzieht sich in drei Bewegungen: Sie verfolgt das Geschehen mit chronologischer Strenge, denn die Chronologie ist, um mit Christian Meier[32] zu sprechen, das Rückgrat des historischen Ablaufs. Sie weist eine zyklische Redundanz auf, die in ihrer Kreisförmigkeit immer wieder die Kontinuität und Differenz des Begriffspaars beweist und dadurch das Material zusammenhält. Mit der Freudschen Bewegung, dem vertikalen Gleiten, werden die Höhen und die Tiefen ausgelotet. Ist die Chronologie für die Statik, die zyklische Redundanz für den Zusammenhalt verantwortlich, so werden mittels des vertikalen Gleitens diejenigen Stellen ausfindig gemacht, wo man besonders gut an das Material herankommt.

Geschichte ist immer erzählte Geschichte, die nie nur als Explikation eines Gesetzes zu begreifen ist. Gleichwohl ist ohne gesetzhafte Entdeckungen im historischen Prozeß nichts zu verstehen. Wandlungsprozesse in der symbolischen Ordnung können nicht ohne Bezugnahme auf die realgeschichtlichen Zusammenhänge beschrieben werden. Wichtig ist es allerdings, aus dem realgeschichtlichen Geschehen diejenigen Sequenzen identifizieren zu können, die die Umschlagpunkte des Symbolischen anzeigen. Indem ich die Transformation von Worten und Blut über einen bestimmten historischen Zeitraum hinweg verfolge, muß ich erzählen, was in dieser Zeit geschehen ist, und gleichzeitig beweisen, daß es dem von mir unterstellten Schema gehorcht. Für meine Darstellung muß ich einen Mittelweg zwischen historischer Detailliertheit und systematischer Überzeichnung verfolgen. Man wird von daher gleichermaßen eingehende Porträts einzelner Figuren finden wie schematisierte Beschreibungen institutioneller Prozesse.

Bei der Begründung meiner Darstellung will ich mich weder auf eine existentialontologische Klärung dessen, was geschichtliche Darstellung ist, beziehen, so wie Paul Ricœur[33], der von der ontologischen Paradoxie der Zeit, die vergeht, und der Form, die bleibt, spricht, noch folge ich dem Modell strukturalistischer Periodisierung wie etwa Paul Veyne[34], der für historische Epochen bestimmte Muster gesellschaftlicher Praktiken identifiziert. Es geht mir vielmehr um den Aufweis einer bestimmten Folge von Transformationen eines »ewigen Problems«. Meine Untersuchung ist der Versuch, eine historisch-anthropologische Zyklik – zumindest was das männliche Selbst betrifft – mit der linearen Vervollkommnung gesellschaftlicher Verfassungen in Einklang zu bringen.

Letztlich folge ich dem Muster des epischen Sprechens, das Emil Staiger zufolge auf dem Kompositionsprinzip der »einfachen Addition« basiert. »Im Kleinen wie im Großen werden selbständige Teile zusammengesetzt. Die Addition geht immer weiter.«[35]

II.

Das Ordnen der Körper und Seelen
Frankreich

1000–1200

Die ontologische Starre
Das 11. Jahrhundert

Der Gesalbte vermittelte zwischen den Welten:

Zwischen einer unsichtbaren, gefürchteten und einer sichtbaren, ärmlichen Welt. Seit Mitte des 8. Jahrhunderts wurde der König der Westfranken gesalbt. In einer mythisch-liturgischen Krönungszeremonie wurde er der Welt des Schwerts entführt und in die Welt des Friedens und der Gerechtigkeit eingeführt.[36] Der König war ein mit dem Schwert bewaffneter Kämpfer und galt zugleich als ein weiser Kenner der heiligen Schriften; in ihm vereinigte sich die Macht des Wortes und des Blutes. Priester tränkten seinen Leib mit Chrisma, dem heiligen Öl. Er war der zeitlich Gesalbte, wie Christus der ewig Gesalbte war, und Gott hatte ihm charismatische Fähigkeiten verliehen.[37] Einen Menschen zu salben bedeutete, ihn von einer profanen in eine geweihte Sphäre zu überführen. Von dort gibt es kein Zurück. Für alle Zeiten ist er ein Gesalbter des Herrn, ist er ein Mittler zwischen Gott und zwischen seinem Volk. In seinen Adern fließt göttliches Blut, und seine magische Gewalt macht ihn zum Schutzherrn und Fürsprecher seines Volkes. Als Ebenbild Gottes hatte der König sich prächtig zu schmücken und seine Gaben freigiebig zu verteilen. Die Menschen, die er zu schützen hatte, lebten in Furcht und Schrecken vor den über sie hereinbrechenden Katastrophen und vor der Apokalypse, die sie nach den Worten der Diener Gottes für ihre Sünden bestrafen würde. Als Christen dieser Zeit waren sie ganz dem Glauben an die Macht der königlich-magischen Gewalt und der Furcht vor den unsichtbaren, strafenden Mächten hingegeben.

Die Welt war eins, und der Gesalbte führte das Sichtbare und das Unsichtbare zusammen.[38]

Nachdem das Jahrtausend der Passion verstrichen war, wurde es ruhiger in Europa. Die Völkerwanderungen waren zum Stillstand gekommen, ausländische Invasionen blieben aus, und der Aufstieg der abendländischen Christenheit begann. Wald wurde gerodet, Lichtungen entstanden, die Technik der landwirtschaftlichen Nutzung des Bodens wurde verbessert, man lernte die tierischen Kräfte effektiv zu nutzen und mühte sich, den großen Feind der Menschheit, den Hunger, zu vertreiben. Die Anstrengungen waren erfolgreich, und die qualitative und quantitative Verbesserung der Nutzung des Bodens führte zu einem Bevölkerungswachstum, das Jacques Le Goff[39] angibt mit 46 Millionen um 1050, 48 Millionen um 1100, 61 Millionen um 1200, bis schließlich um 1300 die Bevölkerung Europas auf 73 Millionen geschätzt wird. Doch es wuchsen nicht nur die Erträge des Bodens und die Bevölkerung, sondern auch die Bedrohung von innen und damit der Machtanspruch einer kriegerischen Elite.

An der Schwelle zum 11. Jahrhundert geht der König, der Schutzherr der Menschen vor den sichtbaren und den unsichtbaren Mächten, seiner gesonderten Stellung verlustig. Daraus ergeben sich entscheidende Konsequenzen für den Aufbau der mittelalterlichen Welt. Seine Macht zu urteilen, zu strafen und zu vergeben wird unter den bellatores, den Herren des Schwerts, aufgeteilt. Die königliche Macht verteilt sich auf viele Herren, und es beginnt die Zeit der feudalen Ordnung in Frankreich. Das bedeutet, der Feudalismus ist das Ergebnis eines Zerbrechens: Unter dem Druck der Herren des Schwerts muß der Gesellschaftskörper neu rekonstruiert werden.

Die großen Territorialherren, die beständig Kriege gegeneinander führten, brauchten, um ihre Interessen verfolgen zu können, eine Schar von Mitstreitern. Im Gegenzug wurden die »Ritter« von den Herren großzügig mit Waffen, Ländereien oder einer einträglichen Heirat belohnt. Georges Duby[40] zufolge taucht der Begriff »miles« um 1000 das erste Mal in den Akten auf. Um 1032 scheint er bereits alle anderen Begriffe, die eine herausragende gesellschaftliche Position bezeichnen, verdrängt zu haben, wobei die Entwicklung in den einzelnen Landesteilen unterschiedlich vor sich geht.[41] Im weiteren Verlauf des Jahrhunderts wird der Begriff »miles« zum generellen Unterscheidungsmerkmal der Laienaristokratie, und am Ende des Jahrhunderts schließlich immer wohl als Titel erblich geworden, und die Ritterschaft erscheint »als eine festgefügte, im Sippen-und Erbzusammenhang eng verbundene Gruppe, die die oberen Adelsränge fest in ihrer Hand hat und daher als die weltliche Aristokratie schlechthin auftritt«.[42] Als solche teilen sie gewisse ethische Werte, den Boden, das Privileg, zu Pferde mit dem Schwert zu kämpfen, die Form der Erbfolge, bei der im Laufe der Zeit die direkten männlichen Nachkommen bevorzugt werden, und vor allem die Freistellung von Abgaben. Diese Freistellung von Abgaben ist ein wichtiger Punkt der Differenz zwischen der arbeitenden und der kämpfenden Bevölkerung. Durch die Abgabenfreiheit werden die »miles« zu einer klar abgesonderten Gruppe, die mit besonderen Aufgaben und Privilegien gesegnet ist. Duby weist darauf hin, daß es trotz des Begriffs »miles« üblich blieb, die verschiedenen Abstufungen des Adels hervorzuheben. Doch ungeachtet der ungleichen Verteilung von Macht und Reichtum bildete die französische Aristokratie am Ende des 11. Jahrhunderts eine Einheit.[43]

Es waren wieder zwei Gesalbte, die die neue Ordnung der Vollkommenheit ersannen, die die Menschen den Engeln näherbringen sollte, nämlich Adalbero, Bischof von Laon, und Gerhard, Bischof von Cambrai. Die Vorstellung der vollkommenen Gesellschaft gründete sich auf der Idee des Ordo. Innerhalb des Ordo war jedem Menschen ein Platz zugewiesen, den er auszufüllen hatte und nicht verlassen durfte. Diesem Gesellschaftsmodell lag der Glaube an die gottgewollte Unveränderlichkeit zugrunde. In ihrem Entwurf von der trifunktionalen Gesellschaft suchten die beiden Diener Gottes, eine Einheit von Differenzen herzustellen.

In der dreigeteilten Welt gibt es:

– Diejenigen, die beten: die oratores. Ausgestattet mit Exklusivrechten standen sie in Kontakt mit Gott. Unter ihnen verstärkte sich der Einfluß der Mönche, die in abgeschiedenen Klöstern beteten, sangen und meditierten. Die oratores wachten peinlichst über das Seelenheil der Menschen und über das Auftauchen der gefürchteten bösen Mächte.

– Diejenigen, die kämpfen: die bellatores.[44] Sie waren mit dem Schwert bewaffnet, um die Menschen vor den unsichtbaren Mächten zu schützen. Diese Männer waren Laien und potentielle Helden; ihr Schwert und ihr Pferd unterschieden sie von den übrigen Menschen. In Wahrheit aber waren die bellatores kriegslüsterne, vagabundierende Männer, deren Leben vom Rhythmus des Krieges bestimmt wurde.

– Diejenigen, die arbeiten: die laboratores. Sie bearbeiteten das Land, zahlten Abgaben und standen unter der richterlichen Gewalt der sie ausbeutenden bellatores. Wenn die »apokalyptischen Wellen« (Jacques Le Goff) hereinbrachen, fand man viele von ihnen bei den Ketzern – aufbegehrend gegen weltliche und geistliche Herren.

Diese Dreiteilung der Welt bildet den Ausgangspunkt für die weitere Entwicklung. Die Macht der bellatores war das Blut, die der oratores die Worte. Gehörten für die Diener Gottes die Worte Gottes zu der sichtbaren Welt und das von Jesus vergossene Blut zur unsichtbaren, so war es bei den Herren des Schwerts gerade umgekehrt: Ihre Macht war das sichtbare Vergießen des Blutes, und ihre Worte waren nicht gesatzt. Die weltliche und die geistliche Macht waren nunmehr nicht in einer Person vereinigt, sondern sie bildeten einen einheitlichen Gesellschaftskörper.

Lange Zeit stand die Kirche unter dem Schutz des gesalbten Königs. Doch als dessen Macht zu bröckeln begann, wurden auch Kirchen und Klöster geplündert. Die Kirche mußte ihre Macht auf Erden festigen, und sie mußte sich gegen die Angriffe und Übergriffe der Ungesalbten und deren kriegerischen Schar zur Wehr setzen. Die Macht der Kirche beruhte auf der Furcht der Ritter vor den unsichtbaren Mächten, denn diese waren nicht mit dem Schwert zu besiegen.

Die neuen Zentren der abendländischen Kulturentwicklung waren die Klöster. Im 11. Jahrhundert wurde das enthaltsame Streben und Leben des Mönchs zum christlichen Ideal. So gewann der 909 gegründete Orden von Cluny großen Einfluß sowohl auf die weltlichen als auch auf die geistlichen Herren. Cluny war in absoluter Unabhängigkeit gegründet worden und existierte ohne bischöfliches oder fürstliches Eingreifen. In Cluny nahmen die Mönche die Aufgaben von Priestern wahr, und sie lebten dort wie Aristokraten, das heißt, sie verrichteten keine schweißtreibenden, sondern rein symbolische Arbeiten. Die Ordnung für ihr Tun gab die Liturgie vor, und der Kluniazensermönch Radulfus Glaber berichtet, in Cluny würden von der ersten Stunde des Tages bis zur Schlafenszeit ohne Unterlaß Messen gefeiert, »dies geschieht mit so viel Würde, so viel Frömmigkeit und so viel Verehrung, daß man eher meinen könnte, Engel walten zu sehen als Menschen«.[45] Cluny steht für eine strahlende Kunst, die Gott, dem himmlischen Schöpfer, die Reichtümer der Welt darzubieten scheint.

Die Kirchen hatten dicke Mauern, sie waren dem Sonnenaufgang zugewandt gebaut, und der morgendliche Gesang der Mönche begrüßte das Ende der Finsternis. Die Mönche sangen und ahmten dadurch den Gesang der Engel nach. Durch die Schönheit und Ordnung der Musik sollte die Seele die Allmacht Gottes spüren. Die Liturgie regelte den Ablauf des Gottesdienstes; sie war das Gerüst in einer feindlichen und ungewissen Welt. Die Mönche des 11. Jahrhunderts ähnelten Zauberern und hatten wenig gemeinsam mit ihren Nachfolgern, die 150 Jahre später in Paris gelehrt über theologische Probleme disputierten. Sie lasen nur wenige klassische Texte und immer wieder die Heilige Schrift. Das Gedächtnis der Mönche barg die Worte der Bibel; diese Worte waren ihr Geheimnis und Inbegriff ihrer Macht. Unablässig wiederholten sie die Worte Gottes, um so deren Sinn zu erfahren. Mit den Worten waren sie gewappnet gegen die bösen Mächte der Verführung. Das Buch, das die Worte barg, begriffen sie als eine Gnade, denn es verband sie mit Gott. Die religiösen Virtuosen reklamierten aufgrund ihres enthaltsamen Lebens Anspruch auf eine Erfahrung, die über alle menschliche Erfahrung hinausreicht und sie einem engelsähnlichen Zustand nahe kommen läßt. Dabei waren die Bande, die einen Mönch an seinen Orden und dessen Regeln banden, so eisern wie die zwischen Vasallen und Herrn.

Die Mönche sind die Verwalter und die Interpreten des Wortes Gottes, sie sind »ein einziger Hunger nach Gott«.[46] Das Feiern sakraler Zeremonien und das Leben nach heiligen Vorschriften regelt ihre Beziehung zu Gottvater. Sie vergießen kein Blut und entsagen dem Fleisch und der Lust. Sie liebkosen und deuten des Allmächtigen Worte, sie preisen die Schöpfung, doch ihr Blut mischt sich mit keinem anderen Blut – ihr Leib verbindet sich mit keinem anderen Leib; entsagungsvoll harren sie ihrer Erlösung. Sie wollen das Fleisch beherrschen und sich dem Geist anverwandeln. Die Mönche sind das geistige, das immerwährend männliche Geschlecht.

Die Kirche wollte all ihren Dienern solch ein enthaltsames Leben auferlegen, und sie predigte der gesamten Christenheit die Abkehr von fleischlichen Gelüsten. Über die Institution der Ehe versuchte sie, ihre Besitzrechte an der Seele einzuklagen. Allein der Segen Gottes vermochte das Unheil, das aus der geschlechtlichen Verbindung mit einer Frau hervorging, zu bannen. Um ihre Machtstellung zu sichern, kämpfte die Kirche um die Mitsprache bei der Verbindung von Mann und Frau. Das Mittel dafür war die Institutionalisierung der Liebe.

An Äußerungen zur Ehe fehlte es von Seiten der Kirchenväter nicht – Äußerungen, in denen sich Ekel, Verachtung und Wohlwollen miteinander mischten. Der Heilige Hieronymos zum Beispiel hatte die Frau aufgeteilt in Eva und Maria. Die eine gehört in die Hölle, die andere in den Himmel. Maria steht für Leben, sie ist die entsexualisierte Mutter Jesu, die die ewige Gnade Gottes erfahren hat. Eva dagegen ist die unheilvolle, anziehende Verführerin. Aus dem Garten Eden vertrieben, ist sie die sinnliche, todbringende Verderberin des Mannes. Hieronymos verachtete selbst den geschlechtlichen Verkehr zwischen Ehepartnern. Für ihn macht sich ein Mann, der eine Frau leidenschaftlich liebt, schuldig, da er sie zur Dirne erniedrigt. Das höchste Ideal des Hieronymos war ein jungfräuliches, allein Gott geweihtes Leben, das geradewegs zur himmlischen Seligkeit führt. Für den Kirchenvater Augustinus dagegen hatte die Ehe das bonum, die Unzucht zu verhindern. Die Sünde des ehelichen Verkehrs schien ihm läßlich, unter der Bedingung, daß Frau und Mann sich treu ergeben sind. Sein höchstes Ideal war die alleinige Liebe zu Gott.[47] Die Träume der Kirchenväter von einem jungfräulichen Leben in Seligkeit standen in krassem Gegensatz zum Leben der Männer des Schwerts.

Die Ritter des 11. Jahrhunderts muß man sich als rohe Kerle vorstellen, die davon lebten, das Land zu plündern, und diejenigen, die sie zu schützen hatten und über die sie zu Gericht saßen, auszurauben und zu peinigen. Sie fühlten sich dazu berufen, hoch zu Pferde ihrem privilegierten Waffenhandwerk nachzugehen, und ihre Tugenden waren Freigiebigkeit, Treue und Mut. Die Grundlage ihrer Moral bildet das rücksichtslose Nehmen, aber auch das freizügige Geben. Die Männer des Schwerts lebten in einer schriftlosen, rein kriegerischen, männerbündischen Welt, deren stabiles Gerüst Riten und Gesten waren. Für sie zählte allein die Ausbildung ihres Körpers, der Erziehung des Geistes wurde kaum Bedeutung beigemessen.

Eingeweiht wurden sie in diese Welt durch ein ganz bestimmtes Sozialisationsspiel. War der zukünftige Ritter mit ungefähr 10 Jahren der Welt der Frauen entwachsen, so wurde er aus dem Haus seines Vaters entlassen. Er suchte sich einen neuen Vater, bei dem er die Jagd- und Kriegskunst erlernen konnte, und dieser sollte ihn auch in die Welt der Helden einführen. Der zweite Vater des zukünftigen Ritters war oftmals der Herr seines leiblichen Vaters. Dieses System des Austauschs der Söhne stärkte die gegenseitige Verbundenheit der »Väter« und verhalf dem Herrn zu jungen Mitstreitern. Mit 14 Jahren wurden die Jungen Waffen- oder Schildträger, und sie durften die Ritter bei deren Kriegszügen begleiten. Ein Ritter, ein Mann unter Männern, war der Jüngling nach der

Schwertleite mit ungefähr 20 Jahren.[48] Die Schwertleite war der Initiationsritus, der das Ende der Jugend und das Ende der militärischen Lehrzeit bedeutete und den Ritter fortan trennte von denen, die beten, und von denen, die arbeiten. Ursprünglich hatte der zweite Vater dem Jüngling einen »Ritterschlag« verabreicht, das heißt, er gab ihm einen Schlag auf die Wange oder in den Nacken. Dieser Schlag wird als magischer Ritus angesehen, durch den die Tugenden des Einweihenden auf den Einzuweihenden übertragen wurden.[49] Georges Duby beschreibt in seinem Buch über Guillaume de Maréchal das zentrale Ereignis im Leben eines Ritters wie folgt:

»Bevor sie an diesem Tag die Waffen empfingen, zogen sich die jungen Leute nackt aus und wuschen sich den Leib. Denn dieser Eintritt, dieser Übergang, glich den anderen Übergängen, Geburt und Tod. Es war, als kämen diese Männer ein zweites Mal zur Welt, und als zähle im Grunde nur dieses eine Mal. Bisher war ihr Leben eine Fortsetzung der behüteten Existenz im Leib der Mutter gewesen. Sie waren Kinder geblieben, für die die anderen sorgten und die von den anderen bevormundet wurden.«[50]

Mit dem Schwert nun waren sie ausgestattet, ihr Leben selbst in die Hand zu nehmen, sie konnten sich eine Frau suchen, ihr Blut mit deren Blut mischen und Nachkommen zeugen. Der Ritterschlag, das Entrée in die Welt der Helden und damit in die Welt des Blutes, war nicht mehr rückgängig zu machen. Wie das mönchische Gelübde lebenslang bindend war, so war auch der Ritter dazu ausersehen, ein Leben gemäß den ritterlichen Tugenden und Werten zu führen. Ritter oder Mönch zu werden bedeutete, gemäß dem »Postulat der Freiheit als Selbstbindung«[51] zu handeln. Diese Selbstbindung des Mannes begann, nachdem der Junge die Welt der Frauen verlassen hatte und fortan in einer reinen Männerwelt – sei es in der klösterlichen Gemeinschaft oder in der ritterlichen Schar – lebte. Beides sind Formen männlicher Konfluenz, die von jeder anderen Form der Gemeinsamkeit zu unterscheiden sind: Mit dem himmlischen Schöpfer oder mit einem irdischen Herrn verbunden zu sein, ergibt für den Mönch oder Ritter ein Ganzes, ein Gemeinsames, das den Rhythmus ihrer Existenz festlegt. Daran änderte auch die Ehe, die Verbindung mit einer Frau, wenig.

Eine Ehe kam zustande durch das beiderseitige Einverständnis der Eltern. Man feierte die Vereinigung zweier Leiber, die Vermischung des Blutes zweier Familien, aus dem neue Helden hervorgehen sollten, mit einem Trinkgelage. Keine Liturgie, kein kirchlicher Segen begleitete diese Feierlichkeit, es war eine rein weltliche Angelegenheit. Der Ehemann konnte seine Frau verstoßen und hatte kein Monogamiegebot einzuhalten. Es durften Cousins achten Grades miteinander verheiratet und junge Mädchen zur Ehe gezwungen werden. Die Kirche begann, die Ehe als ein Ordnungsinstrument zu begreifen, das ihr Einfluß auf die Seelen der Menschen verschaffen konnte. Ziel der Kirche war es, ihren Segen, ihre sakralen Worte bei der Eheschließung unentbehrlich zu machen. Voraussetzung für diesen Segen war das beiderseitige Einverständnis zur Ehe, das Monogamiegebot und das Verbot der Inzestehe. Die bellatores wollten an den Sitten ihrer Ahnen festhalten und wehrten sich gegen die Einflußnahme der Kirche. Angriffslustige Ritter und scharfsinnige Gottesdiener stritten fortan um die Einführung der christlichen Ehe. Die Körper und die Seelen wurden geordnet, wobei dies zunächst nur auf die gesellschaftliche Elite bezogen blieb.

Drei wichtige Neuerungen begünstigten das Vorhaben der Kirche:

Erstens die Entwicklung zu einer agnatischen Familienstruktur, die sich im 11. Jahrhundert deutlich abzuzeichnen begann. Damit einher ging die Stärkung einzelner Familien, die Änderung der Erbschaftsregelung und die Schwächung der Position der Frau.

Zweitens die grundherrschaftliche Produktionsweise, die sich im 11. Jahrhundert vor allem in Frankreich durchsetzte. Dadurch wurde die Macht der einzelnen Herren größer, und die Gerechtigkeit, die der König verkörperte, schwand.

Drittens die Einführung des Zölibats, welches die Kirchendiener endgültig von den Laien trennte. Die Einführung des Zölibats war im übrigen nicht zuletzt eine Reaktion auf die Ketzerbewegungen, die sich gegen die Sakralisierung des Fleisches wehrten.

Die von der Kirche angestrebte Sakralisierung des Fleisches wies die Ehe nicht mehr als die Verbindung zweier Leiber, sondern als die Verbindung zweier gottesfürchtiger Seelen aus. Die Kirche erhebt den Anspruch, den alleinigen Segen zur Verbindung des Blutes mit ihren Worten zu geben. Die Geschichte der Entwicklung eines gottgefälligen Sittenkodexes ist auch die Geschichte der Rücknahme der Bedrohung des Mannes durch die Frau. Es wurde der Versuch unternommen, die Triebkräfte, den Ekel und das Mißtrauen der Frau gegenüber zur Zähmung des Mannes zu nutzen.

Die Frau bekam einen Platz in einer nunmehr von der Kirche gesegneten Geschlechterverbindung zugewiesen. Nachdem die Frau jahrhundertelang von den Kirchenvätern ausschließlich als Gift bezeichnet worden war, wurde sie nun zum Heilmittel im Sinne eines Gegengifts.

Wie sahen diese Neuerungen im einzelnen aus? Wurde bis zum Ende des 9. Jahrhunderts die Familienstruktur als horizontal erlebt, das heißt, zwei bis drei Generationen von Frauen und Männern fühlten sich einer Familie zugehörig, so bildete sich im 10. und 11. Jahrhundert eine agnatische Familienstruktur heraus. So ist es nach Georges Duby unbestreitbar, »daß der Verlauf der genealogischen Schemata spätestens zu Beginn des elften Jahrhunderts die klare Tendenz der Geschlechter aufzeigt, sich um einen einzigen Stamm, eine einzige Achse herum zu kristallisieren, wobei die Nachfolge der Söhne dem Prinzip der Primogenitur zu gehorchen scheint«.[52] Diese »Richtungsänderung« bedeutete einen enormen Machtzuwachs für das männliche Familienoberhaupt, das dadurch zum eindeutigen Zentrum der Familie wurde. Die Frage nach dem Geheimnis des Anfangs wurde dadurch gelöst, daß man sich nach den Vätern orientierte. Es bildete sich eine Abstammungslinie heraus, die das Geschlecht der Helden vom gemeinen Volk trennte. »Um sich gesellschaftlich durchzusetzen, muß der Mensch über Ahnen verfügen, und zwar über Ahnen von legendärer Tapferkeit.«[53] Mit diesen Ahnen teilen die Lebenden das Blut, das der Träger der Tapferkeit ist. Gemeinsam begründen die Lebenden und die Toten ein Geschlecht. So wurde der Familienverband zu einer Gemeinschaft der toten und der lebenden Männer. Die Position weniger lebender Männer wurde gestärkt, und die Stellung der Frau, der Töchter und der jüngeren Söhne geschwächt.

Das Familienoberhaupt war an der Wahrung des Familienbesitzes in den Händen des Ältesten interessiert und unterstützte von daher strikte Heiratsregeln. Die mächtigen Familien wachten peinlichst darüber, daß keine unliebsamen Seitenlinien entstanden, und teilten die Zentralgewalt unter sich auf. Die Töchter mußten möglichst billig, das heißt ohne viel Mitgift und möglichst früh, verheiratet werden. Hatte ein Mann nur Töchter, so wurde der Ehemann der ältesten Tochter zum Nachfolger bestimmt. Ansonsten hatte der Schwiegersohn nur wenig Einfluß auf die Familienangelegenheiten. Nicht nur das Erbe der Tochter nahm ab, auch das Ehegeschenk des Mannes, das sogenannte sponsalitium, änderte sich. Georges Duby[54] führt in seiner Studie über die Ehe im feudalen Frankreich Urkunden an, aus denen hervorgeht, daß der Braut noch Ende des 10. Jahrhunderts die Hälfte des Landbesitzes ihres Mannes zufiel, und sie somit ein angesehenes Mitglied der Familie ihres Mannes wurde. Im 11. Jahrhundert vergrößerte sich der Anteil des Mannes am Gesamtvermögen immer mehr. »Der Verband zweier Ehepartner verwandelte sich unmerklich aus einer Gesellschaft zu gleichen Teilen in eine kleine Monarchie, wo der Mann als Gebieter regierte.«[55] Der Mann, als Vertreter eines Geschlechts, das sich seiner Wahrnehmung nach aus der Abfolge von Männern zusammensetzte, hatte das Familieneigentum vor dem Mißbrauch durch die fremde Frau, welche seine Gattin war, zu schützen. Starb die Frau, so fiel ihr Ehegeschenk zumeist an die Familie des Mannes zurück. Die Töchter wurden bereitwillig vergeben, und die Söhne wurden rationiert.[56] Sie sollten möglichst spät und möglichst reich heiraten. Eine weitere Lösung für die Versorgung der Töchter bot deren Eintritt ins Kloster und für die Versorgung der Söhne die Eroberung des Grabes Christi als Kreuzritter. Die Kirche rief 1063 zum Kampf gegen die Ungläubigen in Nordspanien und 30 Jahre später zur Befreiung des Grabes Christi auf. Etwa zur gleichen Zeit untersagte sie Turniere und den Zweikampf von Christen. Viele der jüngeren Söhne folgten dem Aufruf der Kirche und zogen in das Heilige Land. Da Ritter ohne Ehefrauen als arm galten, da sie über keinerlei Einfluß verfügten und keine Macht hatten, suchten sie sich in der Ferne eine Aufgabe, die einem Tapferen ebenbürtig war. Auf den Kreuzzügen konnten sie ihren Kampfesmut unter Beweis stellen und gleichzeitig der Kirche dienen. Der Ritter mit dem Kreuz auf der Brust war die ideale Kombination aus Heldenmut und Glauben.

Die Gesellschaft des 11. Jahrhunderts wurde überzogen von einem Netz der Männerbünde. Dieses Netz war eng geknüpft und kam zustande durch Vasallenbeziehungen, Verwandtschaftsbeziehungen, häusliche und politische Beziehungen. Die Ritter waren auf diese Weise horizontal und vertikal miteinander verbunden: horizontal durch den Frieden mit Gleichrangigen und vertikal durch Großzügigkeit zu Untergegebenen und Treue zu Höhergestellten. Die Fäden, die dieses Netz bildeten, waren oftmals durch Heirat geknüpft worden. Einige Ritter hatten das Privileg, zu heiraten und eine Fremde in die Familie einzuführen, was gleichbedeutend war mit Macht und Autorität. Der verheiratete Mann zeugte rechtmäßige Söhne, die für den Fortbestand des Geschlechts sorgten, und er war dadurch seinen kreuzfahrenden Brüdern überlegen. Die ritterlichen Männerbünde organisierten sich nach dem Prinzip des Blutvergießens und des Blutverbindens, durch kriegerischen Kampf und kalkulierte Heirat.

Eine feudalistische Gesellschaft zeichnet sich aus durch militärische Treuebündnisse und bäuerliche Abhängigkeit. Vasall zu sein heißt, im Dienste eines Herrn zu stehen und durch enge persönliche Treueverpflichtungen und Sachwerte an ihn gebunden zu sein. Die ursprüngliche Bedeutung des Wortes Vasall war Kampfgefährte. Der Vasall verpflichtete sich, dem Herrn militärischen Beistand zu leisten, und der Herr schuldete dem Vasallen Schutz und Unterhalt. Der Unterhalt war zumeist ein Stück Land, das als Lehen in die Hand des Vasallen überging. Das Lehen war zunächst nicht erblich und fiel beim Tod des Vasallen oder Nichtachtung der Pflichten an den Herrn zurück. Vasallentum bedeutete Abhängigkeit, Schutz und Treue zweier Männer ungleichen Standes von- und zueinander. Besiegelt wurde das Verhältnis mit einer Zeremonie, die Marc Bloch wie folgt schildert:

»Zwei Männer stehen sich von Angesicht zu Angesicht gegenüber; der eine, der dienen will, der andere, der willens ist oder hofft, als Herr anerkannt zu werden. Der erste faltet seine Hände zusammen und legt sie so verbunden in die Hände des zweiten: ein klares Symbol der Unterwerfung, dessen Sinn manchmal noch durch Niederknien hervorgehoben worden ist. Gleichzeitig spricht die Person mit den dargebotenen Händen einige sehr kurze Worte, mit denen sie anerkennt, der ›Mann‹ ihres Gegenübers zu sein. Dann küssen sich der Herr und der Untergebene auf den Mund – ein Symbol der Übereinstimmung und der Freundschaft.«[57]

Der Kuß auf den Mund war dem gemeinen Menschen nicht gestattet, und dieses Zeremoniell verweist erneut auf die Freiheit der Selbstbindung und zeugt gleichzeitig von der profanen Moral der Männer des Schwerts.

Mit der Schwächung der Zentralgewalt wuchs das Bemühen der Vasallen, territoriale Potentaten, sprich Burgherren, zu werden und ihre Macht im Boden zu verankern. Sie beanspruchten die Erblichkeit des Lehens und beriefen sich auf die Dienste, die ihre Väter bereits dem Herrn geleistet hatten. Durch die Erblichkeit des Lehens veränderte sich das Verhältnis der Vasallen zu den Bauern, die das Land bearbeiteten. Sie zwangen die laboratores unter ihre Grundherrschaft, und diejenigen, die das Land bearbeiteten, mußten Frondienste leisten und Abgaben zahlen. Die Lebensform der Herren und ihrer kriegerischen Gehilfen waren Vergeudung und Zerstörung. Sie verwüsteten das Land durch Jagd und Krieg und beuteten die Bauern aus. Ihre Macht war durch ihre militärische Überlegenheit, durch ihre Verfügungsgewalt über den Boden und durch ihr Privileg der Abgabenfreiheit gegeben. Die Erblichkeit des Lehens bedeutete, daß sein Blut dem Herrn das Anrecht auf Boden und damit auf die Macht sicherte.

Es war Papst Gregor VII., der die Reformen gegen die Simonie und gegen die Nikolaiten einleitete.[58] Sein Gottesbegriff war der eines Gottes, der absoluten Gehorsam und Unterwerfung verlangt. 1075 wurde das Dekret veröffentlicht, in dem er die Laieninvestitur verdammte, und im selben Jahr legte er in dem sogenannten »Dictatus Papae« die Grundsätze päpstlicher Herrschaft fest. Er wollte den Umgang der Geistlichen mit Frauen für alle Zeiten untersagen. So verlor nach seinen Regeln ein Priester, der nach der Weihe eine Ehe einging, sein Amt, und die Laien wurden nach dem besagten Dekret von allen kirchlichen Angelegenheiten, wie der Vergabe von Ämtern oder dem Predigen, ausgeschlossen. Der Zölibat wurde als Weihe an Christus begriffen; der Geistliche konnte sich ganz seinem Dienst an Gott hingeben. Gleichzeitig wurde dadurch der kirchliche Besitz am sichersten vor Vererbung an die Kinder verheirateter Priester geschützt. Die Gregorianische Kirchenreform des 11. Jahrhunderts besiegelte die sakrale Hierarchie der Gottesdiener und schloß die Laien endgültig von allen kirchlichen Angelegenheiten aus. Der körperliche Kontakt zur Frau wurde zum Unterscheidungsmerkmal zwischen weltlichen und zwischen geistlichen Herren.[59] Die Priester wehrten sich gegen diese Reform. Enthaltsamkeit sei eine Gnade und dürfe nicht zur Pflicht werden, lautete ihre Argumentation. Der Widerstand gegen den Zölibat bestand hauptsächlich in der Nichtbefolgung. Wenn auch die Durchsetzung des Zölibats bis heute fragwürdig erscheint, so war durch diese Reformen der Gewissenskonflikt zwischen der geistlichen Berufung und den körperlichen Bedürfnissen installiert.

Auch die Ketzerbewegungen, die sich als direkte Reaktion auf die Gregorianischen Reformen auszubreiten begannen, kritisierten das Vorhaben der Kirche, eine christliche Ehe einzuführen. Die Ketzer träumten von einer Gemeinschaft der Jungfräulichen, sie verabscheuten die Geschlechtlichkeit des Menschen. Sie sahen die Aufgabe der Kirche nicht darin, die Verbindung zweier Körper und die Vermischung des Blutes zu segnen. In den ketzerischen Gemeinschaften lebten Frauen und Männer in paradiesischer Unschuld, in einer Art Seelenverwandtschaft ohne körperlichen Kontakt zusammen. Auf dieses jungfräuliche Miteinander der Ketzer, auf die uneingeschränkte Anwesenheit des weiblichen Geschlechts in der männlichen Schar, richteten sich die Angriffe der Kirche. Die Bemühungen der Ketzer um Reinheit wurden als Beweise ihrer Sündhaftigkeit gebrandmarkt. Für die Kirchendiener war die beständige Bedrohung durch die verführerische Kraft Evas Fakt, und es gab für sie kein Paradies auf der sündigen Welt.

Auf dem II. Laterankonzil von 1139 wurden Klerikerweihen zum Ehehindernis, und auf der Synode von Reims 1179 wurde die Frau eines Klerikers einer Konkubine gleichgestellt. Der fortgesetzte unerlaubte Beischlaf wurde gar mit Exkommunikation bestraft. Der Zölibat schrieb den moralisch-geistigen Führungsanspruch der Kirche fest. Die Kirche machte den brutalen Schnitt und trennte den Geistlichen von seinem Mann-Sein. Dieser Schnitt war eine aggressive Strategie gegen die Ketzer, die von der paradiesischen Unschuld träumten, gegen die gläubigen Laien, die entmachtet wurden, und gegen die Geistlichen, deren Sexualität fortan ihre Stellung als Diener Gottes bedrohte. Gefordert wird durch den Zölibat die Übereinstimmung von Sein und gesellschaftlicher Rolle bis in das biologische Sein.

Die Einführung des Zölibats richtete sich zudem gegen die höchste weltliche Macht, denn auch der König war fortan nur ein Laie. Er war zwar der Herrscher in der sichtbaren Welt, aber das ewige Seelenheil fanden die Menschen nur im Schoße der Kirche.

Durch die Einführung des Zölibats wurde die mönchische Enthaltsamkeit bindend für alle Gottesdiener. Die Interpreten und Verwalter des Wortes Gottes sollten das engelsähnliche Dasein führen, das bisher den Mönchen vorbehalten gewesen war. Ihre Reinheit, die ihren geistlichen Stand begründete und Ausdruck der Gnade Gottes war, basierte auf dem Verbot, ihr Blut mit einem anderen Blut zu mischen, und auf dem Verbot, Blut zu vergießen. Die rein geistige Zeugung des immerwährend Männlichen wurde durch die Gregorianische Reform fortgeschrieben und weiter ausgedehnt. Die Diener Gottes verbindet der Glaube an das Wort

Gottes, das sie verwalten, und an das vergossene Blut Jesu, das die Menschen erlöst.

Den geistlichen Herren ist die biologische Fortpflanzung untersagt, und den weltlichen Herren ist sie ein Muß. Sie brauchen Erben ihres Blutes, um ihren Besitzstand, ihren Boden und ihre Macht zu sichern. Die segnenden Worte der reinen Diener Gottes werden Bedingung für die Verbindung des Blutes zweier Familien in dem Sakrament der Ehe. Das Netz der Männerbünde, der Herren des Pferds und des Schwerts, bildete sich durch das Privileg, Blut vergießen und durch Heirat ihr Blut, das Blut ihres Geschlechts, mit dem Blut eines anderen Geschlechts mischen zu dürfen. Aus der Verbindung zweier Familien sollte erneut ein Geschlecht von Helden hervorgehen. Die Macht der Herren des Schwerts war im Grundbesitz begründet, den sie kraft ihres Blutes geerbt hatten und an ihre Söhne weitervererben würden. Ihre Bündnisse besiegelten sie mit gestenreichen Ritualen, und sie lebten in einer schriftlosen Welt, in der dem Wort nur geringe Bedeutung zukam.

Der gesellschaftliche Verband der Ritter bildete sich durch die direkte Nutzung der weiblichen Fruchtbarkeit. Schloß diese Organisation der Herren des Schwerts die Frauen mit ein, so war der Ausschluß der Frau gerade das konstitutive Element der sakralen Hierarchie der Herren des Wortes. Die Mönche sind ideelle Zeugungen ihres Willens, sich mit keinem anderen Körper zu verbinden, denn nichts lieben sie so sehr wie den gemarterten Leib Jesu und nichts begehren sie mehr als das Wort des Herrn.

Die strikte Differenz von Worten und Blut ist hergestellt:

Es gibt kein Wechselspiel zwischen denen, die das Blut bewahren, und denen, die das Wort bewahren. Dieser einfache Mechanismus bildet die Basis eines Systems, dessen Mobilität im folgenden darzustellen sein wird.

Die glanzvolle Spannung
Das 12. Jahrhundert

Die Grabstätte der gesalbten Könige Frankreichs befindet sich in Saint-Denis-en France. Die Abtei, von den Merowingern gegründet, ist dem Heiligen Dionysius geweiht, der der Legende nach der »Apostel der Gallier« gewesen war. Dieser legendenreichen Kirche, die in karolingischer Zeit als eine der bedeutsamsten des Reiches galt, kam im 12. Jahrhundert eine wichtige Rolle für die politische und für die kulturelle Entwicklung Frankreichs zu. Verantwortlich dafür waren drei Männer: ein geistlicher und zwei weltliche Herren, ein Abt und zwei Könige. Die Kooperation des Mannes des Wortes und der beiden Männer, in deren Adern königliches Blut floß, führte zu einer Festigung der monarchischen Macht und zur glanzvollen Stellung des Klosters von Saint-Denis. Durch Suger, der 1122 zum Abt aufgestiegen war, und durch Ludwig VI. und Ludwig VII. ging von dem Ort der Toten eine Wiederbelebung des französischen Königtums und die Entwicklung des neuen Stils der Gotik aus. Abt Suger und die beiden Kapetinger stehen für die Verbindung von geistlicher und weltlicher Macht, und während in Deutschland und Italien der verhängnisvolle Machtkampf zwischen Papst und Kaiser, zwischen Sacerdotium und Imperium, im Gange ist, der den mittelalterlichen Glauben an die Einheit der Weltherrschaft nachhaltig erschütterte, macht die Einrichtung der Monarchie in Frankreich mit Hilfe eines Gottesmannes große Fortschritte.

Suger, ein Benekdiktinermönch, der aus bäuerlichen Verhältnissen stammte und bereits in jungen Jahren ins Kloster gekommen war, war von dem Ehrgeiz besessen, die Abtei von Saint-Denis und den König der Franzosen in einer einzigartigen Beziehung aneinanderzubinden.

»Indem Er ihn von seinen natürlichen Eltern weggeholt hatte, hatte Er Suger eine andere ›Mutter‹ gegeben – ein Ausdruck, der in seinen Schriften ständig wiederkehrt –, die ihn zu dem gemacht hatte, was er war. Es war die Abtei St.-Denis, die ihn ›gehegt und erhört‹ hatte; die ihn ›höchst zärtlich von der Muttermilch bis ins hohe Alter genährt‹ hatte; die ›mit mütterlicher Zuneigung ihn als Kind gesäugt, ihn als strauchelnden Knaben aufrecht gehalten, ihn als reifen Mann gestärkt und ihn feierlich unter die Fürsten der Kirche und des Reiches versetzt hatte‹. So kam Suger, der sich als adoptiertes Kind von St.-Denis verstand, dazu, der Abtei das ganze Maß von Tatkraft, Scharfsinn und Ehrgeiz zuteil werden zu lassen, mit dem ihn die Natur ausgestattet hatte. Indem er seine persönlichen Wünsche vollständig mit den Interessen der ›Mutter Kirche‹ verschmolz, läßt sich von ihm sagen, er habe sein Ich durch den Verzicht auf seine Identität befriedigt: er erweiterte sich so, bis er identisch mit der Abtei geworden war.«[60]

Dazu benutzte er zunächst seine Worte. So hatte er das Leben Ludwigs VI., der in Saint-Denis erzogen worden war, aufgeschrieben und dessen Sieg über Heinrich V. 1124 stolz kommentiert: »Ob man die Gegenwart betrachtet oder weit in die Vergangenheit zurückblickt – niemals vollbrachte Frankreich eine strahlendere Heldentat und zeigte unter Zusammenfassung aller Kräfte seine Macht ruhmreicher, als in dem Augenblick, da es, obwohl anderweitig beschäftigt, auf einmal über den römischen Kaiser und den englischen König triumphierte. Als der Stolz der Gegner gebrochen war, erlegte Frankreichs Anwesenheit der Erde Schweigen auf.«[61] Er hatte eine Königsideologie verfaßt und das Bild des französischen Königs als oberstem Lehnsherrn, der die Gewalten in seinen Händen einigt und zum Wohle aller regiert, entworfen. Erwin Panofsky bezeichnet Suger auch als »Vater der französischen Monarchie«.[62] Suger, bekannt für die Strenge seiner Lebensführung und für seine Liebe zur Erzählung, wird von seinen Zeitgenossen als witzig, lebhaft und eitel gerühmt. Er wird bezeichnet als ein Mann, der in der Behandlung der politischen Geschäfte ohnegleichen war. Suger war raffiniert und schlau genug, seine geistliche Stellung dafür zu nutzen, weltlichen Einfluß zu gewinnen, und nicht umsonst ist er mit Kardinal Richelieu verglichen worden. Er hielt geschickt die Balance zwischen päpstlicher und königlicher Macht, und verstand es ausgezeichnet, die legendäre Aura, die Saint-Denis umgab, zur Erweiterung der königlichen und der klösterlichen Macht einzusetzen und die Verbindung zwischen den mythischen Fähigkeiten des französischen Königs und dem Kloster noch zu verstärken. So kam im 12. Jahrhundert zu königlichen Gräbern, Insignien und epischen Heldengesängen, die die charismatische Aura des Klosters ausmachten, noch die Oriflamme hinzu, die den Glauben an eine geheimnisvolle Nähe von Heiligem Dionysius und dem französischen König steigerte.

Ludwig VI. holte, bevor er in den Krieg gegen seinen Herausforderer Heinrich V. zog, die Fahne des Heiligen Dionysius in Saint-Denis ab. Die Fahne begleitete ihn auf seinem Feldzug, und sein schneller Sieg wurde als Zeichen der glücklichen Verbindung zwischen dem König und dem Heiligen gewertet. Diese Fahne wurde zum Palladium der Franzosen, und bevor sie in den Krieg zogen, holten die Könge von nun an die Oriflamme in Saint-Denis ab. »Selbstverständlich hatte der französische König auch schon vorher eine Fahne geführt, die ihm im Kampfe vorangeführt wurde. An sie dachte der Dichter des Rolandsliedes, als er von der Fahne des Kaisers sprach; ihm schwebte dabei der Gedanke vor, Karl habe sie vom Papst erhalten. Er beschrieb sie als eine ›orie flambe‹, als ein ›goldenes, gezüngeltes Tuch‹; und davon empfing nun die Königsfahne einen Eigennamen, den die Erzählungen der Chansons de geste und dann die Geschichte selbst verklärt haben, den der ›Oriflamme‹.«[63] Königliche und geistliche Macht waren durch mythischen Glanz und zeremonielle Riten miteinander verbunden, und Saint-Denis wurde zu einem Nationalheiligtum der Franzosen.

Der Sohn Ludwigs VI., Ludwig VII., der seinem Vater 1137 auf den Thron gefolgt war, belohnte Abt Suger für seine wortreichen Bemühungen. So übertrug er ihm während seiner Teilnahme am zweiten Kreuzzug (1147-1149) die Verwaltung des Königreichs und verlieh ihm den Titel »pater patriae«, Vater des Vaterlandes. Seinen eigentlichen Ruhm jedoch bescherten Suger weder seine politischen noch seine poetischen Aktivitäten, sondern sein baulicher Ehrgeiz. Zwischen 1135 und 1144 ließ er die Abteikirche neu aufbauen und ausschmücken. Der Neubau des Chors, für den Ludwig VII. 1144 den Grundstein legte, gilt als Gründungsbau der Gotik, der opus Francigenum. Diese Kunst verbreitete sich rasch im Kernland der französischen Monarchie. Den Schriften Sugers[64] ist es zu verdanken, daß über keinen gotischen Kirchenbau mehr bekannt ist als über den von Saint-Denis. »He was intensely fond of inscribing everything accomplished under his admiration, from the parts of the building itself to the stained-glass windows, altars and vases, with what he calls: versiculi: hexameters of elegiac couplets not always very classical in meter but full of original, at times very witty conceits and on occasion verging upon the sublime.«[65]

Die Menschen des 12. Jahrhunderts verachteten die Welt nicht länger, sondern wandten sich ihr zu. In den Kathedralen finden wir die Gegensätze, die das 12. Jahrhundert prägten, in schönster Harmonie vereinigt. Strebepfeiler, Spitzbögen und Rippengewölbe gab es bereits vorher. »Aber erst die Gotik war es, die diese Motive zusammengefaßt und sie in den Dienst einer bestimmten und durchaus ästhetischen Idee gestellt hat. Diese neue Idee erkennen wir in dem Bestreben, die trägen Mauermassen zu beleben, die Spannung des Raumes zu steigern und den Bau als ein System starker Bewegungsenergien zu veranschaulichen.«[66] Das 12. Jahrhundert steht für eine produktive Spannung aus Mystik und Intellekt. »Es ist die Zeit, da neue Bilder und Horizonte von Bewußtsein, Selbst, Person, Gesellschaft, Kosmos, Handeln, Gerechtigkeit, von Herrschaftsformen, den Institutionen des Rechts und der Bildung eine Ausrichtung erfahren, die seither Grundzug und Charakteristikum der westeuropäischen Welt ausmacht.«[67] Die im 11. Jahrhundert sich voneinander abstoßenden Repräsentanten von Worten und Blut bilden im 12. Jahrhundert neue Allianzen. So wie Suger dem Blut des Königs der Franzosen durch seine geistigen Worte neuen Glanz verleiht und andersherum der König den Abt mit der Verwaltung seines Landes betraut, so vermischen sich in vielerlei Hinsicht Worte und Blut in diesem Jahrhundert der glanzvollen Spannung. Dieser Prozeß spielt sich vor dem Hintergrund grundlegender Raumveränderungen in der mittelalterlichen Welt ab:

– Da ist zunächst die Stadt als der zentrale Ort des Sozialen, der Ort der kulturellen, politischen, ökonomischen und wissenschaftlichen Neubesinnung und Neubestimmung. In den Städten sammeln sich die Menschen, das Geld und das Wissen. Paris ist das Zentrum der stolzen Bürger, der eifrigen Händler und der lernbegierigen Scholaren. Ausdruck der neuen Beweglichkeit der symbolischen Ordnung ist der gotische Innenraum der städtischen Kathedrale.

– Das Kloster der Zisterzienser in der Einöde kann man in seiner gewagten Schmucklosigkeit als Herausforderung der Stadt ansehen. Das Kloster ist der Ort der meditativen Sammlung. Dort leben Mönche zusammen, die ihre Zeit auf Erden effektiv zu nutzen und zu organisieren verstehen. Sie arbeiten, beten und sind der Meditation über das eine Wort ergeben. Der Gegensatz von städtischer Bewegung und klösterlicher Einkehr zeigt sich in der Spannung zweier wichtiger Figuren des 12. Jahrhunderts: der des Dialektikers Pierre Abailard und des Mystikers Bernhard von Clairvaux.

– Neben den Städten und Klöstern gibt es die Liebeshöfe der Provence als Orte der Sammlung ritterlicher Tugenden und Werte. Dort finden sich edle Damen und stolze Ritter zu Turnieren des Schwerts und der Liebe zusammen; sie beschwören die Werte einer nahezu vergangenen Zeit.
– Der Kreuzzug schließlich führt an den Ort in der Fremde. Die Christenmenschen sammeln sich und brechen auf, einen Ort in der Ferne zu erobern, der ihnen aus der Heiligen Schrift bekannt ist als das Grab Christi.

Dispersion und Konzentration: Die Stadt und die Kathedrale

Die Städte waren im 12. Jahrhundert zum Mittelpunkt einer sich verändernden Welt geworden. Das rasche Bevölkerungswachstum, die Urbarmachung unfruchtbarer Landstriche, die Zunahme des Tauschhandels, neue Anbaumethoden, das Erschließen neuer Handelswege und Handelsbeziehungen und eine wachsende Arbeitsteilung führten zu einer zuvor nicht gekannten Dynamik. Bürger und Kaufleute, Vertreter der neuen Kunst des Reichwerdens, lebten in den Städten. Die Stadt war ein nach außen hin durch Mauern geschützter Raum, sie war deutlich gegen die sie umgebende feindliche Umwelt abgeschlossen. Das Zusammenleben von Menschen verschiedenster Herkunft und Lebenserfahrung – vom Domherrn zum Tagelöhner – auf dicht besiedeltem Raum machte neue Formen des gesellschaftlichen Umgangs und der politischen Organisation notwendig. Nach Jacques Rossiaud[68] waren die Höflichkeit und der sittliche Anstand, die »moralische Sensibilisierung«(Marc Bloch) also, eine vielgerühmte Tugend der Stadtmenschen.

Reichgeworden waren die Bürger vor allem durch die Ritter. Die Feudalherren auf den Burgen wollten feines Tuch tragen, pikant gewürzte Speisen essen, sich in weiche Kissen lehnen und sich mit Luxus umgeben.[69] Die Händler aus den Städten beschafften ihnen die gewünschten Waren aus allen Teilen der Welt und wurden reich. Dabei unterschied sich der Reichtum des Händlers von dem des Feudalherren durch seine Beweglichkeit. So waren die Städter vertraut mit dem Umgang mit Geld, das heißt mit einer Form von Reichtum, die den Vorteil hat, daß man sie verstecken, verbergen, verschieben oder aber verleihen kann. Dieser neuen mobilen Form des Reichseins wohnt eine zersetzende Kraft inne, und sie trug, so scheint es, wesentlich zum Zusammenbruch des feudalistischen Systems bei.

Die politische Organisation der Bürger war ein weitereres Novum in der festgefügten, gottgewollten, feudalen Ordnung. Beruhte deren Stabilität – wie wir im vorangegangenen Kapitel gesehen haben – auf der Ungleichheit, auf gegenseitigem Dienst und gegenseitiger Treue, so war das Gerüst der städtischen Organisation der Zusammenschluß der Gleichen, die gemeinsam ihre Freiheit organisierten. Die Kommune war ein Fremdkörper in der feudalen Welt, und die Bürger waren den Herren des Schwerts ihres Reichtums und ihrer erfolgreichen Friedfertigkeit wegen verhaßt. Guibert von Nogent rief sicherlich stellvertretend für viele aus: »Communia autem novum ac pessimum nomen!«- Kommune, ein neues, ein haßenswertes Wort![70] Hinter den Stadtmauern gab es Anfänge einer politischen Kultur, die auf dem Schwur der Gleichen fußte, dem Zusammenschluß der Angehörigen einer wohlhabenden Elite, die juristische Unabhängigkeit und politische Autonomie in der feudalen Welt begehrten.

In der Stadt wurden die von ihren Grundherren geflohenen laboratores aufgenommen. Auch sie waren von der neuen gesellschaftlichen Dynamik erfaßt und flohen hinter die Stadtmauern, wo sie als Lohnarbeiter ihr Glück versuchten.

»›Stadtluft macht frei‹, der geläufige deutsche Rechtssatz‹ (...), galt damals noch nicht unbedingt überall. Lille ließ um das Jahr 1200 weder unehelich Geborene noch entflohene Leibeigene ein. Bologna und Assisi besteuerten Unfreie höher; überall hatte der Feudalherr ein Jahr Zeit, seinen Leibeigenen wieder einzufangen, und in vielen Kleinstädten auf dem Lande war man nicht viel besser dran als in diesen großen Städten. Im übrigen waren im vielgerühmten Stadtrecht Illusionen mit recht konkreten Vorteilen verwoben: Freiheit bedeutete zunächst eher ein langsames Ansammeln von erkämpften, erkauften, erhandelten, gewährten oder entrissenen Rechten und Gewohnheitsrechten, ein Privileg aufgrund einer Charta oder eines Gesetzes. Ein Gesetz galt nur so weit, wie ein Gemeinwesen die Macht hatte, es durchzusetzen. Für die Städte sprachen Geld, Menschenzahl und ihre gefürchtete gegenseitige Hilfe.«[71]

Die Kehrseite des bürgerlichen Reichtums – oftmals gewonnen aus Feilscherei und Wucher – war die Furcht. Ihren Profit machten die Kaufleute bei den Herren des Schwerts, einen Profit, an dem wiederum die geistlichen Herren teilhatten. Die Bürger mit dem schlechten Gewissen und den prall gefüllten Taschen waren die Beute der Geistlichen, die von der neuen Kunst des Reichwerdens profitieren wollten.[72] Die geistlichen Herren predigten lauthals gegen die Sünde der Habsucht und sammelten das Geld der Bürger für den Bau der Kathedralen. Die erhaben gegen den Himmel ragende Kathedrale sollte die Sünden der Habgier und der Profitsucht tilgen. Die Kathedrale, von weitem bereits sichtbar, betonte den Gegensatz zwischen Stadt und Land, sie ist ein Symbol städtischer Überlegenheit und städtischen Lebens. Da dieses Bauwerk der Stolz fast aller in der Stadt lebenden Gruppen war – also sowohl des örtlichen Adels wie des Klerus als auch des aufsteigenden Bürgertums –, wurde es nicht nur zu religiösen Zwecken, sondern auch, ganz im Sinne Sugers und der beiden Könige, zur Demonstration staatspolitischer Macht genutzt. Die Kathedrale war ein Ort königlicher Selbstdarstellung, und wenn der König auf einer Huldigungsreise oder bei einem anderen Besuch zum Beispiel in die Stadt Amiens einzog, so führte ihn sein Weg zuerst in die Kathedrale. Er war nach den alten Rechtsvorstellungen auch der eigentliche Eigentümer alles weltlichen Gutes der Bischöfe und des Domkapitels, also auch der Kathedralkirche. Die Geistlichkeit hatte dies alles von ihm nur zu Lehen. Der König zog also in »seine« Kirche ein, und er war entsprechend verpflichtet, diese Kirche zu unterstützen, zu ihrer Baufinanzierung und ihrem Unterhalt beizutragen.[73] Der Klerus wiederum brachte seine Bindung an das Königshaus unter anderem durch die Anbringung der königlichen Wappen oder durch Bilder der Könige zum Ausdruck. Doch auch die Bürger, die neue politische Kraft in der gesellschaftlichen Pyramide, hielten in der Kathedrale Versammlungen ab, und das Treiben rings um das Gotteshaus war geprägt von händlerischem Eifer, wie die folgende Beschreibung Otto von Simsons von einem Markttag in Chartres zeigt:

»Der Dekan des Kapitels war für Frieden und Sicherheit der Märkte verantwortlich. Händler schlugen ihre Stände vor den Häusern der Domherren auf. In den drei Straßenzügen vor der Kathedrale wurden die wichtigsten Transaktionen getätigt. Am Südportal der Basilika verkaufte man Brennmaterial, Gemüse und Fleisch, am Nordportal Textilien. Nachts schliefen Fremde unter den Eingängen der Kathedrale oder sogar in bestimmten Teilen der Krypta. Steinmetze, Zimmerleute und andere Handwerker versammelten sich in der Kathedrale, um dort auf Anstellung durch Bauunternehmer zu warten. Man duldete sogar den Verkauf von Lebensmitteln innerhalb der Kirche, solange er in geregelter Weise vor sich ging.«[74]

Aus diesem Bericht wird deutlich, wie Handel und Glauben, wie die profane und die geweihte Sphäre in der mittelalterlichen Stadt ineinander übergingen. Wurde im Schatten der Kathedrale um weltlichen Profit gefeilscht und gestritten, so war der Innenraum ganz dem religiös-mythischen Erleben geweiht.

Die Komponenten des Schönen in der Gotik sind: Licht, Farbe, Zahl.

Die Harmonie der Zahlenverhältnisse, der lichtdurchflutete, hochgestreckte Raum und klare, reine Farben sind die wesentlichen Bestandteile gotischer Architektur. Das Empfinden der Menschen hatte sich verfeinert im 12. Jahrhundert, und das einer Festung gleichende Kirchengebäude war überflüssig geworden in einer Welt, in der die Menschen das Sichtbare, das von Gott Erschaffene, mit aufkeimender Liebe betrachteten. Suger, ein Poet des Lichtes, wollte den gesamten Innenraum der Kirche hell strahlend vor Licht, und er »siedelte den Brennpunkt der Ausstrahlung, den Ort der lichtesten Nähe Gottes, natürlich am anderen Ende des Gebäudes an, am Ziel des zur aufgehenden Sonne ausgerichteten liturgischen Aufstiegs«.[75] In der romanischen Kirche, gebaut in der Hochzeit der »ontologischen Starre«, wurde der strenge Kontrast von Licht und Finsternis betont. Ganz anders ist der Einsatz des Lichtes dagegen im Innenraum einer gotischen Kathedrale. Der Raum scheint zu schweben und gleicht einem »transparenten Universum«(Rosario Assunto), in dem ein strahlendes Licht dominiert. Der in sein irdisches Dasein verstrickte Mensch soll sich öffnen für ein spirituelles Erleben, das ihn in die Höhe führt und ihn die Liebe Gottes spüren läßt. Der transparente Kirchenraum ist Ausdruck einer Metaphysik des Lichts, die auf den legendären Gründer des Klosters Saint-Denis zurückgeht.

Pseudo-Dionysius Areopagita war ein syrischer Mönch, der wahrscheinlich Ende des 5. Jahrhunderts bis Anfang des 6. Jahrhunderts lebte. Nach seiner Bekehrung durch Paulus wurde er Bischof von Athen und soll als Missionar Galliens den Märtyrertod gefunden haben. Er wurde der Legende nach im antiken Catulliacus, dem späteren Saint-Denis, geköpft.[76] Seine Schriften kamen im 9. Jahrhundert nach Saint-Denis und wurden dort von Abt

Hilduin in das Lateinische übersetzt. Dionysius gilt als Neuplatoniker; für ihn ist Gott Licht. Gott ist ein gleißendes Licht, an dem jede Kreatur sich erfreuen darf und das alle Kreaturen umschließt und verbindet. »Das überwesentliche Schöne heißt aber Schönheit, weil von ihm jedem Wesen nach seiner Eigenart Schönheit mitgeteilt wird, weil es Ursache der harmonischen Ordnung und des Glanzes aller Dinge ist, sofern es nach Art des Lichtes in alle Wesen seine Schönheit bewirkende Mitteilung des Strahlenquells hineinblitzt, weil es alles zu sich ruft (weshalb auch sein Name Kallos-Schönheit; kaleo-ich rufe) und weil es alles in allem in ein und dasselbe zusammenführt.«[77]

Abt Suger wollte diese Vorstellung des geheimnisvollen Klosterheiligen architektonisch umsetzen. Das Licht in der Kathedrale ist von anderer Beschaffenheit als das Licht unter freiem Himmel; es ist von einem Glanz, der eine sakrale Sinnlichkeit verströmt. Dieser Glanz trägt die Botschaft, daß der Mensch sich nicht länger fürchten muß, denn Gott liebt ihn und schenkt ihm dieses transzendente Erlebnis. Dieses transzendente Erlebnis kommt zustande durch die produktive Spannung und harmonische Vereinigung von Intellekt und Mystik. Nikolaus Pevsner hat die Faszination gotischer Architektur beschrieben als Gegensatz »zwischen einem Innenraum, der ganz von gläubigem Empfinden, und einem Außenbau, der ganz vom logischen Intellekt geprägt ist«.[78]

Die gotische Kathedrale ist eine kühne Konstruktion, für deren Planung die Baumeister die von den Mönchen aus Spanien mitgebrachten Schriften der Araber über Geometrie und Arithmetik nutzten. Anders als beim Bau von romanischen Kirchen kam es beim gotischen Kirchenbau auf die Zusammenarbeit von Künstlern, Handwerkern und Ingenieuren, auf die Synthese von statischen und ästhetischen Elementen an. Suger, der Goldschmiede aus Lothringen, Bildhauer aus Burgund und Mosaikarbeiter aus Italien nach Saint-Denis kommen ließ, erwähnt den Baumeister nicht. Erst im Laufe der Zeit gewinnt der Architekt, der Hüttenmeister, der als Handwerker wie als Künstler geschätzt wird, an Ansehen und Selbstvertrauen und tritt aus dem Dunkel der Anonymität hervor.

Durch die sogenannte En-délit-Technik[79] gelang es, einen Raum mit möglichst dünnen Außenwänden und dünnen Säulen zu konstruieren, der vom Licht durchflutet wurde. Geometrie und Arithmetik, dazu der geschärfte Verstand der Baumeister, machten die Umsetzung der Metaphysik des Lichts im schwebenden Innenraum der Kathedrale möglich. Die Wände der Kirche boten aufgrund der skelettartigen Bauweise wenig Platz für Wandbilder, und so wurden die Geschichten der Heiligen auf Glasscheiben erzählt. Diese Scheiben brachten Farbe in das Licht. »Man muß den Gedanken, das einfallende Licht zu farbigem Bilde zu benutzen und das Gemälde in der Lichtquelle des Raumes anzubringen, als eine der bemerkenswertesten Äußerungen menschlicher Genialität und als eine der genialsten Taten des Mittelalters erachten.«[80] In den Glasscheiben der Kathedrale von Saint-Denis werden Bilder aus dem Alten Testament Bildern aus dem Neuen Testament antithetisch gegenübergestellt, und es dominiert die Farbe Blau.[81] »Jedes dieser Bilder weist aber auf die Theologie und Exegese der dionysischen Tradition zurück. Gott hat sich in der Fleischwerdung unmittelbar enthüllt, schattenhaft in der Natur und in der Bildersprache der Bibel; wir müssen versuchen, Gott in diesen Bildern und durch sie hindurch zu begreifen; wir müssen das göttliche Licht schauen, das sie erhellt.«[82] Die Trance des Lichts wurde noch gesteigert durch Edelsteine, über deren Funkeln Suger schreibt: »Dann scheine ich in einer Gegend jenseits der irdischen Welt zu verweilen, ein Zwischenreich, nicht ganz im Staub der Erde, nicht ganz in der Reinheit des Himmels, dann scheint es mir, als könne ich von dieser unteren zu einer höheren Welt emporgehoben werden, durch die Gabe Gottes in anagogischer Weise.«[83] Im harmonischen Innenraum der Kathedrale beginnen Licht und Farbe so zu flirren, daß die Seele sich erheben kann zu Gott. Die Grenze zwischen Sichtbarem und Unsichtbarem wird überschritten, und für Nikolaus Pevsner ist dieses Gleichgewicht der höchsten Spannungen der klassische Ausdruck des abendländisch-christlichen Geistes. Die Kathedrale des 12. Jahrhunderts ist eine ästhetische Säkularisierung der Ordnung des Seins, und sie steht für eine neue Erfahrung, Mensch auf Erden zu sein. Doch während in dem massigen Bau der romanischen Kirchen die Einheit von Erde und Himmel noch fest gesichert erscheint, »zuckt im nervös aufwärts hastenden Turm der Gotik bereits die Angst um den bevorstehenden Verlust des Himmels«.[84]

Analog zur Gotik verbreitete sich die Scholastik im französischen Kronland, und der Mittelpunkt der neuen Denkbewegung war Paris. Seinen großen Anstoß erfuhr der abendländische Geist durch die Bücher aus der arabischen Welt, zu denen auch die Schriften aus dem antiken Griechenland gehörten. Nach der kriegerischen Niederlage der Ungläubigen in Spanien begann die Plünderung von deren geistigen Reichtümern. Es waren vorwiegend Ritter aus Frankreich, die die Heiden in die Flucht geschlagen hatten. In ihrem Gefolge befanden sich Mönche, die sich daran machten, die eroberten Geistespfründe zu nutzen. Sie übersetzten die Schriften ins Lateinische und brachten sie nach Paris. Mitte des Jahrhunderts ragten unter den Übersetzern besonders Johannes von Sevilla hervor, der das Interesse seiner geistigen Brüder für Mathematik, Astrologie und Astronomie weckte, und Gerhard von Cremona, der von Toledo aus die Schriften des Aristoteles in der lateinischen Welt verbreitete. Die Auseinandersetzung mit den umwälzenden Worten fand in den Städten an den Kathedralschulen statt, die wie die Kathedralen ein wichtiger Bestandteil städtischer Kultur waren. Ein treffender Ausdruck der Trennung von Stadt und Land ist der Aufnahmeritus des »Braunfuchses«, des Neuen, in die studentische Gemeinschaft. Dieser als »Säuberungs«zeremonie beschriebene Ritus verdeutlicht drastisch, was die Herren des Wortes von den Menschen, die des Wortes nicht kundig waren, dachten: »Man macht sich über seinen (des Neuen K. W.) an wilde Tiere erinnerenden Geruch, seinen wirren Blick, seine langen Ohren, seine an Hauer mahnende Zähne lustig. Man befreit ihn von imaginären Hörnern und Auswüchsen. Man wäscht und feilt ihm die Zähne. In einer außerordentlichen Beichte gesteht er schließlich außerordentliche Laster.«[85] Der zukünftige Scholar muß seine ungeschliffene Art, seine Primitivität ablegen, um in die Welt der Wissenschaften eingeführt werden zu können.

Grundlage des Unterrichts war die Unterweisung in den »sieben freien Künsten«, die in das Trivium (Grammatik, Dialektik, Rhetorik) und das Quadrivium (Musik, Arithmetik, Astronomie, Geometrie) aufgeteilt waren. Unter Dialektik wurde auch Philosophie gelehrt, und bei der Rhetorik war – der antiken Tradition folgend – die Ethik untergebracht. Die Lehre gliederte sich in zwei Unterrichtsformen: Es gab die lectio, in der der Lehrer seinen Kommentar zu den »sententiae«(Meinungen) anerkannter Geistesautoritäten darlegte. In der »disputatio« kam es dann zu einem Dialog zwischen Lehrer und Schüler für oder gegen eine vorgebrachte These. Diese beiden Unterrichtsformen – der Monolog des Lehrers und der Dialog zwischen Lehrer und Schüler – lassen sich auch an den literarischen scholastischen Gattungen ablesen. Aus den Kommentaren werden die Summen und aus den Disputationen die Quaestionen. Es gibt die Quodlibetalia, die die repräsentativen Disputationen, die vor Weihnachten und vor Ostern stattfinden, dokumentieren, und die Quaestiones disputatae, die die etwa alle zehn Tage stattfindenden regulären Disputationen wiedergeben. Die Unterrichts- und Literaturformen verweisen auf die beiden Grundelemente scholastischen Denkens: auf die auctoritas, das heißt die geistige Tradition, und auf die ratio, also das Denken, das dieses bereits Gedachte durchdringt. Das scholastische Gebäude ist mit ungeheurer denkerischer Energie gebaut: mit dem unstillbaren Drang, alle Fragen und Einwände zu berücksichtigen und aufzunehmen. Spannung wurde aufgebaut, indem man versuchte, diesen Turm aus Worten, aus Argumenten und Gegenargumenten in der Schwebe zu halten. Die Menschen standen bewundernd vor der Summe menschlichen Wissens, das ihrer Ansicht nach göttlichen Ursprungs war.

Erwin Panofsky weist in *Gotische Architektur und Scholastik* auf die enge Beziehung zwischen der scholastischen Denkbewegung und den städtischen Architekten hin. Der Architekt, der »Doktor der Steine«, war ein Mann von Welt, eingeweiht und bewandert in den scholastischen Disputationen. Er ging aber seiner Arbeit nicht rein aus religiösem Eifer nach, sondern er plante, rechnete und brütete über statischen Problemen.

»Im Gegensatz zu einer bloßen Parallelentwicklung handelt es sich bei dem Zusammenhang, den ich meine (zwischen Gotik und Scholastik K. W.), um eine wirkliche Beziehung von Ursache und Wirkung; aber im Gegensatz zu individuellem Einfluß entsteht diese Ursache-Wirkung-Beziehung durch allgemeine Verbreitung, nicht durch direkte Einflußnahme. Sie erwächst aus der Ausbreitung einer, wie man es in Ermangelung eines passenden Begriffs nennen könnte, Denkgewohnheit – wobei wir dieses überstrapazierte Schlagwort in seinem exakten scholastischen Sinne als ›Prinzip, das das Handeln regelt‹, principium importans ordinem ad actum, verstehen.«[86]

Wie der Architekt gehörte auch der Kleriker dem städtischen Berufswesen an.[87] Er lebte an einem Ort der Freuden und Laster und verdiente seinen Unterhalt durch das Unterrichten von Studenten. Verächtlich nannte der Abt von Saint-Geneviève, Stephan von Tournai, die Kleriker »magister venitores verborum« (Händler mit Worten).

Die Abenteuer der Dialektik: Pierre Abailard

Der wohl umstrittenste und gerühmteste Vertreter dieser Spezies ist Pierre Abailard. Dem Blut seiner Väter verdanke er sein zupakkendes Temperament, und seinen Sinn für die Wissenschaften erfahren wir von ihm bereits auf der ersten Seite seiner *Leidensgeschichte.*[88] Diese *Leidensgeschichte* ist die von ihm hinterlassene Selbstpräsentation in Worten, und sie wird in den folgenden Ausführungen zusammen mit seinem Briefwechsel mit Heloise als biographische Quelle benutzt.

Abailard wurde 1079 in Le Pallet, in der Nähe von Nantes, als Sohn des Ritters Berengar und dessen Frau Lucia geboren. Sein Vater legte Wert darauf, daß seine Söhne vor dem Erlernen des Waffenhandwerks in das wissenschaftliche Denken eingeführt wurden. Bei Abailard wurde aus der Bekanntschaft eine Passion. Er gab den »Glanz des Rittertums« dahin, wie er schreibt, um »Minervas Schoßkind« zu werden. Seine wissenschaftlichen Intentionen jedoch schildert er in der Sprache der Herren des Schwerts: »Von der ganzen Philosophie sagte mir die Logik am meisten zu: für ihre Waffen gab ich die Ritterwaffen dahin, um nur noch im Geistesturnier Ringe zu stechen.«[89] Dieses Motiv steht über seinem gesamten Leben, er ist ein »Ritter der Dialektik« (Paul Vignaux).

Die Kunde von Abailards Scharfsinn (subtilitas ingenii) verbreitete sich rasch; er galt als erbarmungsloser Logiker, der sämtliche Dispute mit seinen berühmten Lehrern gewann. In Paris an der Domschule von Notre-Dame kommt es zum Zerwürfnis zwischen ihm und seinem Lehrer und Studienleiter Wilhelm von Champeaux. Abailard eröffnet in Melun, später in Corbeil eine eigene Schule, die er jedoch aus Krankheitsgründen wieder schließen muß. Er kehrt nach seiner Gesundung nach Paris zurück, ist jedoch erneut gezwungen, die Domschule zu verlassen, und installiert sich schließlich auf dem Genovevaberg, wo er Vorlesungen abhält. Der streitbare Ritter des Geistes berichtet voll Stolz von seinen Erfolgen gegenüber seinen Lehrern, von seiner Beliebtheit bei den Studenten und von dem Neid seiner Kollegen. Nach dem kämpferischen Motto »Viel Feind, viel Ehr« beschreibt er diesen Lebensabschnitt und greift bei seiner Schilderung immer wieder auf Ausdrücke des ritterlichen Lebens zurück. So berichtet er zum Beispiel, Wilhelm von Champeaux habe versucht, ihn »auch jetzt wieder aus dem Sattel zu heben«.[90]

Unter dem Eindruck des Eintritts seiner Eltern in das Kloster beginnt er Theologie bei dem berühmten Anselm von Laon zu hören.[91] Er scheint seinem Lehrer von Anbeginn an überlegen und beschreibt diesen als alten Mann, der seinen großen Namen alleine seiner jahrelangen Routine verdanke. Er selbst, der strahlende und gefürchtete Held der Worte, stand dazu in krassem Gegensatz. Er war jung, verließ sich auf sein Genie, und »es hieß, ich zeige dieselbe hohe Begabung in der Theologie, die man in der Philosophie an mir festgestellt hatte«.[92] Abailard kehrte nach Paris zurück und unterrichtete am Domkapitel von Notre-Dame.[93] Er befand sich auf der Höhe seines Lebens: zu seinen Vorlesungen strömten die Studenten, seine Einnahmen und sein Ruhm nahmen zu. Sein Erfolg führte ihn in Versuchung, und diese trat nicht anders in Erscheinung als in weiblicher, verführerischer Gestalt. Da Abailard den Umgang mit Prostituierten verabscheut, für Bürgerstöchter nicht den richtigen Ton trifft und für Adelstöchter nicht genügend Zeit hat, findet er in Heloise[94], der siebzehnjährigen Nichte des Kanonikers Fulbert, das ideale Opfer seiner Begierde. Heloise hatte – außer ihrer Jugend und ihrer Anmut – den seltenen Vorteil, gebildet zu sein, das heißt, sie konnte die Schriften und die Briefe des gelehrten Mannes lesen, verstehen und beantworten.»Ich rechnete so: auch wenn wir nicht beisammen sind, können wir mit Briefen ein Zusammensein ersetzen, man kann in einem Brief eher ein kühnes Wort wagen als von Mund zu Mund, und so hat man in jedem Fall Gelegenheit zu süßen Worten.«[95]

Doch das geschriebene Wort genügte dem nach fleischlicher Lust begierigen Kleriker nicht, und er bahnte sich kühl kalkulierend den Weg in Heloisens Kammer. Da der Geiz des Onkels sprichwörtlich war, bot Abailard an, die Nichte zu unterrichten. Zudem wollte er in des Kanonikers Haushalt aufgenommen werden und überließ seinem neuen Wirt die Festsetzung des Preises. Fulbert stimmte beiden Vorschlägen zu. Da der Männerpakt das Züchtigungsrecht Heloisens miteinschloß, schien Abailard am Ziel seiner Wünsche zu sein. Die nun folgenden Stunden des Studiums gerieten zu Stunden der Liebe. Zwischen aufgeschlagenen, gelehrten Büchern weilte die Hand des Lehrers am Busen der Schülerin, zwischen drängenden Fragen nach der Liebe wurden Küsse getauscht, und damit kein falscher Verdacht aufkam, schlägt Abailard seine Schülerin von Zeit zu Zeit. Der Ritter der Vernunft, der Star der Pariser Schulen, genoß in der Kammer der jungen

Frau die Freuden des Liebesspiels, »welche die Erfinderlust ersonnen«.[96] Abailard war zum Mann geworden.

Bei soviel Sinnentaumel erlahmte jedoch seine gefürchtete geistige Schärfe, er verlegte sich auf das Schreiben von Liebesliedern und absolvierte seine Vorlesungen lustlos. Kurz nachdem der Onkel hinter das Verhältnis der beiden gekommen war, bemerkte Heloise die Folgen des gelehrten Liebesspiels: sie war schwanger. In der Bretagne, bei einer Schwester Abailards, bringt sie ihren Sohn Astrolabius zur Welt. Abailard ist nunmehr bereit, Heloise zu heiraten, wovon sie ihm jedoch abrät, da die Kirche und die Wissenschaften einen schweren Verlust dadurch erleiden würden.[97] Die gelehrige Schülerin untermauert ihre ablehnende Einstellung zur Eheschließung eines Philosophen mit drastischen Beispielen, und sie fordert von Abailard das Opfer der totalen Hingabe an die Welt des Geistes und der Worte. Sie selbst will lieber in Sünde mit ihm leben denn seine Ehefrau sein.[98]

Abailard fürchtete sich davor, ein Gefallener des Geschlechts der Engelähnlichen zu sein. Er fürchtete den Verlust seiner spirituellen Bande zu seinen großen Vorbildern wie dem Heiligen Hieronymos, der apodiktisch verkündet hatte: »Der Philosoph darf nicht heiraten.«[99] Abailard fürchtete den Wechsel vom universitären Katheder, umgeben von seinen »Jungen der Logik«, in die Wohnstube, wo ihm Kindergeschrei und Weibergezänk jeden philosophischen Gedanken unmöglich machen würden. Doch Hieronymos und Kindergeschrei sind die Argumente, die Heloise – Abailards Bericht zufolge – gegen die Ehe vorbringt, nicht die des Abailard. Was brachte nun die kluge Frau dazu, sich mit »aller Energie« gegen die Eheschließung zu wehren?

Meine Antwort ist, daß sie beide – Liebender und Liebende, Lehrer und Schülerin – von einem ganz dem Geiste gewidmeten Leben träumten. Da Heloise als Frau es nicht weiter als bis zur Rarität einer schönen und gebildeten Frau bringen konnte, lag die Erfüllung des Traumes von geistiger Größe bei Abailard. Für Heloise fehlte der gemeinsamen Ehe die Dignität. Diese Dignität hätte ihrer beider Leben, wenn Abailard im Stande der Entsagung lebte und sein Leben nicht mit einer Frau, sondern allein mit den Größen des Geistes teilte und sich ganz der Wissenschaft hingeben würde. Heloise forderte Abailard heraus mit den Lehren, die sie von ihm gelernt hatte. Heloise wollte, daß Abailard seinen Platz in der Genealogie der entsagungsreichen Geistesheroen fand – sie wollte, daß er in Einklang mit seinen und deren Worten lebte.

Ihre eigene Größe war unabdingbar mit seiner Größe verbunden, wie sie denn auch in ihrem vierten Brief schreibt: »Von Deines Ruhmes Glanz hat das Geschick auch mir gespendet, mit Deinem Sturz hat es ihn mir entwendet.«[100] Sie liebte ihn für seine geistige Kühnheit, seinen Scharfsinn, seinen Erfolg, und all diese Eigenschaften waren verbunden mit dem Glanz seiner Worte. Als verheirateter Mann würden seine Worte schal und seine gefürchteten Geisteswaffen stumpf, denn er würde die Autorität und die Kraft des Wortes nicht achten und ein Leben führen, das ihm nicht angemessen ist. Heloise weiß um die Erotik des Wortes, und sie will ihm in Sünde eine Liebende sein. Nur so ist seine Rückkehr in die Reihe der Engelsähnlichen möglich, und er kann seinen Platz zwischen Seneca, Hieronymos und Augustinus einehmen.

Auf Abailards Entschluß hin heiraten die beiden heimlich, doch im Beisein Fulberts. Heloise war ungefähr 18 Jahre und Abailard 39 Jahre alt. Abailard schreibt in der *Leidensgeschichte* über seinen Entschluß zu heiraten, er sei zu verblendet gewesen, um den Argumenten von Heloise die nötige Bedeutung zu schenken. Etienne Gilson macht für diese Entscheidung Abailards ungezügelte Liebe und Leidenschaft verantwortlich. Ihm zufolge wollte Abailard Heloise besitzen. Es war jedoch des gelehrten Mannes ausdrücklicher Wunsch, daß die Heirat geheimzuhalten sei. »Nach der Trauung ging jedes still seiner Wege, und wir sahen uns auch später nur selten und ganz verstohlen, um unseren Schritt möglichst geheimzuhalten.«[101] Als sich dennoch in Paris die Kunde verbreitet, die beiden seien verheiratet, schickte Abailard seine Gattin ins Kloster Argenteuil, wo sie auch erzogen worden war. Durch das Verschwinden von Heloise hinter Klostermauern ist der Ruf Abailards als ein in der Gnade der Entsagung Lebender gewahrt, und er kann weiter lehren. Doch nicht nur seine äußere und seine innere Stellung scheint durch den Weggang Heloisens gesichert, die verwirrende Situation bereitet den beiden erotisches Vergnügen. So finden wir auch im fünften Brief Abailards an Heloise[102], auf den wir später nochmals zurückkommen werden, die »Beichte« einer Begegung hinter Klostermauern: »Als wir unseren Ehebund schon geschlossen hatten und Du in Argenteuil bei den frommen Schwestern im Kloster weiltest, da kam ich – Du erinnerst Dich daran – eines Tages heimlich zum Besuch. Du weißt es noch, was ich bei diesem Besuch in meiner gierigen Unbeherrschtheit mit Dir, in einer Ecke des Refektoriums begangen – wir hatten ja sonst keinen Raum, in den wir uns zurückziehen konnten. Du erinnerst Dich noch, welch schändliche Dinge wir an diesem ehrwürdigen Ort trieben, der unter dem Schutz der heiligen Mutter Gottes steht.«[103] Weiter gesteht er, er habe sie im Nonnengewand auf die Reise zur Geburt ihres Sohnes geschickt, und all dies rechtfertige, was danach geschah.

Was geschah danach?

Abailard wurde von Fulberts Leuten überfallen, »sie schnitten mir von meinem Leib die Organe ab, mit denen ich sie gekränkt hatte«[104] – Abailard wurde kastriert. Voll Scham flieht er hinter Klostermauern nach Saint-Denis. Nach seiner Entmannung befiehlt er Heloise, den Schleier zu nehmen. Das »jugendfrische Kind« verschwindet für alle Zeiten hinter Klostermauern, und er selbst legt ebenfalls das mönchische Gelübde ab. Aus dem Kleriker war ein Mönch, aus dem Liebhaber des Fleisches war endgültig ein Liebhaber der Worte geworden. Als Liebhaber der Worte, begabt mit einer »vivid sexual imagination«[105], verstand er es, seine Leidensgeschichte und seinen Briefwechsel mit Heloise auf subtile Weise erotisch zu gestalten.

In dem bereits erwähnten fünften Brief, der von dem »Knecht Christi« an die »Braut Christi« geschickt wurde, schwärmt Abailard geradezu von der Befreiung von seinen fleischlichen Begierden. Das Messer, mit dem ihm sein Glied abgeschnitten worden war, erhob ihn erneut und nunmehr endgültig in den Stand eines Engelsähnlichen. Das Blut reinigte ihn von dem »Staub der Sinnlichkeit«, in dem er bis dahin gelebt hatte. Gott hatte ihn in besonderer Weise gesegnet, indem er ihn von fremder Hand entmannen ließ. »Der Apostel selber hat, allerdings vergeblich, zum Herrn gefleht, daß der Pfahl von ihm wiche, der ihm ins Fleisch gegeben; es wird dieser Pfahl im Fleisch, von dem der Apostel hier spricht, auch im geschlechtlichen Sinn gedeutet.«[106] Und nur in diesem Sinne spricht Abailard zu Heloise. Er zitiert Origines, der sich selbst verstümmelt hat, »um den Brand der Leidenschaft gründlich zu löschen«.[107] Origines hat Blutschande begangen, um das Wort Gottes zu befolgen. »Nach der wörtlichen Auslegung der Schriftstelle erwartete er die Seligkeit nur für die, ›die sich selbst verschnitten haben um des Himmelreichs willen‹.«[108] Doch Abailard geht in diesem Brief nicht nur auf die vergangenen schändlichen

Freuden und auf seinen gnadenreichen, verstümmelten Zustand ein, er vergißt auch nicht, seine Entscheidung, Heloise zur Nonne zu machen, zu lobpreisen. Konnte sie vormals nur unter Schmerzen und nach dem Ertragen fleischlicher Lust Kinder bekommen, so ist es ihr nun als Nonne vergönnt, »mit Jauchzen« viele Kinder für den Himmel zu gebären. Er empfiehlt sie Christus, ihrem Bräutigam, an. Dieser hat sie mit seinem Blut erkauft, wie er schreibt, und sie solle für dessen Opfer und Entscheidung, sie zur Braut zu nehmen, sich dankbar erweisen. Der Brief gipfelt in dem Satz: »Christus war Dein wahrer Liebhaber, ich war es nicht!«[109] In diesem Brief entledigt sich Abailard seiner Geliebten; der bekehrte Mönch gibt seine Geliebte an den Sohn Gottes ab. Nachdem er Heloise nachdrücklich dem himmlischen Herrn als Braut übergeben hat, hat er sich endgültig seines Mann-Seins entledigt und kann sich ganz dem Geist und den Worten widmen. Noch deutlicher wird der Charakter dieses Schreibens, wenn man weiß, daß er damit auf einen Brief Heloisens antwortet, in dem sie ihm von ihrer drängenden sinnlichen Begierde berichtet hatte: »Ich kann gehen, wohin ich will, immer tanzen die lockenden Bilder vor meinen Augen. Mein Schlaf ist nicht einmal sicher vor solchen Trugbildern. Sogar mitten im Hochamt drängen sich diese wollüstigen Phantasiegebilde vor und fangen meine arme, arme Seele so ganz und gar; aus reinem Herzen sollte ich beten, statt dessen verspüre ich die Reizungen meiner Sinnlichkeit. Ich kann nicht aufseufzen – und müßte es doch –, daß ich die Sünden begangen, ich kann nur seufzen, daß sie vergangen.«[110] Sie berichtet ihrem einstigen Geliebten von dem Feuer ihrer Jugend, das in ihr brenne, von ihrem »brünstigen Fleisch« und ihrer »hochgepeitschten Lust«, die sie nicht zur Ruhe kommen lassen. Abailard entledigt sich nicht nur seiner Frau, er behauptet meiner Interpretation zufolge in seinem Brief, sein Blut sei auch für sie vergossen worden. Nur durch die ihm zuteil gewordene Gnade der Entmannung ist Heloise eine Braut Christi geworden. Abailard hat für sich und für sie das Blutopfer gebracht, so daß sie sich beide ganz dem Wort Gottes hingeben können.

Nachdem Heloise von ihrem einstigen Geliebten ihrem himmlischen Bräutigam angewiesen worden war, wobei weder der eine noch der andere ihre sinnlichen Begierden zu befriedigen verstand, verlangt sie in dem darauffolgenden Brief von Abailard das, was er ihr noch zu geben vermag, nämlich das Wort. In ihrem sechsten und letzten Brief fordert die Priorin Heloise von dem gelehrten Mönch eine Regel für das klösterliche Zusammenleben. Auch in diesem Brief finden wir erotische Stellen, wobei anzumerken ist, daß die erotische Subtilität dieser Briefe der Forschung bisher verborgen geblieben ist. Heloise zitiert Ovid:

»Sind vom Wein erst benetzt Cupidos lechzende Flügel,
Dann verweilt er und weicht nicht vom eroberten Platz.
Frohes Lachen ertönt, der Traurige hebet das Haupt nun,
Sorg entweichet und Schmerz, glatt wird die faltige Stirn.
Manchem Knaben ging so das Herz an die Mädchen verloren;
Liebe durchströmte den Leib, Glut sich entzündet an Glut.«[111]

Sie beschreibt damit die Situation im Nonnenkloster, wenn männliche Gäste bei Tisch sind. Für diese alltäglichen Belange und Situationen will Heloise Regeln, die das Leben der Nonnen im Kloster ordnen. Der Brief endet mit der flehentlichen Bitte – und dies sind die letzten Worte, die uns von ihr an ihn überliefert sind: »Rede, Herr, denn Deine Mägde hören.«

Nachdem Abailard sie endgültig als Liebender aus Fleisch und Blut verlassen und seinem/ihrem Herrn anempfohlen hat, will Heloise die Kraft seiner Worte spüren. Sie will mit ihren Nonnen nach von ihm aufgestellten Regeln leben; sie will seine Worte wie eine Liebesgabe empfangen und wie ein Gesetz achten.

Das Wort ist und bleibt das bindende Glied zwischen den Liebenden, zwischen der von ihrer Sinnlichkeit geplagten Nonne und dem gnadenreich verstümmelten Mönch.

In seinem neuen Leben als Mönch widmet Abailard sich der Auslegung der Schrift. Da ihn die Studenten bestürmten, philosophische Vorlesungen abzuhalten, kommt er ihrem Wunsch nach, jedoch, wie er bemerkt, nur um sie für die Weisheit Gottes zu gewinnen. Erneut verbreitet sich sein Ruf als begnadeter Denker, und er verfaßt für seine Studenten das Werk *De unitate et trinitate*. Er behauptet, seine Zuhörer verlangten nach Begreifbarem, Verständlichen und nicht nach dem bloßen autoritären Wort. Abailard vertritt in diesem Buch die Auffassung, man könne erst dann glauben, wenn man das Geglaubte auch begriffen habe. Diese Einstellung zum Glauben sollte ihm in der Folgezeit viel Ärger mit seinem Widersacher Bernhard von Clairvaux einbringen.

1121 wird Abailard vor die Synode von Soissons geladen, und er wird gezwungen, sein Buch *De unitate et trinitate* dem Feuer zu übergeben. Seine Internierung im Kloster Saint-Médard, einer Art Irrenhaus und Besserungsanstalt, wird verfügt. Er wird jedoch dort nach kurzer Zeit entlassen und kehrt nach Saint-Denis zurück. Seine Behauptung, Dionysius, der Bischof von Athen und neuplatonische Denker, könne nicht der legendäre Begründer von Saint-Denis sein, erregt viel Aufsehen, und er muß das Kloster verlassen.[112] Durch eine Übereinkunft mit Suger kann er Mönch von Saint-Denis bleiben, ohne dort zu leben.[113] Abailard, der inmitten der großen Stadt Paris gelebt, geliebt und seine Triumphe gefeiert hat, zieht sich in die Einöde auf ein Stück Land bei Troyes zurück, das ihm Freunde geschenkt hatten. Schon bald strömen die Schüler zusammen. Die jungen Männer verlassen die »belebten Städte« und leben »mehr nach der Art von Eremiten als der von Studenten«.[114] Für dieses Leben in der Einöde findet er prominente Vorbilder: Plato, Pythagoras und Hieronymos. Da er sehr arm ist und nichts kann außer der Vermittlung des geschriebenen und des gesprochenen Wortes, wird er von seinen Schülern versorgt. »Meine Armut war so drückend geworden, daß ich einen regelrechten Schulbetrieb anfing; ich hielt mich an das Wort der Heiligen Schrift: ›Graben kann ich nicht, so schäme ich mich zu betteln‹. Ich sah mich also gezwungen, meine Zuflucht zu dem Handwerk zu nehmen, das ich meisterte, nicht zu einem Werk der Hände, sondern zum Werk des lehrenden Geistes.«[115] Den Ort in der Einöde nennt Abailard »Paraklet«(Tröster). Nach Ernst H. Kantorowicz wird Abailard, der bekehrte Mönch, zum Begründer eines forschenden, philosophischen Mönchstums. Sein Lebensentwurf als Lehrender in der Einsiedelei, umgeben von seinen »Adepten des Geistes«, die um des Geistes willen dem weltlich-städtischen Getriebe und den fleischlichen Gelüsten entsagt haben, ist der Gegenentwurf zu dem des weltabgewandten, allein der ewigen Seligkeit geweihten Leben der Mönche, von dem wir im vorangegangenen Kapitel gehört haben. »All die vielen Stellen, die Abaelard aus Philosophen und Kirchenvätern zusammentrug und die auf Ähnliches hinwiesen, stellten auch nur fest und relativierten weiter, daß die vita solitaria nicht allein den Gottgeweihten, sondern auch den Philosophen die rechte Lebensform darbiete und daß wie für den Mönch, so für den Gelehrten Ehelosigkeit Erfordernis bleibe.«[116]

Abailard wurde zum Anachoreten und belebte das Ideal des asketischen, mönchischen Philosophen neu. Der einstige Domschullehrer und eitle Geistesheroe wird zum Vertreter eines säkularisierten Mönchsgedankens. Er nimmt dadurch Ernst H. Kantorowicz zufolge dem mittelalterlichen Mönch »sein Absolutes« und ist ein Wegbereiter des Kults des asketischen, allein der Vernunft geweihten Lebens, der bedeutsam für die Vorstellung vom abendländischen Wissenschaftler werden sollte.[117] »Ohne etwa das Mönchstum seiner Tage zu verneinen, hat Abaelard doch aus diesem die rein gelehrte Lebensbetätigung herausgebrochen und damit ein selbständiges philosophisches Mönchtum möglich gemacht, das primär dem forschenden – freilich noch Gott erforschenden – Geiste geweiht war ... eine neue vita contemplativa unter dem Primat des Geistes allein, nicht im Zeichen der sich Gott als Ganzes darzubringenden Geistseele.«[118]

Der Name der Einsiedelei führte erneut zu Schwierigkeiten. Seine Feinde monierten, es widerspreche dem Herkommen, eine Kirche nur dem Geist zu weihen. Sie mutmaßten eine geheime Verbindung zu seiner verurteilten Trinitätslehre. Um seinen Feinden zu entfliehen, tritt Abailard 1128 eine Stelle als Abt im Kloster Saint Gildas zu Rhuys in der Bretagne an. Doch auch dort vermag er keine Ruhe zu finden und ist entsetzt über die Zuchtlosigkeit seiner ihm anvertrauten Mönche. Als 1129 die Nonnen aus Argenteuil durch Suger aus ihrem Kloster vertrieben werden, lädt Abailard die Priorin Heloise und einen Teil ihrer Nonnen ein, nach Paraklet zu ziehen.[119] Zwei Jahre später wird die Bestätigungsbulle erlassen und Heloise in ihrem Amt bestätigt. Abailard weilte häufig in Paraklet, was erneut zu Anfeindungen gegen ihn und Heloise führte. In seiner *Leidensgeschichte*, die er vermutlich um 1131 vor seiner Flucht aus dem bretonischen Kloster abgefaßt hat, berichtet er, ihn habe die »lautere Bruderliebe« getrieben, den Nonnen beizustehen und sie geistlich zu betreuen.

1135/36 lehrt Abailard erneut in Paris, und berühmte Männer sind unter seinen Zuhörern.[120] Zur gleichen Zeit etwa beendet er sein Werk *Sic et Non* (Ja und Nein). Er hatte darin sich widersprechende Aussagen der Geistesautoritäten zusammengestellt. Abailard bietet keine Lösung zur Überwindung oder Erklärung dieser Widersprüche an, sondern animiert den Leser, darüber nachzudenken, und offeriert ihm dazu Wortverständnis und Textkritik. In diesen Jahren erscheint auch sein ethisches Hauptwerk *Scito te ipsum* (Erkenne dich selbst), das uns Abailard erneut als eigenwilligen Denker zeigt. Er will die Selbsterkenntnis so weit fördern, daß die Gesinnung und nicht die Tat zum entscheidenden Maßstab der ethischen Bewertung wird. »Die haben nicht gesündigt, die Christum kreuzigten, ohne von ihm zu wissen; was aus Unwissenheit geschieht, darf nicht als Schuld angerechnet werden (Quod non peccaverunt, qui Christum ignorantes crucifixerunt, et quod non culpae adscribendum est, quidquid fit per ignoratiam).«[121] Seine Auffassung stand freilich in krassem Gegensatz zur frühmittelalterlichen Bußpraxis, in der von dem Prinzip der Tathaftung ausgegangen wurde. Egal nach welcher Gesinnung gehandelt worden war, es mußte Wiedergutmachung erfolgen.

Auch Abailards Strafe ließ nicht lange auf sich warten, und damit kommen wir zum letzten Teil der *Leidensgeschichte* des Pierre Abailard.[122] Seine zweite, entscheidende Verurteilung wurde durch William von Saint Thierry, der sich vom Benediktinerabt zum Zisterzienser gewandelt hatte, ausgelöst. 1139 schrieb William an Bernhard von Clairvaux: »Peter Abelard is again teaching and writing novelties. His books cross the seas, leap over the Alps. His novel statements on the faith, his new dogmas are being broadcast over provinces and kingdoms, preached with solemnity and defended with impunity to such a point that they are said to enjoy authority in the Roman Curia.«[123] William kannte viele der häresieverdächtigen Schriften nur vom Hörensagen, doch das genügte ihm bereits, Bernhard nachdrücklich auf diese Schriften, »die das Licht scheuen«, aufmerksam zu machen. Dieser schlug sofort zu: er verschickte Briefe, die Abailards häretische An- und Absichten, seinen zwielichtigen Lebenswandel und Charakter an den Pranger stellten und Verurteilung forderten. »Peter Abelard's life, conduct, and his books that are coming forth from darkness into light prove him to be a persecutor of the Catholic Faith, an enemy of the Cross of Christ. He shows that being a monk on the outside he is a heretic on the inside, having nothing to make him a monk except the name and the garb.«[124]

Bernhard von Clairvaux, der bittersüße Mystiker und Eiferer des 12. Jahrhunderts, sträubte sich energisch gegen einen Logiker in den Reihen der Engelsähnlichen. Um dem gärenden Streit ein Ende zu bereiten, wurde ein Streitgespräch zwischen den beiden Kontrahenten vereinbart. Zu diesem Streitgespräch zwischen dem Logiker und dem Mystiker ist es jedoch nie gekommen. Als Abailard vor das Konzil in Sens trat, erwartete ihn statt des Geistesturniers ein Tribunal.

Was war geschehen?

Bernhard schreibt in einem Brief an den Papst, er habe es abgelehnt, mit einem Schurken über die Fundamente des Glaubens zu diskutieren. Tatsächlich hat er es verstanden, die weinseligen Gottesdiener in der Nacht vor dem Disput davon zu überzeugen, daß Abailard verurteilt gehöre. So zitiert Jeffray Garrett Sikes[125] ein Schreiben des Mönchs Berengar, der über die nächtliche Versammlung berichtete, daß viele der Anwesenden bereits so schläfrig oder betrunken gewesen seien, daß sie nicht einmal mehr richtig sprechen konnten.

Abailard verweigerte diese Form der inquisitorischen Auseinandersetzung mit seinen Schriften, appellierte an den Heiligen Vater und verließ das Konzil, um sich nach Rom aufzumachen. Doch Bernhard war schneller. Er überschüttete den Papst und die Kardinäle förmlich mit Beweisen der häretischen Lehre Abailards. Er hatte Erfolg damit, und Papst Innozenz II. erließ am 17. Juli 1140 eine Bulle, nach der Abailards Lehren als häretisch verurteilt wurden. Abailard wurde Stillschweigen auferlegt.

Erneut wurden Abailards geschriebene Worte dem Feuer übergeben, der Papst ließ sie in der Peterskirche verbrennen. Abailard selbst erfuhr von seiner Verurteilung im Kloster Cluny, wo er auf seinem Weg nach Rom Rast gemacht hatte. Auf Anraten des Abtes von Cluny, Petrus Venerabilis, bleibt er in Cluny. Dieser bewirkte auch die Aussöhnung mit Bernhard und die Lösung Abailards vom päpstlichen Bann. Seine letzten Lebensjahre verbringt der einstige Star der Pariser Schulen als schweigsamer Mönch. Abailard starb 1142 und wurde in Paraklet mit kirchlichen Ehren bestattet.[126]

Die Frage ist: Warum forderte Bernhard so nachhaltig die Verurteilung seines geistigen Bruders, warum sollte Abailard für alle Zeiten schweigen? Um diese Frage zu beantworten, ist es notwendig, genaueres über Abailards Widersacher Bernhard von Clairvaux, der sich selbst als »Chimäre« seines Jahrhunderts bezeichnet hat, zu erfahren.[127]

Der Weg des Schmerzes: Bernhard von Clairvaux

Bernhard wurde 1091 auf der Burg Fontaines-le-Dijon als drittes Kind des Juristen Tescelin, der aus altem burgundischen Adel stammte, und dessen Frau Aleth geboren. Er kam zur Ausbildung ins Domkapitel von Châtillon-sur-Seine und trat 1112 in das Kloster Cîteaux ein. Die ersten drei Äbte von Cîteaux, Robert von Molesme, Alberich und Stephan Harding, hatten dieses Kloster gegründet, um ein Leben gemäß den Worten des Evangeliums und den Regeln des heiligen Benedikt zu führen. Namentlich der Engländer Stephan Harding hatte in keinem Kloster die von ihm ersehnte Strenge und Askese der mönchischen Lebensführung gefunden. Die Gründung von Cîteaux war der Versuch einer Reformierung des Mönchstums; man wollte einen Ort im Wald, fernab der Menschen und der Städte schaffen, wo die Mönche wie Eremiten schweigend in Gemeinschaft leben konnten. »Wenn geistliche Einheit herrscht, dann sichert die Regel des Schweigens, die von einer Vielzahl von Männern eingehalten wird, jedem die Einsamkeit seines Herzens.«[128] Armut und Stille, die Einhaltung der benediktinischen Regeln, war das oberste Ziel der Neugründung. »Sechs Tagesstunden wurden die Horen gebetet, alle drei Stunden des Tages und der Nacht. Einmal wöchentlich wurden sämtliche Psalmen durchgebetet. Essen und Schlafen war nebensächlich. Sechs Tagesstunden galten harter körperlicher Arbeit. Fünf weitere Tagesstunden gehörten intensiver geistiger Tätigkeit. Kleidung und Schuhe durften auch beim Schlafen in sargähnlichen harten Pritschen nicht abgelegt werden.«[129] Mit diesem klösterlichen Tagesablauf gerieten die Mönche an die Grenzen ihrer Belastbarkeit, und viele von ihnen starben.

Der Eintritt des jungen Bernhard von Clairvaux markiert den Wendepunkt in der Geschichte von Cîteaux. Zunächst kam Bernhard nicht allein, sondern er brachte vier seiner Brüder und fünfundzwanzig seiner Freunde mit; sodann verstand er es, andere durch sein rhetorisches Talent und seine zwingende Ausstrahlung anzustecken in der Nachfolge Christi. Drei Jahre nach seinem Eintritt in Cîteaux gründet Bernhard das Kloster Clairvaux in der Champagne. Zehn Jahre widmet er sich dem Aufbau des Klosters und beginnt 1124 seine erst mit seinem Tode 1153 endende Reise zur Verbreitung des Wortes Gottes.

Bernhards Geist, sein erbarmungsloser Wille zur Askese, sein Drang zur Eroberung unerlöster ritterlicher Seelen, seine verzehrende Vitalität und sein religiöser Eifer machen ihn zu einer herausragenden Gestalt des 12. Jahrhunderts und zur Ergänzung des Pierre Abailard. War dessen Leben, wie wir gesehen haben, reich an äußerem Unglück und inneren Kämpfen, so scheint des Heiligen Leben dagegen schnell erzählt. Es gliedert sich in eine ritterliche Jugend, die Bekehrung als junger Mann, das Werden als Abt und das Sein als gestrenger Mahner der Menschen und als Diener des Herrn. Doch während wir Abailards Werdegang anhand seiner *Leidensgeschichte* und der Briefe nachverfolgen konnten, müssen wir bei Bernhard die Zeugnisse und Schriften seines Glaubens heranziehen, um ihm näherzukommen.

Über die ritterliche Jugend des zukünftigen Heiligen wissen wir nur wenig. In einem Text Berengars wird Bernhards Redefluß kritisiert, der den Schreiber jedoch nicht verwundert, da er gehört hat, daß Bernhard in seiner Jugend lustige Verse verfaßt habe.[130] Es scheint also wahrscheinlich, daß Bernhard sein lyrisches Talent zunächst an weltlichen Themen erprobte und wie seine Brüder Verse über ritterliche Kämpfe und leidenschaftliche Liebe schrieb. Über seine Mutter Aleth wissen wir, daß sie bereits als Kind zur Nonne bestimmt war und ihre Heirat sie in schwere Konflikte gebracht hatte. Hans-Georg Jaedicke berichtet, sie habe »immer im Zwiespalt zwischen irdischer und himmlischer Bestimmung«[131] gelebt. Ihre verfehlte himmlische Bestimmung scheint sie auf Bernhard übertragen zu haben. Der Drittgeborene wird als scheu, gehemmt und depressiv beschrieben. Nach dem Tod der Mutter fiel der Siebzehnjährige in eine tiefe Depression, und drei Jahre später hatte sich der Mutter Werk vollendet: Bernhard weihte sein Leben dem Herrn und wurde Mönch.

Einer der Biographen Bernhards hat eine Geschichte über Bernhard und das andere Geschlecht überliefert: Demnach habe sich Bernhard als junger Mann bei einer Gesellschaft in ein Mädchen verliebt und sei über dieses Gefühl so sehr erschrocken, daß er von dem geselligen Ort floh. Er stürzte sich in einen Teich und blieb so lange in dem eisigen Wasser, bis »seine Einbildungskraft und seine fleischlichen Gelüste um Gnade baten«.[132] In dieser Geschichte begegnen wir zwei wichtigen Zügen des Heiligen Bernhard. Er fürchtete sein Leben lang seine körperlichen Reaktionen, denn wir können sein Erschrecken nur als ein Erschrecken über eine Erektion deuten, und er wollte die absolute Kontrolle über seinen Körper und sich selbst erreichen. Des weiteren duldet er keine Bilder außer der von Gott gewährten Vision. So stürzt er sich in sein eigenes Spiegelbild, um in seiner narzißtischen Kränkung diesem Bild seiner selbst zu entkommen und es zu zerstören.

Die strikte Ablehnung des Bildes und des Schmucks führte

Bernhard nach Cîteaux. Das reformierte Mönchstum im Wald war gegen den Prunk des einstigen Reformklosters Cluny gerichtet, wo die Mönche ein bequemes Leben führten und die Kunst einen Mittelpunkt des klösterlichen Lebens bildete. Anders als Abailard, der sich dem gelehrten Anachoretentum, dem einsamen Streben des Geistes zugewandt hatte, belebte Bernhard in den abgelegenen Klöstern, in der Wildnis das Eremitentum der demütigen Entsagung, des Schweißes und der Dornen. Über Abailard schrieb Bernhard: »Wenn er sich rühmt, Mönch oder Eremit zu sein, und wenn er sich das Recht anmaßt, zu predigen, dann soll er, muß er wissen, daß es nicht Aufgabe des Mönchs ist, zu lehren, sondern zu beweinen.«[133]

Mit ihrer Hände Arbeit machten die Zisterziensermönche die Wüste, die sie zum neuen Paradies auserkoren hatten, urbar. Den Mönchen der Armut und des Schweigens gelang es, durch präzise Beobachtung und die Lust am Experimentieren Viehrassen zu verbessern, gutes Geschirr für die Ochsen zu entwickeln, und sie waren Meister in der Metallverarbeitung. Den Engelsähnlichen zur Seite standen die Laienbrüder, die sogenannten Konversen, die im Kloster lebten und arbeiteten.[134] Diese Männer, die sich in der klösterlichen Hierarchie unterhalb der Mönche befanden, waren ungebildet und blieben es auch. Doch auch die Mönche waren nicht sehr gebildet, denn anders als in den städtischen Domschulen, wo man sich in der Auslegung des Wortes Gottes übte und danach trachtete, Turniere des Geistes zu gewinnen, lernten die Zisterzienser Demut, Andacht und Schweigen.

»Und ihr sollt euch nicht lassen Meister nennen, denn Einer ist euer Meister, Christus.« Diesen Worten aus dem Matthäusevangelium (23,10) gemäß übten sich die weißen Mönche in der Nachfolge Christi.[135]

Das Streben nach äußerster Einfachheit und die absolute Konzentration auf das Wort Gottes schlugen sich auch in den Bauten der Zisterzienser nieder. Diese zeichnen sich durch technische Brillanz und das Fehlen eines jeglichen Dekors aus. In den Kirchenräumen der Zisterzienser gibt es weder Bilder, Skulpturen noch farbige Glasfenster.[136]

»O wahrhaft ruhiger Ort, den ich würdig erachte, ein Ruhegemach genannt zu werden. Hier erblickt man nicht einen Gott, der von Zorn erregt oder von Sorgen erfüllt zu sein scheint, sondern sein Wille erweist sich hier als gut, wohlgefällig und vollkommen. Diese Schau flößt keinen Schrecken ein, sondern sie labt. Sie regt die ruhelose Wißbegier nicht an, sondern beruhigt sie. Sie ermüdet die Sinne nicht, sondern befriedigt sie. Hier herrscht wahrlich Friede. Der stille Gott stillt alles, und den Ruhenden betrachten ist ruhen.«[137]

Im Innenraum der Zisterzienserkirche dominiert nicht ein vielfarbiges Licht, sondern herrscht das weiße Licht. Es ist dies das weiße Licht des Nichts, in dem Schmerz und Schmerzlosigkeit sich zu begegnen scheinen.

Den Weg des Schmerzes ging Bernhard nach seinem Eintritt in Cîteaux. Er hungerte und suchte seine körperliche Substanz so stark zu reduzieren, daß er sich selbst als »ein bleiches Gespenst, das tief traurig sei und sich herumschleppe«[138], beschrieb. Bernhard war spätestens seit 1114 schwer magenleidend. Er erbrach sich, hungerte und litt in späteren Jahren unter Hungerödemen. Seine Füße waren immer geschwollen, und legendär ist die Einlassung im Chorgestühl für das von ihm Erbrochene.[139] Der Versuch der Klärung der möglicherweise psychopathologischen Hintergründe dieses bewußt herbeigeführten körperlichen Verfalls – trotz dem Bernhard dreiundsechzig Jahre alt wurde – trägt wenig dazu bei, die Faszination, die von diesem ausgemergelten, besessenen Mann ausging, zu klären. Bernhard aß allein das Wort Gottes und sehnte sich gleichzeitig danach, von diesem Gott verschlungen zu werden. Er schreibt über das Kosten, Riechen, Rülpsen und Erbrechen des Wortes Gottes.

»So achtet heftig brennende Liebe, zumal die göttliche Liebe, wenn sie sich innerlich nicht mehr zurückhalten läßt, nicht darauf, in welcher Länge oder Kürze sie sich ergießt, solange sie nur daraus keinen Nachteil für sich wittert. Zuweilen sucht sie nicht nach Worten, zuweilen nicht einmal nach Lauten, sondern begnügt sich mit bloßen Seufzern. Daher kommt es, daß die Braut in ihrer heiligen, unglaublich lodernden Liebesflamme und aus dem Bedürfnis, sich vor Hitze irgendwie ein bißchen auszudampfen, nicht überlegt, womit oder wie sie sich Luft machen soll. Was ihr gerade in den Mund kommt, spricht sie, nein, bricht sie im Drange der Liebe heraus. Und wäre ein Erbrechen so unwahrscheinlich, wenn man wie sich gestärkt und angefüllt hat?«[140]

Die mystische Erfahrung der Einswerdung mit Gott beschreibt Bernhard mit einer Essensmetapher; der hungernde Heilige[141] nährt sich von dem Wort Gottes und identifiziert sich mit dem Opfer der Messe: »Das ist mein Leib, für Euch ist er hingegeben, das ist mein Blut, für Euch ist es vergossen.«[142]

Das Bild des abgemagerten, leidenden Heiligen steht für die Fleischwerdung des Wortes. Bernhard gemahnt die Menschen an die Leiden Christi und das für sie vergossene Blut.

Bernhard war seit seinem Eintritt in das Kloster auf Seelenfang. Er wurde zum Schrecken der ritterlichen Familien, da er nichts unversucht ließ, junge Ritter für die mönchische Sache zu gewinnen. Seine gefürchtete Wirkung auf noch der Weltlichkeit verhaftete Seelen kommt in der von seinem ersten Biographen, William von Saint-Thierry, erzählten Geschichte vom sogenannten Bierwunder zum Ausdruck:

»It is related that a troop of noble soldiers – nobilium cohors militum – turned off the route on which they were journeying in order to visit Clairvaux and see its holy abbot. The holy season of Lent was approaching and almost all these young men, who were dedicated to secular knighthood, went about from one jousting ground to another to take part in tournaments. Bernard asked them to lay down their arms during the few days before Lent began, but they obstinately refused to heed his advice. So he summoned one of the brethren to bring some beer, which he blessed. They drank and rode off, but soon returned to Clairvaux to enlist in the spiritual knighthood. Some of them are still warring for God – adhuc militant Deo – while others now reign with him.«[143]

Seine eigene Familie war von seinem Errettungseifer nicht ausgeschlossen. Nachdem er seine leiblichen in seine geistigen Brüder verwandelt und den Widerstand seiner dem Leben zugeneigten Schwester gebrochen hatte, bat auch sein Vater um Aufnahme ins Kloster. Somit hatte sich das verhinderte himmlische Streben der toten Mutter erfüllt, und zumindest all ihre Kinder und ihr Mann weihten ihr Leben dem Herrn. »Sollte auch dein Vater sich auf die Türschwelle legen, deine Mutter mit fliegenden Haaren und zerrissenen Kleidern dir die Brüste zeigen, an denen du genährt worden bist, schreite hinweg über den Leib deines Vaters, über den Leib deiner Mutter, und mit trockenen Augen eile hin zur Fahne des Kreuzes. Der höchste Grad der kindlichen Liebe ist in einem solchen Falle, grausam zu sein für Christus.«[144]

Bernhard will seine Blutsverwandtschaft gleichsam auslöschen, für ihn hat nur noch die Zusammengehörigkeit durch das Wort Gottes Gültigkeit. Seine leiblichen Verwandten werden zu seinen Brüdern und Schwestern im Geist, er scheint seine Herkunft dadurch nichtig machen zu wollen. Bernhard erschafft sich eine Familie ohne die Bande des Blutes, die allein durch den Glauben an das Wort Gottes verbunden ist.

Nachdem er zehn Jahre lang Abt in Clairvaux gewesen war, machte er sich 1124 auf, das Wort des Herrn in der Welt zu verbreiten. »Päpste waren seine Schüler und Könige seine Kreaturen«[145], schrieb Schiller über Bernhard an den Geheimrat von Goethe, und er hatte Recht damit. So wurde 1146 mit Eugen III. einer seiner Schüler zum Papst gewählt, und er selber verteilte jahrzehntelang seinen strengen Rat unter den Mächtigen seiner Zeit. In den dreißig Jahren seiner Mission säte er Gewalt und predigte er Liebe. Die Gewalt richtete sich gegen die Ketzer im eigenen und die Ungläubigen im fremden Land; seine honigsüße Liebe galt der Mutter Gottes.

Um 1130 verfaßte Bernhard seine berühmt gewordene Schrift *De laude novae militiae*, in der er die jungen Männer aufruft, sich dem geistlichen Ritterorden der Templer anzuschließen. Er unterscheidet in dieser Schrift feinsinnig zwischen der neuen militia und der alten militia, die in Wirklichkeit malitia, also übles Tun, sei. »Der Kampf gegen die inneren und die äußeren Feinde des Glaubens ist also die einzig wahre militia für einen Christen, eine militia, die, um ihn vor den Versuchungen und Verlockungen der Welt zu bewahren, mit den Gelübden mönchischer Existenz der Armut und der Keuschheit ebenso wie mit der Pflicht des absoluten Gehorsams gegenüber einem Meister verbunden ist.«[146] Im Templerorden verschmelzen die alten und die neuen Ideale Bernhards: Den Glanz des Rittertums seiner Jugend verband er mit seinem spirituellen Kampf als Diener Gottes. Die Ritter der nova militia stritten mit dem Schwert für ihre mönchischen Ideale, sie haben ihren fleischlichen Gelüsten wie den Ungläubigen den Kampf angesagt. Die Ritter der geistlichen Orden sollten ihr Blut für den Herrn vergießen und sein Wort in der Welt verbreiten. Bernhard wurde zu einem der wichtigsten Propagandisten des zweiten Kreuzzuges, für dessen Aufbruch er mit dem Slogan »Gott will es« in ganz Europa warb.[147]

Wie er den Herren des Schwerts zu einem geistlichen Sinn in ihrem blutigen Kampf verhalf, so belebte er umgekehrt auch den kämpferisch-ritterlichen Geist der Mönche.[148] Bernhard nutzte sein rhetorisches Talent, seine charismatische Ausstrahlung, seine Kenntnis der Worte Gottes, um in den jungen, ungestümen Männern Aggressionen und Kampfbereitschaft zu wecken. Sie wurden zu »bellatores pacificii« und stritten gegen ihre inneren und äußeren Feinde. Bernhard überzeugte sie davon, daß sie durch ihren alltäglichen Kampf um Askese wichtige Figuren in dem Heilsplan Gottes seien.[149]

Doch Bernhard überschüttete die Menschen des 12. Jahrhunderts nicht nur mit seinen haßerfüllten Ausbrüchen gegen die Feinde Gottes, er war auch der »Minnesänger der Gottesmutter«, so Papst Eugen III. über seinen ehemaligen Lehrer. 1124 oder 1125 begann Bernhard, in seinem elften Brief über die Liebe zu schreiben, und hörte bis zu seinem Tode nicht mehr damit auf. Am bekanntesten ist sein Kommentar zum Hohen Lied, den er 1135 begann und der unvollendet blieb.

»Die breite Auslegung seiner Hoheliederklärung, die allein den beiden ersten Versen zwanzig Predigten widmet und so nur den vierten Teil des biblischen Textes erklärend bewältigt, gestaltet einen vielseitigen Reichtum der Beleuchtung, wie man ihn von keinem Kommentar erwarten durfte. Bernhard verzichtet nicht auf eingehende Behandlung eines jeden zur Rede stehenden Wörtleins und ist hierin oft von unübertrefflicher Eindringlichkeit der Interpretation, der Überzeugung gemäß, daß in der Schrift nicht die kleinste Silbe bedeutungslos sei.«[150]

Im Frankreich des 12. Jahrhunderts wurde nahezu zeitgleich mit der ritterlichen Liebe zur hohen Dame die spirituelle Liebe zur Mutter Gottes beschworen. Bernhard war ein Neuerer der kirchlichen Marienlehre.[151] Die Mutter Gottes, die in seinen Visionen auch an sein Lager trat und ihn, den Unberührten, durch ihre Berührung vom Schmerz befreite, galt ihm als Mittlerin zwischen Christus und der Kirche. Wie er es verstand, durch seine Worte den Ritter im Mönch zu wecken, verstand er es, die Liebe zu Maria in seinen Zuhörern wachzurufen. Ich übertreibe sicherlich nicht, wenn ich feststelle, daß Bernhard die der Enthaltsamkeit verpflichteten Mönche zu einem »spirituellen Liebesspiel«[152] aufforderte. Als Beispiel zitiere ich eine Stelle aus dem Hohen Lied, in der die gottsuchende, bräutliche Anima ihrer leidenschaftlichen Sehnsucht nach dem Gott Bräutigam Ausdruck verleiht:

»Sein lebendiges, wirksames Wort ist mir ein Kuß; keine Vereinigung der Lippen zwar, die zuweilen Herzenseintracht heuchelt; wohl aber ein Erguß von Wonnen, ein Aufschluß von Geheimnissen, eine wunderbare, gewissermaßen kaum zu scheidende Vermischung des himmlischen Lichtes mit dem erleuchteten Geist. (...) Selbst Erscheinungen von Engeln sind mir zum Überdruß. Mein Jesus überragt ja auch diese hoch an Gestalt und Schönheit. Keinen andern also, sei's Engel oder Mensch, nur ihn fordere ich auf, mich mit dem Kusse seines Mundes zu küssen. (...) Meine Bitte ist: er möge mich mit dem Kusse seines Mundes küssen!«[153]

Seine Sprache war erotisch aufgeladen, und er beschwor die gottgeweihte, erlösende Verführung durch die Jungfrau.[154]

Eine der wohl aufregendsten legendären Visionen des heiligen Bernhard ist die, die ihm in der Kirche Châtillon-sur-Seine gewährt wurde. Er hatte dort vor einer Statue der Jungfrau das Ave Maria Stella gebetet, und als er bei den Worten »Monstra esse matrem« angelangt war, erschien ihm die Mutter Gottes, entblößte ihre Brust und ließ drei Tropfen Milch auf seine Lippen fallen (lactatio mystica). Diese Szene ist fester Bestandteil der Ikonographie des Heiligen Bernhard (zum Beispiel von Filippino Lippi »Die Vision des heiligen Bernhard«). Man kann aus dieser visionär erlebten Nahrungsaufnahme des hungernden Heiligen schließen, daß er von der Brust träumte, »die niemals frustriert«.[155]

Bernhard von Clairvaux lehrte die Kunst der erfüllenden Entsagung als Bestandteil der religiösen Erfahrung. Ulrich Köpf[156] kennzeichnet die drei Merkmale religiöser Erfahrung bei Bernhard folgendermaßen:

»1. Er (der Erfahrungsvorgang, K. W.) vollzieht sich im Innern des Subjekts und richtet sich nicht auf die Außenwelt.
2. Er spricht den Affekt an.
3. Das erfahrende Subjekt verhält sich in ihm passiv.«

Nach Bernhard von Clairvaux muß der Mönch unentwegt bemüht sein, sich selbst zu erkennen. Dieses Streben nach Selbsterkenntnis führt der Überzeugung des Heiligen zufolge unweigerlich dazu, daß man sich als ein verunstaltetes Ebenbild Gottes erkennt. Der Mensch muß denjenigen, der aus ihm geworden ist, mit Distanz betrachten und als fremd erkennen, um sodann bereit zu sein für die Einswerdung mit Gott.[157]

Der vom Wort Gottes Getroffene steht außerhalb seiner eigenen Vernunft.

»Dieses Wort ruft und führt den Einzelnen zu sich zurück und stellt ihn vor das eigene Antlitz. Es ist nicht nur Wort, es ist zugleich Licht, das dem Menschen seine Sünden zeigt. Es ist ein einziger innerer Vorgang, der damit beschrieben wird. Der Sohn Gottes, der zugleich Wort und Licht ist, bewirkt, daß der Mensch sich selbst erkennt, wie er in Wahrheit ist: mit Sünden bedeckt, von sich selbst in seinem Gewissen gerichtet. Jeder muß als einzelner und proprio experimento lernen, was zu tun ist. Er muß dazu sein Ohr nach innen wenden, die Augen seines Herzens dahin zurückwenden. In dieser Reflexion erkennt er sich wirklich; das ist der Weg, auf dem Gott uns sein Heil zeigen will.«[158]

Die Erkenntnis, ein unwürdiges Ebenbild Gottes zu sein, ist für Bernhard die unabdingbare Voraussetzung dafür, um den Weg zu Gott zu finden. In seiner Suche nach Gott muß der Mensch seinen eigenen Willen aufgeben. Nur wenn er über keinen Eigenwillen mehr verfügt, kann die Seele die Liebe Gottes erfahren. Die ekstatische Vereinigung der Seele mit Gott, die Einswerdung, entsteht nach Bernhard durch die totale Harmonie von Intellekt, Gefühl und Willen.[159] Das mystische Erleben des Heiligen Bernhard ist ganz nach innen gerichtet und gleicht einer beglückenden Implosion.

Bernhard berichtet über seine Einswerdung mit Gott, über seine Technik des »affektiven Mystizismus« in einer Sprache der Liebe, und seine religiösen Erfahrungsberichte/gedichte gehören der abendländischen erotischen Literatur an.

Nachdem dem Gläubigen die beglückende Implosion visionären Schauens zuteil geworden ist, wird er nach Bernhard aktiv:

»Aus der positiven Erfahrung, der Heilserfahrung, entspringt nämlich eine zweifache Aktivität: einmal erzeugt sie den unwiderstehlichen Drang, das Erfahrene in Worte zu fassen und weiterzugeben (›Aus der Überfülle des Herzens redet der Mund‹, Mt 12,34), zum andern erregt sie das Verlangen nach Wiederholung und Verstärkung (›Wer mich ißt, den wird weiterhin hungern, und wer mich trinkt, den wird weiterhin dürsten‹, Eccl 24,29)«.[160]

Nach dieser Darstellung Bernhardscher Mystik sind wir an dem Punkt der eingangs gestellten Frage angekommen: Warum forderte Bernhard so nachhaltig die Verurteilung seines geistigen Bruders, warum sollte Abailard für alle Zeiten schweigen?

Bernhard von Clairvaux muß den Glaubensakt (fides qua creditur) schützen, er muß den Glanz des Wortes Gottes und den Glanz des vergossenen erlösenden Blutes Christi bewahren vor einem Gelehrten, der das Wort Gottes in Stücke schneidet und zuerst begreifen will, bevor er glauben kann. Bernhard ist ein Vertreter der Hermeneutik der passiven Erfahrung, die sehend macht; er wirft Abailard Stolz, Hochmut und theologische Spekulation vor. »Bernhard ging soweit, Abaelards ›Vernünftigkeit‹ für unvernünftig, weil sachfremd, zu halten: Was sei vernunftwidriger, als zu versuchen, die Vernunft zu übersteigen?: ›Quid enim magis contra rationem quam ratione rationem conari transcendere?‹«[161]

Bernhard, der Mystiker aus dem Wald, der den schlichten Glanz der Zisterzienser erfolgreich organisiert hatte und dessen Worte das einzige sind, dem er Dekor angedeihen ließ, will, daß der gelehrte, scharfsinnige Mönch und einstige Star der Pariser Schulen für immer schweigt. Abailard, obwohl bestraft und bekehrt, verletzt für ihn das Geheimnis der Göttlichkeit. Sein Vorwurf lautet, Abailard spekuliere und wolle mittels seines Verstandes in die Geheimnisse Gottes eindringen, obwohl er den Weg der Selbsterkenntnis noch nicht gegangen sei. In einem gegen Abailard gerichteten Brief an den Papst (Epistola 190) schrieb er: »Abälard kenne alles, was im Himmel und auf Erden ist, nur sich selbst nicht; er kenne nicht den Ausdruck: ›Das weiß ich nicht‹; er gebe der Rede Zutritt zur Domäne des Göttlichen und spreche immoralisch über ethische Probleme; unter seinem Wirken werde alles Bekannte deformiert und brutal.«[162]

Abailard vertritt im Gegensatz zu der nach innen gerichteten Schau des Heiligen die aktive, nach außen gerichtete, wissenschaftliche Disputation; er ist ein Vertreter der Hermeneutik des aktiven Verstehens. Bernhard träumt von der erschwiegenen Vision und Abailard vom beredt erstrittenen Sieg im Turnier des Geistes. Abailard ging es um den Glaubensinhalt (fides quae creditum), um das mit dem Verstand Begreifbare dessen, was man glaubt. Bernhard sagt: »Der Glaube der Gläubigen glaubt, er diskutiert nicht.« Abailard sagt: »In der Tat werden wir durch Zweifeln zur Suche angeregt; durch Suchen erfassen wir die Wahrheit.«[163] Abailard war bemüht um die Konkretion der Sprache, um den nicht affektiven Ausdruck, während Bernhard geradezu mit einer aufgeladenen, affektiven Sprache arbeitete, um die Seelen zur Umkehr zu bewegen. Abailard, der begnadete Logiker, war ein Meister in der Kunst, die falschen von den richtigen Argumenten zu unterscheiden, während Bernhard, besessen von der Richtigkeit seiner Mission, die Menschen mit seinen Wortausbrüchen überschüttete. Seine Worte waren ein endloser und zermürbender Angriff.[164]

Zur Illustration dieses unterschiedlichen Gebrauchs der Worte sollen die Vorstellungen Abailards und Bernhards über den Kampf gegen die Häretiker herangezogen werden.

»Während Abaelard dafür eintrat, die Häretiker durch die innere Gewalt von zwingenden Argumenten zu überwinden, konnte Bernhard nicht umhin, mit der überredenden Gewalt seiner von affektiven Kräften durchdrungenen Sprache die äußere Gewalt des kirchlichen Amtes zum Kampf gegen diejenigen herauszufordern, die nach seiner Meinung den Glauben der Christenheit bedrohten. Bei Abaelard verbleibt die Aktion also innersprachlich, während Bernhard mit sprachlichen Mitteln eine außersprachliche Handlung zu initiieren versucht, nämlich die Vernichtung der Karriere Abaelards durch die kirchliche Obrigkeit, die ihn zum Schweigen bringen, also der Möglichkeit, in der Sprache zu handeln, berauben soll.«[165]

Ist für Bernhard der Ausgangspunkt religiöser Erfahrung die Erkenntnis des Selbst als eines verderbten Ebenbildes Gottes, so geht Abailard von den Worten aus, um so zur Erkenntnis vorzudringen. Sein Weg führt ihn über die Betrachtung des sprachlichen Ausdrucks.

Bernhard von Clairvaux ist der Heilige aus der selbstgewählten Wüste, der die besinnungslose Hingabe in der Liebe zu Gott predigt und dessen Mönche begierig sind, seine erotischen Geschichten über die Jungfrau zu hören; sie sind durch ihn Ritter einer neuen Liebe geworden, der Liebe zu Maria. Bernhard ist der wortgewaltige Vertreter der Schweigsamkeit und eine aggressive politische Instanz des 12. Jahrhunderts. Seine haßerfüllten Worte gegen die Ungläubigen dröhnen durch dieses Jahrhundert, das gleichzeitig von seinen honigsüßen Liebesschwüren zur Mutter Gottes durchdrungen ist. Bernhard predigt das Einswerden mit dem Wort, die Meditation in Stille und Abgeschiedenheit, die den Gottgeweihten in eine ekstatische Verzückung bringt. Das eine Wort birgt für ihn den Abglanz der Herrlichkeit und die Erlösung wird dem Menschen durch das Blut Christi gewährt.

Abailard ist der aus der Stadt vertriebene Kleriker, der in der Arena des Geistes seine Widersacher mit seinem berüchtigten Scharfsinn niedergestreckt hat. Die von ihm geführten Diskurse um die Bedeutung der Worte sind Diskurse, die bereits die neuen Sphären der Macht definieren. Für Abailard ist die Analyse des sprachlichen Ausdrucks die Waffe des Logos. Nicht das eine Wort, das nach innen führt, steht im Mittelpunkt seines Denkens, sondern das Verständnis des Satzes, die grammatikalische Konstruktion, das System der Worte, das Sinn macht.[166] Für Abailard bergen die Worte den Zweifel und die Fragen, die uns zu den Geheimnissen Gottes führen.

Das Denken von Bernhard von Clairvaux und das Denken von Pierre Abailard strebt den Kathedralen gleich in die Höhe. Bernhards meditative Suche ist nach oben hin zu Gott gerichtet, der in einer ekstatischen Einswerdung dem Gläubigen einen Zustand der höchsten Klarheit und Konzentration gewährt.

Auch Abailards rationale Suche nach der Wahrheit ist nach oben hin gerichtet; er spitzt seinen Zweifel zu, er treibt ihn mittels seines Scharfsinns in die Höhe, so daß ihm Gott Einsicht in seine Geheimnisse zu gewähren vermag.

Von der einfachen zur reflektierten Differenz: Bernhard begeistert das Blut mit Worten; Abailard will aus den Worten die Spur des Blutes lesen. An die Ritter wenden sie sich beide: Abailard wird zum Ritter des Wortes, und Bernhard macht die Ritter zum Bestandteil seiner Liebe zur Mutter Gottes.

Das gegenseitige Suchen und Finden der Wahrheit, das Bernhard und Abailard verbindet und trennt, ist geprägt vom Gleichgewicht der höchsten Spannung, das den abendländisch-christlichen Geist ausmacht.

Auf Liebe und Tod: Der Ritter und die hohe Dame

Das 12. Jahrhundert war nicht nur das Jahrhundert der Kathedralen, der Städte und der Liebe zur Mutter Gottes, sondern auch das Jahrhundert der ritterlichen Tugenden, der höfischen Liebe und der Turniere. Wie wir im vorangegangenen Kapitel gesehen haben, gewinnt der Begriff »miles« seit dem 11. Jahrhundert zunehmend an Bedeutung. Dieser Prozeß setzt sich im 12. Jahrhundert fort, und mit den ritterlichen Tugenden will sich jeder berittene Laie – ob König oder Krautjunker – schmücken.[167]

Welches waren nun diese begehrten Tugenden?

Treue hielt die Männerfreundschaften zusammen. Die Vasallentreue war der »Kitt« der feudalen Gesellschaft, und nach Dominique Barthélmy[168] waren diejenigen Gruppen am stabilsten, in denen Vasallität und Verwandtschaft zusammenkamen. Der Herr war dem Vasallen der nächste und treuste Mensch, wie man aus den Versen aus dem Doon de Mayence entnehmem kann:

»Wenn mein Herr gemordet ist, will ich getötet werden. Gehängt? Mit ihm mich hängt.
Dem Feuer übergeben? Ich will verbrannt werden.
Und wenn ertränkt er wurde, so werft mich mit ihm hin.«[169]

In diesen Versen kommt die Absolutheit der Bindung des Vasallen an seinen Herrn zum Ausdruck. Diese war vor allem eine körperliche, da der Vasall mit seinem Körper, mit seinem Blut, für seinen Herrn einstand und dieser wiederum ihn und sein Land mit der ihm zur Verfügung stehenden Macht schützte. Im 12. Jahrhundert entwickelte sich nach ebendiesem Vorbild der Vasallentreue die höfische Liebe, die Unterwerfung des Ritters unter die hohe Frau.

Tapferkeit hieß, den Willen, ein Held werden zu wollen, unter Beweis zu stellen, hieß, immer angriffsbereit und kraftvoll besonnen im Vorgehen zu sein. In den ritterlichen epischen Gesängen, den chansons de geste, wurde die ritterliche Tapferkeit in endlosen Versreihen beschworen, und sie machten den Wunsch des Zuhörers, ein ebensolcher Held werden zu wollen, nahezu zwingend. Im 12. Jahrhundert wurde Tapferkeit weniger im »jungen, frischen Krieg« als bei Turnieren unter den Augen der Damen und dem Trommelwirbel der Herolde unter Beweis gestellt.

Freigiebigkeit, zu der der Ritter verpflichtet war, bedeutete, er mußte das, was er gewonnen hatte oder besaß, freigiebig verschenken. Durch Geschenke gewann er Verbündete, und die Bande der gegenseitigen Verpflichtung wurden dadurch gestärkt. »Der Ruf nach Freigiebigkeit gründet also auf einer vom feudalen Leben selbst gebotenen Notwendigkeit. Gerade die der Bildung mächtiger und unabhängiger Territorien zustrebenden Großvasallen mußten sich dieser Notwendigkeit öffnen, um ihre belehnten Vasallen und den zugleich besitzlosen Kleinadel an sich zu fesseln.«[170]

Die ritterliche Tugend der Freigiebigkeit ließ sich in Zeiten aufkommender Geldwirtschaft nur schwer aufrechterhalten, und die Ritter finanzierten ihr standesgemäßes Verhalten durch Verschuldung. Während sich in den Städten in den Truhen der Bürger das Geld sammelte, mußten es die Ritter von denselben leihen, um es zur Aufrechterhaltung ihrer sozialen Position, ihrer Standesehre, wieder vergeuden zu können. Es war dieser Kreislauf, der die ritterlichen Tugenden zersetzte. So konnte sich der kriegsunwillige Vasall zum Beispiel bei seinem Herrn vom Dienst freikaufen; dieser verteilte oftmals das solcherart gewonnene Geld unter den anderen Rittern, um deren Kampfesbereitschaft zu erhöhen. Der körperliche Treueeinsatz, das zu vergießende Vasallenblut, konnte mit Geld aufgewogen werden.

Die neue Macht des Geldes war auch in den ritterlichen Selbstinszenierungen, in den Turnieren, allgegenwärtig. Im Turnier nutzte der Ritter, häufig geschmückt mit den Farben der von ihm geliebten Frau, seinen öffentlichen Auftritt zur Darstellung seiner selbst als furchtloser, todesmutiger, liebender Held.

»Diese Selbstdarstellung kreiste um den Begriff der ritterlichen Ehre. Sie war an einen umfangreichen Tugendkatalog gebunden, in dem Treue, Tapferkeit, Minnedienst und Affektkontrolle eine große Rolle spielten. Ritterliche Ehre äußerte sich in völliger Hingabe an das Objekt des Dienstes und der Verehrung – den Fürsten bzw. die Dame –, ging aber zudem, gleichsam als notwendiges Korrelat, mit dem Anspruch auf herausgehobene persönliche Würde und Selbstbehauptung einher.«[171]

Georges Duby hat den Zusammenhang von Krieg und Geld in seinem Aufsatz *Krieg und Gesellschaft im Europa der Feudalzeit* aufgezeigt. Er spricht im Zusammenhang mit dem 12. Jahrhundert von einer regelrechten »Turnierbegeisterung«. Die Ritter konnten sich in diesem Scheinkrieg in der neuen Kunst des Lanzenstechens üben, sie konnten sich selbst darstellen, sich die Zeit vertreiben, und sie konnten Geld verdienen. »Das Turnier ist der einzige Ort dieser Gesellschaft, wo ein Ritter ebensoschnell reich werden kann wie ein Händler oder der Anführer einer Söldnerschar.«[172] Er hebt besonders hervor, daß diejenigen, die im Turnier kämpften, der Gruppe der »Jungen« angehörten, das heißt, es waren diejenigen jungen Männer, die bereits zum Ritter geschlagen worden waren, jedoch noch unverheiratet durch die Lande zogen. Im Gegensatz zu der häufigen Annahme handelt es sich beim Turnier des 12. Jahrhunderts nicht um ein Duell, sondern um einen Tumult. Das Ziel der Auseinandersetzung bestand darin, die Geschlossenheit des gegnerischen Trupps zu sprengen, die Kämpfenden auseinanderzutreiben und die heillose Verwirrung zu nutzen, um Gefangene zu machen. Und mit diesen Gefangenen wiederum machte man Geld. Nicht nur, daß alle Turnierteilnehmer bezahlt wurden – und zwar um so höher, je gefürchteter sie waren –, auch wurde für die gefangengenommenen Ritter ein Lösegeld verlangt. Dieses Lösegeld konnten die Unglücklichen oftmals nicht bezahlen, und so wurden sie auf ihr Ehrenwort hin freigelassen. Sie mußten zusehen, im nächsten Turnier Gefangene zu machen, um ihre Schuld begleichen zu können.

Es waren die Söldner, die nicht berufenen und nicht berittenen Kämpfer, die nach Duby dem Krieg ein neues, ein grausames Gesicht gaben. Die Söldner kämpften mit nicht ehrenwerten Waffen (Messer, Armbrust, Bogen), und sie brachten die Ritter um ihre Unverletzlichkeit. Die Wiederherstellung der Unverletzlichkeit machte eine Veränderung der Rüstungen notwendig, die ritterliche Ausrüstung wurde zum Panzer. So wurden dem eisernen Kettenpanzer an Rücken, Brust, Ellbogen und Knien eiserne Platten unterlegt. Im 15. Jahrhundert schließlich war der Ritter von Kopf bis Fuß gestählt, und es genügte, ihn vom Pferd zu stoßen und dem Fußvolk zu überlassen, da er sich nicht mehr bewegen konnte.

Die Kirche war ein entschiedener Gegner des Turniers. Innozenz II. erklärte 1130 seinen Abscheu gegenüber den Messen und Märkten, »die gewöhnlich Turniere genannt werden, bei denen sich Ritter nur deshalb zu treffen pflegen, um ihre Kraft und Tollkühnheit zur Schau zu stellen«.[173] Das II. Laterankonzil, das neun Jahre später stattfand, bekräftigte diesen Standpunkt, und die Kirche verbot es, diejenigen, die bei einem Turnier gestorben waren, in geweihter Erde zu bestatten. Die kirchlichen Würdenträger wollten das Vergießen von Christenblut im Spiel nicht dulden. Doch die Einwände der geistlichen Herren, die ihrer Eitelkeit in glanzvollen Liturgien oder öffentlichen Disputationen, den Turnieren des Geistes, frönten, verfing bei den Herren des Schwerts nicht. Zu groß war die Verführung durch das Abenteuer, war der Wunsch, eine glänzende Heldentat vor den Augen der begehrten hohen Dame zu begehen. Es ist gerade die Anwesenheit der Damen, die aus dem Kampf ein gesellschaftliches Ereignis macht.

Das Ideal des Ritters finden wir denn auch in einer der zahlreichen Anekdoten über Eleanore von Aquitanien wieder. Es wird berichtet, viele junge Ritter hätten sich zu der schönen Eleanore hingezogen gefühlt und seien bereit gewesen, für sie zu sterben. Eines Tages nun verlangte die hohe Dame, daß nur der ihr Ritter sein sollte, der nackt, einzig mit einem Hemd von ihr bekleidet, gegen einen Ritter in eiserner Rüstung antritt. Der Ritter, der diesen Kampf für sie wagte, wurde schwer verletzt. Sie ließ ihn in ihre Gemächer bringen und pflegte ihn. Eleanore von Aquitanien[174] dankte »ihrem« Ritter sein folgsames Verhalten, indem sie auf dem Fest nach dem Kampfe das mit seinem Blut befleckte Hemd trug.

In dieser kleinen erotischen Geschichte sind die Ingredienzen des höfischen Traums versammelt: die hohe Dame, die mit gestrengen Worten ihre Forderungen stellt, der ihr in Liebe ergebene Ritter, der sein Blut für sie vergießt, und der Fürst, ihr Gemahl, an dessen Seite sie beim Fest in ihrem mit dem Blut des »Anderen« befleckten Hemd sitzt.

In der ritterlich-höfischen Literatur des 12. Jahrhunderts, die die wichtigste uns überlieferte Ausdrucksform dieser Kultur ist, geht es um das Wesentliche, um die essentials, im Leben eines Ritters: um Krieg und Liebe.[175] Sie sind mit der Person des vollkommenen Ritters zwingend verbunden, »sie gehören zu seiner Definition, so daß er keinen Augenblick ohne Waffenabenteuer und keinen Augenblick ohne Liebesverstrickung sein kann – würde er es, so verlöre er sich selbst und wäre kein Ritter mehr«.[176] Der Krieg und die Liebe sind diejenigen Bereiche, in denen weder der »Staubfuß« aus der Stadt noch der Geistliche erfahren waren – Liebe und Krieg waren das klassische Terrain der ritterlich männlichen Selbstvollendung. So war der fürstliche Hof, an dem sich die eitlen, ehrgeizigen Männer zusammenfanden, der Ort der Gegenbewegung zur städtischen Ansammlung. Die von den in der Stadt lebenden Bürgern vertretenen Werte, der Zusammenschluß der Gleichen und das erfolgreiche Ansammeln von Geld sind Werte, die nivellieren. Am fürstlichen Hof dagegen werden der Mut, die Tapferkeit und die sinnenfreudige Entsagung geübt, die dem Einzelnen zur öffentlichen Darstellung seiner Selbstvollendung als Ritter verhelfen. Die Spiele, mit denen sich die Ritter die Zeit, und das heißt, ihr Leben vertrieben, waren Spiele, die explizit ihrem Stand vorbehalten waren, sie gehörten zu ihren Privilegien.

Doch der Code der Männlichkeit, der an König Artus' Tafelrunde und anderswo ersonnen wurde, gehörte der Welt des Imaginären an. Tatsächlich hatten die ritterlichen Werte an Bedeutung verloren. Der ritterliche Auftrag, die Menschen mit ihrem Schwert vor den sichtbaren Mächten zu schützen, hatte in Zeiten des Söldnerwesens an Wichtigkeit eingebüßt, und ihre lehnsherrschaftliche Organisation wirkte in Zeiten aufkommender Geldwirtschaft ineffektiv und anachronistisch. Was jedoch an der ritterlich-höfischen Kultur bedeutsam ist, ist gerade die Beschwörung einer vergangenen oder nie existenten Welt, in der die Ideale des Krieges und der Liebe dominieren. Die einstmals auf Raub, Zerstörung und Blutvergießen basierende Männergemeinschaft begann neue

Wertigkeiten und neue Riten zu entwickeln. Das Ideal der höfischen Liebe, das Besingen der hohen Dame in unzweideutiger Weise, richtete sich auch gegen die Kirche und deren Vorstellungen von einer tugendhaften Ehe.[177]

Die Kirchendiener hatten die Ehe als eine Zweckgemeinschaft zur Vermischung des Blutes zweier Familien und als Verbindung zweier gottesfürchtiger Geschlechtswesen entworfen. Liebe in der Ehe bedeutete nach ihren Vorstellungen, sich zum Zwecke der Fortpflanzung in »ernster Lust« (Michel Montaigne) zu paaren. Die Herren des Schwerts wollten sich offenbar jedoch nicht von der Kirche auf das Glück im Jenseits vertrösten lassen. Sie feierten denn auch in der höfischen Liebe ein Spiel, das unter Einsatz von Ehre und Tapferkeit Glück auf Erden verheißt.[178] In der hohen Liebe sind der Liebende und die hohe Dame durch die süßen Worte des Begehrens und Verlangens in einer intimen Beziehung miteinander verbunden, einer intimen Beziehung, die die geistlichen Herren alleine zu überirdischen Wesen erlauben. Der Unterschied zwischen den geistlichen und den weltlichen Herren ist seinem Charakter nach sexueller Art. Es ist von daher nicht verwunderlich, daß die Ritter, um ihre Autonomie zu betonen, ihre Beziehungen zu Frauen thematisierten. Die Turniere der Liebe, ob zu Pferde oder mit der Laute, die unter den Augen der Begehrten, Unerreichbaren stattfanden, waren die perfekte und verhängnisvolle abendländische Mischung aus Liebe und Krieg.[179]

Welches nun die Gründe für diese fruchtbare Selbstreflexion waren, darüber gibt es verschiedene Forschungsansätze. So sehen Georges Duby und auch Erich Köhler[180] die Idee der höfischen Liebe eng verbunden mit der Situation der »Jungen«, der noch nicht Belehnten oder niederen Ritter, und sie betrachten die Liebe als ein gesellschaftliches Ordungsprinzip. Ursula Peters dagegen betont die Beteiligung des Hochadels an der Ausbildung der Troubadourlyrik. Sie wertet diese Beteiligung nicht als Zustimmung des Hochadels zu einem Ideal der ihnen untergebenen Ritter, sondern vertritt die Ansicht, diese hätten ein Interesse daran gehabt, »ein die châtelains und deren Vasallen miteinbeziehendes Standesbewußtsein zu fördern, das die freiwillige Unterwerfung, den Dienst an Gott, der Kirche und den pauperes zur höchsten Auszeichnung erhob«.[181]

Wichtig in unserem Zusammenhang ist der Konsens, der sich über das Phänomen der höfischen Liebe in der Forschung abzeichnet: »Der höfische Frauendienst war keine gesellschaftliche Realität; die ›höfische Liebe‹ existierte lediglich als ›a mode of thought‹ bzw. nur in der Literatur.«[182] Entscheidend ist also nicht, ob es die höfische Liebe als gesellschaftliche Praxis gegeben hat, entscheidend ist, daß die Vorstellungen von der höfischen Liebe in Worte gefaßt, diese vorgetragen wurden und damit eine Sprache der Liebe und der Lust geschaffen wurde. Diesen Punkt betont auch Karl Voßler in seiner Studie über den »süßen neuen Stil«, wenn er über die Troubadoure schreibt: »Für die moderne Kunst des Abendlandes haben sie zwei neue Gefühlsnuancen entdeckt: die Sentimentalität und die Lüsternheit, Gefühle, deren kunsthistorische Bedeutung man nicht damit erfaßt hat, daß man sie moralisch verdammt.«[183]

Diese moderne Kunst, die im Süden Frankreichs entstand, war eine Kunst der Männer. »But in the court poetry proper, although the songs may occasionally come from a lady, we find the female heart as a rule unportrayed. Composed by men, these songs represent their feelings alone. It is they who grieve and suffer, while the object of their affection, proud and untouched, is heedless of their prayers.«[184]

Als erster Troubadour gilt Wilhelm IX. von Aquitanien[185]; er ist der Paulus unter den minnenden Rittern. Wilhelm wurde mehrmals wegen seines ausschweifenden Privatlebens exkommuniziert, und den Anstoß zu seiner zumindest lyrischen Wandlung soll ausgerechnet ein Bußprediger, nämlich Robert d'Arbrissel, gegeben haben. Dieser zog durch die Lande, verdammte Fleischesgenuß und Lebenslust und gründete um 1100 das Kloster Fontevrault, in dem die Würde der Frau auf eine für damalige Verhältnisse ungewöhnliche Weise erhöht und gefeiert wurde. Nachdem auch zwei seiner Gattinnen und eine seiner Töchter den Schleier genommen hatten, gründete Wilhelm eine Abtei, die ein Ort der sinnenfreudigen Liebe war und in der seine Geliebten Nonnenkleidung trugen. Außerdem begann er fromme lateinische Gesänge mit satirischen Versen zu unterlegen. Über das Stadium des travestierenden Mißbrauchs scheint er jedoch bald hinausgelangt zu sein, und er erlag der Faszination dieser Kunst, die in den Schmutz zu ziehen er angetreten war. Ob sich seine Haltung auch gegenüber Frauen geändert hat, ist jedoch nicht bekannt.[186]

Die Idee von der hohen Liebe war eine Idee des Südens. »In Languedoc there was an aristocracy better educated than elsewhere, eager for elegance, encouraged perhaps by a knowledge of the Latin lyric and by acquitance with the cultivated society of Moorish Spain.«[187] Die hohe Liebe blieb über ein halbes Jahrhundert eine Spezialität der Provençalen und wurde im Laufe des 12. Jahrhunderts auch nördlich der Loire bekannt. Die durch die Stärkung der monarchischen Macht in Bedrängnis geratenen Feudalherren gefielen sich darin, an ihren Höfen die neuen Sitten des Südens zu kultivieren.[188]

In den Versen der Troubadoure wurde ein weltlicher Glücksanspruch formuliert, der dem auserwählten Stand der Ritter vorbehalten war. Diese Form der Liebe war allein den Männern des Schwerts gewährt. »Die poetische Sprache der Trobadors vermittelt von Anfang an den Eindruck der Existenz einer festgefügten Liebeskonzeption, in der Standeswerte präzise auf Liebesfähigkeit und Liebesglück bezogen sind.«[189] Die Liebe wurde zum veredelnden und zum letztendlich den Ritter zivilisierenden Gefühl. Nach Rüdiger Schnell[190] war es das Ziel der höfischen Liebe, begriffen als höfischer Diskurs, Worte zu finden für das lustvolle Leiden zwischen der Sehnsucht nach sexueller Erfüllung und dem neuen sittlichen Auftrag der Selbstkontrolle durch den Verstand. In diesem langanhaltenden Diskurs wurden neue Liebesvorstellungen und Verhaltensmodelle antizipiert, so daß das Sprechen – die öffentlichen Worte – über die »Harmonisierung von Begehren und Verzichten« als ein wichtiger zivilisatorischer Vorgang gesehen werden muß. Der Turnierplatz der Liebe war das Übungsterrain der Zivilisierung des ritterlichen Mannes.

Nachdem der Ritter sich eine Herzensdame erwählt hatte, riskierte er vor ihren Augen beim Kampf seinen sich nach ihr verzehrenden Leib. Die hohe Liebe war eine Spielform zwischen Mann und Frau, die Erotik und Tod kultiviert miteinander verband und in der die »Dialektik von Gnade und Gnadenlosigkeit«[191] den Stachel des Begehrens beständig lockte. Der liebende Ritter besang seine hohe Dame in Versen; er durfte sie nach Regeln begehren. Der ritterliche Mann lernte, sich zu beherrschen und seine Leidenschaften zu zügeln, indem er Worte für seine Gefühle fand. Die Minnedichter schrieben nicht auf Latein, sondern ihre gelockerten Zungen besangen die Geliebte in der Landessprache. Die Liebe, von der der Troubadour sang oder schrieb, war eine außereheliche Liebe, und eines ihrer Wesensmerkmale war, daß sie nicht in Erfüllung gehen durfte. Sie war eine »reine Liebe«, Zeugung und Fortpflanzung waren ausgeschlossen. Dadurch setzten diese Männer sich über das augustinische Dictum, wonach allein die Zeugung der erlaubte Zweck des Geschlechtsverkehrs war, hinweg.[192] Das erotische Spiel mit der Gnade und der Gnadelosigkeit, mit Lust und Leid, macht aus der Liebe eine Kunst. Es war bei diesem kunstvollen Spiel der hohen Dame überlassen, wie weit die Verehrung des Ritters gehen durfte.[193]

Der Ritter des 12. Jahrhunderts ebnet den »aristokratischen Liebeskünsten« des Abendlandes den Weg. »Aristokratisch« bezieht sich dabei jedoch nicht auf den sozialen Stand des Liebenden, sondern auf den existentiellen Stil oder die Ethik. Es geht also darum, welche Möglichkeiten sich dem Liebenden bieten, sich für und durch dieses Gefühl der Liebe auszuzeichnen gegenüber der Geliebten und »gegenüber dem, was er selbst einmal war, indem er die Begierde kultiviert, die sich seiner bemächtigt hat«.[194] Die ritterliche Erotik ist für Michel Feher eine »glorreiche«, eine erobernde Erotik, da die liebenden Männer den öffentlichen Triumph und Auftritt suchen. Er benennt vier Punkte, nach denen er die verschiedenen »aristokratischen Erotika« vom 12. bis zum 18. Jahrhundert untersucht:

1. Die Natur und Beschaffenheit des Affekts;
2. Die Art und Weise der Kultivierung des Leidens durch den Liebenden;
3. Die Prüfungen, die der Liebende auf sich nimmt;
4. Das Ziel, das heißt der Zweck der Behandlung, der ein Liebender seine Begierde unterzieht.

Auf die hohe Liebe bezogen, ergibt sich diesen Punkten nach folgendes Bild:

ad 1) Die Begierde, die die Geliebte in dem Ritter weckt, begreift dieser als eine Herausforderung. Krieger, der er ist, will er das Objekt seiner Begierde umzingeln und kühn erobern.

ad 2) Sein Wagemut ist um so größer, je schwieriger die Verführung ist. Die Motivation des Ritters liegt in der Aufrechterhaltung seiner Ehre begründet, nach der er keiner Herausforderung aus dem Wege gehen darf. Er muß sich jeder Situation stellen, die ihm öffentlichen Ruhm verspricht.

ad 3) Der »glorreiche Liebende« muß alle erdenklichen Übungen, die mit seiner Ehre vereinbar sind, unternehmen, um die hohe Dame für sich einzunehmen, um ihre Aufmerksamkeit zu erregen. Er wagt alles für sie – außer seiner Ehre.

ad 4) Der Ritter begehrt für all seine Anstrengungen, Leiden und Mühen allein den öffentlichen Triumph. Die Zuneigung der Geliebten reicht ihm nicht aus; der Einsatz seines Muts und seiner Ehre, die zu ihrer Eroberung führten, muß wie eine strahlende Heldentat verbreitet werden.

Das Ziel der Übungen des liebenden Ritters war es also, für die Verbreitung seines Rufs als glorreicher Kämpfer zu sorgen, und diese Verbreitung fand mit Worten statt. Damit sind wir bei einem Mechanismus angelangt, der sich über die Jahrhunderte hinweg zu einem System verdichtet. Nachdem die ritterlichen Männer den Wert der gesungenen oder geschriebenen Worte entdeckt hatten, begannen sie, die Schönheit der Dame zu besingen, begannen sie, ihre Liebesleiden und Liebestaten in Worte zu fassen. Die Männer tauschen Botschaften untereinander aus über die Liebe zur Unerreichbaren, über ihre mutigen Versuche, dieselbe zu erobern, und dadurch finden ihre sittlichen und erotischen Vorstellungen Verbreitung. Im Laufe der Jahrhunderte gingen diese Botschaften über das veredelnde Gefühl der Liebe nur noch von Mann zu Mann/von Freund zu Freund; die Frau wurde zur »Nachricht« (Claude Lévi-Strauss), sie war als Adressatin ausgeschlossen.

Die Kunde von den Heldentaten des Ritters sollte nicht nur die Ohren seiner Rivalen, sondern vor allem das Ohr seines Herrn erreichen. In diesem Zusammenhang sei bemerkt, daß es durchaus üblich unter den Troubadouren war, die Geliebte mit einem männlichen Beinamen zu schmücken. »Bel Senhor, ›mein schöner Herr‹ – wir kennen unter diesem Pseudonym eine derer, der Bertrand de Born sein flatterhaftes Herz zuwandte.«[195] Auch Wilhelm, der lüsterne Fürst aus dem Süden, sprach bevorzugt von seiner Geliebten als »mi dons/mein Herr«, was Régine Pernoud zu der Feststellung veranlaßt: »De façon bien significative d'ailleurs, il lui donne un surnom masculin: la dame est le seigneur.«[196]

Der Dritte in dem Spiel der hohen Liebe ist der Mann der hohen Dame, der wiederum der Herr des Minnenden ist. Georges Duby vermutet, daß er der eigentliche Nutznießer dieses Spiels ist. Durch den Einsatz des Körpers der Frau des Herrn wurden nach Duby die Erbschaftsregelungen der Feudalgesellschaft des 12. Jahrhunderts geschützt. Diese hatten, wie wir im vorangegangenen Kapitel gesehen haben, zu rigiden Heiratseinschränkungen geführt, denn es war ein Privileg, eine Fremde in die Familie einzuführen und das Blut des Geschlechts mit dem Blut eines anderen

Geschlechts zu mischen. »Unter diesen Umständen erschien die Entwicklung eines Codes wünschenswert, dessen Regeln, die außerhalb des ehelichen Bereichs gelten sollten, wie eine Ergänzung des Eherechts wirkten und parallel dazu angelegt waren.«[197] So sorgt der Code der hohen Liebe für die Aufrechterhaltung der lehnsherrlichen Verhältnisse in der neuen Zeit.

Die hohe Liebe veredelte die ritterlichen Werte, die weitgehend an Gültigkeit verloren hatten. Sie half, die Unruhe in der Ritterschaft zu besänftigen; die »profane Liturgie« (Georges Duby) nutzte dem Herrn, der seine Ritter beim Einüben der Treue und der Selbstbeherrschung beobachten konnte. Georges Duby ist davon überzeugt, daß die minnenden Ritter eigentlich die Liebe des Herrn gewinnen wollten, und er zitiert Christiane Marchello-Nizia, die die Frage aufgeworfen hat, »ob die höfische Liebe in dieser Gesellschaft nicht in Wirklichkeit eine Liebe zwischen Männern war«.[198]

Die in Worte gefaßte Verehrung der Frau im 12. Jahrhundert half den weltlichen Herren, ihre Sinne zu schärfen und ihre Triebe zu zügeln. Die Liebe zur hohen Dame war eine Sprosse auf der Zivilisationsleiter, und der Himmel des Ritters hing voll angeschwärmter Frauenleiber, die er in unstillbarere Sehnsucht besang.

Im 12. Jahrhundert begann die Verehrung der Jungfrau Maria, die die paradoxe Gnade Gottes erfahren hat und die die Sünde des Frauseins tilgt, und es entsteht das Bild von der hohen Dame, die unantastbar und mit dem »süßen Duft der Sündhaftigkeit«[199] lockend die Sinne des Mannes reizt.[200]

Die Tugenden der ritterlichen Schar, die sich um den Herrn sammelt, sind Tugenden des Blutes. Der Vasall muß bereit sein, sein Blut für den Herrn zu vergießen, und dieses Blut ist der Träger der Tapferkeit. Die Tapferkeit wird auf die Erben des Bodens mit dem Blut übertragen. Durch Freigiebigkeit und Schutz erhält sich der Herr die Treue des Vasallen. Doch das schnöde, verführerische Geld, welches die Macht der Händler aus der Stadt ist, zersetzt die Tugenden des Blutes. Das Geld macht das Blut käuflich, und der Kampf beginnt sich im 12. Jahrhundert von einer ehrenwerten Angelegenheit der Berittenen in eine ehrlose Angelegenheit der Söldner, deren Blut käuflich ist, zu wandeln.

Der Ritter hält seine privilegierte Stellung aufrecht, indem er die großen Werte seines Standes in Worten beschwört. Der Krieg und die Liebe sind Sphären der Verschwendung und damit des

Ritters würdig. Im Krieg verschwendet er Tapferkeit und Blut für seinen Herrn; in der Liebe Gefühle und Worte für die hohe Dame. In der hohen Liebe kleidet der Ritter sein Begehren in Worte, er spricht über das Geheimnis zwischen sich und der geliebten Frau öffentlich. Das Begehren nach Regeln festigt den Bund der Männer: Nur dem Herrn ist es erlaubt, sein Blut mit dem Blut der hohen Dame zu mischen, nur er darf mit ihr rechtmäßige Erben zeugen. Der Liebende dagegen darf sein Blut für die Dame in einem öffentlichen Turnier vor den Augen des Paares vergießen. Die beiden Männer sind durch den Körper der Frau miteinander verbunden.

Das verbindende Element zwischen dem minnenden Ritter und dem dichtenden oder betenden Mönch ist das Wort, das aus Lust an der Askese oder zur Erleichterung der Enthaltsamkeit geschrieben/gesprochen wird. Die paradoxe Mischung aus Entsagung und Begehren macht sie beredt. Der affektive Bund zwischen dem Ritter und seinem Herrn wird über die hohe Dame geschlossen – gerade so, wie der angesichts der Jungfrau Maria verliebte Diener Gottes sich seinem Herrn in seiner Verzückung näher fühlt.

Hohe Liebe bedeutet, daß der bislang der Worte nicht mächtige Ritter sich wandelt; er findet endlose Wortreihen für sein paradoxes Begehren und erhält so eine Leidens-und Liebesgeschichte.[201]

Der Ritter gewinnt seiner ritterlich-blutigen Welt Worte ab. Dies sind Worte, die das aventure, das Abenteuer, beschreiben. Der Mönch findet im Wald Stille und Einsamkeit; der Ritter das ihn herausfordernde Abenteuer. Seinen Anspruch auf Liebesglück, ein zunächst noch gänzlich unbürgerliches Wort, faßt er in Worte. Er findet für das Pochen des Blutes in seinen Lenden Worte der Lust und der Entsagung. Die hohe Liebe ist ein Ansatz zur »Emanzipation der Sinne« (Karl Voßler), die ein Privileg der Männer des Schwerts ist. Die Worte des Begehrens erleichtern ihn, sie sind der Beichte ähnlich und bergen in sich eine stolze Ahnung des kriegerischen Triumphes über sich selbst.

Mit diesen Worten des Krieges und der Liebe gelingt dem Ritter ein entscheidender Differenzierungsgewinn gegenüber dem Bürger aus der Stadt. Die ritterliche Welt des 12. Jahrhunderts ist ein restauratives Gegenmodell zu der Ausweitung der Sammlungs- und Häufungsbewegung der Städter. Mit der heroischen

Geste des Zustechens grenzt sich der Mann des Schwerts gegen die nivellierende Bewegung der Sammlung ab. Das buchstäbliche Zustechen auf das Herz der hohen Dame mit seinen Worten, das Darbieten seines sich nach ihr verzehrenden Leibes im Turnier, ist die erotische Gegenbewegung zu dem emsigen Sammeln der braven Bürger in der Stadt. Dem Ritter gelingt, durch die Beschwörung seiner großen imaginären Werte in Worten, ein zivilisatorischer Gegenentwurf zu dem gänzlich unheroischen Bürger in der Stadt.

Das Blut der Anderen: Die Kreuzzüge

Bluttriefende Kriegslieder entstanden in Zusammenhang mit dem Kampf der Ritter und der Kirche gegen die Ungläubigen und die Irrgläubigen.

»Ihr Ritter führtet Böses nicht im Sinn!
Bei Gott bitt ich euch, nicht von hier zu fliehen,
damit kein Tapfrer schlecht darüber rede.
Viel besser ist es, daß wir kämpfend sterben.
Uns ist's bestimmt: Hier finden wir ein Ende
und überleben nimmer diesen Tag.
Doch eine Sache will ich euch verbürgen:
Das heilge Paradies ist euch geöffnet;
ihr werdet sitzen bei den Sündlosen.«[202]

Diesen Worten des Erzbischofs Turpin aus dem *Rolandslied* können wir die Botschaft der geistlichen Herren an die weltlichen Herren im Kampfe gegen die Heiden – im *Rolandslied* sind die Gegner die Sarazenen – entnehmen: Die christlichen Ritter brauchen sich nicht davor fürchten, auf dem Schlachtfeld zu sterben, denn der Eingang ihrer Seelen in das Paradies ist ihnen gewiß. Die Kirche gewährt ihnen für ihren tapferen Einsatz Sündenerlaß; die Worte der Geistlichen segnen das Vergießen christlichen und heidnischen Blutes.[203]

Das *Rolandslied* gilt als das älteste nachweisbare französische Epos. Es ist in den neunziger Jahren des 11. Jahrhunderts entstanden, also zur Zeit des Aufbruchs zum ersten Kreuzzug. Im *Rolandslied* finden wir die Ideologie der Kreuzzüge bereits vorformuliert: »Die Christen haben recht, die Heiden unrecht«[204], ruft Roland seinem Kampfgefährten Oliver zu, bevor sie aufbrechen, die »Heidenschurken« zu schlagen. Der Glaube an die privilegierte Stellung der Christen gegenüber allen Andersgläubigen war die Voraussetzung der Kreuzzüge. Die Ritter wollten ihre Tapferkeit und ihren Mut auf dem Schlachtfeld in fernen Landen beweisen; sie kämpften gegen die Heiden und für die Ehre Gottes.

1078 hatten die Türken Syrien erobert und Jerusalem eingenommen. Auf der Synode von Clermont 1095 rief Urban II. zur Befreiung des Grabes Christi auf, und die Masse der Menschen, die seinem Aufruf folgten, war überwältigend. Als Gründe dieses Erfolgs werden vor allem das Bevölkerungswachstum und die Armut angegeben. »Jene Gegenden, in denen die Bevölkerungszunahme, die Hungersnöte und die Epidemien des Mutterkornbrandes während der zweiten Hälfte des 11. Jahrhunderts am stärksten herrschten, stellten auch die Haupttruppen des ersten Kreuzzuges: das Rheinland, Lothringen, Flandern, Ile-de-France, Languedoc, Provence, Süditalien.«[205] Aber auch viele junge Krieger ohne Erbe entschlossen sich, in der Ferne ihr Glück zu suchen. Dies trifft vor allem für Krieger aus Nordfrankreich zu, wo das Erstgeborenenrecht weit verbreitet war. Die großen Grundherren waren nicht länger mehr bereit, ihre Güter und Ämter aufzuteilen; folglich mußten die jüngeren Söhne versuchen, anderwärts ihr Glück zu machen. Die Ritter entkamen durch ihren Aufbruch in das Heilige Land ihrer aussichtslosen Situation, sie hofften, ein Held zu werden, der mit vielen Reichtümern nach Hause zurückkehrt und eine Frau aus edlem Geschlecht auf seine Burg führen kann.

»Würde man den Kreuzfahrer fragen, so würde er antworten, daß er zum Ruhme Gottes aufgebrochen ist; das wäre durchaus ehrlich: Er hatte das Bedürfnis, einer ausweglosen Situation zu entkommen. Ohne die Krise der Grundrente wäre der Prediger weniger erfolgreich gewesen, doch ohne den heiligen Charakter des Kreuzzugs wäre nur eine Handvoll verkrachter Existenzen aufgebrochen. Bricht einer zum Kreuzzug auf, so hat er Lust, auf Fahrt zu gehen und sich zu schlagen, er weiß, daß der Kreuzzug ein Epos Gottes ist, weil man es ihm gesagt hat, und was er fühlt, drückt er durch das aus, was er weiß – wie jedermann.«[206]

Den von den Geistlichen gesegneten Rittern stehen die Engel und die Heiligen zur Seite. Auch Roland wird nach seinem Tod von drei Engeln gen Himmel getragen:

»er starb, die Hände zum Gebet vereint.
Es schickte Gott ihm seinen Engel Cherub,
Sankt Michael vom Meere del Peril,
mit ihnen kam Sankt Gabriel herab,
die Seele tragen sie ins Paradies.«[207]

Vor seinem Tod auf dem Schlachtfeld war Roland – wie alle christlichen Ritter – davon überzeugt, daß die Christen gewinnen, weil sie Christen sind. Ein byzantinischer Geschichtsschreiber hat uns überliefert, wie sehr die Ritter aus dem Abendland den Krieg und sich selbst liebten. »Sie rissen die Tapferkeit aus dem Zusammenhang der übrigen Tugenden und nahmen sie für sich in Beschlag als das ihnen allein von Natur und Erziehung zugewiesene Tätigkeitsfeld und duldeten nicht, daß man ihnen, was die Kriegstüchtigkeit anlangt, andere Völker an die Seite stellt.«[208] Als überzeugte Sieger scheuten die Christen jedoch den eigens von ihnen aufgestellten Vergleich mit den Türken nicht. Guibert von Nogent, der Chronist des ersten Kreuzzuges, schrieb in seiner *Gesta Francorum*: »Und wären sie (die Türken, K. W.) Christen (...), so könnten sie von niemanden besiegt werden.«[209]

Doch da sie keine Christenmenschen waren, mußten sie welche werden oder sterben. Im *Rolandslied* hört sich das nach der Eroberung Saragossas wie folgt an:

»Der Tag geht hin, die Nacht ist angebrochen,
klar scheint der Mond, es funkeln hell die Sterne.
Der Kaiser hat erobert Saragossa,
von tausend Franken läßt man es durchsuchen,
alle die Synagogen und Moscheen.
Mit Eisenhämmern in der Hand und Äxten
zerschmettern sie die Bilder und die Götzen;
kein Zauber, kein Betrug bleibt da zurück.
Der König glaubt an Gott, ihm will er dienen,
es segnen seine Bischöfe die Wasser;
zum Baptisterium führen sie die Heiden.
Wenn einer Karl dem Großen widerspricht,
läßt er ihn hängen, brennen oder töten.
Bald sind getauft viel mehr als hunderttausend
zu wahren Christen, ...«[210]

In Wahrheit waren die abendländischen Christen bei weitem nicht so erfolgreich wie in ihren Heldenepen.[211] Die Vorhut der Armen, nicht Berittenen des ersten Kreuzzuges, die unter Walter ohne

Habe und Peter Amiens aufgebrochen war, kam nie in Jerusalem an. Die meisten wurden von türkischen Soldaten getötet oder aber als Sklaven verschleppt. Die Ritter brachen bei den Lothringern unter Gottfried von Bouillon, bei den Franzosen unter Robert Kurzhose und Stephan von Blois auf. Die christlichen Heere trafen sich im byzantinischen Königreich und schlugen 1079 die Türken bei Doryläum. Am 15. 7. 1099 zogen die christlichen Ritter in Jerusalem ein. Sie feierten die Einnahme der heiligen Stadt mit einem Blutbad unter den Andersgläubigen.[212] Mit diesem wenig ruhmreichen Ereignis endet der erfolgreiche Teil der Kreuzzüge. Zwar folgten auf den ersten Kreuzzug noch sieben weitere – die friedliche Einnahme Jerusalems durch Friedrich II. 1228 mit eingeschlossen –, die von den mächtigsten Königen des Abendlandes angeführt wurden, doch der große Erfolg der christlichen Bemühungen wollte sich nicht einstellen.[213]

Wichtig in unserem Zusammenhang ist der zweite Kreuzzug, für den Bernhard von Clairvaux die treibende Kraft wurde. Nachdem die Türken 1144 Teile der von den Christen besetzten Gebiete zurückerobert hatten, rief Eugen III. erneut zum Zug in das Heilige Land auf. Bernhard zog durch die Lande, warb für das christliche Unternehmen und verkündete die Ordensregel der Templer.»Der reine Ritter ist, wie Urban II. es in Clermont gesagt hatte und Bernhard von Clairvaux es steigerte, derjenige, der nicht um Gewinn und Ruhm, nicht mit weltlichen Gedanken sich bemüht, sondern seinen Mut und sein eigenes Leben selbstlos im Kampf gegen Glaubensfeinde einsetzt, und dies hieß an der Wende zum 12. Jahrhundert noch in erster Linie gegen Ungläubige.«[214] Die türkischen Kämpfer wunderten sich denn auch sehr über diese Art von Ritter, der »ohne Bezahlung Mühsale und Kampf auf sich nimmt«.[215]

Friedrich-Wilhelm Wentzlaff-Eggebert[216] geht in seinem Aufsatz über *»Devotio« in der Kreuzzugspredigt des Mittelalters* auf das Bild vom reinen Ritter ein. Die bedingungslose Hingabe des christlichen Kriegers an Gott ist keine Erfindung Bernhards, sondern Bonizo von Sutri, Bischof von Piacenza und kirchenrechtlicher Berater Gregors VII., hatte bereits im 11. Jahrhundert in dem siebten Buch seiner *Vita christiana* die Forderung an den Ritter erhoben, Gott die absolute Treue zu halten. Bonizos Überzeugung nach muß der Ritter Gott seinen ihm zustehenden Zins entrichten. Der Zins ist des Ritters Leben und Blut, das er für seinen himmlischen Schöpfer zu geben hat. Die demütige Aufopferung, der Einsatz des eigenen christlichen Lebens im Kampfe gegen die Heiden, ist die Aufgabe des Ritters. Er ist Gott gegenüber zur devotio verpflichtet.[217]

Nach Bernhard muß sich der christliche Krieger vor der Begegnung mit den Ungläubigen innerlich reinigen. Er muß über das Wort Gottes meditieren, sodann zieht er begeistert auf das Schlachtfeld zum Blutvergießen im Namen des Herrn, und nach der Schlacht wird ihm Gottes Vergebung zuteil. Bernhard verbindet geschickt den Kampf gegen die äußeren Feinde des Christentums mit dem Kampf gegen die inneren Feinde, gegen die dunklen Mächte, die den Ritter bedrängen. Nur wenn es ihm gelingt, inneren und äußeren Feinden den Garaus zu machen, kann er ein reiner Ritter genannt werden, gehört er der militia Christi an. Für Bernhard ist der Ritter der Vasall des Lehnsherrn Christi und hat diesem sein Leben zu schenken.

Bei soviel männlichem Kampfesmut und Schlachtengetümmel mußte die Verehrung des weiblichen Geschlechts zu kurz kommen. Nach Rudolf Hiestand ist kein Minnelied oder höfischer Roman bekannt, der im Heiligen Land entstanden wäre. Die Ritter waren mit dem Kriegshandwerk beschäftigt, und darüber vergaßen sie die Kunst der Liebe. Der Rückgriff aufs *Rolandslied* bestätigt diese Einschätzung. So findet des Helden Braut ganze zweimal Erwähnung, und das andere weibliche Wesen, die Sarazenenkönigswitwe Bramimonde, darf Karl nach Aachen begleiten und wird dort zur Christin Juliane. Große Worte der Liebe werden jedoch von dem sterbenden Helden für sein Schwert gefunden:

> »O Durendal, wie bist du schön und heilig!
> In deinem Goldknauf sind Reliquien viel,
> Sankt Peters Zahn und Blut von Sankt Basilius
> und Haare meines Herren Sankt Denis,
> ein Stück Gewand der heiligen Maria.
> Es ist nicht recht, daß Heiden dich besitzen,
> du sollst von Christen nur geschwungen werden,
> nie trage dich ein Mann, der Feigheit übt.
> Sehr große Länder nahm ich ein mit dir,
> die Karl, der mit dem weißen Bart, beherrscht,
> sehr stark und mächtig ist dadurch der Kaiser.«[218]

Der Held legt das Schwert, seinen treuen Begleiter, unter sich und stirbt im grünen Gras. Angesichts des Todes, kurz bevor er ins Paradies der Helden einzuziehen gedenkt, gelten Rolands letzte Worte seinem schönen, treuen Schwert. Durch sein Schwert Durendal, mit dem er im Namen des Herrn Blut vergießt, ist er mit dem Kaiser, dem Vertreter Gottes auf Erden, verbunden. Das Blut, das sie zur Durchsetzung des Wortes Gottes vergießen, verbindet den Kaiser und den Helden.

Die Bilanz der Kreuzzüge ist eindeutig negativ. Kaum ein Jahrhundert wurde Jerusalem von den Christen gehalten, ein mörderischer Antisemitismus machte sich im Gefolge der Kreuzzüge breit, und die Verfolgung der griechischen, syrischen und armenischen Christen durch die lateinischen Christen nahm ihren Anfang. Beim vierten Kreuzzug (1198-1204) wurde Konstantinopel eingenommen, und die abendländischen Christen, die ihren Glaubensbrüdern zur Hilfe geeilt waren, richteten ein Blutbad unter den morgenländischen Christen an.

Der Zug an den Ort in der Ferne, das Ahnen bei den Zurückgebliebenen und die Erfahrung bei den Aufgebrochenenen in einer anderen Welt führten zu mentalen Veränderungen in der abendländischen Christenheit. Auch die einfachen Ritter kehrten nach Westen zurück mit »mehr Wissen um das, was Jesus gewesen war«.[219] Sie erlebten die Stätte, an denen Jesus Mensch gewesen war, an der er sein Blut für die Sünder vergoßen hatte. Ein Ort, der ihnen aus den Worten der Prediger bekannt war, wurde von ihnen zurückerobert. Sie entdeckten jedoch nicht nur das Menschsein Gottes, sondern sie wurden auch irre an Gott durch ihre Mißerfolge und durch das Erleben der glanzvollen Kultur der Ungläubigen; die Absolutheit ihres Glaubens an das Wort Gottes war gebrochen. »Ein rechter Tor ist also, wer noch den Krieg gegen die Türken sucht, da Gott denen ja alles erlaubt. Gott, der ehemals wachte, schläft jetzt.«[220]

Die glanzvolle Spannung des 12. Jahrhunderts in Frankreich ist ein Ergebnis der neuen Allianzen aus Worten und Blut.

Die Bürger organisieren sich hinter Stadtmauern an dem neuen Ort des Sozialen als Gleiche und trachten danach, ihrem Blut und ihren Worten Glanz zu verschaffen. Doch ihr Blut und auch ihre Worte sind ohne heldischen Glanz und ohne heiligen Schein. Ihr Blut ist nicht Träger der Tapferkeit, Bürger sind keine Helden, und ihre Worte sind Worte des Feilschens und ohne segnende Kraft oder Gewalt. Die Verachtung, die weltliche und geistliche Herren für die Bürger empfanden, kommt in den Beschimpfungen »Händler mit Worten« für den Kleriker, der sich durch Worte, das heißt Lehre, seinen Unterhalt verdient, und »Händler mit Blut« für den Ritter, der sich in nicht ehrenwerte Dienste begibt, zum Ausdruck. Die Bürger sind in dieser starren, feudalen Welt bar jeglichen Glanzes, doch sie wissen umzugehen mit der neuen beweglichen Macht, dem Geld.

Die Geistlichen, die Mahner und Bewahrer des Wortes Gottes, gehen mit dem König, in dessen Adern göttliches Blut fließt, eine neue Verbindung ein, die die Zentralgewalt gegen die Lehnsherrn stärkt. Ein Ausdruck dieser neuen Verbindung ist die Kathedrale, die ihren Glanz aus der Spannung zwischen Mystik und Intellekt bezieht. Der Glanz des Lichts im Innenraum der Kirche wird getragen von einer neuen Liebe zur Sinnlichkeit des Menschseins, von dem Glauben der Liebe Gottes zu den Menschen und der Liebe der Menschen zu sich als von Gott erschaffenen Kreaturen.

Im Schatten der Kathedralen wird gefeilscht, gebetet, Politik gemacht, gelehrt und klug gestritten. Die Kathedrale ist ein Ort des Wortes und des transzendenten Erlebens der Schönheit.

Abailard, der Meister des Scharfsinns, erringt strahlende Erfolge in der Arena des Geistes. Er streitet mit kalkulierten Worten für seinen Ruhm als von Gott erwählter Logiker. Seine Entmannung, den Schnitt des Messers, erfährt er als eine Gnade, die ihn von seinem blutvollen Verlangen nach dem Körper Heloisens befreit. Nach seinem Blutopfer ist er ganz dem Wort Gottes ergeben.

Abailards Widersacher, Bernhard von Clairvaux, streitet mit ihm um den Gebrauch des Wortes Gottes. Bernhard erschafft sich eine klösterliche, engelsähnliche Familie, die nicht durch die Bande des Blutes, sondern die durch das Wort Gottvaters verbunden ist. Bernhard lehrt eine Praxis der beglückenden Implosion des Wortes und predigt gleichzeitig das Vergießen des Blutes im Kampf gegen die Un- und Irrgläubigen. Die von ihm begründete militia Christi ist der organisierte Bund der Männer, die Blut vergießen, um das Wort des Herrn in der Welt zu verbreiten.

Den Rittern schreiben die geistlichen Herren den Bund der Ehe vor. Das gottgewollte Paar schließt den Bund der Ehe allein zur Vermischung des Blutes, zur Zeugung von tapferen Erben, die den Boden erben. Doch die Ritter suchen das andere Glück, das diesseitige Glück in einem Garten Eden, aus dem Adam und Eva noch nicht vertrieben worden sind. Der Blick der schönen Frau trifft in des Ritters Herz. Er entkommt dieser ihn versengenden Liebe nicht, und seine Worte, die er in der Liebe zu der Unerreichbaren findet, sind seine Zuflucht und seine Erlösung.

Die glanzvolle Spannung der höfischen Liebe ist eine Spannung aus Begehren und Verlangen, eine Spannung aus lustvollem männlichen Leid. Die neue Bindung des Vasallen an seinen Herrn verläuft über den Körper der hohen Dame. Der Einsatz seines Blutes im Kampf für den Herrn hat an Wichtigkeit verloren. Der Ritter bindet sich an seinen Herrn durch die Worte, die er für sein blutvolles Begehren der hohen Dame findet.

Analog zu dem Opfertod Christi sind die Ritter mit dem Kreuz auf der Brust bereit, ihr Blut im Krieg für die Rückeroberung der Heiligen Stadt zu vergießen. Sie wandeln im Heiligen Land auf den Spuren des Wortes Gottes und erleben den Ort, an dem Gottes Sohn als Mensch aus Fleisch und Blut gelebt und gelehrt hat. In heldenhaften Gesängen wird die Tapferkeit und der Mut der Kreuzritter gefeiert und den zu Hause Gebliebenen übermittelt.

Doch die Worte, die dem Blutvergießen abgewonnen sind, bergen keinen Glanz, sondern den Zweifel in sich.

Der eine Körper
Das 13. Jahrhundert

»Philippus semper Augustus Francorum rex« – als solcher sollte der Vierzehnjährige, der 1179 in der Kathedrale Notre-Dame in Reims zum König gekrönt wurde, in die Geschichte eingehen. Ihm, dem bei der Krönung die Krone zu groß und zu schwer gewesen war, sollte das Verdienst zukommen, die monarchische Macht in Frankreich zentralisiert und gestärkt zu haben. Was Suger von Saint-Denis ersonnen und in liturgischen Feiern inszeniert hatte, die Verbindung von christologischer und monarchischer Thematik, nahm in Philipp II. August Gestalt an. War die charakteristische Bewegung für das 12. Jahrhundert das Sammeln, so ist sie für das 13. Jahrhundert das Ordnen zu einer Einheit, die sich in einem Körper erfüllt. Diese neue Einheit ist in verschiedener Hinsicht nachzuweisen:

– Als Ordnung des Staates

Philipp II. August, Ludwig VIII. und Ludwig der Heilige sind die französischen Herrscher des 13. Jahrhunderts, die für den königlichen Triumph über die Lehensfürsten und die Kirche stehen. Sie ordnen ihren Hofstaat und die Ausübung königlicher Gewalt mittels der aufstrebenden Spezialisten der Macht, der Beamten.

– Als Ordnung der Liebe

Im 13. Jahrhundert entstand als eine Spätblüte höfischer Minne *Der Roman de la Rose*, der die französische Literatur über drei Jahrhunderte beeinflußen sollte. Im *Rosenroman*, der im Traume spielt, treten bis auf eine Ausnahme keine Menschen, sondern nur Allegorien auf. Die höfische Minne findet in der Beschreibung der abstrakten Ordnung eines durch Mauern abgeschlossenen Gartens seinen umstrittenen Höhepunkt und Schluß.

– Als Ordnung des Wissens

An der Wende zum 13. Jahrhundert schließen sich die Schulen der königlichen Stadt Paris zusammen zur zunftähnlichen Körperschaft »Universitas magistrorum et scolarium«. Der äußeren Ordnung der Lehrenden und Lernenden entspricht eine neue Systematisierung des Wissens: die der Hochscholastik. Paris wird zu einer »Riesenmaschine der geradlinigen Vernunft«.[221]

– Als Ordnung des Glaubens

Auf dem IV. Laterankonzil von 1215 ruft Papst Innozenz III. zur Einheit der Kirche und zur Ausrottung der Ketzer auf. Erstmalig sprach der Papst in der Bulle zur Einberufung eines Konzils vom »gemeinsamen Stand aller Gläubigen«. Sein Amtskollege Bonifazius VIII. verkündete am Ende des Jahrhunderts in der Bulle »Unam sanctam«, daß die Kirche »einen mystischen Leib darstellt, dessen Haupt Christus ist«.[222]

Die Ordnung des Staates

Philipp II., als Kind Dieudonné, der von Gott gegebene, gerufen, festigte während seiner Herrschaft die Macht des Königs im Lande. Mit militärischen Erfolgen und diplomatischer List gelang es ihm außerdem, die Krondomäne nach Norden und nach Westen auszudehnen; er eroberte die Normandie, Anjou, Maine, Saintonage, Poitou und Touraine und brach damit in das englische Lehen ein.[223]

»Im Jahr 1214 nach Christi Geburt (zur gleichen Zeit, da König Johann von England, wie wir schon sagten, im Poitou Krieg führte, um das Land, das er verloren hatte, zurückzugewinnen, und da er, als Seine Hoheit Ludwig nahte, mit dem ganzen Heer die Flucht ergriff) versammelte der gebannte und exkommunizierte Kaiser Otto, den König Johann von England gegen unseren König Philipp im Solde hielt, sein Kriegsheer bei Valenciennes im Hennegau, auf dem Gebiet des Grafen Ferrand, der gegen seinen ligischen Lehnsherrn ein Bündnis mit Otto eingegangen war«[224], berichtet der Chronist des Königs, Guillaume de Breton, über den Beginn der wohl wichtigsten Schlacht für Philipp II., der Schlacht von Bouvines. Gott entschied die Schlacht, die liturgischen Regeln folgte, zugunsten des Königs der Franzosen, der seine Gefangenen, in Ketten gelegt, im Triumphzug nach Paris brachte. Georges Duby weist nachdrücklich darauf hin, daß die Schlacht ursprünglich ein Akt des Friedens gewesen ist. Die Menschen erbaten durch sie von Gott eine Entscheidung, eine Neuordnung für kommende Zeiten. Die Schlacht gehörte dem Bereich des Sakralen an, die Ritter beteten und sammelten sich vor diesem feierlichen Akt, und in Bouvines folgten dem König von Frankreich zwei Geistliche, die ununterbrochen Psalmen sangen, ins Schlachtgetümmel. In einer

Schlacht wollte man sich mit Männern von edlem Blut messen, und angeblich war Stephan von Longchamps der einzige Ritter, der in Bouvines gestorben ist. Die meisten Opfer der Schlacht waren Männer niederer Herkunft, in deren Adern kein edles Blut floß und die getötet werden durften. Die gewonnene Schlacht stärkte das Ansehen des Königs nicht nur im eigenen Land, sondern in ganz Europa, das er durch seinen Sieg nachhaltig veränderte. So mischte der französische König sich direkt in den Streit um die Thronfolge des deutschen Kaisers ein, indem er den Reichsadler mit den gebrochenen Schwingen Friedrich II. von Hohenstaufen zukommen ließ. Damit war in Deutschland die Entscheidung für eine territorial-staatliche Ordnung anstelle einer national-staatlichen Lösung gefallen. In Frankreich beschleunigte der Sieg von Bouvines die Entwicklung hin zu einer zentralorientierten monarchischen Ordnung. Bouvines war die erste Feldschlacht, die ein französischer König nach nahezu einem Jahrhundert wagte. Für den König gerät sie zu seiner zweiten Salbung: der Salbung mit Blut. Der Sieg vom 27. Juli 1214 bestätigte den Beistand Gottes für den König der Franzosen. Doch Bouvines war darüber hinaus auch der triumphale Sieg einer im Entstehen begriffenen Nation. »Durch eine innige Gemeinschaft hat der Leib des ganzen Königreichs einschließlich seiner fernsten Glieder daran teil.«[225]

Mit der Macht des Königs wuchs auch sein Hofstaat stetig an. Paris, inmitten der fruchtbaren Île de France gelegen, entwickelte sich seit dem 11. Jahrhundert zum Mittelpunkt königlicher Machtausübung und königlicher Selbstdarstellung. Der König gab um 1185 den Befehl zum Pflastern der wichtigsten Straßen, er legte die neue Stadtmauer an, er vergrößerte die Pfalz auf der Île de la Cité und baute sie zur ständigen repräsentativen Residenz aus.

1190, bevor er zum Kreuzzug aufbrach, entschied sich Philipp II. für Paris als Zentrum seiner Regentschaft. Dieser königliche Entschluß hatte zur Folge, daß auch der Adel und der Klerus nach Paris zogen. Die Bedeutung des Königs und seines Hofes war so groß geworden, daß, wer Einfluß nehmen wollte auf die Politik des Landes, in Paris präsent sein mußte. Die veränderten politischen Machtverhältnisse in Frankreich schufen des Königs »große Stadt Paris« (Molière).

In Paris war auch das Reichsarchiv untergebracht, eine Stütze des königlichen Gedächtnisses. Der König verlangte für jede Vereinbarung, für alle getätigten Geschäfte schriftliche Zeugnisse und Unterlagen. »Jeder Erwerb, jedes Lehnsverhältnis, jede noch so weit zurückliegende Vereinbarung sollte belegbar sein und auf keinen Fall in Vergessenheit geraten.«[226] Zu dem Reichsarchiv, das zwischen 1202 und 1204 enorm anwuchs, wurde ein Register angelegt, das die Basis der täglichen Verwaltungsarbeit war. Die Praxis Philipps II. August, jeden Vorgang auf Papier in Worten festzuhalten, führte dazu, daß in der königlichen Verwaltung angefertigte Schriftstücke alltäglich wurden. Große, mit dem Königssiegel versehene Schriftstücke wurden nur noch zu besonderen Anlässen ausgefertigt, während ansonsten der eilig geschriebene Brief mit dem kleinen Geschäftssiegel üblich geworden war. Durch diese neue Verfahren wurde das königliche Wort systematisiert und beschleunigt; es wirkte schneller, war schriftlich niedergelegt, und die getroffene Vereinbarung wurde jederzeit überprüfbar.

Für die solcherart angewachsene Verwaltung des Landes, für die Verschriftlichung des königlichen Willens, bedurfte es auch eines Mehraufwands an Personal, welches wiederum Kosten verursachte. Ludwig VII. hatte bereits prévotes, von ihm ernannte Amtsträger, über das Land verteilt. Philipp II. August schickte diesen nun die sogenannten baillis hinterher. Sie sollten das Recht des Königs wahren helfen, den Amtsmißbrauch der prévotes verhindern und vor allem auch dem König Bericht über die Situation in den einzelnen Landesteilen erstatten. Dazu waren sie verpflichtet, dreimal im Jahr nach Paris zu reisen, um dort über ihre Arbeit zu berichten. Die baillis stammten häufig aus dem niederen Adel oder aus dem Bürgertum und waren besoldete Beamte des Königs. Mit diesen Beamten, die der König als seine Augen, seine Ohren und seine Arme über das Land verteilte, und mit dem Reichsarchiv, dem geschriebenen Wort, das in Paris zentral archiviert wird, war ein neuer Kreislauf der Macht geschaffen. Vorbei sind die Zeiten, als der Lehnskuß zwischen Herrn und Vasallen allein bindend war, als Ehre und Ansehen genügten, um die Männer aneinander zu binden. Der König hat nunmehr die Zentralgewalt inne, und er erweitert diese mittels seiner Berater, den Abgängern der städtischen Universitäten, die sein Wort verwalten und vertreten und ihm verpflichtet sind jenseits der Bande des Blutes oder des Bodens.

Nach seinem militärischen Sieg unterstellte Philipp II. August die eroberten Landesteile der königlichen Verwaltung und schloß sie an die Krondomän an. Sowohl der Sieg auf dem Schlachtfeld als auch die verwaltungsmäßige Organisation kostete Geld. In diesen Jahren begann der König bereits, auf die Kriegsdienste der Städter zu verzichten und von ihnen Geld einzuklagen. In der Grafschaft Flandern konnten die Ritter sich seit 1127 von ihren Verpflichtungen freikaufen, indem sie jedes Jahr zweihundertvierzig Denare zahlten.[227] Um ein erfolgreicher Regent zu sein, mußte der König im 13. Jahrhundert Spezialisten der bürgerlichen Tugend des kalkulierten Haushaltens beschäftigen; er mußte den klugen Umgang mit den Schätzen des Landes organisieren, die Zeit der ritterlichen Freigiebigkeit schien vorüber.

Auch im rechtlichen Bereich wollte Philipp II. August den Einfluß des Adels schwächen. So durften sich minderjährige Erbinnen nicht mehr ohne königliche Zustimmung verehelichen. Der König griff dadurch direkt in die Blutsverbindung zweier Familien ein und nutzte diesen Eingriff für eine Territorialpolitik in seinem Sinne. 1209 wurde durch das Hofgericht in Paris festgelegt, daß bei der Teilung eines Lehens alle Erben gleichberechtigt nur einem Herrn zu huldigen hatten. Hintergrund war dabei die sogenannte ligische Treue, nach der der Vasall zwar mehrere Lehen empfangen durfte, jedoch im Kriegsfall nur einem Herrn zu Diensten zu sein hatte. »Bei der Huldigung von Vasallen eines oder mehrerer Herren gegenüber dem König verlangte dieser auch bei kleineren Lehen den Vorrang, ließ jeden Fall von ligesse beurkunden und diese besiegelten Dokumente in seinem Archiv aufbewahren.«[228]

Die Bindung des Bodens über den Vasallen an den König wurde durch das besiegelte, archivierte Wort bestätigt und überprüfbar. Bezeichnend ist in diesem Zusammenhang, daß Philipp II. August sich nicht mehr rex Francorum, sondern rex Franciae nennen ließ.

Doch nicht nur dem Adel, sondern auch der Kirche gegenüber zeigte der König sich entschlossen, seine herausragende Stellung zu behaupten. Daß der König von Frankreich von niemanden abhängig sei, das ist mit der Bulle »Per venerabilem« von 1202 schriftlich fixiert worden. Innozenz III. schrieb darin an den Grafen von Montpellier ». . . cum rex ipse superiorem in temporalibus minime recognoscat . . .«[229] – ein Satz, der nach der Interpretation von Percy Ernst Schramm in einem Kommentar des Engländers Alanus zu der ersten Compilatio der Dekretalen Innozenz' III.

gipfelte in dem Satz »Unusquisque enim tantum iuris habet in regno suo, quantum imperator in imperio«, woraus wiederum hundert Jahre später »Rex est imperator in regno suo« wurde.

Neben militärischen Erfolgen, diplomatischer List, politischem Geschick und umsichtigem Ausbau der Verwaltung verstand der König es, den Karlskult für das französische Königstum zu nutzen. Percy Ernst Schramm zufolge fühlte sich Philipp II. August als Carolides, das heißt als ein echter Nachkomme von Karl dem Großen. So galt es als bewiesen, daß des Königs Mutter von Karl abstammte, und der König selbst nannte einen unehelichen Sohn Pierre Karlotus. Gestützt vom Recht und den glorreichen Vorfahren der Vergangenheit, gestärkt durch seine Siege in der Gegenwart, reklamierte Philipp II. August eine besondere Stellung für die Könige Frankreichs. Das Blut verbindet Karl den Großen und ihn, und damit auch die fränkische Vergangenheit und die französische Zukunft.

Nach Ernst H. Kantorowicz unterschied Philipp II. August zwischen seinem physischen Haupt und der Krone des Reichs, die er auf seinem Haupt trug. Die »Krone« war weder identisch mit dem Reich noch mit dem König, obwohl sie andererseits von keinem der beiden Begriffe zu trennen war. Durch die Formel »Haupt und Krone« wird dem natürlichen Körper des Königs etwas hinzugefügt, das diesen als etwas anderes als den natürlichen Körper eines Menschen hervorhebt. In der Formel »Reich und Krone« wird der politische Charakter des Reichs im Gegensatz zum territorialen Aspekt betont. In beiden Fällen dient das Abstraktum »Krone« zur Differenzierung eines realen Gegenstandes. Die »Krone« ist nach Kantorowicz eine politische »Metaphysis«, die König und Reich miteinander verbindet. Der entscheidende Faktor ist dabei die Dauerhaftigkeit, die die »Krone« verkörpert. »Durch diese (die Dauer K. W.) erhob sich die Krone über den physischen rex und das geographische regnum, indes sie gleichzeitig auf gleicher Ebene mit der Kontinuität der Dynastie und der ›Ewigkeit‹ des politischen Verbandes stand.«[230]

Mit der »Krone« taucht ein neuer Faktor im Staatsgeschehen auf, der abstrahiert vom natürlichen Körper des Königs und abstrahiert von dem territorialen Gebilde, das von dieser »Krone« regiert wird, und dennoch sowohl mit dem natürlichen Körper des Königs als auch mit dem Boden des Landes verbunden ist. »Vom materiellen Objekt über das Ritual der Krönung zum konkreten

Reich oder zur abstrakten Monarchie entfaltete sich um die Krone herum die gesamte Landschaft der mittelalterlichen Politik, verbunden mit dem königlichen Erbe der Antike und den monarchischen Verlängerungen der Moderne.«[231]

Die »Krone« verbindet die Vergangenheit und die Zukunft des Königs von Frankreich und seines Volkes. In ihrem Namen werden zum Wohle aller Steuern erhoben, Gesetze erlassen, Kriege geführt, Heiraten geschlossen, Kinder gezeugt und Recht gesprochen.

So weitet der König die berühmten vier Fälle der Abgabe im Namen eines übernatürlichen Körpers aus. Nach feudalem Brauch war er berechtigt, Abgaben zu verlangen, wenn Lösegeld für ihn zu bezahlen war, wenn sein ältester Sohn zum Ritter geschlagen oder aber seine älteste Tochter verheiratet wurde. Ernst H. Kantorowicz zufolge werden seit dem 12. Jahrhundert auch Abgaben zur Verteidigung des Landes verlangt. Er weist auf den entscheidenden Unterschied zwischen den drei zuerst- und dem letztgenannten Fall hin: Lösegeld, Ritterschlag und Heirat sind kontingente Ereignisse, die das persönliche Leben des Grundherrn betreffen. Die Verteidigung des Landes dagegen ist nicht unmittelbar mit der Person des Königs verbunden, was den Vorteil hatte, daß man Jahr für Jahr Abgaben verlangen konnte.

»Sie (die auch von der Kirche anerkannte Norm, im sogenannten casus necessitas Abgaben zu erheben, K. W.) brachte die Einführung regelmäßiger jährlicher Steuern, die zum anerkannten Recht des Staates wurden, der damit die Staatsbedürfnisse bestritt. Mit dem 14. Jahrhundert oder sogar schon im 13. ließ man den Vorwand einer Steuer ad hoc schon manchmal fallen, und die fiktive außergewöhnliche Maßnahme wurde zur offiziellen Regel. Zumindest in großen Teilen Europas wurde ›Steuer‹ identisch mit ›jährlicher Steuer‹. Die früher an einmaliges Geschehen gebundene Steuer wurde nun mit dem Kalender verknüpft, mit dem ewig rollenden Rad der Zeit. Der Staat war permanent geworden, ebenso seine necessitas mit ihren permanenten Notfällen und Bedürfnissen.«[232]

Oder anders ausgedrückt: Im Namen der »Krone«, eines übernatürlichen Körpers ohne Blut, wurden Steuern zu dessen Erhalt erhoben. Und dennoch bleibt das Abstraktum »Krone« auch an den natürlichen Körper des Königs und an die Weitergabe des königlichen Blutes gebunden.

Ludwig VIII. folgte seinem Vater 1223 auf den Thron. Er war der erste kapetingische König, der ohne Wahl zu Lebzeiten seines

Vaters diesem nach dessen Tod auf den Thron folgte. Daß er der Sohn des toten Königs war, genügte, um ihn zum neuen König zu krönen. »Der König ist tot. Es lebe der König!« – in diesem Satz liegt das Geheimnis der unsichtbaren »Krone« verborgen. Der Grundsatz von der Unsterblichkeit der Dynastie hatte gesiegt, der Sohn folgte dem Vater auf den Thron.

»Der Heilige Geist, der sich früher in den Stimmen der Wähler offenbart hatte, während seine Gaben durch die Salbung übertragen wurden, saß jetzt im königlichen Blut selbst, sozusagen natura et gracia, durch Natur und Gnade. In der Tat auch ›durch die Natur‹, denn das königliche Blut wurde nun zu einer geheimnisvollen Flüssigkeit.«[233]

Ludwig VIII. setzte die territorialen Eroberungsfeldzüge seines Vaters vor allem im Süden des Landes fort. Der König führte ein Kreuzfahrerheer an, dessen Kosten die Kirche bestritt und dessen Teilnehmern vom Papst Ablaß gewährt worden war. Der Besitz der Ketzer, gegen die sie stritten, so bestimmte es der Heilige Vater, sollte in den Besitz des Königs von Frankreich übergehen. Ludwig VIII. errang militärische Erfolge, und im Verlaufe seiner dreijährigen Regentschaft gelang es ihm, bis zum Mittelmeer vorzustoßen, den Besitz von ketzerischen Adligen einzustecken, die königliche Verwaltung im Süden zu etablieren und damit den Norden und den Süden des Landes miteinander zu verbinden. Ludwig VIII. erlebte nach seinen Erfolgen im Süden den Einzug in seine Stadt Paris nicht mehr, er starb im November 1226 in Montpensier an der Ruhr.

1226 wurde der zwölfjährige Ludwig IX. gekrönt. Er sollte in die Geschichte als der mittelalterliche König schlechthin eingehen, der inbrünstige Frömmigkeit und ritterliches Ethos wie keiner vor ihm verband. Ludwig der Heilige war ein König des Rechts und der Reliquie; er vereinte den Ritter, den König und den Heiligen in einem Körper.

Der König ließ die Frage »Aus welchem Prinzip leitet der König sein Recht ab?« von einem Kreis gebildeter Männer erörtern. Die Scholastiker schufen ein Bild vom Staat, »in dem wohl noch die überlieferten Züge zu finden sind, das aber einheitlich ist und von einem in sich geschlossenen und ausgewogenen System aus den Ort des Staates in der Schöpfung bestimmt«.[234] Ludwig IX. wollte seine ihm von Gott gestellte Aufgabe vollständig begreifen und ausfüllen. Zu diesem Zweck nahm er Männer des Wortes in seine

Dienste, die für ihn darüber nachdachten und schrieben. Percy Ernst Schramm schränkt deren Verdienst um die Königstheorie jedoch ein. Er ist der Ansicht, diese Männer seien noch zu sehr von Augustinus beherrscht gewesen, und sie seien beim Sammeln und beim Ordnen der Meinungen der Autoritäten stehengeblieben. Gleichzeitig weist er jedoch darauf hin, daß mit Ludwig IX. in Frankreich das systematische Räsonnieren über das Wesen des Staates begonnen hat: »Jetzt entsteht eine wirkliche Staatstheorie, die aus einem Zentrum heraus den Staat geistig aufbaut und ihre Leistung vollzieht, indem sie sich an Frankreich orientiert.«[235]

Der Glauben an des Königs ideelle Kraft wurde von Ludwig dem Heiligen vor allem durch die Vorstellung vom gerechten König aufrechterhalten. Nichts verrät uns mehr darüber, wie dieser König gesehen werden wollte, als das von seinem Berater und Biographen Joinville überlieferte Bild vom König, der in der Sommerzeit unter einer Eiche im Forst von Vincennes sitzend Recht sprach. Doch in Wirklichkeit war der gerechte König auf seine gelehrten Berater und auf seine Beamten angewiesen. Ludwig IX. stärkte die Macht des mit juristisch gebildeten Männern besetzten Hofgerichts zu Paris, indem er das Appellationsrecht von baronialen Gerichten an diese Pariser Institution einführte. Zwar konnte er, als die Quelle der Gerechtigkeit, sich über ein Urteil hinwegsetzen, doch dieser Fall kam nur äußerst selten vor. Ludwig der Heilige verbot den gerichtlichen Zweikampf, und er schränkte das Fehderecht drastisch ein; er strebte danach, mit den Worten des Gesetzes das Blutvergießen der Christen untereinander zu verhindern.

1247, 1254 und 1255 ließ er von Männern seines Vertrauens Untersuchungen über den Amtsmißbrauch der königlichen Beamten durchführen, und dadurch stärkte er den Glauben der Menschen an seine königliche Gerechtigkeit. Die Ergebnisse der Untersuchungen wurden aufgeschrieben, und daraus wurden neue Pflichten und Maßnahmen für die Beamten abgeleitet. Der König selbst erließ eine Reihe von Edikten, und er war davon überzeugt, daß sein Wille und das Gemeinwohl identisch seien.

Den Einfluß der Juristen auf die Könige untersucht Ernst H. Kantorowicz in seinem Aufsatz *Kingship under the Impact of Jurisprudence.* Er bezeichnet darin das 12., 13. und 14. Jahrhundert als die goldene Zeit der Juristerei. Die studierten Herren stiegen auf zu Beratern und Ratgebern von Königen und Fürsten, die wiederum von ihren kalkulierten Worten abhängig wurden. Wie Kantorowicz so schön schreibt:

»Gone were the times when the customs and laws of a country were remembered by the wise old men only and when some sort of natural reason, combined with certain social standing, made a person fit to sit in court as a judge. What counted in the age of the new jurisprudence was that the judge arrived at his sentence in a scientific, rational fashion, which among other things excluded ordeals by fire or water, and that he judged according to his lawbooks or was able – as in England – to expound the common law scientifically as a professional.«[236]

Die abgewogenen Worte, der Satz, der das Recht verkündet, triumphieren über den Glauben an die nicht schriftlich fixierte Gerechtigkeit. Das Recht, der Gebrauch der schriftlich niedergeschriebenen Gesetze, die den Menschen Regeln des Verhaltens vorgeben und Sanktionen über sie verhängen, ist eng verbunden mit dem Glauben an den König und an dessen Körper. Kantorowicz zitiert einen Ausspruch des französischen Juristen Thomas von Pouilly von 1296: »Of the King of France it may be said, as it is said of the emperor, that all the laws, especially those pertaining to this kingdom, are shut in his breast.«[237]

Der König hat die Gesetze in der Brust, die Worte des Rechts sind mit dem Blut seines Köpers verbunden.

Ludwig der Heilige füllte jedoch nicht nur das Bild vom gerechten, sondern auch das vom heilenden König aus. Bereits im 10. Jahrhundert hatte es einen französischen König gegeben, der als Robert der Fromme in die Geschichte einging, der angeblich durch Handauflegen oder Kreuzeschlagen Wunden heilen konnte. Diese Begabung war eine, die Gott dem Menschen Robert verliehen hatte, der eben nun einmal König war. Anders dagegen bei Ludwig dem Heiligen. Mit ihm begann sich der Glaube zu festigen, daß der französische König, nachdem er mit dem Himmelsöl gesalbt worden war, die Skrofeln, eine tuberkulöse Krankheit, heilen könne. Es war also eine exklusiv dem König von Frankreich von Gott verliehene Heilgabe. Marc Bloch führt diese Heilbegabung auf germanische und römische Ursprüngen zurück.[238] Für Schramm ist diese Erklärung zu sehr aus verschiedenen Vorstellungen zusammengestellt, und er leitet den Glauben an die »royauté sacrée«, an die königliche Heilkraft, rein aus dem Germanischen ab, denn alleine dort gebe es das sogenannte »Königsheil«.[239] Dieses besagt, daß der König kraft seiner Abstammung Menschen heilen kann – er hat es im Blut. Der Glaube an diese Begabung des Königs hielt bis in die jüngste Vergangenheit an. So wurde, um dem Königstum seine Kraft zu rauben, die Ampulle mit dem Himmelsöl im Verlaufe der Französischen Revolution zerschlagen.[240] Als dann die Bourbonen, die Vertreter der alten Dynastie, erneut an die Macht kamen, wurde Karl X. mit dem Öl, das angeblich noch einer Scherbe der einstigen Himmelsölampulle anhaftete, gesalbt. Auch wurde er von Kranken bedrängt, sie zu heilen. Am 31. Mai 1825 hat zum letztenmal ein König von Frankreich versucht zu heilen.

Das Krönungszeremoniell, die Salbung mit dem Himmelsöl, wurde um 1270 im »ordo von Reims« festgelegt: »Der Abt von St. Remy bringt die Ampulle am Krönungsmorgen in pomphafter Prozession heran und übergibt sie dem Erzbischof von Reims, der ihr mit hohen Geistlichen entgegenzieht und versprechen muß, sie nach dem Gebrauch wieder zurückzugeben. Bei der Salbung entnimmt er ihr mit einem goldenen Stift einige Tropfen und mischt sie dem Chrisma bei – und zwar geschieht das nur beim König. Auch wenn seine Gemahlin zugleich mit ihm gekrönt wird, empfängt sie nur das herkömmliche Katechumenöl.«[241] Während die anderen Könige ihre Krönungssalben »in der Drogerie kaufen mußten«[242], hatte Gott dem König von Frankreich ein Öl vom Himmel geschickt, ihn mit Heilkraft versehen und dadurch vor allen anderen Königen und Körpern ausgezeichnet. Wir sehen, die Wünsche Sugers nehmen mit Philipp II. August Gestalt an und finden ihren vollendeten Ausdruck in Ludwig dem Heiligen. Magie, Legende, Wunderglaube, umsichtige Gesetzgebung, juristisches Spezialistentum waren einen Bund eingegangen, der dem Glauben an den König und an die Dynastie diente.

Ludwig IX. wurde zu Ludwig dem Heiligen, weil ihm die Leiden Christi allgegenwärtig waren. Mit seiner Hände Arbeit – er transportierte auf Tragen Steine – half er mit, das Zisterzienserkloster Royaumont zu bauen. Dort war immer für ihn eine Zelle frei, und der gesalbte König wusch den Mönchen, wie es Brauch war, am Sonnabend die Füße. Ludwig vereinigte in sich den Glauben an die herausragende Aufgabe des Königseins und an die demütige Erfahrung des Menschseins. 1239 erwarb er von Kaiser Balduin II. von Konstantinopel die Dornenkrone Christi. Er ließ eigens dafür die Sainte-Chapelle bauen, deren Untergeschoß dem Gottesdienst diente und in deren Obergeschoß der gläserne Reliquienschrein untergebracht war. Die Dornenkrone Christi steht für das Blutopfer, das der Sohn Christi für die gemeinen Menschen und damit auch für den König gebracht hat. Die Krone aus Dornen ist es, die sowohl das Königstum als auch das Opfer symbolisiert und damit das Königstum des heiligen Ludwig am treffendsten versinnbildlicht.

Der König sah seine eigentliche Aufgabe darin, einen erfolgreichen Kreuzzug zu führen. 1248 verließ er Frankreich und landete nach einem Winter auf Cypern vor der ägyptischen Stadt Damiette. Damiette wurde erobert und zum Erzbischofssitz ernannt. 1250 mußte der König aus dem Abendland vor den Heiden kapitulieren und kam erst nach einer Lösegeldzahlung frei. Dreizehn Jahre später nahm er erneut das Kreuz und brach nach Tunis auf. Ludwig hoffte darauf, den Emir von Tunis mit Worten dazu bewegen zu können, Christ zu werden. Doch zu einem Treffen kam es nicht, da Ludwig 1250 vor dem eroberten Karthago an einer Seuche starb. Wilhelm von Saint-Pathus berichtet über des Königs letzte Stunden:

»Am Sonntag vor seinem Tod brachte ihm Bruder Gottfried von Beaulieu den Leib Jesu Christi, und als er in das Zimmer getreten war, wo der König krank lag, sah er ihn außerhalb des Bettes mit gefalteten Händen auf dem Boden knien und ebenso in der Nacht bevor er starb. Anstatt auszuruhen, seufzte er und sagte leise: ›o Jerusalem, o Jerusalem‹! Und am Montag, dem Tag nach Sankt Bartholomäus, streckte der König die gefalteten Hände zum Himmel und sagte: ›Lieber Herrgott, habe Mitleid mit dem Volk, das hier weilt, und führe es in seine Heimat, damit es nicht in die Hand seiner Feinde falle und gezwungen werde, Deinen heiligen Namen zu verleugnen.‹ Und kurze Zeit danach sagte er auf lateinisch:›Vater, in Deine Obhut befehle ich meinen Geist.‹ Und als er das gesagt hatte, sprach er nicht mehr. Bald danach, es war kurz vor der Stunde der Vesper, schied er aus der Welt.«[243]

Ludwig war der letzte europäische König, der das Heilige Land in einem Kreuzzug zurückerobern wollte. Er wurde 1297 heiliggesprochen.

Ludwig IX., der König des Rechts und der Reliquie, war ein Herrscher biblischen Ausmaßes, mit dem in Frankreich eine Zeit zu Ende ging und eine neue anbrach. Er verwirklichte sich als Ritter und König, was man nach Schramm an der neuartigen Verbindung von Ritterweihe und Krönung ablesen kann. Am Abend vor der Krönung hielt er in der Kirche stille Zwiesprache mit Gott. Am Tag der Krönung wurden ihm, nachdem er den Eid abgelegt hat, die Schuhe angelegt, und der Herzog von Burgund schnallte ihm die Sporen an und sogleich wieder ab. Danach gürtete der Erzbischof von Reims den König, er legte die Scheide des Schwerts auf den Altar und gab die Klinge dem König. Dieser trug sie zum Altar, empfing sie nun aus der Hand des Erzbischofs zurück und gab sie dem Seneschall, der ab sofort den Dienst mit dem bloßen Schwert vollzog. Schramm sieht in diesem Zeremoniell einen Beleg für das Wechselspiel zwischen Fiktion und Wirklichkeit. Es war nämlich kein geringerer als König Artus, der sich am gleichen Tag und in einem Ritus mit Excalibur und seinem Volk verband. Ludwig IX. hing den im Roman in Worten beschworenen ritterlichen Idealen an; er nannte seinen Sohn Tristan und wollte dem ritterlichen Kodex in seinen militärischen Aktionen gerecht werden.

Der heilige König war ein Ritter in einer Zeit und in einer Welt, in der für Ritter bereits kein Platz mehr war.

Die Ordnung der Liebe

Um 1230, zur Regierungszeit Ludwigs des Heiligen, wurde ein Bestseller des Mittelalters geschrieben, der zudem einen jahrhundertelangen Literaturstreit entfachte. Der *Roman de la Rose* gliedert sich in zwei Teile; er ist eine Kunst des Liebens, die in episch-allegorischer Form von zwei unterschiedlichen Autoren zu unterschiedlichen Zeiten abgefaßt wurde.

Der erste Teil, der 4058 paarweise Achtsilbler umfaßt, wurde von einem gewissen Guillaume de Lorris, der aus der Gegend von Orléans stammte, verfaßt. Durch die Wahl des Achtsilblers stellte sich de Lorris in die Tradition des höfischen Romans, für den diese Versform als typisch bezeichnet werden kann. Mehr als der Name und die Gegend, aus der er stammte, ist über Guillaume de Lorris nicht bekannt. Das abrupte Ende des ersten Teils ist nach Jean Chopinel aus Meun-sur-Loire, dem Verfasser des zweiten Teils, auf den plötzlichen Tod von de Lorris zurückzuführen. Jean de Meun, der auch den Namen seines Vorgängers der Nachwelt überliefert hat, schrieb den Roman vierzig Jahre später fort; er hat ihn nochmals um 17722 Verse erweitert.

Vom *Rosenroman* sind über dreihundert Kopien erhalten geblieben, eine nahezu ungeheure Zahl, verglichen mit den wenigen Kopien von anderen bedeutenden mittelalterlichen Werken, die uns heute zur Verfügung stehen. Nach Karl August Ott stellt dieser Roman eine interessante Ausnahme in der Literaturgeschichte dar. »Daß ein und dasselbe Werk einen literarischen Stil prägt, der Jahrhunderte lang vorherrscht, und zugleich dessen Antithese, ist gewiß als historischer Ausnahmefall zu betrachten.«[244]

Auf den berühmten Streit um den *Rosenroman* will ich im folgenden nur kurz eingehen, um mich sodann dem ersten Teil des Romans zuzuwenden. Entfacht hat den Streit angeblich eine der »gezierten Damen« (Georges Duby) Frankreichs, die gebürtige Italienerin Christine de Pisan.[245] Für sie war der zweite Teil des Romans eine einzige Abhandlung über die Minderwertigkeit der Frau, geschrieben zudem in einem zotigen Ton, der ihren Abscheu erregte. »Sie habe darin nur ›Zügellosigkeit und Laster‹ gesehen und sei entrüstet darüber, daß er ›so maßlos, heftig und nicht der Wahrheit gemäß die Frauen verleumderisch mehrerer schwerwiegender Laster bezichtige und behaupte, daß ihre Sitten gänzlich verkommen seien‹.«[246] Auf ihre Seite stellten sich der Kanzler der Universität von Paris, Jean Gerson, und der Vogt der Stadt Paris, Guillaume de Tignonville. Jean Gerson kam gar nach der Lektüre des Romans zu dem Schluß: »Au feu! bonnes gens, au feu!«[247]

Die Argumente der Gegner des *Rosenromans* waren moralischer Natur, während die Verteidiger gerade diese rein moralische Beurteilung ablehnten. Zu den Verteidigern zählten der Probst von Lille und Sekretär des Königs, Jean de Montreuil, und der Domherr von Paris und Tournai, Pierre Col. Der Letztgenannte hat eine Schrift hinterlassen, in der er sich mit den Einwänden der Christine de Pisan und des Jean Gerson auseinandersetzt. »Dieses Schreiben ist als die erste ›Analyse‹ des Romans zu betrachten und als eine der scharfsinnigsten dazu, die jemals veröffentlicht wurden. Zudem ist es unseres Wissens die erste Analyse eines literarischen Textes, die überhaupt in französischer Sprache erschien, die besonders deshalb höchstes Interesse verdient, weil Pierre Col bei der Darlegung seines Verständnisses des Romans zugleich auf die ›methodischen‹ Regeln des Interpretierens reflektiert.«[248] Für Col begehen die Gegner des Romans den Fehler, einzelne Textpassagen aus dem Zusammenhang zu reißen und isoliert zu betrachten.

Der »querelle littéraire« zog weite Kreise, und noch die Gelehrten des 19. Jahrhunderts stritten sich darum, wer nun in diesem Streit die Reaktionäre und wer die Humanisten seien.

Warum war dem *Roman de la Rose* solch ein Erfolg beschieden?

Der erste Teil des Romans ist ein Erziehungsroman zum zivilisierten und zivilisierenden Genuß. Der Schreiber gibt vor, dem Leser einen fünf Jahre zurückliegenden Liebestraum schildern zu wollen. »Und es gab nichts, das sich nicht später dergestalt zugetragen hätte,/wie ich es in dem Traume sah«.[249] Im Monat Mai, »in dieser herrlichen Zeit, wo alles zur Liebe drängt«[250], das Licht klar ist, die Bäume knospen und die Vögel singen, spielt der Roman. Der Held geriet »frohen Mutes und in Gedanken« hinter die Mauern eines Gartens, der das Paradies zu sein schien. Während er außerhalb der Mauer den Haß, die Gemeinheit, die Habsucht, den Geiz, den Neid, die Traurigkeit, das Alter, die Heuchelei und die Armut in all ihrer Erbärmlichkeit erblickt hatte, trifft er innerhalb der Mauern auf solch lichtvolle Gestalten wie die Fröhlichkeit, die Sorglosigkeit, die Höflichkeit, den Sinnengenuß und die Schönheit. Die Sorglosigkeit, eine »reizende Frau«, deren körperliche Vorzüge er detailliert schildert, hatte ihm die Türe zu dem Garten geöffnet und berichtet, dieser gehöre dem Sinnengenuß. »Häufig kommt der Sinnengenuß hierher mit seinem Gefolge, das das Leben in Freude und Lust verbringt, um den Schatten des Gartens zu genießen. Auch jetzt hält er sich im Garten auf und lauscht dem Gesang der Nachtigallen, /der Drosseln und der andern Vögelchen. Er spielt und ergötzt sich dort mit seinen Höflingen. Einen schöneren Ort könnte er dazu nicht finden. Und wisset, daß es die schönsten Menschen sind, die es auf Erden gibt, welche zu seinen Gefährten zählen.«[251] Und wirklich, der Erzähler findet den Sinnengenuß und seine schönen, sorgfältig gewandeten Gefährten und Gefährtinnen beim Tanz. Nach dem Tanz beobachtet er, wie sich die Damen und Herren in den Schatten der Bäume zurückziehen, um der Liebe zu pflegen. Da er selbst ohne Gefährtin ist, schlendert er durch den Garten, jedoch ohne zu bemerken, daß ihm der Liebesgott mit seinem Bogen folgt. Der Garten entzückt ihn in all seiner Schönheit und Pracht, und Gedanken der Liebe kommen ihm wie von selbst. So berichtet er über das Gras: »Da konnte man seine Geliebte hinlegen wie auf ein Federbett; denn der Boden war weich und frisch, dank den Brunnen wuchs genügend Gras.«[252]

Er gelangt schließlich zu dem Brunnen, an dem der schöne Narziß an unerfüllter Begierde gestorben war. Wer in den Spiegel des Brunnens blickte, entbrannte in Liebe, »da wechselt die Stimmung der Herzen, umsonst mahnen Verstand und maßvoller Sinn: es entfesselt sich einfach der Wille zu lieben, keiner kann sich mehr helfen«.[253] In ebendiesen hilflosen Zustand der »Liebeswut« sollte der Erzähler geraten, da er in dem Spiegel Rosenbüsche erblickt, und unter all den Knospen die eine sieht, der er verfallen sollte. Ihr Duft steigt ihm betörend in die Nase, ihr Rot betört seine Sinne, und ihre vier Blätter sind kunstvoll arrangiert. Was nun folgt, ist eine drastische Beschreibung der gewaltigen Macht der Liebe, vor der man sich fürchten und in acht nehmen muß. Der Liebesgott schießt dem jungen Mann seinen ersten Pfeil »Schönheit« durch das Auge direkt in das Herz. Dem Getroffenen wird sofort kalt, und sein Herz setzt aus. Er glaubt, viel Blut verloren zu haben, und findet seine Wunde trocken. Er versucht den Pfeil herauszuziehen, doch vergeblich – die mit Widerhaken versehene Spitze bleibt in seinem Herzen stecken. Der nächste Pfeil »Einfachheit« dringt ihm erneut durch das Auge ins Herz, gefolgt von dem Pfeil »Höflichkeit«, der ihm das Herz durchbohrt. Als ihn der vierte Pfeil »Gesellschaft« getroffen hat, fällt er dreimal hintereinander in Ohnmacht. Der fünfte und letzte Pfeil »Der süße Blick« ist spitz und dringt »wie ein Rasiermesser aus Stahl«[254] in das Herz ein. Seine Spitze hatte der Gott der Liebe mit einer lindernden Salbe betupft, die den Helden vor dem Tod bewahrt. Der letzte Pfeil versetzt ihn in ein schwebendes Gefühl der Linderung und des Schmerzes. »Dieser letzte Pfeil hat eine seltsame Kraft: er birgt süße Lust und Bitternis zugleich. Wohl habe ich erkannt, daß er mir gleichzeitig hilft und schadet. Seine Spitze bringt Bedrängnis, seine Salbe Linderung. Sie liebkost und sticht zugleich, mildert den Liebesschmerz und peitscht ihn auf.«[255]

Dem schwer verletzten, nicht blutenden jungen Mann nähert sich nun der Liebesgott. Er nennt ihn seinen Vasallen und fordert ihn zum Lehnskuß auf. Die Worte, die der junge Mann an seinen neuen Herrn richtet, beweisen diesem, daß er die richtige Wahl getroffen hat, denn nur wer sich wohl mit Worten auszudrücken weiß, ist der Liebe würdig. Durch seine Worte verrät der Mensch seine edle Gesinnung, sie sind es, die ihn vom gemeinen Menschen unterscheiden. Der Liebesgott verschließt das verwundete Herz seines Vasallen mit einem kleinen goldenen Schlüssel und hat damit vollständig Macht über ihn gewonnen. Im folgenden erläutert der Liebesgott seinem Gefolgsmann die am Hofe der Liebe herrschenden Regeln. Er soll vornehm und zurückhaltend sein und seine Worte beherrschen, denn sie sind Ausdruck seiner vornehmen Haltung anderen Menschen gegenüber. Er soll sich herrschaftlich und großzügig zeigen, was man an seiner gepflegten äußeren Erscheinung, seiner Kleidung und seinen Schuhen ablesen kann. Er soll stets reinlich sein, die Hände gewaschen, die Zähne geputzt und die Nägel gereinigt, denn nur so wird er den Damen eine Freude sein. Die letzte Anforderung ist, ohne Unterlaß zu büßen, indem er Tag und Nacht nur an die Liebe zu der Einen denkt. »Der Liebende erreicht nie, was er will;/stets wird es ihm fehlen, nie hat er Ruhe.«[256] Seine Geliebte ist ihm heilig. Er muß dafür sorgen, daß seine Klagen und Seufzer an ihr Ohr dringen, und er muß die Türe küssen, hinter der sie schläft. Auf die Frage, wie er dies alles ertragen solle, weiß der Liebesgott zu antworten, daß ihn die Hoffnung am Leben erhalten werde.

Mit Hilfe des Schönen Empfangs, des Sohns der Höflichkeit, und der Frau Venus gelingt es dem Liebenden, die Scham, die Angst, den Verzicht und den Bösen Mund zu überwinden, und er küßt die von ihm geliebte Rose, was ihn mit grenzenlosem Glück erfüllt. Doch seine Feinde waren nicht besiegt, und der Böse Mund ruft die Eifersucht auf den Plan, die die Scham der Ausschweifung bezichtigt. Die Eifersucht läßt um die Rosenbüsche einen Graben und eine Mauer ziehen. Von Türmen aus wird die Umgebung bewacht, und die Wächter der wehrhaften Anlage sind keine Geringeren als die Scham, die Angst, der Verzicht und der Böse Mund. Im Gefängnis der Eifersucht sitzt der Schöne Empfang, der Helfer des Liebenden, und hat keine Hoffnung auf Befreiung. Der Held des Romans aber leidet und schmachtet vor den Mauern, die seine Geliebte vor seinem begehrlichen Blick und Zugriff schützen. Er will sterben vor Schmerz und muß als Gefangener der Liebe leben.

Soweit die traurige Geschichte des Liebenden der Rose. Auf kunstvolle Weise hat Guillaume de Lorris darin verschiedene Realitätsebenen miteinander verbunden, was wiederum das erzählende Ich vervielfältigt. »Als Erzähler existiert das Ich in der Gegenwart, als Träumer in der Vergangenheit, als Held des Traums in einer der Gegenwart unmittelbar vorhergehenden Vergangenheit.«[257] Die unterschiedlichen Rollen ein und derselben Person werden durch unterschiedliche Zeiten und Bewußtseinszustände markiert und ergeben zusammen eine komplizierte Erzählstruktur. Georges Duby geht davon aus, daß Guillaume de Lorris ein gebildeter Mann gewesen sei, der mit dem *Rosenroman* ein gelehrtes Werk geschrieben habe, mit dem er Ovid habe nacheifern wollen.

»Er wollte mit ihm (Ovid, K. W.) rivalisieren, und zwar in Anwendung sämtlicher Kunstgriffe der Grammatik und der Rhetorik. Unter der scheinbaren Naivität, unter der liebenswerten Leichtigkeit verbirgt sich ein äußerst gelehriges Werk, für jedes Publikum geschrieben, so abgefaßt, daß es in ähnlicher Weise auf unterschiedlichen Ebenen verstanden werden konnte, wie die Schriften der auctores, ob geistlich oder profan, von den Lehrern verstanden wurden, denen es darum ging, unter der Oberfläche des Diskurses nacheinander die vielfältigen Bedeutungen der Vokabeln aufzudecken.«[258]

Dieses Spiel der Textinterpretation, die Suche nach der geheimen Bedeutung eines Wortes, verweist für mich auf eine erotische Praxis der Worte. Offen und verdeckt gebraucht Guillaume de Lorris seine Rollen, seine Perspektiven, seine Worte in seinem Roman und ermöglicht dadurch ein erotisches und gelehriges Spiel der Enträtselung des Sinns. Der Erzähler ist – darin im übrigen Dante in der *Göttlichen Komödie* ähnlich – der einzige Mensch aus Fleisch und Blut, der in dem Roman auftritt. Dadurch wird seine Stellung in dem gesamten Geschehen zentral und bleibt bei aller Vielfalt einheitlich.

Im *Rosenroman* werden die großen Themen der höfischen Gesellschaft, Liebe und Tod, noch einmal kunstvoll variiert, so daß der Roman als die Vollendung dieser höfischen Kultur gelten kann. Doch das Interessante an dem vorliegenden Text ist, daß er eine Welt und ein Erleben jenseits der politischen und der sozialen Realität beschreibt. In den nach außen abgeschlossenen Garten, bevölkert von makellosen Gestalten, die allesamt als die Krönung des höfischen Menschen gelten können, verirrt sich ein Mensch, ein Mann aus Fleisch und Blut. Er gerät in eine Gesellschaft, für die der schöne, gepflegte Zeitvertreib, der Genuß und das kunstvoll arrangierte, verschwenderische Fest der Lebensinhalt sind. Der Krieg und das Blutvergießen auf dem Schlachtfeld kommen in dieser Welt nicht vor. Nicht von Rüstungen, Mut, Tapferkeit oder Turniergetümmel ist hier die Rede, statt dessen von Zahnpflege und dem geschliffenen Gebrauch der Worte. Nach Erich Köhler sieht man an dieser »Verdrängung der militärischen Funktion«, daß der *Rosenroman* nicht allein den Endpunkt einer literarischen, sondern auch einer sozialen Bewegung widergibt. Mit dem Roman wird nach Köhler »die Phase des Glaubens an eine heroisch-aktive Behauptung des ritterlichen Führungsanspruchs in resignativer Verinnerlichung beschlossen«.[259]

Wie wird nun dieser Abschluß ritterlicher Kultur dargestellt?

Die Regeln, die der Liebesgott seinem Vasallen mit auf seinen Leidensweg gibt, verwandeln diesen in einen prud'homme, in einen gebildeten, höflichen Mann. Die Zeit, als die Ritter ihr Leben in Männerhorden und zu Pferde zubrachten, ist vorüber. Das Gegenüber des zivilisierten Mannes ist eine gebildete Frau und nicht ein Pferd. Der *Rosenroman* zeigt uns dies. Doch auch von dem schönen Zeitvertreib des Turniers ist nicht die Rede, es fließt kein Blut in diesem Buch. Das Spiel von Liebe und Krieg ist nach innen gekehrt. Der Liebende wird von den fünf Pfeilen eines Gottes mitten ins Herz getroffen, er leidet an Wunden, die nicht bluten. Sein Leid und sein Schmerz sind nach innen hin abgeschlossen, er trägt die Widerhaken der Pfeile in seinem Herzen und wartet alleine vor der Trutzburg, in der seine Geliebte eingeschlossen ist. Nach der Erfahrung der Liebe gibt es keine Freude mehr für ihn auf der Welt, und er muß allein leiden.

Ein neuer Kreislauf der Worte und des Blutes wird im *Rosenroman* eröffnet: Die Liebe schmerzt, sie verursacht Herzwunden, die nicht bluten, und diese Wunden werden demjenigen zugefügt, der sich durch seine gewählten Worte ihrer würdig erweist. Nach der Interpretation von Karl August Ott, der ich mich weitgehend anschließe, schreibt Guillaume de Lorris über die Welt, in die er sich sehnt aufgenommen zu werden. Der Außenstehende träumt(!) von solch einem paradiesischen Garten, wie er in dem Roman geschildert wird. Guillaume de Lorris scheint demnach ein Angehöriger des bürgerlichen Standes zu sein, der sich trotz seines Bürgerblutes als vornehmer Mensch erweisen und am höfischen Leben teilhaben will. Mit prachtvollen Kleidern, edlen Worten und einem freigiebigen Herzen wird man am Hof des Liebesgottes aufgenommen; dies sind allesamt höfische und keine bürgerlichen Werte. Im 13. Jahrhundert beginnen die Bürger, zunehmend den höfischen Stil zu imitieren; sie drängen in den paradiesischen Garten und wollen beim Reigen der schönen und fröhlichen Menschen dabeisein. Als Autor praktiziert Guillaume literarisch somit das, wovon er als Erzähler geträumt haben will. Somit scheint der *Rosenroman* aus der Feder eines Bürgers zu stammen.[260]

Ott jedoch zieht nicht den letzten Schluß aus seiner Interpretation: Der Bürger kann die Worte, die Freigiebigkeit und die Wohlerzogenheit des Adels imitieren, doch in seinen Adern fließt nicht das Blut, das ihn zu einem solchen Leben privilegiert. Der Bürger will sich nun mit gewählten Worten als vornehmer Mensch erweisen. Der von Guillaume de Lorris geschilderte Held weiß um die Regeln am Hofe des Liebesgotts; doch der Held, der nur leidet, blutet deshalb nicht, weil er kein edles Blut zu vergießen hat. Der Bürger steht einsam vor den Mauern, die den Garten Eden umschließen. Der Garten der höfischen Freuden ist streng bewacht; der leidende Bürger gehört nicht zum Kreis der Edelblütigen.

Die Fortsetzung des Romans kann nicht genau datiert werden, man geht jedoch davon aus, daß es nach 1268 gewesen ist, da zum Beispiel die Enthauptung Konradins darin vorkommt und diese 1268 stattgefunden hat. Vom Autor Jean de Meun wissen wir, daß er 1305 gestorben ist, und da er lange Zeit als ein »vrai bourgeois« (G. Lanson) bezeichnet worden ist, geht man nach der neueren Forschung davon aus, daß er in Paris als poeta doctus gelebt hat. Es sind einige Übersetzungen aus seiner gelehrten Feder bekannt, so etwa die *Consolatio Philosophiae* von Boethius, der Briefwechsel zwischen Heloise und Abailard wie auch die klassische Abhandlung des Vegetius über Taktik. Jean de Meun hat für fürstliche Persönlichkeiten gearbeitet und stand zumindest zeitweise im Dienst Philipps des Schönen. »Gerade seine literarische Versiertheit ist somit als ein umunstößliches Zeugnis dessen anzusehen, daß Jean de Meun ein ›clericus‹ war, und wenn er im späten Mittelalter stets als Maistre Jehan de Meun bezeichnet wurde, so darf man dementsprechend schließen, daß der Titel ›Magister‹ nicht aus der Luft gegriffen war und noch weniger ein bloß schmückendes Beiwort darstellte.«[261] Jean de Meun hat in nahezu 18 000 Versen die Thematik des ersten Teils fortgeführt und den Versstil glänzend imitiert.[262]

Der Dominikaner M. M. Gorce hat 1933 als erster von dem scholastischen Geist gesprochen, der den zweiten Teil des Romans prägt. Für ihn ist es das Ziel des Jean de Meun, die Rechte und Pflichten der höfischen Liebe mit denen der Vernunft zu versöhnen, und er nennt den Romanteil zwei einen »texte essentiel de la scolastique courtoise«.[263] Karl August Ott sieht, wie auch Georges Duby, im zweiten Teil des Romans eine ironische Replik auf den ersten Teil. So wendet de Meun sich Ott zufolge gegen eine Idealisierung, »in der die Liebe wie das höchste Gut erscheint und die Eroberung einer edlen ROSE mit dem Eintritt ins irdische Paradies gleichgesetzt wird«.[264] In diesem Sinne deutet er die groben Späße des Klerikers, die das moralische Empfinden der gezierten Damen und der frommen Herren verletzten, als die Absicht, gerade diese Idealisierung mit Hilfe der Zote zu zerstören. Das Liebesglück ist für Jean de Meun keine Frage der Wahl der Worte und der Zahnpflege als vielmehr »eine List der Natur, die dem Zeugungsakt das Vergnügen beigegeben hat, denn ›viele würden hier keinen Schuß tun, wenn das Vergnügen nicht wäre, das sie anzieht‹«.[265] Es geht für de Meun in der Liebe um Fortpflanzung und nicht um ein zivilisiertes Spiel. Wie denn auch Ernst Robert Curtius über den zweiten Teil schreibt: »Ganz im Gegensatz zur höfischen Minne, deren letzte Ernte Guillaume de Lorris einbrachte, wird vor der Liebe gewarnt. Der Natur kommt es allein auf die Fortpflanzung an. Eros ist dem Sexus gewichen.«[266] Jean de Meun warnt in schlüpfrigen und gelehrten Worten seinen christlichen Leser davor, sich von dem Spiel der höfischen Liebe und der Verherrlichung der sorglosen Verschwendung verführen und blenden zu lassen.

Der zweite Teil des *Rosenromans* steht am Ende der Blüte der feudalen Gesellschaft. Im 13. Jahrhundert geriet die Aristokratie Frankreichs in eine ernste Krise. Zwischen 1180 und 1230 wurde die Linie, die Adelige und einfache Ritter[267] voneinander trennte, verwischt. Auch die einfachen Ritter wollten sich Burgen bauen, ahmten den aristokratischen Lebensstil nach und verschuldeten sich. Für das ökonomische Desaster sind die gestiegenen Ausgaben, die gesunkenen Einnahmen, der für den Adel verpflichtende aufwendige Lebensstil, aber auch die wachsende Macht des Königs und einiger Fürsten verantwortlich.[268] So bot sich den verschuldeten edelblütigen Familien eine Lösung in der Heirat eines Sohnes oder einer Tochter mit einem Angehörigen aus wohlhabendem, doch niederem Stand. Der Sohn, der einer solchen Verbindung entstammte, hatte dann zumindest die Chance, zu dem Kreis der Hochwohlgeborenen aufzusteigen. Oftmals jedoch blieben die »Aufsteiger« in der Stadt leben und waren zufrieden damit, einen Adeligen in der Familie zu wissen.[269] Die andere Möglichkeit bestand darin, nach Paris zu gehen und sich in den Dienst des Königs oder eines mächtigen Fürsten zu stellen. Doch damit begaben sie sich auch in Konkurrenz zu Männern mit gewöhnlichem Blut, die in der Kunst der Worte oder der Zahlen geübt waren – Männern, wie Jean de Meun vielleicht einer war. Philipp II. August hatte zum Beispiel einen Bürger aus Paris mit der Verwaltung der königlichen Finanzen beauftragt, und ein immer wiederkehrendes Thema der Literatur dieser Zeit ist die Klage, daß auch Nichtadelige im Dienste des Königs stehen. So blieb dem verschuldeten Geburtsadel, der in der größten Not sein Blut auch mit dem der reichen Bürger mischte, nur noch die Zuflucht zu der Behauptung, sie seien kraft ihres Blutes zu einer herausragenden sozialen Position mit Herrschaftsaufgaben befähigt. Daraus entspann sich eine lange Diskussion über das Wesen des Adels, die eine Diskussion über das Blut war. Jean de Meun vertrat die Position, der einzelne müsse seine Tugend durch Taten, nicht durch sein Blut unter Beweis stellen. Er stellte die Frage: »Ist der ein Adeliger, der Name und Respekt beansprucht, weil er sie von anderen anderen erbte, obwohl er weder ihre Verdienste noch ihre Tapferkeit hat?«[270], und er verneint sie.

All diese Faktoren über die Veränderung der Situation des Adels zusammengenommen, wundert es nicht, daß nach Paris, in das Zentrum der königlichen Macht, nicht nur strebsame Bürger und ehrgeizige Scholaren, sondern auch eitle Aristokraten drängten. Die Welt war nüchterner geworden, der Geldkreislauf hatte die edlen Tugenden zersetzt, und nicht mehr allein Zerstreuung war gefragt, sondern Wissen. Die Geistesschätze der Antike, allen voran Aristoteles, veränderten das Wissen und das Menschenbild. So trennen Guillaume de Lorris und Jean de Meun nicht nur vierzig Jahre, sondern auch die Art der Erkenntnis:

»Für Guillaume de Lorris und für alle seine Zuhörer, selbst die gelehrtesten, für die Magister, die ihn ebensogern hörten wie die jungen Adligen, waren diese Wege (der Erkenntnis, K. W.) stets die des Heiligen Bernhard, die Wege Sugers geblieben: Ein Fortschreiten durch Sprünge von Wort zu Wort, von Bild zu Bild, durch Metaphern, Analogien, durch doppelte und dreifache Spiegelungen, schillernd wie buntes Kirchenfensterglas. Für die Leser von Jean de Meun hat das Wissen Klarheit und Strenge angenommen, die etwas trockene Eleganz der strahlenden gotischen Architektur. Wie diese beruht es auf der Logik.«[271]

Der Gebrauch der Worte hat in den vierzig Jahren, die die beiden Teile des Romans trennen, eine nachhaltige Veränderung erfahren, und die Werte der Menschen haben sich verändert. Gefragt sind Worte des Wissens, die logische Argumentation und der strenge

Aufbau der Gedanken. Mit den Worten hat sich auch der Stellenwert des Blutes verschoben. Für Jean de Meun ist die Liebe zwischen Mann und Frau ein Geschenk der Natur. Die Lust dient dem Zwecke der Fortpflanzung, das heißt der Vermischung des Blutes zweier Menschen.

Was die beiden Teile und ihre jeweiligen Verfasser eint, sind die Versform, das heißt der Rhythmus der Worte, und die Beschwörung der Schönheit der Rose.[272] Die Rose, als die poetische Blume schlechthin, führt uns wieder zum Blut, denn sie ist die Blume der Frau Venus, die entstanden ist, »als Venus nackten Fußes über die Wiese schritt und ein blasphemischer Dorn ihr die Sohle ritzte«.[273] Das Bild von der knospenden, der aufblühenden, der leicht geöffneten und der voll erblühten Rose ist nach Werner Ross ein Bild aus Gedichten, deren Seele heidnisch ist: »heidnisch die Mythologie, heidnisch die Moral, heidnisch vor allem die idyllische Wollust, die sanfte Sinnlichkeit und leichte Lüsternheit, die sie durchzieht.«[274] Die Kirchenväter nahmen das Bild von der Rose auf, doch sie wandelten es gründlich ab. Bei Cyprian von Karthago sind die Rosen die von ihrem eigenen Blut gefärbten Märtyrer, und bei Ambrosius pflücken die Christen die Rose als Blut des Herren.[275]

Um 1200 hat sich der Begriff des Rosenpflückens und der der Blume schlechthin erneut gewandelt. »›Blatt‹ ist überhaupt der erotische Genuß, ›Blume‹ der Raub der Unschuld«.[276] Vor diesem kulturellen Hintergrund des Begriffs der Rose wundert es nicht, daß Guillaume de Lorris sie als Metapher für die geliebte Herrin verwendete. Erotisches und Heiliges mischen sich in ihrem Bild. Im ersten Teil wartet die jungfräuliche Rose mit ihren schönen Blättern darauf, gebrochen zu werden, »aber die Liebe ist höfisch, und bevor es heikel wird, bricht der Roman ab; die Fortsetzung von Jean de Meun führt endlich die Parallele zwischen dem Rosenpflücken und der Liebesumarmung am Schluß des Riesengedichtes mit lüsterner Deutlichkeit durch«.[277]

Der erste und der zweite Teil des Romans bilden ein einheitliches System der Ordnung der Liebe des 13. Jahrhunderts. Im ersten Teil werden die Werte der untergehenden höfischen Liebe und die sorglose Verschwendung gepriesen, die möglich sind in einer Welt, die hinter Mauern geschützt verborgen liegt und die ausschließlich von Allegorien bevölkert wird. Der Held, ein Mann aus Fleisch und Blut, verirrt sich in dieser makellosen Welt, er wirkt wie ein Fremdkörper im Paradies und muß die Qualen der Liebe ertragen ohne Hoffnung auf Erlösung. Keine höfische Gesellschaft honoriert sein geduldiges Leiden, alleine harrt er vor den Mauern, hinter denen seine Geliebte verborgen ist, seines Todes. Guillaume de Lorris lehrt uns die Wichtigkeit der kunstvollen Beherrschung der Worte, doch er lehrt uns auch, daß Bürger nicht ins Paradies der Liebe und der Verschwendung eingelassen werden, denn sie haben das falsche Blut in ihren Adern und sind der Rose nicht würdig.

Im zweiten Teil des Romans karikiert ein studierter Mann des Wortes diese schwärmerischen Liebesvorstellungen und das Sehnen nach einem paradiesischen Zustand. Jean de Meun ist ein nüchterner, logischer Denker, ein Vertreter der Hochscholastik. Mit ironischer Akribesse versteht er es, das höfische Liebesglück zu demaskieren, und es bleibt nichts davon übrig als eine Verpflichtung der Natur, die Vergnügen bereitet.

Beide Entwürfe der Ordnung der Liebe – der schwärmerisch melancholische des Guillaume de Lorris und der nüchtern ironische des Jean de Meun – beschreiben in Worten das verführerische Rot der Rose, die, getränkt mit dem Blut der Venus, den Liebenden lockt.

Die Ordnung des Wissens

In seiner klassischen Abhandlung über die christliche Philosophie macht Etienne Gilson drei Gründe für den ungeahnten Aufschwung der Wissenschaft im 13. Jahrhundert verantwortlich: zunächst den Einfluß der orientalischen Philosophie und damit zusammenhängend die Wiederentdeckung der aristotelischen Schriften, dann die zentrale Rolle, die die neugegründete Universität von Paris im abendländischen Geistesleben spielt.

Die Araber kamen durch Vermittlung der Syrer in Berührung mit den Texten der griechischen Philosophen. Auf die christliche Philosophie hat die hellenisierende arabische Philosophie Einfluß gehabt und dabei vor allem die beiden Kommentatoren Avicenna und Averroes. [278] Wie wir bereits erfahren haben, waren die Christen in Spanien mit dem arabischen und dem von den Arabern entdeckten griechischen Gedankengut in Kontakt gekommen. Ein weiterer Treffpunkt der Kulturen war Sizilien, wo am Hofe Friedrichs II. der Übersetzer Michael Scotus arbeitete. Er hatte um die

Mitte des 13. Jahrhunderts fast alle Schriften des Averroes ins Lateinische übersetzt, und vom Süden Italiens gelangten diese an die französischen Fakultäten. Waren die Übersetzungen des Aristoteles und seiner arabischen Kommentatoren zunächst noch indirekte gewesen, das heißt vom Griechischen ins Syrische, vom Syrischen ins Arabische, vom Arabischen ins Altspanische und vom Altspanischen ins Lateinische, so begannen die Gelehrten am Ende des 12. Jahrhunderts, direkt aus dem Griechischen ins Lateinische zu übersetzen.

Auf den massiven Ansturm der Gedanken des nicht-christlichen Philosophen aus Griechenland, auf seine Schriften zur Naturphilosophie, Metaphysik und Psychologie reagierte die Kirche zunächst mit Verboten. So untersagten eine Bulle des Papstes 1204 und ein Provinzialkonzil von Paris 1210 bei Strafe der Exkommunikation das Studieren und Lesen der naturphilosophischen Schriften des Aristoteles. 1215 wurde dieses Verbot – unter Einbeziehung der metaphysischen Schriften – durch den päpstlichen Legaten Robert von Courçon bekräftigt. In Toulouse und auch in Oxford ließ man sich davon jedoch wenig beeindrucken. 1231, 1245 und 1263 wurden die Verbote der Kirche zwar erneuert, doch sie wirken angesichts der gleichzeitigen erfolgreichen Verbreitung der aristotelischen Begriffe und Gedanken eher wie Zeichen der Ohnmacht. »Und 1366 ist es so weit, daß die Legaten des Papstes für das Lizenziat in der Artistenfakultät das Studium des ganzen Aristoteles als unerläßliche Bedingung fordern.«[279]

Am 13. April 1231 erließ der Papst die Bulle »Parens scientiarum«, welche als das erste Grundgesetz der Universität von Paris gilt. Bereits 1213 hatten sich die Lehrer und Schüler, die Professoren und Studenten zur »universitas magistrorum et scolarium« zusammengeschlossen.

»Diese Gemeinschaften selbst, nicht staatliche oder kirchliche Instanzen, haben alle jene Formen und Institutionen korporativer Selbstverwaltung geschaffen, die dann auch von fürstlichen Universitätsgründern übernommen wurden und bis zur Gegenwart – mit manchen Variationen im einzelnen – für Universitäten im Unterschied zu anderen Schulen und Lehranstalten charakteristisch geblieben sind: die Leitung durch eigene, aus ihrer Mitte gewählte Rektoren mit Gerichtsbarkeit über die Universitätsangehörigen, die Gliederung der Studienfächer in Fakultäten mit gleichfalls gewählten, wechselnden Dekanen an der Spitze, ihr Prüfungs- und Promotionsrecht zur Verleihung des Doktorgrades und der Lehrberechtigung und manches andere bis zu den Amtsbezeichnungen der Ordinarien, Lektoren, Pedelle, der Amtstracht der Talare und Barett, der Matrikel und Immatrikulation der Studenten, der Benennung des Kollegs, des Auditoriums, der Aula usw.«[280]

An der Pariser Universität gab es vier Fakultäten: die theologische, die medizinische, die juristische und die philosophische. Die theologische und die philosophische Fakultät waren am bedeutsamsten, und so wie Oxford für die Naturwissenschaften war Paris für die Logik berühmt.

Etienne Gilson bezeichnet die Universität als eine geistige Realität. Die Universitätsangehörigen fühlten sich als Spezialisten der Interpretation und der Bewahrung des Wortes. Dieses Zusammengehörigkeitsgefühl der durch die Interpretation des Wortes Ausgezeichneten führte dazu, daß sie sich im 13. Jahrhundert zu einer Körperschaft zusammenschlossen.[281]

Diesem neuentstandenen Körper kam in der königlichen Stadt Paris eine ganz besondere Bedeutung zu, und die Universität hatte erbitterte Gegner und leidenschaftliche Verfechter gleichermaßen.[282] Die Könige von Frankreich, bemüht, ihrer auserkorenen Stadt jeden nur erdenklichen Glanz zu verleihen, wollten Paris zum Zentrum der geistigen Macht des Abendlandes machen. Hier sollte die Stadt der gelehrten Worte entstehen. Als die eigentlichen Förderer jedoch galten die Päpste aus Rom. In den Augen der Stellvertreter Gottes sollte die Universität über die Einhaltung der Orthodoxie wachen, dort sollten die Waffen zum Kampf gegen die Irrgläubigen geschmiedet werden, und diese Waffen waren die Worte. Die Worte des Herrn sollten von zentraler Stelle aus definiert und an die Christenheit weitergegeben werden. So wurde auch die Universität von Paris nicht als eine nationale, sondern als eine abendländisch-christliche Einrichtung begriffen. »Sie steht als übernationales Institut über den Nationalstaaten und neben dem Sacerdotium und Imperium.«[283] Und der Archivar des Klosters von Saint-Denis, Wilhelm von Nangis, bezeichnet Frankreich als unter allen Ländern und Menschen dreifach ausgezeichnet. Damit meint er die Ritterschaft, den Glauben und die Weisheit. »Diese Dreiheit findet er in der dreiblättrigen Lilienblüte des französischen Königswappens symbolisiert, die nicht durch den Verlust einer dieser drei Kräfte verstümmelt werden dürfe.«[284] Somit war die Universität der königlichen Stadt Paris zur dritten Gewalt in der mittelalterlichen Welt geworden.

Ein Studium begann man, indem man sich einem Lehrer anschloß, wobei die soziale Herkunft der Magister und Studenten nachrangig war.[285] Das heißt, die Universität ist eine Korporation von Männern edlen Blutes und Männern einfacher Herkunft, die sich aus Liebe zum Wort und zur Wissenschaft zusammengefunden haben. Um Magister zu werden, legte man zunächst ein Examen ab, um sodann in einer »Determinatio« zu einer selbständigen Entscheidung einer Frage zu kommen. Im Anschluß daran wurde man Baccalaureus und hatte die Aufgabe, zwei Jahre lang die offiziellen Textbücher zu erläutern. Nach diesen zwei Jahren schließlich durfte man sich Magister artium nennen.

Im folgenden will ich drei Mitglieder der Pariser Universität des 13. Jahrhunderts vorstellen, wobei es mir dabei vor allem um die Darstellung von deren intellektueller Praxisform, weniger um die Inhalte der Lehren geht.

Albertus Magnus, genannt Doctor universalis, wurde um 1200 in Schwaben geboren. Er studierte in Bologna und Padua und kam nach anschließenden Studien in Freiburg, Regensburg und Hildesheim nach Paris. 1223 war er in den Dominikanerorden eingetreten, und in Paris wurde Thomas von Aquin sein Schüler. Er verbrachte die Jahre abwechselnd in Italien, Frankreich und Deutschland und starb mit 87 Jahren in Köln. Albertus Magnus wird von Gilson als ein Enzyklopädist bezeichnet, der das gesamte vorliegende Schrifttum seiner Zeit für die Christenheit nutzbar machen wollte. Er verstand es jedoch, elegant seinen enzyklopädischen mit seinem auktorialen Anspruch zu verbinden.[286] Albertus Magnus galt als großer Lehrer, und er hatte viele Schüler. Darüber hinaus wurde er als forschender Geist bewundert, und er hat sowohl theologische, philosophische als auch naturwissenschaftliche Schriften hinterlassen.[287] So forschte er zum Beispiel über empfängnisverhütende Mittel und suchte die Ursachen der Sterilität zu ergründen. Albertus Magnus sammelte das Wissen und wollte es in eigenen Worten an die christlichen Gelehrten weiterzugeben.

Bonaventura, genannt Doctor seraphicus, wurde 1221 in der Toskana geboren. 1242 wurde er Magister artium in Paris. Bonaventura war Franziskaner und wurde General seines Ordens, weshalb er seine Lehrtätigkeit aufgab. 1272 wurde er Kardinal, und zwei Jahre darauf starb er. 1482 wurde er heiliggesprochen. Etienne Gilson zufolge blieb Bonaventura Aristoteles fremd, während er Plato verehrte und in Augustinus die Synthese der beiden gefunden zu haben glaubte. Bonaventura besticht weniger durch logische Schärfe als vielmehr durch sein Bemühen, den Menschen als ein denkendes und fühlendes Wesen zu begreifen. Er war davon überzeugt, daß die Theologie dominierend sein muß und die Philosophie nur eine Dienstfunktion haben kann. Das Menschenbild der Philosophie ist falsch, wenn sie von der Heilsgeschichte absieht. Bonaventura ist ein mystischer Denker; er beschreibt die Weisheit als ein »Kosten der Süße Gottes«, wobei über die Süße gesagt wird, sie »kann und muß als Dimension des Vermittelns und Verbindens zwischen Gott und der Menschenseele verstanden werden«.[288] Dante hat Bonaventura und Thomas von Aquin, den Dominikaner und den Franziskaner, im elften Gesang des Paradieses nebeneinandergestellt:

»In Gluten ganz, gleich hohen Seraphinen
Stand dieser; weisheitsvoll auf Erden war
Der andr'ein Strahl vom Licht der Cherubinen.
Vom einen red ich: wen von diesem Paar
Du rühmen magst, du wirst sie beide loben,
Weil eins im Ziel ihr Wirken immerdar.«[289]

Thomas von Aquin, genannt Doctor communis, wurde 1224 in Süditalien geboren und im Kloster Monte Cassino erzogen. Er wechselt an die Universität von Neapel, wo er mit den Schriften des Aristoteles und den Bettelorden in Berührung kommt. 1244 tritt er gegen den Willen seiner Familie den Dominikanern bei. Er wird von seinen Brüdern gefangengenommen und an seiner Reise nach Paris gehindert. Legendär ist die Geschichte, nach der die Brüder ihm ein leichtbekleidetes, hübsches Mädchen aufs Zimmer schickten, das ihn auf ihre Weise dazu bringen sollte, sich seines Ordensgewandes zu entledigen. Doch zukünftige Heilige reagieren anders, und Thomas vertrieb die Verführerin mit einem brennenden Holzscheit. Danach warf er sich auf den Boden, und ein Engel erschien, der ihm versicherte, er würde ein engelsähnliches, das heißt keusches Leben führen, und ihm sodann einen strammen Gürtel um die Lenden legte. Solchermaßen gesegnet und gerüstet, war er nicht mehr von seinem Mönchsgelübde abzubringen, und nachdem auch seine Familie dies eingesehen hatte, wurde er freigelassen. Thomas studiert bei Albertus Magnus in Paris, dem er nach Köln folgt. 1257 wird er zusammen mit Bonaventura und gegen den Widerstand der Weltgeistlichen vom Papst zum Magister berufen und darf öffentlich Theologie lehren. Er bleibt drei Jahre in Paris und ist danach ständig auf Reisen. 1269-1270 hält er sich erneut in Paris auf; 1274 starb er und wurde 1323 heiliggesprochen. Thomas von Aquin war ein frommer, in sich gekehrter Mensch. Franz Brentano[290] überliefert die Geschichte, nach der man den heiligen Thomas in der studentischen Gruppe um Albertus Magnus den »stummen Ochsen aus Sizilien« nannte und ihn solange für tölpelhaft und einfältig hielt, bis er das erstemal den Mund aufmachte. Thomas' denkerisches Werk ist systematisch und geschlossen wie eine Festung gebaut. In seiner starren Ganzheit liegt seine ganze Kraft. Es scheint, als wollte Thomas auf der Suche nach den letzten Worten jedes Problem apodiktisch lösen, und dadurch ließ er seinen Nachfolgern nur wenig Denkraum innerhalb seines Werkes. Er hatte er keine bedeutenden Schüler.

Dennoch gilt Thomas von Aquin als der überragende Denker des Mittelalters, »in der Kunst des didaktischen Stils und als Meister und Klassiker einer Synthese lichtvoller Klarheit«.[291] Er war von der Aufgabe besessen, die Vernunft und den Glauben harmonisch miteinander zu einen. »Die geheiligte Lehre (...) macht Gebrauch vom menschlichen Verstand, nicht, um den Glauben zu beweisen, sondern um deutlichzumachen (manifestare), was darüber hinaus in dieser Lehre dargelegt wird.«[292] Der Glaube, erleuchtet durch die Vernunft (ratio fide illustra), und Louis Dumont bezeichnet das Werk des Thomas von Aquin als eine »Kombination christlicher Offenbarung und aristotelischer Philosophie«.[293] Die von dem Aquinaten gefundene harmonische Hierarchie von Glaube und Vernunft war jedoch äußerst anfällig, und nach seinem Tod begann unverzüglich die Demontage seines Werks. So wurden bei der berühmten Verurteilung von 1277 durch den Erzbischof von Paris, Stephan Tempier, auch drei seiner Sätze verworfen, die man nach seiner Heiligsprechung strich.[294]

Auffällig am Leben und Werk des Thomas von Aquin ist, daß sein großes und in seiner Systematik nahezu ermüdendes Werk während eines Lebens voller Unruhe geschrieben wurde. Er schien in der Lage zu sein, inmitten des universitären Getriebes oder auf seinen beschwerlichen Reisen in äußerster Konzentration und Kontemplation seine Gedanken zu ordnen. Josef Pieper versucht, diese Fähigkeit damit zu erklären, »daß Thomas in dem lärmenden Gewoge, vor allem der Pariser Auseinandersetzungen, zwar körperlich anwesend ist, daß er aber in Wahrheit in einer inneren Klausur lebt, in einer völligen und unversehrbaren Unbefangenheit des Herzens angesichts des Totums der Wirklichkeit; daß er, in einem die innerste Zelle seiner Seele erfüllenden Schweigen, einfach den vordergründig polemischen Lärm überhört, über ihn hinaus gehört haben muß, auf etwas ganz anderes, auf das eigentlich Wichtige«.[295] Kein anderer wußte besser als er zu unterscheiden und zu vereinen, was unterschieden und vereint werden sollte.

Albertus Magnus, Bonaventura und Thomas von Aquin sind alle drei Mönche der neuen Bettelorden. Aus der Skizzierung ihrer intellektuellen Praxisformen ist deutlich geworden, wie wenig diese drei Mönche des 13. Jahrhunderts mit den zaubererähnlichen Mönchen des 11. Jahrhunderts oder mit den der asketischen Meditation im Wald ergebenen Zisterziensermönchen des 12. J ahrhunderts gemeinsam haben. Sie sind gerade nicht mehr an einen exklusiven Ort der Stille und der Meditation über das Wort Gottes gebunden, sondern scheinen ruhelos durch die Welt zu reisen. Ihre Worte sind an vielen Orten gleichzeitig gefragt, und die bei Thomas herausgestrichene Begabung der Kontemplation scheint eine Vorbedingung dafür, ein erfolgreicher Gelehrter des 13. Jahrhunderts zu sein. Nicht mehr das Kloster und das Leben in der abgeschlossenen Gemeinschaft der Engelsähnlichen fördern die literarische Produktion, sondern das Leben in der unruhigen Stadt, das Leben an der Universität. Nicht mehr allein in der Stille des Waldes wird über die Auslegung des Wort Gottes geschrieben, sondern in der Stadt in der unmittelbaren Nähe der Sünde.

Bei den Franziskanern und den Dominikanern gehörte das Leben in den Städten zu ihrem Auftrag. Einsam im Wald läßt sich weder das Wort des Herrn verbreiten noch vom Betteln leben, von daher finden wir diese Mönche unterwegs auf den Straßen oder in den Städten. Die Mönche der neuen Orden waren erfolgreiche Lehrer an den Universitäten, wie wir an Albertus Magnus, Bonaventura und Thomas von Aquin gesehen haben. Dadurch ziehen sie den Neid der Weltgeistlichen auf sich, und nach Bonaventura hat diese Gegnerschaft einen einfachen Grund: die neuen Spezialisten der Worte schmälern die Einkünfte der alten Wortverwalter. Ludwig der Heilige, der die neuen Orden sehr schätzte, ließ gar königliche Wachen vor dem Kloster Saint-Jacques, dem Kloster der Dominikaner in Paris, postieren. Ein Höhepunkt der Auseinandersetzungen zwischen Weltgeistlichen und Bettelmönchen war erreicht, als die weltlichen Lehrer nach der Vergabe der licentia docendi an Thomas den Besuch von dessen Vorlesungen verboten. Der Papst ordnete daraufhin durch ein eigenes Breve, in welchem Thomas und Bonaventura namentlich erwähnt sind, autoritativ an, daß die beiden zur öffentlichen Lehrtätigkeit zuzulassen seien, was dann, 1257, auch geschieht. Der Papst als Stellvertreter Gottes entscheidet darüber, wer die Worte des Herrn auslegen darf.

Zu diesem Druck auf die Bettelmönche kam noch ein genereller Konkurrenzdruck an der Universität von Paris. Die Orden schickten ihre Brüder in der Regel einmal und auch dann nur für kurze Zeit in die königliche Stadt. Sie hatten nur wenig Zeit, um sich zu bewähren. »Hinzu kommt aber, daß aus den einzelnen Klöstern und dann den Provinzstudien in nahezu ganz Europa aus einem riesigen Reservoir eine strenge Auslese der herausragenden Begabungen geschehen konnte.«[296]

Was war das nun für eine Methode des systematischen Denkens, die diese Männer des Wortes ersannen? »L'élément stable de la méthode scolastique était, à part le type d'apparat méthodique, son attachement aux textes d'autorité.«[297] Die scholastischen Gelehrten gingen ein denkerisches Problem mit strengen Methoden an und sezierten es in vier vorgeschriebenen Schritten: 1. lectio, 2. quaestio, 3. disputatio, 4. determinatio. Roger Bacon, der Verteidiger des Experiments von der Universität Oxford, führte dieses methodische Vorgehen auf drei Bestandteile zurück: »Zerlegung in viele Teile, wie es die Dialektiker tun, rhythmischer Gleichklang, wie ihn die Grammatiker kennen, und erzwungene Harmonisierung (concordiae violentes), wie sie die Juristen anwenden.«[298] Diese Technik wurde zu einer hohen Kunst perfektioniert und bestimmte das Ritual der öffentlichen Disputation.

»Jeder Punkt (zum Beispiel der Inhalt jedes articulus in der Summa Theologiae) mußte als quaestio formuliert werden, und seine Diskussion begann mit der Aufzählung einer Gruppe von Autoritäten (videtur quod ...), der eine andere gegenübergestellt wurde (sed contra ...). Darauf folgte die Lösung (respendeo dicendum ...) und schließlich eine Kritik der einzelnen verworfenen Argumente (ad primum, ad secundum usw.), wobei die Ablehnung lediglich die Interpretation und nicht die Gültigkeit der zitierten Autoritäten betraf.«[299]

Anstatt der eher kurzen Abhandlungen der Frühscholastik entstanden umfangreiche Werke, Summae genannt. Oberstes Prinzip der Summa ist das der Ordnung: 1. Vollständigkeit, das heißt eine ausreichende Aufzählung des bereits Bekannten, 2. Anordnung nach einem System von gleichwertigen Teilen und von Teilen der Teile, das heißt eine ausreichende Gliederung, und 3. Deutlichkeit und deduktive Beweisführung, das heißt, eine ausreichende Wechselbeziehung muß bestehen.

Den scholastischen Gelehrten ging es um die Einheit der Wahrheit. Es ging ihnen darum, Glauben und Vernunft zu trennen, zu definieren und schließlich unter dem Primat des Glaubens zu vereinen. Nach Hans Blumenberg kam es den Scholastikern des spätmittelalterlichen theologischen Absolutismus ausschließlich darauf an, die Macht Gottes zu wahren. Somit ergab sich nach Blumenberg für die Scholastiker eine paradoxe Situation:

»Die Welt mochte zwar Demonstration der Macht sein, die sie geschaffen hatte, aber keine noch so überwältigende Wirklichkeit – und wäre sie weniger der Rechtfertigung bedürftig gewesen als die vorhandene – konnte Ausweis der Allmacht sein.«[300]

Gott vermochte mehr, als er durch die Schaffung der Welt bewiesen hatte oder – wie Bonaventura es ausdrückte: »multa de suis thesauris profert, non omnia: Gott hat vieles von seinen Schätzen gezeigt, als er die Welt erschuf, aber er kann noch mehr.«[301]
Die scholastische Lehre ist eine streng gegliederte Hierarchie von Regeln. Das immense Anwachsen des Wissens, die Bewältigung des aristotelischen Denkens, die Entdeckung des Wortes als Waffe im Kampf gegen die Häretiker und Ungläubigen führte zu einer Methode des Gliederns und des Ordnens. Für die Scholastiker ist alles teilbar und wieder zusammensetzbar; sie streben eine homogene Ordnung der Worte an und beginnen mit dem Zergliedern der Welt. Die Scholastik ist Neugierde mit System. »Wenn wir heute, und damit befinden wir uns, ohne es zu ahnen, in der Nachfolge der Scholastik, genau zitieren wollen, müssen wir entweder die genaue Seitenzahl einer gedruckten und allgemein als maßgeblich anerkannten Ausgabe angeben (wie wir das bei Platon und Aristoteles tun), oder wir müssen uns an ein Gliederungsschema halten, das von einem Humanisten der Renaissance eingeführt wurde und nach dem ein bestimmtes Kapitel, etwa als ›Vitruv VII, 1, 3‹, angeführt wird.«[302] Zeitgleich mit der Entwicklung der Verwaltung des königlichen Wortes im Reichsarchiv wird die erste

Bibelkonkordanz im Dominikanerkloster Saint-Jacques in Paris entwickelt. Die Worte des Herrn und die Interpretation der Worte des Herrn durch studierte Männer werden in ein System eingepaßt, das Worte erfaßt und wieder auffindbar macht.

Die Gelehrten hatten ihr Augenmerk ganz besonders auf den Bedeutungsgehalt des Wortes an sich und auf den Bedeutungsgehalt des Wortes im Kontext mit anderen Worten gerichtet. Den Zusammenhang der Worte suchten sie wiederum in typische Wortklassen zu unterteilen und machten sich daran, den Sinn eines Satzes durch präzise Zerlegung in seine einzelnen Teile zu klären. Dadurch betrieben die Scholastiker »eine Logisierung der Grammatik, fast so etwas wie die Entwicklung einer für jeden menschlichen Geist verbindlichen Grammatik, eine Grammatik überhaupt, also eine Rationalisierung der Sprache, und zwar in Richtung auf eine Ideenlehre, wie sie der Universalien-Realismus im Kopf hatte«.[303] Dadurch trat das Einmalige und Subjekt-Gegebene der Sprache in den Hintergrund.[304]

Die scholastischen Gelehrten des 13. Jahrhunderts versuchten, aus Worten eine Festung des Glaubens zu bauen.

Die Ordnung des Glaubens

Der Süden Frankreichs, berühmt für seine Lebenskunst und seine Liebeshöfe, seine dichtenden Ritter und schönen Damen, wird im 13. Jahrhundert zum Zentrum einer blutigen und wortreichen Auseinandersetzung zwischen der Kirche und ihren Gegnern. Während im 11. Jahrhundert die Kirche bestenfalls Abscheu oder Neugierde für die als Sonderlinge – haeretici – betrachteten Irrgläubigen aufbrachte, unternimmt sie seit Mitte des 12. Jahrhunderts Anstrengungen, die verschiedenen Richtungen des Irrglaubens zu definieren und deren Anhänger aufzuspüren. Auslöser dafür waren vorrangig die Katharer – cathari heißt: die Reinen –, die damit begonnen hatten, eine regelrechte Gegenkirche aufzubauen. In Frankreich lebten sie vor allem südlich der Loire in der Gascogne oder dem Perigord. Sie konzentrierten sich auch in der Nähe der Stadt Albi und wurden von daher von ihren christlichen Gegnern Albigenser genannt. Die Katharer hatten das von ihnen dominierte Gebiet in Bistümer aufgeteilt, die geographische Bezeichnungen trugen.[305]

Die vita religiosa der Katharer basiert auf einem radikalen Dualismus und geht auf Bogomil zurück, der im zweiten Viertel des 10. Jahrhunderts in Bulgarien gewirkt hatte. Bogomil predigte, daß die Welt böse sei und man ihr entfliehen müsse, um ein gotteswürdiges Leben führen zu können. Seine Anhänger, die Bogomilen, lebten als Büßer, sie wandten sich von den weltlichen Freuden ab und versenkten sich in Demut nach innen. Arno Borst[306] weist in seiner Studie über die Katharer darauf hin, daß es sich bei deren Glauben nicht um ein logisch geschlossenes System handele, vielmehr ist der katharische Glauben »entstanden aus einer lockeren Kette verwandter Empfindungen, die sich allmählich zu einer Lehre und einer festen Praxis verdichteten, aber nicht in einer ungestörten Entwicklung, sondern von wechselnden historischen Fakten abgewandelt, ja, umgebogen und zu vielfältigen Ausprägungen aufgespalten«.[307] Die Katharer glaubten, die sichtbare Welt sei böse und von Satan geschaffen, während Gott das Bleibende und Unsichtbare erschaffen habe. Demzufolge war der Körper des Menschen schlecht und seine Seele gut. Die »Reinen« hatten eigene Riten und Anforderungen und lehnten die christlichen Zeremonien wie Taufe, Abendmahl, Ehe oder Priesterweihe strikt ab.[308] Ihr Leben war geprägt von strenger Entsagung; sämtliche Zeugungsprodukte wie Fleisch, Eier, Käse und Milch durften sie nicht zu sich nehmen, und Berührungen zwischen Mann und Frau waren verboten. Die Geschlechtlichkeit gehörte der sichtbaren Welt an, und die Vermischung des Blutes brachte nur neue Gefangene des Satans hervor. »In ihrer Lehre der Metempsychose gingen sie so weit, Abtreibungen oder Kindstötungen zu empfehlen, um den langsamen Prozeß der Befreiung des Lichts aus den Verstrikkungen der Materie zu beschleunigen.«[309] Die Katharer kritisierten das prunkvolle Leben der Kirchendiener, und sie leugneten den Kreuzestod Jesu. Gemäß ihrem radikalen Dualismus glaubten sie nicht an die Fleischwerdung des Gottessohnes, und dadurch griffen sie eine der Grundsäulen des christlichen Glaubens an: den Glauben an die erlösende Kraft des Blutes des Gottessohnes.

1184 wurde die Bulle »Ad abolendam« erlassen, durch die Kaiser Friedrich I., also die weltliche Macht, in den Kampf gegen die Ketzer einbezogen wurde. Die Bulle stellt den Versuch des Papstes dar, die provozierende Haltung des Ketzertums von einem übernationalen Gesichtspunkt aus zu behandeln. Die Hinweise, wie man Häretiker erkennen kann, erschöpften sich in der erwähnten

Bulle darin, dieselben würden Irrlehren über die Diener Gottes verbreiten und zudem unerlaubt predigen. Daran sehen wir, daß die Kirche zu diesem Zeitpunkt nur ein sehr vages Bild von ihren Gegnern und deren wirksamer Bekämpfung hatte. An dem zukünftigen Vorgehen der Kirche gegen die Katharer läßt sich studieren, wie die Definition eines Problems in Worten handlungsstiftend werden kann.

Verantwortlich dafür sind die eifrigen scholastischen Gelehrten an den Universitäten. Bereits 1163 hatte Ekbert von Schönau die erste wissenschaftlich-theologische Abhandlung über die Katharer geschrieben. Dieses Buch, das nach Borst wenig Beachtung fand, orientiert sich an den Schriften des Kirchenvaters Augustinus. Durch den Vergleich der Lehren des Heiligen mit den Lehren der Ketzer gelingt es Ekbert, ein System der Ketzerei zu erstellen. Ein interessanter Vorgang: Der Benediktiner nimmt die Worte der Autorität und mißt die Worte der zu Untersuchenden daran, und durch dieses Verfahren gelingt es ihm, die verwerflichen Abweichungen der Ketzer aufzuspüren. Dieses komparatistische Verfahren wurde um so fruchtbarer, um so mehr die Katharer über sich und ihren Glauben sprachen. Borst führt das Beispiel des bekehrten Katharers Bonaccorsi aus Mailand an, der zwischen 1176 und 1190 sein Katharertum widerrief und dieses Bekenntnis schriftlich fixierte. Aus seinen reuigen Worten wurde eines der ersten italienischen Ketzerhandbücher verfertigt: das *Manifestatio heresis Catarorum*. Ende des 12. Jahrhunderts wagten sich auch die Katharer auf den »Fechtboden der Literatur« (Arno Borst), und sie begannen, schriftliche Zeugnisse ihres Glaubens abzufassen. Dadurch fachten sie die Neugierde und den Eifer der scholastischen Gelehrten an, die im Gegensatz zu ihnen über eine Technik des Ordnens und des Erkennens verfügten. So entstehen im 13. Jahrhundert eine Fülle von gelehrten Werken, die über den katharischen Glauben in gewohnter zergliederter Ausführlichkeit Auskunft geben. Der Irrglaube der Sonderlinge ist für die Gelehrten interessant geworden, und sie produzieren Wissen über ihre Gegner, Wissen, das schriftlich festgehalten wird, sich dadurch rasch verbreitet und hilft, neues Wissen und neue Worte zu produzieren. Geübt im Disput und scharfsinnigen Zergliedern, gelingt es den Gelehrten, den katharischen Glauben in Worte zu fassen und seine Abweichungen nachzuweisen. »Die Katharer aber sind verloren, sobald sie es wagen, die scholastische Methode, die

Beweisführung mit Vernunftgründen, auf ihren irrationalen, im Kerne mythologischen Glauben anzuwenden.«[310]

Die wortreichen Ausführungen der Scholastiker hatten nachgewiesen, daß die Katharer Todfeinde der Kirche waren. Gegen Feinde kämpft man, und 1209 rief Papst Innozenz III. zum Kreuzzug gegen die Albigenser auf. »Erhebt euch, Soldaten Christi! Erhebt euch, christliche Fürsten! Die Tränen der Kirche suchen dringend den Weg zu euren Herzen. Erhebt euch und fällt das Urteil! Gürtet euer Schwert! Wacht über die Einheit des Königtums und der Kirche, bekräftigt von Moses und Petrus, den Vätern beider Testamente. Verhindert den Ruin der Kirche in diesen Regionen. Kommt ihr zu Hilfe. Vernichtet durch Gewalt und Schwert diese Häretiker, die viel gefährlicher sind als die Sarazenen.«[311] Diesem Aufruf folgten viele. Auch für diesen Kreuzzug im eigenen Land gewährte der Papst Sündenablaß, und da die Ketzer vogelfrei waren, lockte deren Besitz als Belohnung für die christlichen Mühen. Der Krieg im Süden gegen die vom Glauben abgefallenen Christenmenschen wurde mit erbarmungsloser Härte geführt. So soll der Überlieferung nach der Abt Arnaud-Amaury von Cîteaux beim Angriff auf Béziers den Soldaten auf ihre Frage hin, woran man die Ketzer erkennen könne, geantwortet haben: »Schlagt sie alle tot, Gott kennt die Seinen.«[312]

Als eigentlicher Sieger dieses Krieges gilt die Krone, die durch ihre Eroberungen Südfrankreich mit in den Zentralisierungsprozeß einbezog. Innozenz III., der mit siebenunddreißig Jahren auf den Heiligen Stuhl gewählt worden war, war der erste Papst, der sich nicht nur Nachfolger Petri, sondern auch Stellvertreter Christi nennen ließ. 1215 berief er das IV. Laterankonzil ein, welches für die mittelalterliche Christenheit sehr wichtig werden sollte. Auf dem Konzil wurde beschlossen, daß Juden ein radförmiges Symbol zu tragen haben, daß die Gläubigen einmal im Jahr zur Ohrenbeichte gehen müssen, und die gesetzlichen Bestimmungen, die auf vorangegangenen Konzilen gegen die Ketzer verabschiedet worden waren, wurden verallgemeinert und zusammengefaßt. »Das berühmte Glaubensbekenntnis des Konzils ist fast Satz für Satz gegen den katharischen Glauben gerichtet; man kennt den Feind genau. Und die Kirche reformiert sich, nur scheinbar unabhängig davon, durch Zugeständnisse an die außerkirchliche religiöse Bewegung, vor allem durch die Bestätigung jener Ordensgründung, die im Kampf gegen die Katharer erfolgt war, der dominikanischen.«[313] Mit dem Kreuzzug und der Aufnahme der Bettelmönche in die Kirche sind die zwei wichtigsten Maßnahmen dieses Papstes gegen die Ketzer genannt. Er ruft zu deren gewaltsamer Ausrottung auf, er läßt Christenblut für die Einheit des Glaubens vergießen, und er sorgt dafür, daß Spezialisten ausgebildet werden, die mit Worten den Kampf gegen die Irrgläubigen aufnehmen. Diese Spezialisten waren zudem Brüder von Orden, die dazu verpflichtet waren, zu wandern und im Zeichen der Armut zu leben. Auf sie traf der von den Ketzern erhobene Vorwurf der Völlerei und Prahlerei nicht zu; sie lebten in apostolischer Armut. Innozenz III. hatte 1210 der Regel der Franziskaner mündlich die Approbation erteilt; er nahm sie in den Schoß der Kirche auf.

Welches waren nun die Ziele dieser erfolg- und entsagungsreichen Brüder?

Ein großer Neuerer war Franz von Assisi, der die Liebe zum Kreatürlichen und das Leben in Armut als christliche Lebensweise erachtete. Als Sohn eines reichen Händlers 1182 in Assisi (Umbrien) geboren, frönte er seiner Heiligenlegende zufolge in seiner Jugend dem Ideal der höfischen Liebe; er begeisterte sich für die Heldenepen und Liebesgedichte aus Frankreich, dem Land der Ritter. Der junge Franz pflegte die vornehme, kultivierte Lebensweise und liebte es, verschwenderische Feste zu feiern. Doch dieses Leben fand ein jähes Ende, nachdem er 1204 schwer erkrankt war und der Welt überdrüssig wurde. Zwei Jahre darauf hat er die ersten Visionen und verzichtet auf sein väterliches Erbe, um sich seinem himmlischen Vater zu überantworten. Franz von Assisi lehnt das reiche Erbe, das ihm von Bluts wegen zusteht, ab und will in der Nachfolge Christi leben.[314] Fortan verachtete er die vormals begehrten Freuden und Lüste. Er verlieh der Nachfolge Christi einen öffentlichen, volkstümlichen und praktischen Charakter. Es dauerte nicht lange, und er hatte eine Schar von Anhängern um sich gesammelt, mit denen er 1209 nach Rom aufbricht. Innozenz III. segnete die Brüder und entließ sie mit der Aufgabe, durch ihre Predigt die Menschen zu Gott zu bekehren. Der Orden wurde rasch größer, und der Ruf der Heiligkeit des Franz von Assisi verbreitete sich. Sobald er sich einem Ort näherte, wurden die Glokken geläutet, und die Menschen strömten zusammen, um ihn zu sehen und seine Worte zu vernehmen. 1217 wurde der Orden in Provinzen aufgeteilt, und die ersten Missionare brechen ins Ausland auf.[315]

Bereits zu Lebzeiten des Heiligen kam es zu Auseinandersetzungen unter den Brüdern über die Verfaßtheit des Ordens. Deutlich klafften Ideal und Wirklichkeit auseinander, denn Franz von Assisi verlangte das Äußerste von seinen Mönchen: sie durften über keinen individuellen Besitz verfügen, mußten sich vom Betteln ernähren und fanden keine Sicherheit in der Gemeinschaft, da sie kein klösterliches Gemeinschaftsleben kannten. Doch die Franziskaner sollten nicht nur auf materiellen Reichtum verzichten, auch wissenschaftliche Bildung wurde innerhalb des Ordens nicht begünstigt, und der Anti-Intellektualismus sollte nach dem Willen des Ordensgründers ein Zeichen der Franziskanermönche sein. In der Einsamkeit verfaßte Franz von Assisi eine neue Ordensregel, die 1223 durch den Papst Honorius III. bestätigt wurde und bis heute verpflichtend ist. Der Forderung nach Einhaltung der Regeln der Armut in der Nachfolge Christi blieb Franz von Assisi treu. Was die wissenschaftliche Bildung anbelangt, so legte er fest, daß »... die keine wissenschaftliche Kenntnisse haben, dürfen nicht danach trachten, sich wissenschaftliche Bildung zu verschaffen«.[316] Demut und Liebe waren dem Ordensgründer wichtiger als der strenge Geist der Scholastik.
Der nunmehr Vierzigjährige begann sich nach der Festlegung der Ordensregeln auf seinen Tod vorzubereiten. Die unbedingte Zuneigung, die der Heilige für die von Gott erschaffenen Wesen verspürte, erstreckte sich nicht auf seinen eigenen Körper.[317] Wie Bernhard von Clairvaux leidet auch er unter Magenschmerzen, das jahrelange asketische Leben hat ihn zu einer fahlen, ausgemergelten Gestalt werden lassen. Doch bevor ihn der von ihm ersehnte Tod ereilt, ließ ihm Gott die Gnade der Stigmatisation zuteil werden. Er erlebt das Gefühl, gekreuzigt zu sein, und als diese Vision vorüber ist, stellt er fest, daß er an Händen und Füßen durchbohrt ist und seine offene Seite blutete. Der Heilige, der die Worte Gottes sogar den Vögeln predigte, war durch seine blutenden Male vollkommen in der Angleichung Jesu geworden. Franz von Assisi starb 1226 und wurde zwei Jahre später heiliggesprochen.

Er hat seinen Ordensbrüdern ein Testament hinterlassen. Priester gelten Franz von Assisi als auserwählte Diener Gottes, und er duldet keinen Tadel gegen sie. Da sie es sind, die das Wort Gottes verkünden und das Abendmahl bereiten, muß man sie ehren und achten. »Seine niedergeschriebenen heiligsten Namen und Worte will ich aufsammeln, wo immer ich sie an ungehörigen Stellen finde, und ich bitte darum, man möge sie aufsammeln und an ehrbarer Stelle niederlegen.«[318]

Der Heilige, der das Erbe seines leiblichen Vaters zurückgewiesen und statt dessen die Armut in der Nachfolge Christi gewählt hatte, fand authentische Worte für die zweifelndenen Menschen seiner Zeit.

Doch der Wunsch des Heiligen Franz, die Brüder seines Ordens mögen einfältig und heiter sein, ging nicht in Erfüllung, und unter den Gelehrten befanden sich viele Franziskaner, die nicht mit den Vögeln sprachen, sondern an der Universität theologische Fragen disputierten. Die Franziskaner gehörten, wie auch die Dominikaner, der geistigen Miliz des Papstes an.

Dominikus Guzman von Caleruega war 1206 mit dem Bischof Diego von Osma auf Einladung von Zisterziensermönchen in Südfrankreich unterwegs. Nachdem sie erfahren mußten, daß die üblichen Predigten gegen die Ketzer nichts ausrichten konnten, verfielen sie auf die Idee, sich in ihrer Lebensweise ihren Feinden anzugleichen. »Wenn die Menschen den Verkünder des Evangeliums danach beurteilen, ob er der Botschaft des Evangeliums entsprechend lebt, dann muß man sich auf den Verkündigungsstil der neuen apostolischen Gruppen einstellen.«[319] Die folgenden Jahre zogen sie barfuß durch die Bistümer der Katharer und predigten das Wort Gottes. 1207 fand eine legendäre Begegnung zwischen den päpstlichen Gesandten, unter denen sich auch Dominikus befand, und den Katharern auf Schloß Montreal statt. Man streitet sich nach Art eines theologischen Turniers vierzehn Tage lang in der Volkssprache. Die Kirche versucht, mit Argumenten zu überzeugen, und der Legende zufolge haben sich nach diesem Streitgespräch 150 Ketzer bekehrt. Die Argumente werden schriftlich festgehalten, um vom jeweiligen Gegner studiert werden zu können. Da man keinen Sieger zu ermitteln vermochte, entschied man sich für das Gottesurteil. Dominikus' Papiere werden ins Feuer geworfen, aber sie verbrennen nicht. Seine Glaubensrechtfertigung ging unversehrt aus den Flammen empor. 1215 wurde Dominikus zur Ketzerpredigt nach Toulouse gerufen, wo er sein erstes Domizil errichtete. 1216 erkannte der Papst den Orden an. Der Dominikanerorden wirkte vorwiegend in den Städten, die Mönche nahmen die Beichte ab und predigten. Der Orden, der über die Reinhaltung des Glaubens wachte, entwickelte sich zu einer wichtigen Instanz der Kirche, und viele Dominikaner waren bedeutende scholastische Gelehrte.

Dominikus war, im Gegensatz zu Franz von Assisi, die Verbindung zwischen dem Studium der Theologie und der Predigt wichtig. Der Spruch, der über dem Eingang der theologischen Fakultät in Toulouse zu lesen war, »Pravos exstirpat et ensis et signis et doctor« (Das Schwert und das Feuer und der Gelehrte rotten die Schlechten aus), kann als Maxime des Ordens genommen werden. Diese Universität, die eine päpstliche Gründung war, wurde erst bedeutend, nachdem der als Ketzer ausgemachte Graf Raimund VII. von Toulouse unterworfen war und sich verpflichtet hatte, zehn Jahre lang vierzehn theologische Professorenstellen zu finanzieren. Die Dominikaner nannten sich »canes Domini«, die Hunde des Herrn. Der Ketzerjagd kamen sie nicht nur mit Worten, also Predigten, Beichte oder Disputationen, sondern auch mit Blutvergießen nach.

Nachdem Honorius III. die antihäretische Gesetzgebung erweitert hatte, rief sein Nachfolger Gregor IX. 1231 die Heilige Inquisition ins Leben. Alleine die päpstlichen Inquisitoren waren damit beauftragt, die Ketzerei niederzuwerfen. Ihr Auftrag erstreckte sich auf eine ausreichend lange Zeitspanne, um sich genügend Kenntnisse und eine Technik des Verhörs aneignen zu können. Die Inquisitoren waren Experten des Wortes und des Bluts. Sie regelten den Ablauf der Befragung individuell, und es war für einen theologisch ungebildeten Menschen nahezu unmöglich, dieses Verhör ohne Fehler zu überstehen. Die überführten Ketzer wurden nach einem ausgeklügelten System bestraft. Als Strafen galten Pilgerreisen, Geldstrafen, aber auch der Tod auf dem Scheiterhaufen. Durch ihr willkürliches Morden erlangte die Heilige Inquisition traurige Berühmtheit.[320] Erneut wurde im Namen Gottes Blut vergossen, um die Einheit der Kirche zu erhalten und zu stärken. 1233 wurden die Dominikaner vom Papst generell mit der Inquisition beauftragt.

Die Inquisitoren zogen von Ort zu Ort und suchten nach Ketzern. Ihnen zur Seite stand ein Stab von klerikalen Mitarbeitern. Es wurden Listen geführt, auf denen die Verdächtigen und das Ergebnis von deren Befragung vermerkt waren. Diese Listen wurden an den jeweiligen Nachfolger im Amt weitergegeben, und so entstanden regelrechte Dossiers. Dazu war es nahezu unmöglich, der Inquisition zu entkommen, da sie eine Art länderübergreifende Organisation war. 1252 wurde die Inquisition vom Papst zur Folter ermächtigt. Da man fest entschlossen war, rasch und wirksam gegen die Ketzer vorzugehen, ließ man die im kanonischen Recht vorgesehenen Kontrollen, durch die ein faires Verfahren, die Gültigkeit von Zeugenaussagen und die Unvoreingenommenheit des Richters gesichert werden sollten, sämtlich außer acht. Kam es darauf an, hatte der Inquisitor, der die Rolle des Richters und des Priesters bei seinem Umgang mit den Bußfertigen in sich vereinigte, nahezu unumschränkte Gewalt über die Verdächtigen, die vor ihm erschienen.[321]

Nachdem sich die Kirche von der theoretischen Definition des Irrglaubens auf dessen praktische Bekämpfung verlegt hatte, änderte sich auch die Literatur über die Ketzer. Anstatt gelehrter Abhandlungen wurden Handbücher verfaßt. Rainer Sacconi, der selber lange Jahre ein führender Kopf der katharischen Bewegung gewesen war, trat 1245 dem Dominikanerorden bei und wurde Großinquisitor der Lombardei. Als Kenner der Materie schrieb er um 1250 ein Buch, in dem er vorwiegend über das Leben und die Glaubenspraktiken der Katharer berichtete. Nach Arno Borst ist dieses Buch der »Gipfel des moralisch-praktischen Zweiges der Polemik, dem die Zukunft gehören sollte«.[322] 1256 erscheint das von einem Dominikaner und einem Franziskaner verfaßte Handbuch *De inquisitione haereticorum.* »An die Stelle der leidenschaftlichen Diskussion tritt das kalte Verhör, an die Stelle der Nuancen das Gesetz; aus den theoretischen Summen werden nach 1250 allmählich praktische Handbücher, und daneben entsteht eine ganz neue Gruppe von Quellen, die Akten der Inquisition, Zeugen von der Vernichtung des Katharismus.«[323] Es geht nicht mehr darum, den Feind zu definieren, zu überführen und vielleicht seine Seele zu erretten, sondern alleine darum, ihn zu bestrafen, zu vernichten, um die Einheit des Glaubens zu wahren. Die Handbücher liefern Anleitungen zum Umgang mit den Ketzern. Ein Kompendium der minutiös beobachteten Abweichung entsteht, und der Aktenberg der Inquisition wächst an. Manche der Inquisitoren sind von einem regelrechten Forscherdrang ihren Delinquenten gegenüber beherrscht. Sie üben sich in den Verhören und bei ihren Reisen in der Kunst der Beobachtung. Aus ihren Beobachtungen wiederum ziehen sie praktische und theoretische Schlußfolgerungen.

In der relativ kurzen Zeit von einem knappen Jahrhundert hatte sich die Wissenslage gegenüber den Katharern grundlegend geändert. Zwischen der Bulle »Ad abolendam« und dem ersten Handbuch der Inquisition liegen knapp achtzig Jahre. In diesen Jahren haben die scholastischen Gelehrten unter Beweis gestellt, wie man Worte in Blut verwandeln kann. Ihre theoretische Neugierde gegenüber einem zunächst noch randständigen Phänomen, ihr Umzingeln dieses Phänomens mit Worten, wobei sie die Gegenseite zum Sprechen bringen und diese ihnen Geheimes preisgibt, aus dem sie wiederum neue Erkenntnisse gewinnen, zeitigt praktische Konsequenzen. Der Weg führt von der gelehrten Abhandlung zum Handbuch der Bestrafung und Vernichtung. Die theoretische, wortreich geführte Auseinandersetzung der Scholastiker mit einem die Kirche bedrohenden realen Feind führt zur Methode der minutiösen Beobachtung, zum suggestiv geführten Verhör, oftmals zum Blutvergießen und zuletzt zum Todesurteil. Die Inquisition, die immer neue Feinde des Glaubens produzierte, war über Jahrhunderte hinweg ein mächtiges Instrument der Kirche zur Einheit des Glaubens durch Gewalt. Gegen die Katharer gelang der entscheidende Vernichtungsschlag 1244 mit der Einnahme der Burg Montségur; sie sind danach nicht mehr in erwähnenswerter Weise in Erscheinung getreten.

Das 13. Jahrhundert bringt eine neue Konfiguration von Wort und Blut: das durchgestaltete System, das der Worte bedarf und das Blut fordert. Die monarchische Macht Frankreichs wird zentralistisch, ein Vorgang, der auf dem Glauben an das charismatische Blut des Königs und der Beglaubigung durch das Wort beruht. Wilhelm de Guillaume, der Chronist Philipps II. August, machte durch seinen Bericht, durch seine Worte, aus der Schlacht von Bouvines ein nationales Ereignis, das noch heute dem Gedächtnis der Nation angehört. Durch Wilhelm de Guillaumes Worte wurde nicht nur der Träger des edlen Blutes, der König, unsterblich, auch sein Name, der Name des wortkundigen Schreibers, ist solcherart erhalten geblieben. Diese Tatsache verweist auf einen Trend, der sich in diesem Jahrhundert im Zusammenhang mit der Stärkung und der Zentralisierung der Macht abzuzeichnen beginnt: Männer, die oftmals aus niederem Stande sind, rücken in die Dienste des Königs auf. Aufgrund ihrer Wortgewandtheit, ihrer Ausbildung und ihres Ehrgeizes gelingt es ihnen, als Beamte einen Platz in der königlichen Verwaltungshierarchie einzunehmen. Der König läßt das Land verwalten von Beamten, deren Wort Gültigkeit und Autorität erhält, weil sie es in seinem Namen verkünden. Die

Beamten, die über das ganze Land verteilt sind, sollen Gerechtigkeit üben und den Glauben des Volkes an den gerechten König stärken. Der Gesalbte kämpft nunmehr nicht mehr alleine mit dem Schwert und zu Pferde gegen die sichtbaren Mächte, sondern auch mittels des juristischen Wortes, der Verordnung und der Urkunde. Das im Reichsarchiv zu Paris aufbewahrte und beurkundete Wort verschaffte der königlichen Macht Gewicht und Beweglichkeit zugleich, denn von nun an wurde jeder Vorgang nachprüfbar, und man hatte begonnen, die Gegenwart als zukünftige Vergangenheit zu organisieren. Zur Finanzierung dieses Systems der Worte erhebt der von Gott beauftragte Beschützer der Menschen vor den sichtbaren Mächten Steuern für seine Dienste. Während Ludwig VI. noch in Saint-Denis um den Beistand der Kirche »pro defensione regni« gebeten hatte, sieht dies im Kriegsfall Ende des 13. Jahrhunderts anders aus. »Pro defensione regni the king no longer gave; he took. He imposed a tax to meet the emergency of the realm, and pro necessitate regni he imposed the tax also on the church.«[324] Das heißt, der König verlangt von seinem Volk Geld für das zu ihrem Schutz vergossene Blut.

In der königlichen Stadt Paris trafen Wissen und Macht zusammen. Dorthin zogen auch die Adeligen des Landes, die auf ihre tapferen Vorfahren und auf ihr edles Blut verwiesen und daraus das Vorrecht ableiteten, wichtige Positionen im Staate einnehmen zu dürfen. Sie waren die Nachfahren der vagabundierenden, ungebildeten Ritter, die ihr Leben zu Pferde und unter Männern zugebracht hatten. Sie jedoch wußten um den Wert des Wortes und wollten als prud'hommes gelten. Geändert hatten sich in ihrem Leben, im Gegensatz zu dem ihrer Vorfahren, die Initiation und die Insignien. Wurde der Jüngling vormals durch Mut- und Kraftproben, durch zeremonielle Verletzungen (Blut) in die Welt der Ritter »geboren«, so zählen im 13. Jahrhundert vornehmlich sein Lebensstil, nach wie vor seine Abstammung, seine Tugend und sein Reichtum.[325] Waren des edlen Ritters Insignien sein Schwert, sein Pferd und seine Rüstung gewesen, so werden nun sein feines Gewand, seine Körperhaltung und seine Sprache (Worte) entscheidend für seine Zugehörigkeit zu den Privilegierten. Im Gegensatz zu dem Wissen, das an den Universitäten gelehrt wurde, geht es bei Hofe um Haltung und Verhalten, welches auf den ausgeprägten pädagogischen Zug der ritterlich-höfischen Kultur verweist. So ist das edle Blut des Adeligen einerseits dessen Kapital und andererseits nicht ausreichend. Der Konkurrenz zu den ehrgeizigen, gebildeten Männern aus niederem Stande kann man mit dem Blut allein nicht standhalten; aber zur Rettung des Familienbesitzes im Sinne einer Fusion von bürgerlichem Reichtum und adeligem Blut ist es oftmals der Adeligen einziges Kapital.

Der *Roman de la Rose* zeigt, wie das Ideal der höfischen Liebe und des höfischen Lebens in die Herzen der Bürger dringt. Die pfiffigen Händler, die in früheren Zeiten nur wenig geachtet worden waren, gehen als reiche Patrizier mit Stolz und Ernst innerhalb der Stadtmauern ihren Geschäften nach. Sie kennen die Gesetze des Wuchers, sie waren Meister in der neuen Kunst des Reichwerdens und dadurch ihren zur Verschwendung verdammten edelblütigen Vorbildern überlegen. Da Geld allein ihrem Blut keinen Glanz verschafft, verheiraten sie ihre Kinder oftmals mit verarmten Adeligen. Im dreizehnten Jahrhundert begegnen wir dem Typus des Aufsteigers, der durch die Vermischung des Blutes oder durch die Kenntnis der Worte in einen höheren Stand aufrückt als den, in dem er geboren worden ist.

Die Ordnung der Worte führt zu einer Autonomie des Wissens. Die Universität von Paris, von der die Spezialisten des Wortes, die in die Dienste einer weltlichen oder geistlichen Macht gelangen wollen, abgehen, erhält im 13. Jahrhundert eine eigene institutionelle Verfaßtheit. Die Professoren und Scholaren versuchten, die Worte des Heiden Aristoteles und die christliche Offenbarungslehre, die vom Glauben an die erlösende Kraft des Blutes Christi getragen wird, zu einen. Auch an den Universitäten entsteht ein System der Worte, das diese für denjenigen, der dieses System beherrscht, jederzeit auffindbar macht. Wir haben es also, wie bei der Archivierung der Zeugnisse der vom König getätigten Geschäfte, mit dem Entstehen einer Verwaltung der Worte und des Wissens zu tun.

Durch die Inquisition kommt zu dem Reichsarchiv des Königs ein weiterer Aktenberg dieses Jahrhunderts hinzu. Es ist der Zwang der Worte, der den Preis des Blutes fordert. Die Inquisitoren, geübt in der Technik des suggestiven Worts, lassen die von ihnen durchgeführten Verhöre und die erpressten Geständnisse aufzeichnen und reichen sie an ihre Nachfolger weiter. Sie schärfen das Wort und ihre Beobachtung im Kampf gegen die Ketzer. Die Handbücher bilden eine kriminalistische Form des Wissens. Hier werden die Worte Handlungsanweisungen für die geistige Zurichtung der Menschen.

Die Spaltung

Zu Beginn des 14. Jahrhunderts kommt es zu einem weiteren ernsthaften Konflikt zwischen der geistlichen und der weltlichen Macht. In Frankreich sitzt seit 1285 Philipp IV., geschmückt mit dem Beinamen »der Schöne«, auf dem Thron. Er ist ebenso überzeugt von seiner geheiligten Legitimität als gesalbter König wie von der naturrechtlichen Begründung seiner Überlegenheit. Philipp der Schöne wollte den Machtbereich des Königs vergrößern. Er rief als erster die Städte in die Reichsversammlung, fühlte sich als einziger mit der Wahrung des öffentlichen Wohls beauftragt und wollte die Kirche den Interessen des Staates zu unterwerfen, wodurch es zum Streit mit Papst Bonifatius VIII. kam. Nach einem Vorgeplänkel über von Philipp IV. geforderte Abgaben und über die Entscheidungsbefugnis in Angelegenheiten, die die französische Kirche betreffen, erließ der Papst im November 1302 die Bulle »Unam sanctam«, in der er die körperschaftliche Doktrin der Kirche zum Dogma erhob und behauptete, Gott habe den Papst damit beauftragt, das weltliche Schwert an den Kaiser oder den König weiterzugeben. »Vom Glauben gedrängt, sind wir verpflichtet, an eine heilige Kirche, katholisch und auch apostolisch, zu glauben, ohne die es weder ein Heil noch eine Vergebung der Sünden gibt ... die einen mystischen Leib darstellt, dessen Haupt Christus ist, und das Haupt Christi ist Gott.«[326] Der Begriff corpus mysticum, den Bonifatius VIII. in der Bulle für die Kirche gewählt hatte, geht auf Paulus zurück.

»Denn gleicher Weise als wir in Einem Leibe viele Glieder haben, aber alle Glieder nicht einerlei Geschäft haben, Also sind wir viele Ein Leib in Christo, aber unter einander ist einer des andern Glied.«[327]

Nach Kantorowicz wurde der Begriff »corpus mysticum« bis ungefähr 1150 für die Hostie gebraucht, und danach wurde er auf die Kirche als die Gesamtheit aller Gläubigen angewandt. Die Kirche entwickelte sich als eine hierarchisch verfaßte Amtskirche mit dem Papst als Zentrum und Spitze erst im Verlauf des 12. Jahrhunderts. Der Papst wurde zum Souverän und die Kirche zu einem in sich geschlossenen Rechtsverband, wobei die geistliche Hierarchie in eine soziale Ordnung überführt wurde. Für diesen Prozeß der

Verrechtlichung und Juridifizierung der Kirche macht Jürgen Miethke maßgeblich zwei Gründe ausfindig: Zum einen ordneten und zergliederten die scholastischen Gelehrten die bestehenden Widersprüche innerhalb des christlichen Glaubens und schufen ein einheitliches Denkmodell, das vom Supremat Gottes bestimmt war. Zum anderen nutzten die Bettelorden der Franziskaner und Dominikaner, die rasch den Vorteil einer Verbindung zur Kurie erkannten, dieses von den Gelehrten aufgetürmte Wissen zur Bekämpfung der Ketzer. Die effiziente Organisation der Bettelorden war den neuartigen Bedürfnissen der urbanen Seelsorge angepaßt. Sie vertraten zudem die Vorstellung, »daß der Papst als der ›Vicarius Christi‹ das alleinige Zwischenglied zwischen Christus und seiner Kirche und einziger Vermittler aller nichtsakramentalen Gewalt in ihr sei«.[328] Die Bettelorden stärkten mit ihrer Vorstellung von der Kirche als einem einheitlichen Verband den papalen Zentralismus. Der Begriff »corpus mysticum«, der dem liturgischen Bereich entstammt, erhielt eine soziologische Konnotation. Darunter wurde der gesamte juristische und verwaltungstechnische Apparat der Kirche subsumiert. Das bedeutet, in dem neuen soziologischen Sinn verbindet sich in »corpus mysticum« der sichtbare kirchliche Organismus mit der liturgischen Sphäre des Unsichtbaren.

Bonifatius VIII. beanspruchte als Vicarius Christi eine Gewaltenfülle, die die Macht über den weltlichen Herrscher mit einschloß. Halten wir fest, daß die Entwicklung des Gesellschaftskörpers, der zunehmend staatlich dominiert wird, einhergeht mit dem Prozeß der Herausdifferenzierung der Kirche als eigene institutionelle Körperschaft. An diesem Punkt kommen wir auf den Einleitungsteil zurück, in dem der christliche Zwiespalt, Körper und Geist in einem zu sein, als Ausgangspunkt der Gemeinsamkeit und der Differenz mit dem Erlöser gekennzeichnet worden ist. Im Laufe der dargestellten drei Jahrhunderte formen sich ein Organismus weltlicher Macht und ein Organismus geistlicher Macht heraus. Beide gewinnen sie institutionellen Charakter und sind Fleisch und Geist zugleich, denn auch der Gesellschaftskörper ist fleischlich und wird von einem System von Gedanken und Glaubensvorstellungen belebt.[329]

Das Phänomen der Inkarnation wird nicht gelöst dadurch, daß man zwei Körper schafft, die wiederum den alten Zwiespalt in sich tragen.

Die Kommentatoren und Interpreten, die der jeweiligen Macht Argumente für deren Überlegenheit lieferten und den Körpern den Geist eingaben, waren die Bildungsaufsteiger, die wortkundigen studierten Herren. Es ist dieser Streitfall der Unterscheidung zwischen weltlicher und geistlicher Macht, der die Sinne der Gelehrten schärft und die Entwicklung der Politischen Theorie vorantreibt.

Am Ende des Mittelalters gibt es zwei Körper, die jeweils die Herrschaft über den anderen behaupten. Der Glaube an die Einheit irdischer und weltlicher Macht ist erschüttert und der mittelalterliche Kosmos zerbrochen.

Wichtig in unserem Zusammenhang sind weniger der Fortlauf der Auseinandersetzung, also die Ermordung des Papstes in Anagni durch den Großsiegelbewahrer Philipps IV. und die sich anschließende Babylonische Gefangenschaft der Kirche, als vielmehr zwei Texte über den politisch-gesellschaftlichen Organismus, die von Unterstützern des Königs verfaßt wurden. Jacques le Goff zitiert diese beiden Texte in seinem Aufsatz über den Gebrauch von Körpermetaphern in der mittelalterlichen Politik. Der eine Text ist von einem anonymen Autor um 1302, wahrscheinlich in direktem Anschluß an die päpstliche Bulle, verfaßt worden. Er betrachtet darin den menschlichen Körper als Mikrokosmos der Gesellschaft und bezeichnet als dessen beiden wichtigsten Punkte/Organe den Kopf und das Herz. Der Papst ist der Kopf, der den Gläubigen den richtigen Weg vorzeichnet und sie zu einem gottesfürchtigen Leben anleitet. Vom Kopf gehen die Nerven aus, womit die kirchliche Hierarchie gemeint ist, welche die einzelnen Glieder miteinander und mit ihrem Kopf Jesus Christus verbindet. Dieser wird vertreten durch den Papst, der über die Einheit des Glaubens wacht. Der König ist das Herz, von dem die Adern ausgehen, die das Blut transportieren. »In like manner, from the king emanate ordinances, laws and customs that have the force of law, all of which carry the nourishing substance, that is to say, justice, into every part of the social organism.«[330] Da das Blut der Träger des Lebens und der wichtigste Saft im menschlichen Organismus ist, folgt daraus, daß die Adern wichtiger als die Nerven, daß das Herz wichtiger als der Kopf und daß der König bedeutsamer als der Papst ist. Quod erat demonstrandum.

Interssanterweise ist der Verfasser des zweiten von Le Goff zitierten Textes der Chirurg Philipps des Schönen, Henry de Mondeville.[331] Auch dieser reklamiert in seiner Abhandlung über Chirurgie, die er zwischen 1306 und 1320 geschrieben hat, das Primat des Herzens. »The heart is the principal organ par excellence (membrum principalissimum) which gives vital blood, heat and spirit to all other members of the entire body. It is located in the very middle of the chest, as befits its role as the king in the midst of his kingdom.«[332] Für den Mediziner de Mondeville wird also die Macht von der Mitte, vom Herz aus, und nicht vertikal, vom Kopf aus, organisiert.

In unserem Zusammenhang ergibt sich nach der Analyse von »Unam sanctam« und den beiden von Anhängern des Königs verfaßten Texten folgende Schlußfolgerung: Der Papst behauptet, die Kirche habe die Herrschaft auch über die weltliche Macht auf Erden, da dem von Gottes Sohn vergossenen Blut mehr Kraft zukommt als dem charismatischen Blut des Kaisers oder Königs. Der weltliche Herrscher wiederum behauptet, kraft seines edlen Blutes und der ihm zuteil gewordenen Gnade der Salbung der von Gott eingesetzte Herrscher auf Erden zu sein. Mit diesem Streit um das Blut Jesu und das Blut des Königs ist die mittelalterliche Vorstellung von der Einheit der Weltherrschaft zerbrochen.

Es war ein Dichter aus Italien, dem Land der wahren Städter, der die Geister des Mittelalters an der Wende zur Neuzeit nochmals auf die Bühne treten ließ. In der *Göttlichen Komödie*, die als die letzte Kathedrale gilt, da sie nach dem harmonischem Prinzip der Versöhnung von Intellekt und Mystik aufgebaut ist, sind Kaiser, Könige, Päpste, Häretiker, Mönche, Schuldige und Unschuldige in einem großen Epos der Worte vereint.[333]

Dante, der Mittler zwischen den Zeiten, der Anfang und Ende symbolisiert, hat sie alle mit seinen Worten unsterblich gemacht.

III.

Prolog der Vollendung

Der Kaiser

Er war Vater und Sohn zugleich und dadurch Erbe seiner selbst.

Friedrich II., der letzte staufische Kaiser aus dem Süden Italiens, begründete ein genealogisches Prinzip, das auf Gesetzen, das heißt auf Worten, beruhte. Bereits sein Erscheinen auf der Welt war von Sängern und Dichtern als Erfüllung der Vergilschen Verheißung, als die Ankunft eines Messias gefeiert worden, während der kalabresische Zisterzienserabt Joachim von Fiore in ihm den als Zeichen der Zeitenwende gefürchteten Antichrist erkannt zu haben glaubte.

Friedrich II. gilt bis heute als mythische Figur. Nicht die Gnade der Salbung hatte ihn zum Ebenbild Gottes werden lassen, er fühlte sich als »lebendes Gesetz« von Gott zu den Menschen gesandt. Er war Ursprung und Bewahrer der Gerechtigkeit zugleich. In Friedrichs Staat war die Macht der Feudalfürsten gebrochen, über ihnen stand das Recht, das von Juristen verwaltet wurde. Friedrichs Höflinge und Legisten hatten Priestern gleich den Kult der Gerechtigkeit und dadurch den Kult seiner Erhabenheit zu pflegen. Die Gesetze, die er seinem Volk erließ, waren in poetisch-majestätischer Schönheit abgefaßt; es waren dies Gesetze, deren Einhaltung er und »seines Wissens Mitwisser«, die Juristen, mit eiserner Härte verfolgten.

Friedrich II. war ein Neuerer seiner Zeit, der das scholastische Denken ablehnte, der keine theologischen Tabus über seinem Denken walten ließ, der das Studium des römischen Rechts förderte und sich als »Cäsar, wunderbares Licht der Welt«, ansprechen ließ. Selbstgewiß forderte er die päpstliche Macht heraus, und unerschrocken verfolgte er seine politischen und wissenschaftlichen Ziele. Er war ein Mann der Gegensätze, der die Inquisition stärkte, mehrmals exkommuniziert wurde und zum Sterben das Gewand der Zisterzienser anlegte. Unter seiner Herrschaft wurden die Weichen gestellt für die folgenreiche Zersplitterung Deutschlands und die Zweiteilung Italiens fortgeschrieben. Er errichtete einen Zentralstaat, wie man ihn zuvor nicht gekannt hatte, und erkenntnishungrig verfolgte er ein Denken, das dem Konkreten zugewandt war. Friedrich II. steht zu Beginn der Entwicklung eines wissenschaftlichen Denkens, das allein der Wahrheit und nicht Gott verpflichtet ist.

Der Kaiser aus dem Süden Italiens nannte sich »Erster nach Gott«, und als solcher lebte, regierte und forschte er.

»Ich bin der Herr der Welt«

Auftakt der folgenschweren Auseinandersetzungen zwischen Papst und Kaiser um die Vorherrschaft in der Welt, war der 1122 durch das Wormser Konkordat beendete Investiturstreit.[334]

Kaiser Friedrich Barbarossa, der dreißig Jahre später auf den Thron kam, zeigte sich fest entschlossen, abermals die kaiserliche Gewalt zu stärken und alle dafür zur Verfügung stehenden Möglichkeiten auszuschöpfen. Ein Mittel zur Betonung seiner herausragenden Position war die Hervorhebung der sakralen Kaisermacht; er stellte sich in die römisch kaiserliche Tradition:

»Der entscheidende Rückgriff auf das antike Kaiserrecht, in dem der Imperator als absoluter Herr der Welt und oberster Gesetzgeber erschien, führte in der Tat zu einer neuen Kaiseridee:
1. Das Kaisertum wird sakralisiert. Seit 1157 begegnet man dem Ausdruck sacrum imperium, vielleicht von dem Begriff Roma sacra abgeleitet.
2. Das Kaisertum stammt unmittelbar von Gott und ist nicht abhängig vom Papsttum. Die kaiserliche Gewalt wird durch die Wahl der Fürsten verliehen, der Papst fügt nur die Weihe und den Titel hinzu.
3. Das Kaisertum ist, wenigstens in der Theorie, universale Herrschaft, auch wenn es die Stellung der anderen christlichen Könige achtet.
4. Das Kaisertum beansprucht die Herrschaft nicht nur über Reichsitalien, sondern auch über Rom und den Kirchenstaat.«[335]

Zum Zeichen dafür, daß er seine Macht von Gott und nicht vom Papst erhalten hatte, trug er seinen Kaisertitel bereits vor seiner Krönung. Sein Onkel, Bischof Otto von Freising, der in Paris studiert hatte, schrieb eine *Weltchronik*, in der er seinen Neffen als Friedenskaiser und Weltenerretter feierte, während er die Kirche ob ihrer Machtansprüche der Verweltlichung anklagte. In Bologna förderte Friedrich I. das Studium des römischen Rechts, das er in Anspruch nahm, um seine Kaiserrechte in Italien zu begründen. Der Kaiser nahm die »aus Liebe zur Wissenschaft Heimatlosen«[336], insbesondere die Rechtsgelehrten, unter seinen Schutz. Doch nicht nur mit mythischen Dichtungen und nüchternen Gesetzestexten verstand er es, seine kaiserliche Stellung zu betonen.

Er erreichte 1165 die Heiligsprechung Karls des Großen und belebte dadurch die fränkische Tradition.

Während Barbarossa die römische Kaisertradition als Instrument für seinen Machtausbau entdeckte, fühlten sich die oberitalienischen Kommunen als Erben des republikanischen Roms, und so konnten Konflikte nicht ausbleiben. 1158, auf dem Reichstag in Roncaglia, verkündete Barbarossa, unterstützt von vier Doktoren des Rechts aus Bologna, seine Ansprüche an die Städte: er forderte hohe Regalieneinkünfte, die Verpflegung des durchziehenden Kaiserheeres und die oberste Gerichtsbarkeit. Die Interessen des Kaisers – möglichst viele Einkünfte zu erzielen und möglichst viele deutsche Ministeriale an entscheidenden Stellen einzusetzen – liefen den Interessen der reichen, selbstbewußten und auf Autonomie bedachten Kommunen zuwider. Es kam zu heftigen Auseinandersetzungen, und Anführerin des italienischen Widerstands war Mailand. 1177 wurde in Venedig Frieden geschlossen, und im Konstanzer Friedensvertrag von 1183 erkannte der Kaiser die Eigenständigkeit der Städte weitgehend an.

1188 auf dem Hoftag zu Mainz nahm Kaiser Friedrich I. das Kreuz. Wäre es ihm gelungen, das Grab Christi aus den Händen des Sultans Saladin zu befreien, so hätte dieser Sieg über die Ungläubigen als Beweis seiner göttlich legitimierten Macht gegolten. Barbarossa ertrank 1190 in dem südanatolischen Fluß Saleph.

Nachfolger wurde sein Sohn Heinrich VI. Dieser war von Barbarossa mit Konstanze d' Hauteville, der Erbin des Königreichs Sizilien und Tochter des normannischen Königs Roger II., verheiratet worden. Mit dieser Blutsverbindung hatte er das Ziel verfolgt, den Kirchenstaat durch Reichsitalien im Norden und Sizilien im Süden zu umklammern. Ein kluger Schachzug des Kaisers, denn Sizilien war in vielerlei Hinsicht ein einzigartiges Königreich. Die Insel war ein kultureller Schmelztiegel, in dem sich lateinische, griechische und arabische Elemente miteinander vermischten. Im elften Jahrhundert hatten die Normannen das seit 827 arabische Sizilien erobert. Sie hatten es verstanden, ihre Herrschaft durch eine kluge Mischung vorgefundener autoritärer Strukturen mit von ihnen mitgebrachten feudalen Elementen zu festigen. »Seine (Süditaliens, K. W.) städtische Bewegung wurde durch die normannische Eroberung unterbrochen, die hier den charakteristischen Zusammenhang von Stadtbürgertum und städtischem Leben auflöste.«[337]

Heinrich VI. wurde am Weihnachtstag 1194 in der Kathedrale von Palermo zum König gekrönt. Er wird beschrieben als ein nüchterner, machthungriger und liebeleerer Mann. Heinrich betonte wie sein Vater die Sonderstellung des Kaisers, und er begehrte vom Papst und den deutschen Fürsten, das deutsche Wahlkönigtum in ein römisches Erbimperium zu verwandeln; fortan wollte er den Titel rex Romanorum tragen. Doch sein ehrgeiziger Plan scheiterte am Widerstand des Papstes.

Kurz bevor auch er zu einem Kreuzzug aufbrechen wollte, starb Heinrich VI. 1197 in Messina. Der tote Kaiser hinterließ in Deutschland ein Machtvakuum und in Süditalien einen Sohn. In Deutschland gab es zwei Anwärter auf den Thron, den Staufer Philipp von Schwaben und den Welfen Otto von Braunschweig. Papst Innozenz III. entschied sich für den Welfen, den er 1209 in Rom zum Kaiser krönte. Er verlangte im Gegenzug dafür unter anderem die Anerkennung Siziliens als päpstliches Lehensland. Otto IV. hielt sich in der Folgezeit nicht an diese Abmachung, er zog mit seinem Heer nach Apulien und wollte seinen Konkurrenten, den Sohn Heinrichs, Friedrich Roger, töten. Heinrichs VI. Witwe Konstanze, die alles Deutsche abgrundtief haßte, hatte den Papst zum Vormund ihres Sohnes und zum Lehnsherrn von Sizilien ernannt. Innozenz III., der sich von Otto hintergangen fühlte, bannte diesen und schlug den deutschen Fürsten sein Mündel zur Wahl vor, und 1212 trafen die Gesandten der deutschen Fürsten in Palermo ein und offerierten dem Siebzehnjährigen die römisch-deutsche Königskrone. Dieser hatte nach dem Tode seiner Mutter eine streunende Jugend in den Gassen von Palermo verbracht, bis er als Vierzehnjähriger von seinem päpstlichen Vormund mit der fünfundzwanzigjährigen Konstanze von Aragon verheiratet worden war.

Entgegen allen Ratschlägen brach Friedrich auf, um sich, geld- und waffenlos, aber mit einem abenteuer- und machthungrigen Herzen, die Krone in Deutschland abzuholen. 1212 wird er in Mainz provisorisch zum König gekrönt. Das Glück ist mit ihm: die Schlacht von Bouvines am 27. Juli 1214, aus der der französische König Philipp II. August als Sieger hervorging, besiegelte endgültig die Niederlage seines erbitterten Konkurrenten Otto, der Lehensmann des englischen Königs Johann Ohneland gewesen war. Nun war der Weg frei nach Aachen, und im Juli 1215 wird Friedrich mit den Insignien zum zweiten Mal zum deutschen König gekrönt. Der »puer Apuliae« saß auf dem steinernen Thron Karls des Großen und gelobte, einen Kreuzzug zu führen.

Zunächst jedoch begann er mit der Durchsetzung seiner politischen Pläne. 1220 wurde sein Sohn Heinrich zum deutschen König gewählt. Als Dank für diese gegen die Interessen Roms gerichtete Wahl erließ er im selben Jahr die »Confoederatio cum principibus ecclesiasticis«, in der er den Kirchenfürsten viele Privilegien verlieh. 1231 dehnte er diese Privilegienabgabe in dem »Statutum in favorem principum« auch auf die weltlichen Fürsten aus und leistete dadurch der verhängnisvollen deutschen Kleinstaaterei Vorschub.

1220 wurde Friedrich in Rom zum Kaiser gekrönt und kehrte nach über achtjähriger Abwesenheit nach Süditalien zurück.

Lex animata

Nach seiner Rückkehr in den Süden machte sich Friedrich II. daran, sein Königreich neu zu ordnen. Durch das von ihm erlassene Gesetz »De resignandis privilegiis« wurde angeordnet, daß alle Schenkungen, Privilegien und Besitzbestätigungen der vergangenen dreißig Jahre ungültig seien, und es wurde verfügt, daß jeder seine Dokumente, welche außerprivaten Besitz betrafen, innerhalb der nächsten Monate der kaiserlichen Kanzlei vorzulegen habe, wo diese geprüft und, nur wenn für gut befunden, erneuert werden würden.[338] Friedrichs Neuordnung des Staates war total, und er begann mit der Neuverteilung des Bodens und des Besitzes. Wollte er eine Burg oder ein Lehen behalten, so verlor der alte Besitzer all seine Rechte. War dies nicht der Fall, so wurde ein neues Dokument ausgestellt, in dem jedoch vermerkt war, daß der Kaiser sich Änderungen vorbehielt. Auf diese Weise wurde der gesamte Besitzstand neu geordnet, und die kaiserliche Kanzlei erhielt einen genauen Überblick über die Verhältnisse im Lande. Wie auch im Frankreich Philipps II. August wurde die Schriftlichkeit der kaiserlichen Verwaltung, das von Beamten beurkundete und geprüfte Wort, ein wichtiges Instrument der zentralistischen monarchischen Machtausübung.

Auch was die Änderungen des Lehenswesens anbelangt, lassen sich durchaus Ähnlichkeiten zwischen dem Kaiser und dem König ausmachen. So durften Lehensleute nicht ohne kaiserliche Genehmigung heiraten, und Erben durften nur mit des Kaisers Genehmigung ihren erblichen Lehensbesitz antreten. Des weiteren waren die verbliebenen Lehensleute aufgefordert, ihre zersplitterten Lehen neu zu ordnen, und deren eigenmächtige Weitergabe von Afterlehen war wiederum ohne des Kaisers Zustimmung verboten. Friedrich II. erachtete es auch als königliches Recht, Befestigungsanlagen zu bauen, und er befahl, alle in den vorangegangenen dreißig Jahren erbauten Kastelle und Burgen zu zerstören oder der Krone zu übergeben.

Bereits in den skizzierten Maßnahmen zur Neuordnung des Staates tritt des Kaisers Absicht deutlich hervor: »Jede selbständige Beweglichkeit war also plötzlich gebannt und – wie es Kaiser Friedrichs ganzer Anschauung entsprach: jegliches Leben, jede Bewegtheit durfte fortan nur von seiner Person und seinem kaiserlichen Willen sich herleiten, dem umgekehrt alles zu gehorchen hatte.«[339] Auf dem Hoftag zu Capua 1220 erließ er die »Assisen von Capua«, die die erste Grundlage seines Modellstaates bilden.

Friedrich II. sorgte durch den Bruch mit dem mittelalterlichen Lehenssystem nicht nur für eine machtpolitische, sondern auch für eine finanzielle Neugestaltung. »Möglich war sie (die Neugestaltung K. W.) nur dadurch, daß der Staatsbürger aus einem Vasallen eines Großen oder irgendeiner Korporation, denen er persönlich Dienste leisten mußte, denen er zu Natural- oder gelegentlich auch zu Geldabgaben verpflichtet war, zu einem Untertanen, mit bestimmten, nach den Bedürfnissen wechselnden Verpflichtungen regelmäßig zu entrichtender Steuern wurde.«[340]

Friedrich II. entzog den Feudalherren nicht nur ihre im Boden, sondern auch ihre in Worten verankerte Macht, indem er ihnen die weitere Ausübung der Rechtsprechung untersagte. Allein ihm oblag es, Justitiare zu berufen und Gerichtshöfe einzurichten. Die Spezialisten des Rechts waren Spezialisten von seinen Gnaden und nur ihm verpflichtet. Er bezeichnete sie auch trefflicherweise als »meines Wissens Mitwisser«. Zu deren Ausbildung gründete er 1224 die Universität von Neapel, die von Herbert Grundmann als »erste Staatsuniversität« bezeichnet wurde. Die Universität unterstand der königlichen Gerichtsbarkeit, ihre Lehrer wurden von Friedrich berufen und bezahlt, und sie war für alle Untertanen und auch auswärtige Studenten offen. Die Studenten hatten sich allerdings stauferfreundlich zu verhalten.[341]

1231 erließ Friedrich II. in Melfi sein großes Gesetzeswerk »Liber augustalis«. Durch seine Gesetze gab er dem neugeschaffenen Staatengebilde seinen Geist ein. Es war der Geist eines römischen Weltenherrschers, der sich Justinian gleich als »lex animata«, als beseeltes Gesetz, fühlte. Dieser Begriff, der nach Kantorowicz aus der griechischen Philosophie stammt, fand im Rechtsdenken der Römer Anwendung. Kaiser Justinian sprach von sich als demjenigen, »dem Gott selbst die Gesetze unterstellt hat, indem er ihn als das lebende Gesetz zu den Menschen herabsandte«.[342] Diese Doktrin vom Herrscher als lex animata war durch den Aufstieg der Rechtswissenschaft in Bologna wiederbelebt worden. Es war ein magister artium namens Irnerius, der der Überlieferung nach als erster in Bologna um 1088 Vorlesungen über das römische Rechtsbuch Justinians abhielt. Er steht damit am Beginn einer Rechtstradition in Bologna, »nachdem diese Sammlung römischer Rechtsüberlieferung und Jurisprudenz seit einem halben Jahrtausend kaum noch beachtet geschweige denn wissenschaftlich studiert und auch nirgends mehr als geltendes Recht praktiziert worden war«.[343]

Friedrich II. setzte das römische Recht ein, um seine Einzigartigkeit als »pater filiusque iustitiae« zu beweisen. Papst Honorius III. erließ 1219 eine Bulle, die bei Strafe der Exkommunikation die Lehre und das Studium des römischen Rechts an der Pariser Universität untersagte. Als Begründung führte er an, daß die Laien kein römisches Kaiserrecht benötigten und die Geistlichen das kanonische Recht hätten.[344]

Die Atmosphäre, die Kaiser Friedrich II. umgab und die vor allem durch den erhabenen Klang seiner Worte geschaffen wurde, war von einer liturgisch inszenierten Nüchternheit. Seine Gehilfen, die Juristen und Höflinge von seinen Gnaden, mußten das Recht wie Priester zelebrieren. Der Kult der Gerechtigkeit wurde religio iuris oder ecclesia imperialis genannt, und die Robe des Juristen war der des Priesters gleichgestellt.[345]

Friedrich II. war der Anfang und das Ende, er war Vater und Sohn zugleich. Seines »Wissens Mitwisser« verstanden es, wie ihre geistlichen Widersacher von der Pariser Universität, das Wort zu befragen, zu zerlegen und zu interpretieren.[346] Die Jurisprudenz gilt nach römischem Recht als »das Wissen um göttliche und menschliche Dinge«, sie ist Wissenschaft und Kunst, rational und ästhetisch zugleich. Das Buch des Gesetzes, von Friedrich II. begriffen als »das vom Herrscher dargebrachte Opfer«[347], machte ihn zum Schöpfer auf Erden. Nachdem er die Bande des Blutes und des Bodens zerschnitten, nachdem er sich Einfluß bei familiären Erbschaftsangelegenheiten verschafft hatte und sein Jawort unverzichtbar geworden war für die Vermischung des Blutes zweier Familien, setzte er die Worte des Rechts wie ein genealogisches Prinzip ein. Er verstand sich nicht als Mensch, der durch die Gnade Gottes ein Gesalbter war, er verstand sich als lebendes Gesetz, das menschlich und göttlich zugleich war.[348]

Pierre Legendre[349] bezeichnet den Tod, die Macht und das Wort als diejenigen Elemente, die durch eine basale Genealogie zusammengeschweißt sind und die uns auf die »Urszene« verweisen, auf die Vaterschaft der Gesetze. Diese drei Elemente, bezogen auf Friedrich II., ergeben folgendes Bild:

Seine Worte sind die Worte des Erhabenen. Als Richter über Leben und Tod vollstreckt er mit seinen Worten die göttliche Vorsehung.

Seine Macht ist allgegenwärtig. Durch seine Beamten, die ihm untertan sind, besitzt er »potentielle Ubiquität«.[350] Seines »Wissens Mitwisser« sind die Erweiterung seines Selbst mit Worten. In dem *Liber augustalis* hat der Kaiser in dem Paragraphen I, 16-19 das Mittel der defensa niedergelegt. »Die defensa ist ein Friedegebot, das nicht ein Beamter, sondern jegliche Privatperson einem Angreifer von Besitz oder Personen auferlegen kann, indem er den Kaiser anruft – per invocationem nostri (sc. imperatoris) nominis.«[351] Wenn, nachdem der Angegriffene den Namen des Kaisers gerufen hat, der Angriff trotzdem erfolgte, dann galt der Angriff als Angriff auf den Kaiser selbst, und dieses schwere Vergehen wurde vor dem Hofgericht verhandelt. Mit diesem Recht der defensa war der Kaiser allgegenwärtig geworden, er verkörperte sich in jedem seiner Untertanen.

Sein Tod ist kein Tod. Friedrich II. wurde zum Mythos des wiederkehrenden Kaisers, der das dem Volk widerfahrene Unrecht sühnt.[352] Ernst H. Kantorowicz nennt in seinem Aufsatz *Zu den Rechtsgrundlagen der Kaisersage* ein der erythräischen Sibylle zugeschriebenes Vaticinium, das sich rasch nach des Kaisers Tod verbreitete, als Quelle dieses Mythos. Vom Kaiser heißt es darin:

»Verborgenen Todes wird er die Augen schließen und fortleben; tönen wird es unter den Völkern ›Er lebt und lebt nicht‹, denn eines von den Jungen und von den Jungen der Jungen wird überleben.«[353] Der wichtige Satz dieser Weissagung ist »Vivit et non vivit«. Wie Kantorowicz überzeugend darzulegen versteht, bezog der Satz sich auf die Identität von Vater und Sohn. Friedrich II. selbst hatte in seinem Testament geschrieben, er habe die Dinge so geordnet, »damit wir, wiewohl menschlichen Dingen entrafft, dennoch zu leben scheinen«[354], das heißt, er behauptete seine kaiserliche Allgegenwärtigkeit in der Zeit. Diese war gegeben durch die Identität von Vater und Sohn, welche uns auf das Denken in Dynastien verweist. Des Kaisers persönliche Eigenschaften sind nach diesem Denken nicht bedeutsam für seine individuelle Erscheinung, sondern sie erhalten innerhalb der Dynastie Sempiternität. Dahinter steckt der Gedanke der Statthalterschaft, der Substitution. Sowohl im römischen als auch im kanonischen Recht ist dieser Gedanke verankert, und Kantorowicz zufolge ist diese juristische Fiktion einer Identität von Vater und Sohn, Erblasser und Erben, ein ganz allgemein verbreiteter Gedanke, auf den auch der Kaiser und seine Söhne sich berufen. Bestätigt wurde diese juristische Fiktion durch die aristotelische Zeugungs- und Vererbungslehre und durch die Heilige Schrift. So zitiert Friedrich II. selbst folgende Stelle aus dem Johannesevangelium 14,9: »Wer mich sieht, sieht auch meinen Vater«, und bei Jesus Sirach 30,4 finden wir: »Denn wo sein Vater stirbt, so ist's, als wäre er nicht gestorben, denn er hat seinesgleichen hinter sich gelassen.«

Aus dem »per substitutem vivere« wird im 16. Jahrhundert in England und Frankreich der zentrale Satz der westlichen Monarchien »Le roi ne meurt jamais«. Es wurden zwei Todesformen des Vaters unterschieden, nämlich der natürliche Tod und der juristische Tod des Königs, wobei das politische Leben des Königs, seine Dignitas, als unsterblich galt.[355]

Friedrich II., Vater und Sohn der Gerechtigkeit, gebar das Gesetz:

»Nichts entziehen wir dem Ansehen der früheren Herrscher, wenn wir gemäß der Eigenheit der neuen Zeit aus unserem Schoße neues Recht gebären und für neue Mißbräuche neue Arzneien erfinden. Aus einer Notwendigkeit des Dienstes nämlich besitzt die Würde der kaiserlichen Erlauchtheit dieses Vorrecht, daß sie, wenn durch der Dinge und Zeiten Wandel die alten Rechte der Menschen zur Entwurzelung der Laster und zur Pflanzung der Tugenden nicht mehr auszureichen scheinen, täglich neuen Rat erfinde, der die Tüchtigen reich an Lohn und die Lasterhaften unter stetem Hammerschlag der Strafen mürbe mache.«[356]

Das *Liber augustalis* begann, auch darin Justinians Gestzeswerk folgend, mit einem Erlaß gegen die Ketzer. Sie wurden wie Staatsfeinde behandelt, die sich der Majestätsbeleidigung schuldig gemacht hatten, und waren dem Feuer zu übergeben. Friedrich II. verbot Zweikämpfe, Gottesurteile und Liebestränke. In seinem Staat hatte keiner außer ihm Wunder zu vollbringen.

Stupor mundi

»Als wir jung waren und noch nicht die Last der Regierung zu tragen hatten, haben wir die Gelehrsamkeit gesucht und ihren süßen Duft geatmet. Jetzt beansprucht die Sorge um den Staat unsere größte Aufmerksamkeit, aber die wenige Zeit, die uns verbleibt, verbringen wir mit Lesen und Meditieren über die Bücher, die wohl geordnet unsere Schränke füllen«,[357] sagt Kaiser Friedrich II., der mit seinem Wirklichkeitssinn ein Wegbereiter der modernen Naturwissenschaft war und den der »süße Duft der Gelehrsamkeit« bis zu seinem Tode umgab. Er versammelte an seinem Hof viele Gelehrte, die sich mit der Beobachtung der Naturphänomene beschäftigten. So lebte an Friedrichs Hof der Übersetzer, Astrologe, Zeichendeuter, Philosoph und Mathematiker Michael Scotus, der der Schule von Toledo entstammte. Mit dem Pisaner Mathematiker Lionardo Fibonacci, der die Null in das westliche Zahlensystem eingeführt hat, trug der Kaiser heftige Dispute aus, und während Thomas von Aquin mit den Schriften des Averroes rang, folgte Friedrich dessen Denken und leugnete die Unsterblichkeit der Individualseele. Friedrich selbst war sehr gebildet, er sprach Griechisch, Lateinisch und Arabisch, und Michael Scotus sagte über ihn: »O glücklicher Kaiser! Wirklich, ich glaube, wenn jemals ein Mensch in dieser Welt durch sein Wissen dem Tode entging, dann müßtest Du jener sein.«[358] Sein Wissen war nicht ein reines Bücherwissen, Friedrich ging durch die Welt und wollte sehend erkennen. Am bekanntesten ist sein wunderbares Vogelbuch *De Arte Venandi cum Avibus* (Über die Kunst, mit Vögeln zu jagen), welches ein Ergebnis seiner Methode des erkennenden Sehens ist. Im Vorwort schrieb er einen Satz, der als sein wissenschaftliches Credo gelten kann und der ebenso bestechend wie neu war: »Unsere Absicht ist, sichtbar zu machen die Dinge, die sind, so wie sie sind.«[359]

Nach jahrelanger Beobachtung der Vogelwelt hatte er dieses Buch geschrieben. Er versteht es, die verschiedenen Falkenarten zu unterscheiden, und beschreibt die Veränderung der Pupille des Falken bei Lichteinfall. Der Kaiser hält die Ergebnisse seiner Methode des »erkennenden Sehens« höher als die Ergebnisse des Aristoteles, wenn er schreibt:

»Dem Aristoteles sind wir gefolgt, wo es sein mußte. In mehr Fällen aber scheint er, wie wir durch Erfahrung gelernt haben, besonders bei der Natur gewisser Vögel von der Wahrheit abzuweichen. Deshalb sind wir dem Fürsten der Philosophie nicht in allem gefolgt, denn selten oder nie hat Aristoteles die Vogeljagd betrieben; wir aber haben sie immer geliebt und geübt.«[360]

Friedrich II. wagte es nicht nur, all die Fragen zu stellen, die in Paris verboten waren, er ging weiter und glaubte seinen Augen mehr als den Worten des Aristoteles. In seinem Umkreis entwickelte sich »zum ersten Mal innerhalb der christlichen Welt eine Naturwissenschaft, die keine Wissenschaft des Göttlichen war«.[361] Die Fragen, die er stellte, mußten nicht, wie bei den Gelehrten in Paris, in Gott münden, und seine Zeitgenossen nannten ihn »Stupor mundi«, das Staunen der Welt.

Das Mittelalter hatte solch eine Wertschätzung der menschlichen Beobachtung und Erfahrung nicht gekannt. Für Friedrich, den wissensdurstigen Laien, waren sie die Grundlage seiner Erkenntnis. »Wenn sich irgendwo im 13. Jahrhundert schon moderne wissenschaftliche Anschauungen finden, so ist es bei ihm der Fall: er steht außerhalb der Zeit, die solche absolute Freiheit des Erkennenwollens sonst nicht kannte.«[362] Was er wissen wollte, überprüfte er im Experiment.[363]

Seine Methode des »erkennenden Sehens« war eine Art, die Welt zu betrachten, die weit entfernt war von der visionären Schau der Heiligen und der Abstraktion der Wirklichkeit der Scholastiker. Friedrich war ein Geistesverwandter der Forscher der Optik, die die Entwicklung der »Bewaffnung des Auges« vorantrieben und die Vorboten einer neuen Wissenschaft waren.

Mit einer Mischung aus dem okkulten Wissen der Araber, der Logik des Aristoteles und seiner Beobachtungsgabe ging Friedrich durch die Welt und versuchte, zu begreifen, zu erfassen und zu prägen. Er beschwor ohne Furcht die Konkretion des Wissens und duldete in seinem Denken keine theologischen Tabus.

So nüchtern sein Sinn für die Wirklichkeit war, so maßlos war seine Selbstvergottung.

Semper Augustus

1225 heiratete Friedrich II. Isabella von Brienne, die Erbin des Kreuzfahrerkönigreichs Jerusalem. Zwei Jahre später, als er sein Kreuzzugsgelübde einlösen wollte, erkrankte er und brach die Unternehmung ab. Daraufhin wurde er vom Papst gebannt. Ein Jahr darauf zog er nach Jerusalem. Was seinen kriegerischen Vorfahren nicht gelungen war, glückte ihm durch Verhandlungen mit dem Sultan: er krönte sich in der Grabeskirche eigenhändig zum König von Jerusalem.[364] Mit dieser Krönung war Friedrich auf dem Höhepunkt seiner Macht angelangt, und der Papst, entsetzt über das selbstherrliche Verhalten des Gebannten, zog daraufhin, allerdings erfolglos, gegen ihn ins Feld.

Friedrich nannte sich selbst und seine Mutter »göttlich«; während er seinen Sohn Konrad, der Ehe mit Isabella entstammend, als den »göttlichen Sproß cäsarischen Blutes« bezeichnet. Er nannte sich auch »Leben aller Leben«.

Der eine Teil seines Selbstporträts ist sein Gesetzeswerk, die versachlichte, in Worte gefaßte Kaisergewalt, und der andere Teil sind seine Burgen und seine Statuen, die Zeichen seiner Selbstvergottung. Wo der Kaiser sich zeigte, warf das Volk sich in Demut zu Boden, und nach byzantinischer Art ließ er sich den Fußkuß erweisen. Wurden seine Worte, sein Wille verkündet, so verharrte das Volk in Prosternation und er in erhabenem Schweigen. »Auf seinen Wink teilte der Logothet – der Setzer der Worte, der Mund des Kaisers – den kaiserlichen Willen als Orakel unter Glockengeläute mit.«[365] Ansprechen und anschreiben ließ er sich »Messias Kaiser«, und seine Auftritte waren sorgsam inszenierte, prunkvolle Spektakel mit fremdartigen Tieren, exotischen Düften, schönen Frauen und Seiner Majestät in der Mitte.

In ihm verband sich schwärmerischer Geist mit karger Nüchternheit. Kein Herrscher seiner Zeit – mit Ausnahme Ludwigs des Heiligen – gab mehr Kunstwerke in Auftrag als er. Er förderte eine klare, nüchterne Kunst, und der Süden Italiens hielt Distanz zu der gotischen, der französischen Kunst. An seinem Hof »gewann der Sinn für das Konkrete, den die Kunst der italienischen Städte ein-

einhalb Jahrhunderte später widerspiegeln sollte, seine Stärke«.[366] Als Zeichen seiner cäsarischen Größe ließ Friedrich Burgen, nicht Kirchen, bauen. Sie strahlen Kühnheit und Majestät aus und sind von einer nahezu schmerzhaften Nüchternheit. Seine Burgen nannte er »Unsere Stätten des Trostes«, und bekannt unter ihnen ist vor allem sein Jagdschloß Castel del Monte. Die achteckige Form des Bauwerks geht auf die achteckige Kaiserkrone und auf die zahlenmystische Bedeutung der Acht als der vollkommenen Zahl zurück. Diese acht Seiten zeigen »von allen Seiten die irdische Kraft des christlichen Caesar, des wahren Stellvertreters auf Erden«.[367]

Nachdem Friedrich II. 1237 in Cortenuova die lombardischen Truppen geschlagen hatte, organisierte er einen Triumphzug nach römischer Art und ließ sich als Cäsar feiern. Er begann, sich mit demselben zu vergleichen, und sein Bildnis wurde auf Münzen geprägt. In Capua ließ er ein Triumphtor errichten, das mit seiner eigenen Statue geschmückt war.[368] Die Kunst hatte für Friedrich II. ihn und seine Macht zu verherrlichen. Er war Erster nach Gott.

Friedrich II. starb 1250. Von seinem Staat sollte nichts übrigbleiben. Mit seinem Erstgeborenen Heinrich VI. war es zum Streit gekommen, als dieser sich mit den Feinden seines Vaters, den lombardischen Städten, verbündet hatte. 1235 nahm er ihn gefangen. Friedrich selbst hielt Gericht über seinen Sohn, ließ ihn einkerkern, und nach sieben Jahren Haft ist er gestorben. Mit seinen Worten richtete er sein Blut. Alle seine Söhne und seine Enkel wurden getötet, und unter Karl von Anjou lebte die Feudalität wieder auf. Es begann die Zweiteilung Italiens in einen reichen Norden und einen armen Süden.

Friedrich II. hatte im Süden Italiens, an der Nahtstelle zwischen Morgen- und Abendland, das römische Cäsarentum wiederbelebt, er hatte die experimentelle Wahrheitssuche gefördert und die Freude am irdischen Dasein zelebriert. Begabt mit politischer Phantasie und besessen von seiner Einzigartigkeit schuf er im 13. Jahrhundert ein zentralistisches Staatengebilde, dessen Grundlage die Worte des Rechts waren. Friedrich zerschnitt die lehensherrlichen Bande des Blutes und des Bodens, er bezweifelte die mittelalterliche Idee von der bindenden Kraft der Kaiser-Papst Allianz und schuf einen neuen politischen Körper.

Friedrich II. wollte die Rätsel der Natur lösen, und gleichzeitig verrätselte er seine eigene Person.

Wie der Vogel Phönix, der Erbe seiner selbst ist, beinhaltet die dynastische Erbfolge Kontinuität im Wandel. Der Überlieferung nach gibt es nur einen Vogel Phönix, der fünfhundert Jahre oder länger lebt und sich sein Nest von der Sonne in Flammen setzen läßt, wobei er den Brand mit seinem Schwingenschlag weiter anfacht. Phönix findet den Tod in den Flammen, während sich aus der glühenden Asche der neue Phönix erhebt. Auch Friedrich II. wurde oftmals mit dem Vogel Phönix, der stirbt und nicht stirbt, verglichen.

Während sich aus dem Satz »Vivit et non vivit« einerseits die juristisch-rationale Argumentation der dynastischen Erbfolge ergibt, geschieht im Falle Friedrichs II. das Absonderliche, daß er ein sagenhaftes Individuum bleibt und nicht zur Gattung wird.

»So geht die Kaisersage im Grunde zurück auf das Mißverstehen der rationalen, juristischen Argumente für eine Kontinuität der Dynastie und eine Sempiternität der Dignitas, was natürlich keineswegs ausschließt, daß Mißverständnisse – ähnlich wie Fälschungen – historische Fakten erster Ordnung sein können, die selbst wiederum Geschichte machen. Es ist jedoch kaum übertrieben zu sagen, daß die Sage vom Fortleben des in den Berg entrückten und im Berge schlummernden Kaisers qui non moritur das irrational-verschwommene oder legendäre Gegenstück bildet zu dem juristisch-rationalen Dogma der westlichen Monarchien: Le roi ne meurt jamais.«[369]

Rückschließend auf Friedrichs genealogischen Gebrauch der Worte scheint dieser Prozeß der Mystifikation nahezu folgerichtig. Es war nicht das Blut, auf das er seine einzigartige Herrschaft und seinen Machtanspruch begründete, es waren vor allem die Worte, die das Kernstück seiner Herrschaft bildeten, und in Worten sollte er weiterleben, nicht in Söhnen.

Nach des Kaisers Tod erlosch der klare Glanz des Südens.

Im Norden Italiens nahm im 14. Jahrhundert eine Bewegung ihren Ausgang, die den Menschen in den Mittelpunkt ihres Denkens stellte und die die »Inbesitznahme der Welt« (Georges Duby) vorantrieb. Das Erbe der Antike wurde neu belebt und löste ungeahnte künstlerische und wissenschaftliche Energien aus. Florenz war um 1300 »der Sitz eines Wirklichkeitssinnes, der aus den realen Mächten der Stadt, aus Laientum und erwerbstüchtiger Kaufmannschaft, aus angeborenem nüchternen Sinn und rücksichtslosem Selbsterhaltungstrieb entstanden war«.[370]

Den letzten staufischen Kaiser verbindet mit den gewitzten,

furchtsamen Männern der Renaissance, daß auch die sich benahmen, »als gäbe es nur dieses eine Leben«.[371]

In der *Divina Commedia* beweist Dante Alighieri, der aus Florenz vertriebene Dichter, seinen geschärften Wirklichkeitssinn. Er schildert uns Landschaftsstimmungen, menschliche Qualen und seelische Regungen. War dem dynastischen Denken gemäß der Herrscher kraft seines Blutes Gattung und Individuum zugleich, so beschreibt uns der Dichter Dante diese ihm widerfahrene Ehre durch die Krönung über sich selbst. Er läßt sein großes Epos der Worte enden mit der Beschwörung der über den individuellen Tod hinausreichenden menschlichen Würde, eben jener Krönung über sich selbst, durch die er Adam wird und Dante Alighieri bleibt.

Dante war durch diese Krönung Gattung und Individuum zugleich geworden, und der Bürger aus Florenz steht am Beginn der Dynastie der Worte.

IV.

Narzißtik, Arithmetik, Diplomatie Italien

1300-1500

Das Porträt des Dichters und der Ruhm des Malers

Die erste Persönlichkeit, deren Namen nach tausend Jahren »in uns unmittelbar eine lebhafte visuelle Vorstellung hervorruft«[372], sei die des Dichters Dante im blutroten Gewand, behauptet Ernst H. Gombrich.

Dante, der »das erste Blatt einer italienischen Kunstgeschichte beschrieb«[373], trug darauf den Namen des Malers seines »Urbildes«, den Namen des Malers Giotto, ein. Mit seinen Dichterworten wies er ihm einen ruhmreichen Platz in der Geschichte der Künste zu, und der Ruhm Giottos und das Bild Dantes stehen zu Beginn einer neuen Erfahrung des Menschseins.

Dante und Giotto, die beiden großen Florentiner Künstler des Trecento, sind durch eine eigentümliche Beziehung – durch das Wort und durch das Bild – aneinander gebunden. Es ist dies eine Beziehung, die uns viel verrät über die neuerwachten Sehnsüchte der Menschen nach Glück im Diesseits. Sie wollten zudem unsterblich werden, mit Ruhm wollten sie dem Tode trotzen. In Florenz widmete man sich seit dem 14. Jahrhundert dem Aufschreiben sogenannter Künstlerbiographien, durch die das Leben und das Werk eines außerordentlichen Menschen der Nachwelt überliefert werden sollten. Mit Worten beschwor man in dieser reichen norditalienischen Kaufmannsstadt die Einzigartigkeit eines Menschen und pries dessen Ruhm auf Erden. Er sollte mit dem Andenken an seine Person und seine Taten auch nach seinem Tode geehrt werden und in den Herzen und in den Köpfen der Menschen weiterleben.

Filippo Villani, der den Lehrstuhl für die Erklärung der *Divina Commedia* in Florenz innehatte, führte die um 1300 begonnene florentinische Chronik seines Großonkels Giovanni Villani und seines Vaters Matteo fort.[374] Filippo Villani nun, der sechzig Jahre nach der Vertreibung Dantes aus seiner Heimatstadt mit der Analyse von dessen Werk beauftragt war, nahm um 1380 Giotto in seine Lebensbeschreibungen berühmter Florentiner auf.[375] Er hob die Kunst der Florentiner Maler hervor und berichtet über den 1336 gestorbenen Maler, dieser habe ein Porträt Dantes auf einem Altarbild im Palazzo del Podestà hinterlassen, und sein Selbstbildnis, das er mittels eines Spiegels anfertigte, habe er danebengestellt. Giotto galt ihm im Gegensatz zu dessen Lehrer Cimabue als »Fortgeschrittener gegenüber dem Zurückgebliebenen«.[376] Indem er eine Linie des Fortschritts im Laufe der Zeit zeichnet, markiert er die Differenz zwischen einem Punkt in der Vergangenheit und dem in der Gegenwart Erreichten.

Es war nun kein Geringerer als Giorgio Vasari, der in der zweiten Ausgabe seiner Giotto-Biographie erneut das Dante-Porträt aus dem Palazzo del Podestà erwähnt. Darüber hinaus behauptete er, es habe Freundschaft zwischen dem Dichter und dem Maler geherrscht. Vasari feierte Giotto als denjenigen, der die Kunst von ihren byzantinischen Fesseln befreit und sie wieder ihrer eigentlichen Bestimmung, nämlich der Nachahmung der Natur, zugeführt habe.[377] So beginnt denn auch seine Biographie mit der von Ghiberti überlieferten Anekdote, daß Cimabue Giotto entdeckte, als der Hirtenknabe mit einem spitzen Stein ein Schaf auf einen Felsen zeichnete.[378] Als Beispiel der Kunst der naturgetreuen Nachahmung führt Vasari ebendieses Porträt des Zeitgenossen und Freundes Giottos, des Dichters Dante aus dem Palazzo del Podestà, an.

Nach Gombrich liegen jedoch keinerlei Hinweise auf eine Freundschaft zwischen dem Maler und dem Dichter vor. Die von Vasari behauptete Freundschaft zwischen den beiden Künstlern rekurriert alleine auf die wichtige Stellung, die Dante Giotto in seinem großen Epos der Worte, der *Divina Commedia*, zugewiesen hat.

Im elften Gesang des Purgatorio, als Dante und sein Führer Vergil bei den Hochmütigen angelangt sind, die ihre stolzen Nakken unter einem Felsbrocken neigen müssen, beugt sich Dante zu den geplagten Sündern herab und erkennt den Miniaturisten Oderisi da Gubbio unter ihnen. Der Büßer, der einstmals stolz und arrogant gewesen war, antwortet Dante auf seine schmeichelnde Anrede hin, er habe seine Sünde der Hochmut bereut. Daraufhin folgt sein berühmtes kunsthistorisches Exemplum:

> »O eitler Ruhm der Menschenkünste ehret!
> Wie kurz doch grünt dein Laub, wenn aufs Entfalten
> nicht Zeiten folgen, roh und unbelehret!
>
> Jüngst wollte Cimabue das Feld behalten
> in Malerkunst, heut preiset jedermann
> den Giotto, und es lischt der Ruhm des Alten.

Ein Guido just dem andern abgewann
den Dichterkranz; wohl mag den Tag schon
sehen er, der vom Neste sie beide jagen kann.

Ist Erdenruhm doch wie ein Windeswehen,
das hin und wieder weht und tauscht die Namen,
wie sich sein Hauch nach Ost, nach West mag drehen.«[379]

Diese Worte, die von Dante geschrieben wurden, um die Menschen vor übertriebener Eitelkeit und Hochmut zu warnen, sind die klassischen Worte des Ruhmes für den Malers Giotto geworden. Sie »wurden zur fons et origo der modernen Kunstgeschichte«.[380]

Vasari benutzte die Worte Dantes zur Konstruktion der Freundschaft zwischen dem Maler und dem Dichter.[381] Dantes Dichterworte und Vasaris Lob der Freundschaft führten dazu, daß die Stellung Giottos innerhalb der Malereigeschichte unangreifbar blieb. »Schon bald nach 1300 hatte Dante Giotto an den Anfang der neuen Kunst von Florenz gestellt. Kein Ruhm eines Nachfolgenden, keine spätere Geschichtskonstruktion hat Giotto von seinem Platze verdrängen können, oder mit anderen Worten: eine ›Renaissance‹, die Giotto ausgeschlossen hätte, wäre nach italienischem Gefühl unmöglich gewesen.«[382]

Soviel zu den Worten Dantes, die Giotto Unsterblichkeit bescherten.

Was das Bild des Dichters anbelangt, so bezweifelt Gombrich, ob das Porträt, das heute den Touristen als das von Giotto gemalte Dante-Porträt gezeigt wird, auch das sei, von dem Villani und Vasari gesprochen hatten.[383] Ob dem so ist oder nicht, soll uns an dieser Stelle nicht interessieren. Wichtig ist, daß spätestens seit dem 15. Jahrhundert bis in unsere Tage hinein das Bild, das man sich von der äußeren Erscheinung Dantes macht, sich eben von diesem umstrittenen Porträt ableitet.

Es ist dies das Bild des Dichters mit dem hageren Profil, der ausgeprägten Nase, den verächtlich nach unten gezogenen Mundwinkeln, auf dem Haupte nicht den Lorbeerkranz, sondern eine Kapuze tragend und gekleidet in das blutrote Gewand.[384]

Der Dichter Antonio Pucci, der Dante und Giotto überlebt hatte, schrieb in einem Sonett über das Porträt: »Derjenige, welcher, in blutrote Farbe gekleidet, hinter den heiligen Verdiensten postiert ist, wurde von Giotto in der Gestalt Dantes gemalt, der Worte so schön zu ordnen verstand.«[385]

Der Wunsch, ein authentisches Bild eines berühmten Dichters sehen zu wollen, bildete sich nach Gombrich in der zweiten Hälfte des 14. Jahrhunderts aus. Von diesem Wunsch ausgehend, scheint es wahrscheinlich, daß man das »Urbild« des Dichters immer wieder in Abwandlung malte. »Ohne ein Urbild oder einen Standard, nach dem man andere Bilder beurteilte, hätte ein solcher Prozeß nicht entstehen können, aber sobald er einmal in Gang gekommen war, gab es eine große Anzahl würdig aussehender Gestalten mit Kapuzen und Adlernasen.«[386]

Das Porträt Dantes war ein exklusiver, jedoch kein Einzelfall. Es war die Entdeckung des Todes als tragischen Abschlusses des Lebens, die an der Schwelle vom 13. zum 14. Jahrhundert bei den reichen und den gebildeten Männern zu dem Verlangen führte, ein individuelles Bild ihrer selbst zu besitzen und zu hinterlassen.

»Das Porträt triumphiert, aber nicht länger als das abstrakte Bildnis einer Persönlichkeit, deren von Gott zugewiesener Ort und Status durch Symbole und Zeichen repräsentiert werden; das neue Porträt stellt das Individuum vielmehr in den konkreten Dimensionen von Raum und Zeit dar. Denn die neue Funktion der Kunst besteht genau darin, das Individuum in seinem ephemeren Sein und nicht länger in seiner ewigen Wesenheit in den Rang der Unsterblichkeit zu erheben.«[387]

Die Vorstellung des mittelalterlichen Menschen vom Jenseits war nicht von Angst, sondern von der freudigen Gewißheit der Wiederaufstehung geprägt gewesen. »Seit nämlich der auferstandene Christus über den Tod triumphiert hat, ist der Tod in dieser Welt der wirkliche Tod, und der physische Tod bedeutet Zugang zum ewigen Leben. Deshalb ist der Christ verpflichtet, sich freudig den Tod zu wünschen, als eine Art Wiedergeburt.«[388]

Ihren Aufenthalt auf Erden erlebten die Menschen nicht im Sinne einer zu ihnen gehörigen Lebensgeschichte, sie begriffen ihr irdisches Dasein als Übergang in die geschichtslose Zeit nach dem Tod, die sie bereits zu ihren Lebzeiten ersehnten. Marc Bloch hat den Menschen der Feudalzeit eine »breite Indifferenz der Zeit gegenüber« attestiert. Diese Indifferenz änderte sich im 14. Jahrhundert mit der Entdeckung der Vergangenheit in der zeitlichen Ferne der Antike und der Kalkulation mit der Lebenszeit in der Gegenwart. Der nüchterne Realismus, der in Norditalien in ökonomischen, juristischen und politischen Fragen vorherrschte, erstreckte sich auch auf die Schrecken des Todes.[389]

Eine drastische Illustration sowohl der Angst vor dem Tode als auch der Entdeckung des eigenen Lebens ist das 1350 von Francesco Traini gemalte Fresko *Der Triumph des Todes*, das auf dem Camposanto, dem Friedhof von Pisa, zu finden ist. Das Fresko ist in erdigen Brauntönen gehalten, und auf der unteren linken Bildseite sehen wir Männer und Frauen zu Pferde, die vor drei offenen Särgen innehalten. Die Pferde scheuen vor dem Anblick zurück, und einer der Reiter preßt sich ein Tuch vor die Nase. Die Lebenden haben den Tod vor Augen und den Verwesungsgeruch in der Nase. Die Reiter zeigen auf die Toten, und dabei wirken sie ratlos und entsetzt. Die Leichen weisen unterschiedliche Verwesungsmerkmale auf. »Das Gesicht des ersten ist unversehrt, und er hat Ähnlichkeit mit den gisants, die der Tod zwar gefällt, aber noch nicht völlig entstellt hat, wenn sein Bauch auch von Gasen aufgetrieben ist. Der zweite ist merklich verunstaltet, vermodert und bis auf wenige Fleichreste verblichen. Der dritte schließlich ist bis aufs Skelett reduziert.«[390] Die Lebenden sehen die verschiedenen Verfallsstadien des menschlichen Körpers nach dem Tode, und sie bangen um ihre Seelen. Dies ist die eine Variante des Triumphes des Todes.

Auf dem rechten Bildrand unten sehen wir Männer und Frauen, die sich in einem Garten versammelt haben. Der Garten ist der Ort der Sinnesentfaltung, der Ort der ungezwungenen Geselligkeit der Geschlechter und der geheimen Rendezvous. Die flüchtigen sinnlichen Reize, die der Garten dem Menschen bietet, lassen diesen die Zeit vergessen. Im Moment des Glücks, das einen seligen Augenblick umfaßt, scheint das Menschsein intensiviert und der Tod transzendiert. Doch andererseits führt gerade dieser paradiesische Ort der gezähmten Natur dem Menschen seine Vergänglichkeit, das unbarmherzige Verstreichen der Zeit, deutlich vor Augen. Die dichte Präsenz der Zeit veranschaulicht ihm gleichzeitig deren drastisches Vergehen. Wir sehen Menschen, die sich ihres Daseins miteinander erfreuen. Da stürzt sich eine weibliche Gestalt mit Sense und Krallen auf die sich vergnügenden Paare und mäht sie wahllos nieder. Engel und Teufel sammeln die Toten ein und werfen sie achtlos auf einen Haufen. In dieser Szene ergeht keine Warnung an die Sterblichen, und als Betrachter wird man noch heute ergriffen von der Angst vor dem ungerechten, unkalkulierbaren Tod, der die Menschen mitten aus dem »süßen Leben« herausreißt.

Auf dem Fresko sehen wir die einen Toten dem Prozeß der Verwesung ausgesetzt, und die anderen liegen – ohne Rücksicht auf ihre Stellung im Leben – auf einem Haufen; den körperlosen Freuden im Paradies geht der Abschied vom geliebten Leben voraus.

Die »Inbesitznahme der Welt« (Georges Duby) bezahlen die Menschen mit der Angst vor dem Tod. »Als der Mensch sich von seinem Fußfall erhob, fand er sich wieder im Angesicht eines bedrohlichen, genau auf ihn zugeschnittenen Todes.«[391] An der Wende zum 14. Jahrhundert scheint die Selbstverständlichkeit des vertikalen Bezugs der Menschen zu Gott gebrochen, und nach Hans Blumenberg begann die Neuzeit »als Epoche des verborgenen Gottes«.[392] Der neue Bezugspunkt des Menschen ist nunmehr seine Endlichkeit. Er ermächtigt sich des Ausdrucks seines Lebens und beginnt seine Stellung auf Erden zu reflektieren. Mit neugewonnener Perspektive weist er sich selbst einen Platz zu. Ein Ausdruck dieser Selbstermächtigung und Reflexion sind die Porträts dieser Zeit, die uns noch heute in ihrer selbstbewußten Arroganz und stolzen Realitätsgewißheit berühren. Ein weiterer Ausdruck sind die Schriften der gelehrten Männer, die diese über sich selbst und über das »richtige Leben« verfaßten. Diese Schriften lese ich als Anleitungen zur Selbstvervollkommnung. Die Entdeckung der eigenen Endlichkeit führt zu dem Versuch, sich mit Worten des Bluts zu entheben. Die Dominanz der Worte soll ein ewiges Selbst schaffen.

Drei Ideale vom männlichen Selbst von drei Männern unterschiedlicher Jahrhunderte und unterschiedlicher Provenienz werde ich im folgenden darstellen und analysieren. Sie haben uns ihre Worte hinterlassen, mit denen sie unsterblich werden wollten. Und es sind diese Worte, anhand deren Analyse ich drei idealtypische Porträts des europäischen Mannes aufzeichnen werde. Es sind die Porträts des Künstlers, des Wissenschaftlers und des Politikers. Bei der Textinterpretation ahme ich die Eigenproduktion der Humanisten als Subjekte der Kultur nach. Ganz im Sinne des Konzepts des Dialogischen, welches Dominick LaCapra[393] beschreibt, findet ein Dialog mit den Toten statt. Aus ihren hinterlassenen Texten konstruiere ich mit Worten ihre Porträts. Wie sagt Vilem Flusser so schön: »Texte sind ein Suchen des anderen.«[394]

Giotto, der Maler, der zu Beginn der Blüte der italienischen Malerei steht, ist unsterblich geworden durch die Worte des Dichters. Er hat einen Platz in der Kulturgeschichte Europas eingenommen als derjenige Maler, der den Menschen ihre Körperlichkeit und ihre Beweglichkeit im Bild wiedergeschenkt hat.
Doch erst durch das Wort wurde das dem Tode trotzende Bildnis des Menschen bestätigt, wie wir an der Geschichte des Porträts des Dichters im blutroten Gewand gesehen haben.

Der Dichter Francesco Petrarca

Das Leben

Das Porträt desjenigen Dichters, der nach Jean Despautère den Krieg gegen die Barbaren eröffnete, ist in Padua im sogenannten »Sala dei Giganti« zu bewundern.[395] Die Rede ist von Francesco Petrarca, dessen Freund, der »großmächtige Herr von Padua«, ihn nicht nur ermutigt hatte, sein Werk *De Viris illustribus* zu vollenden, sondern unter den in diesem Buch beschriebenen Helden diejenigen auszuwählen, die er in dem »Sala Virorum Illustrium« dargestellt wissen wollte. 1338 hatte Petrarca mit diesem seinem ersten historiographischen Werk begonnen, »das (in der ursprünglichen Fassung) das Leben von 23 bedeutenden Gestalten der römischen Vergangenheit von Romulus bis Titus beschreibt, in einem späteren Entwurf allerdings (ca. 1351-53) um einige universalgeschichtlich orientierte Biographien, von Adam über die Patriarchen bis zu Herkules, erweitert wird.«[396] Außer dem Dichter waren vor allem römische Staatsmänner und Krieger in dem Saal dargestellt.[397]

Die Fresken fielen im 16. Jahrhundert einem Brand zum Opfer, und allein das Porträt Petrarcas blieb erhalten. Auf dem Bild sieht man den Dichter an einem Schreibpult sitzend. Er trägt eine Kapuze und ein durchgehendes Gewand, so daß nur sein Gesicht und seine Hände unbedeckt sind. Petrarca blättert in einem Buch, das aufgeschlagen vor ihm liegt. Doch er liest nicht in dem Buch, sondern seine Augen schweifen nach draußen. Sein Schreibpult steht an einem Fenster, und wir sehen schroffe Bergspitzen und ein einsam gelegenes Haus. Vor dem Pult liegt zusammengerollt eine Katze, welche außer den zahlreichen Büchern die einzige Gesellschaft des Dichters zu sein scheint.[398]

In dem geschilderten Porträt und in dessen Entstehungsgeschichte sind die Ideale des Francesco Petrarca versammelt. Er hielt sich bevorzugt an den Höfen der Mächtigen seiner Zeit auf, und Francesco da Carrara, der Herrscher von Padua, war ein hemmungsloser Tyrann, der den Dichter jedoch liebte und unterstützte.[399]

Die Tatsache, daß er sich berufen dazu fühlte, einen »Sala Virorum Illustrium« zu entwerfen, verweist auf eine Grundüberzeugung des Dichters: Er sah sich unter den edelsten Geistern beheimatet, und war einer der ihren. Auf dem Bild ist Petrarca dargestellt als der die Einsamkeit und die anmutige Umgebung liebende Gelehrte, als welcher er sich gerne stilisierte. In seiner Studierstube, die an die klösterliche Zelle der Mönche gemahnt, duldet er nur die Bücher seiner großen geistigen Vorfahren und ein kleines tierisches Wesen.[400]

Franz Xaver Kraus schreibt über Petrarca: »Wenn irgend Jemand, so war ihm Schreiben und Leben eins«[401] – er lebte in der Welt der Worte und wollte mit Worten Ruhm und Unsterblichkeit gewinnen.

Außer dem Porträt aus dem »Sala Virorum Illustrium« in Padua hat uns der Dichter in seinem *Brief an die Nachwelt* eine Lebens- und Charakterschilderung hinterlassen.

»Der autobiographische ›Brief an die Nachwelt‹ sollte, nach dem Willen seines Autors, als letztes Buch die Sammlung seiner Altersbriefe beschließen, so wie die Sammlung der Epistulae familiares mit einer Reihe von Briefen an die Vorwelt, an Cicero und Seneca, Livius, Vergil und andere Große der Antike schließt. Der ›Brief an die Nachwelt‹ war also nicht nur als ein letztes Vermächtnis gedacht, sondern auch als Versuch Petrarcas, seine Gegenwart, die er durch die Vergangenheit erweitert hatte, auch in die Dimension der Zukunft auszudehnen, den Dialog, den er mit den Vorfahren zu führen gewußt hatte, auch mit den Nachfahren einzuleiten.«[402]

Weshalb er seinen Brief auch wie folgt beginnt:

»Vielleicht hörst du einmal etwas über mich – obwohl ein so kleiner und dunkler Name durch die vielen Jahre und Länder kaum zu dir gelangen mag –, und dann wünschest du vielleicht zu wissen, was für ein Mensch ich war und wie es meinen Werken ergangen, besonders jenen, von denen ein Gerücht zu dir drang oder deren Namen du gehört hast. Die Menschen werden über mich verschieden urteilen; denn jeder spricht ja in der Regel so, wie es ihm die Lust, nicht die Wahrheit eingibt, und man hält weder im Lob noch im Tadel Maß.«[403]

Er schildert sich im folgenden als einen angenehm aussehenden Mann, der Prunk ablehnt und der den fleischlichen Gelüsten nicht immer habe widerstehen können, dieselben jedoch zutiefst verabscheut habe. Er erfreute sich an der Wissenschaft, war nicht hochmütig und wurde um seine Kontakte zu den Königen, die ihn verehrten und liebten, beneidet. Er zählt sodann die Stationen seines Lebens an den Höfen seiner mächtigen Mäzene auf und vergißt nicht den Höhepunkt seines Lebens, seine Krönung zum poeta laureatus, zu erwähnen.

Er folgt in dem Aufbau dieses autobiographischen Briefes Sueton: Zuerst eine allgemeine Charakteristik in der Reihenfolge Herkunft, Körperbau- und Aussehen, geistig-moralische Gestalt, die dem Leser den Protagonisten der Biographie als Persönlichkeit vor Augen führen, um dann anschließend in streng chronologischer Abfolge dessen Taten und Erfahrungen im Wandel des Lebens zu erzählen.[404] Das System der Moralität, das er in diesem Brief zum Ausdruck bringt, also sein Verzicht auf Reichtum, Prunk und Sex, entstammt der antiken Tradition.

»Das aber bedeutet, daß Petrarca sich mit den gleichen Augen betrachtet, mit denen er die viri illustres der Antike betrachtet hatte, daß er, so wie er sich als idealer Leser seiner Autobiographie mit seinen Interessen und Bedürfnissen in die Zukunft projiziert hatte, als Gegenstand seiner Autobiographie in die Vergangenheit projiziert und zu jenem antiken vir illustris stilisiert, der es nach den Kriterien seiner Historiographie verdient, als Exemplum aus der Vergangenheit einer zukünftigen Gegenwart vor Augen gestellt zu werden.«[405]

Doch seine wortreichen Bemühungen, vor uns als den Nachgeborenen als großer Mann dazustehen, verweisen uns auf seine Furcht vor dem Tod. In diesem kurzen autobiographischen Text gelingt es Petrarca, sich mit einfachen Worten als einen Menschen darzustellen, der gemäß seinen Neigungen lebte und dessen Ingenium sein Leben bestimmte.

Wer war nun dieser Dichter, der sich mit seine Eitelkeit schlecht verbergenden Worten »durch die vielen Jahre und Länder« an uns wendet?

Francesco Petrarca wurde am 20. Juli 1304 als Sohn einer alteingesessenen, jedoch verarmten und vertriebenen Florentiner Familie in Arezzo geboren. 1312 zog die Familie nach Avignon, »wo der römische Papst die Kirche Christi in schmählicher Gefangenschaft hält«.[406]

Der Vater Petrarcas arbeitete als Notar am päpstlichen Hof.[407] Der zukünftige Dichter lebte in Avignon »unter eitlen Jugendträumen« und lernte Grammatik, Rhetorik und Dialektik, bevor er sich in Montpellier für vier Jahre dem Studium der Rechte zuwandte. Danach ging er für drei Jahre nach Bologna, um an der dortigen berühmten juristischen Fakultät seine Studien fortzusetzen. Diese gab er jedoch nach dem Tode seines Vaters auf. Petrarca empfing die niederen geistlichen Weihen. Sein Biograph Gustav Koerting[408] gibt als Grund für diese Entscheidung die Vermögenslosigkeit Petrarcas an. Sicherten ihm doch der Eintritt in den geistlichen Stand eine ehrenvolle äußere Stellung und, auch ohne Bekleidung eines bestimmte Pflichten einschließenden Amtes, eine auskömmliche Existenz.[409]

1330 wurde er als Kaplan in den Dienst des Kardinals Giovanni Colonna aufgenommen, der zusammen mit seinen beiden Brüdern zu den Mäzenen des Dichters wurde.[410] Die Freundschaft mit den einflußreichen und vermögenden Brüdern bescherte ihm ein sorgenfreies Gelehrtenleben. Er kaufte sich ein Haus in der Vaucluse und ging auf Reisen nach Italien und Deutschland. Petrarca kehrte in sein Haus an der Sorgue-Quelle zurück, und als er »einst an einem Karfreitag durch die Berge schweifte, da kam mir der Gedanke, lebhaft und nachhaltig, über jenen ersten Scipio Africanus, dessen Name mir wundersamerweise von meiner frühesten Jugend an teuer war, eine Dichtung, und zwar in epischer Form, zu schreiben«.[411] Das lateinische Epos *Africa* begründete seinen zeitgenössischen Ruhm. Ruhm war es, nach dem er ein Leben lang trachtete, und 1341 schien er am Ziel seiner Träume angelangt: auf dem Kapitol in Rom wurde ihm der Lorbeerkranz aufs Haupt gesetzt, und fortan durfte er sich poeta laureatus und civis Romanus nennen.

Petrarca verfaßte auf Lateinisch moralphilosophische und religiöse Traktate, historische und geographische Schriften und seine Briefe an die Freunde. Auf Italienisch schrieb er seine Liebeslyrik, den *Canzoniere* und die *Trionfi*. Der Dichter lehnte feste Anstellungen, etwa als päpstlicher Sekretär oder Professor, ab und führte ein ungebundenes Gelehrtenleben. Er erkaufte sich diese Sorglosigkeit, indem er auch nicht davor zurückschreckte, Tyrannen mit seinen Worten zu verewigen. Francesco Petrarca starb am 19. Juli 1374 in dem Dorf Arquà an den euganeischen Hügeln.[412]

Petrarca war einer der ersten Männer des 14. Jahrhunderts, der sich voll Entzücken in die Schriften der antiken Autoren versenkte, und Leonardo Bruni sagte über ihn: »Er öffnete uns den Weg der Bildung.«[413] In einem von seinen Zeitgenossen bewunderten Latein pries er seine großen Vorbilder Cicero und Vergil. Er war voll Enthusiasmus für die römische Republik und litt unter dem bedauernswerten Zustand seiner geliebten Stadt Rom.

Hier tritt ein charakteristischer Zwiespalt zutage: Während des Mittelalters stand ausschließlich Heiligen oder Helden Ruhm zu, doch im Verlaufe der Entdeckung der Besonderheit des Menschen drängeln sich die Sterblichen nach Unsterblichkeit. Italien, das Land der neuerwachten Freude an der Diesseitigkeit, wird von einer Topographie des Ruhmes überzogen; der neuzeitliche Mann markiert für die Nachwelt die Stätten seiner Erfolge.

Der besagte Dichter war ein typischer Vertreter dieser Spezies, seine zentrale Sorge galt seinem Ruhm, und sein quälendster Gedanke war der an seine Endlichkeit. Er war sich selbst das wichtigste. Petrarca organisierte sein Leben um das Werden seines Selbst als begnadeter Dichter, dem er größte Sorgfalt zukommen ließ. In all seinen Schriften thematisierte er sich sich selbst, seinen Schmerz, seine Begabung, sein Leiden und sein Glück.[414] Er entwickelte eine Form der Lebenskunst, deren Topoi bis heute nicht an Gültigkeit verloren haben. Die Modelle dessen, was man Authentizität nennt, haben hier offenbar ihren Ursprung.

Begierde und Bekehrung

Am 26. April 1336 bestieg Francesco Petrarca den Mont Ventoux. Er berichtet uns von seiner Unternehmung in einem Brief, den er seinem Freund, dem Augustinermönch Dionigi da Borgo San Sepolero, am selben Tag aus der Herberge in Malaucère geschrieben haben will.

Diese Bergwanderung galt bereits Gustav Koerting, der 1878 eine Biographie über Petrarca veröffentlichte, als eine Luthers Verbrennung der päpstlichen Bannbulle vergleichbare Tat, »denn beide Ereignisse bezeichnen die Ausgangspunkte ganz neuer Denk- und Anschauungsweisen, beide sind Grenzsteine in der Geschichte des Menschengeschlechts«.[415] Hans Blumenberg äußert sich knapp hundert Jahre nach Koerting nicht weniger enthusiastisch, wenn er die Wanderung des Dichters auf die Bergeshöhe »als einen der großen, unentschieden zwischen den Epochen oszillierenden Augenblicke«[416] bezeichnet.[417] Koerting und Blumenberg seien als Vertreter derjenigen genannt, die bei der Interpretation des Briefes Petrarca als den ersten diesseitigen und weltoffenen Menschen der Moderne festlegen.[418]

Die Philologen dagegen sind an dieser wirkungsgeschichtlichen Forschung nicht interessiert, und ihnen stellt sich der Brief »als bewußt komponierte Epistel mit primär allegorischer Intention dar, während ihre Bedeutung als spontaner Bericht eines alpinistischen Unternehmens immer fragwürdiger erscheint«.[419]

Bei der folgenden Interpretation des Briefes werde ich mir die Ergebnisse beider Forschungsrichtungen zunutze machen.

Zunächst klingt die eingangs zitierte Behauptung von Gustav Koerting erstaunlich, denn man fragt sich, wie die Besteigung eines Berges, noch dazu eines nicht allzu hohen, mit der mutigen Kampfansage des Mönchleins Luther an den Papst zu vergleichen ist. Man kann sie wohl nur schwer vergleichen, wenn man den entscheidenden Unterschied bedenkt, daß Luther sich realiter einem mächtigen Mann entgegenstellte, was zu genau nachvollziehbaren Konsequenzen führte, während Petrarca seinem »Lebensgefühl« (Eugen Wolf) Ausdruck verlieh und wir dessen Konsequenzen nicht bilanzieren können. Doch der Vergleich zwischen Martin Luther und Francesco Petrarca verweist uns auf einen wichtigen Punkt: Es ist gleichgültig, ob Petrarca überhaupt auf den Berg gestiegen ist, wichtig ist allein, daß er sein vermeintliches Erleben in Worte gefaßt und diese weitergegeben hat. Auf die Tat Luthers folgten weitere Taten, auf die Worte Petrarcas weitere Worte. Noch heute streitet man sich um die Interpretation dieser Worte und scheint froh, den angeblichen Beginn des Erlebens des modernen Menschen gefunden zu haben, wobei es ganz egal ist, ob die Worte eine Fiktion oder wirkliches Erleben wiedergeben.

Was steht nun in diesem umstrittenen Brief an den Freund in Paris?

Der Brief beginnt damit, daß der Dichter seine Begierde gesteht, den höchsten Berg der Gegend zu besteigen.[420] Er beruft sich sodann auf Livius. In dessen römischer Geschichte hatte er zufällig am Tag zuvor die Stelle gelesen, »wo Philipp der Macedonierkönig – derselbe, der mit dem Römischen Volke Krieg geführt hat – den Berg Hämus in Thessalien besteigt«.[421]

Da auch er seit langem den bereits erwähnten Berg besteigen und »durch Augenschein« habe kennenlernen wollen, beschließt er, sich von dem Beispiel des Macedonier-Königs leiten zu lassen. Er erwählt seinen Bruder Gherado als Begleiter, und die beiden beginnen zusammen mit einem Träger am festgesetzten Tage ihren Aufstieg. Bezeichnenderweise treffen die Brüder einen uralten Hirten, der sie eindringlich vor ihrer Unternehmung warnt. Auch er habe sich in seiner Jugend zu solch einem waghalsigen Unternehmen hinreißen lassen, und es hätte ihm nur »Reue und Mühe und von Felskanten und spitzem Dornengestrüpp zerrissenen Leib und Rock«[422] eingebracht. Er fährt fort, weder habe er vor noch nach seinem mißglückten Aufstieg davon gehört, »daß irgendwer Ähnliches gewagt habe«.[423] Diese Bemerkung stachelt die Begierde und Neugierde Petrarcas an.[424]

Doch es folgt »dem ungeheuren Unterfangen geschwind die Ermattung«, und während sein Bruder geraden Weges in die Höhe strebt, sucht der sich als »weichlicher« bezeichnende Dichter einen bequemen Weg zum Gipfel. Als er diesen nicht ausmachen kann, folgt er dem Bruder. Er ist ärgerlich, der Bruder erfrischt, und sie steigen zusammen an. Ermüdet sucht Petrarca einen längeren, aber dafür weniger steilen Weg und muß einsehen, daß das Wandern auf ebenen Wegen nicht in die begehrte Höhe führt. Der Dichter spricht sich selbst erbauende Worte zu, und er vergleicht den mühseligen Aufstieg mit dem Streben nach Tugend. Er zitiert sich Ovid: »Wollen, das reicht nicht aus, Verlangen erst führt dich zum Ziele.«[425]

Sogleich fühlt er sich durch seine eigenen und durch des Römers Worte an Geist und Körper aufgerichtet, und nach dieser Ermahnung aus seinem Inneren und aus der autorisierten Vergangenheit steigt er zum Gipfel auf. Dort steht er dann in Götternähe, »einem Betäubten gleich«. Der Blick nach Italien ist ihm willkommener Anlaß, über die vergangenen zehn Jahre, seitdem er Bologna verlassen hat, nachzudenken. Er freut sich seiner Fortschritte und bejammert »die allgemeine Wandelbarkeit des menschlichen Tuns«.[426] Darüber vergißt er, an welchem Orte er ist. Der Bruder drängt ihn zum Abstieg, und er wirft noch einen abschließenden Blick nach Lyon, auf den Golf von Marseille und die Rhone.[427] Angesichts soviel irdischer Schönheit will er auch seiner Seele Gutes tun. Er beschließt, in den *Bekennnissen* des Augustinus zu lesen. Dieses »faustfüllende Bändchen allerwinzigsten Formats«[428] hatte er von dem Adressaten des Briefes geschenkt bekommen. Sein Bruder wartet mit »weit geöffneten Ohren« auf die Worte des Kirchenvaters, doch Petrarca verschlägt es die Sprache. Seine Augen fallen auf den Satz: »Und es gehen die Menschen, zu bestaunen die Gipfel der Berge und die ungeheuren Fluten des Meeres und die weit dahinfließenden Ströme und den Saum des Ozeans und die Kreisbahnen der Gestirne, und haben nicht acht ihrer selbst.«[429]

Er versteht den Wink, ist ärgerlich auf seine irdische Begierde am bloßen Sehen, wendet sein inneres Auge auf sich, »und von

Stund an hat niemand mich reden hören, bis wir unten ankamen«.[430] Dem Dichter fällt die Bekehrungsgeschichte des Augustinus und die des Antonius ein, und er fühlt sich in die Reihe der bekehrten großen Männer aufgenommen, die erkannt haben, daß man nicht außerhalb suchen soll, »was innen zu finden gewesen wäre«. Er ist aufgewühlt durch das starke Erleben und spürt noch nicht einmal den steinigen Weg. »In Eile und aus dem Stegreif« schrieb er diesen Brief aus der bäuerlichen Herberge an den Freund, so daß dieser unmittelbar darüber unterrichtet werde, was ihm widerfahren war. Er beendet den Brief mit dem Flehen um gute, wahre, sichere und dauernde Gedanken. Soweit der Inhalt des Briefes.

Die »neue Denk- und Anschauungsweise«, von der Gustav Koerting sprach, finden wir bereits in der Form, in der uns Petrarca sein Erleben schildert, also im Brief. Der Dichter hat die ciceronische Epistel wiederbelebt, und er beansprucht wie viele seiner gelehrten Zeitgenossen und Nachkommen »geradezu mit jedem Wort und jeder Geste feierliche Publizität«[431], was sich auf seine seelischen Regungen, die er auch in Briefen ausdrückte, erstreckt. So verwundert es nicht, daß er seine Briefe zur Veröffentlichung bestimmte und an diesen ein vorrangig stilistisches Interesse hatte.[432] »Er überarbeitete und redigierte seine ›Familiarum rerum libri‹ durch Rückdatierung. Die ersten beiden Bücher seines Briefwechsels, datiert von 1330 bis 1340, entstanden in Wirklichkeit etwa von 1351 bis 1353 und wurden bis 1366 durch Korrekturen erweitert. Petrarca arbeitete insbesondere Zitate ein, die er zu der Zeit, auf die er sie bezieht, gar nicht gekannt haben konnte.«[433]

Die Briefe, die uns Petrarca hinterlassen hat, sind sowohl an Tote als auch an Lebende gerichtet. Der literarische Charakter dieser Schriftstücke war für ihn deren Voraussetzung, und er glaubte sich durch das geschriebene Wort, das Ausdruck der göttlichen Freundschaft zweier gleichgestimmter männlicher Seelen war, mit den Toten und mit den Lebenden verbunden. »Der Austausch von stummen Worten im Briefwechsel gibt den Seelen die Möglichkeit, beieinander zu sein.«[434]

Petrarca schrieb an Simonides, »er könne das Briefschreiben erst lassen, wenn er das Leben lasse«.[435] Der Brief war ihm ein lebenswichtiges Kontaktmittel mit seinen Gleichgesinnten, er war Bestandteil der Stilisierung als begnadeter Dichter, der mit den Großen der Vergangenheit und der Gegenwart geschriebene

Worte wechselt, die ihn wiederum vor der Welt und der Nachwelt als einen der ihren ausweisen. Die Worte sind der Beweis seiner Existenz. Die Briefe, ob an Tote oder Lebende adressiert, sind Teil des selbstreferentiellen Systems des Dichters, das allein durch die von ihm geschriebenen und verbreiteten Worte aufrechterhalten wird. Es ist der Wortkreislauf, der ihm eine Existenz als derjeniger ermöglicht, als der er sich denkt.

Was nun den besagten Brief anbelangt, so ist es das Verdienst der Philologen, nachgewiesen zu haben, »daß der Text als fiktive und auch nie abgesandte Epistel erst nach 1352/53, also lange nach dem Tod von Dionigi am 14. August 1342, konzipiert worden war«.[436] Giuseppe Billanovich kommt in seinem Aufsatz *Petrarca und der Ventoux* zu der Schlußfolgerung:

»Ungefähr in denselben Monaten, als Petrarca gegen fünfzig war, konzipierte und schrieb er den reifen, völlig ausgefeilten und deshalb vollkommenen Brief über den Ventoux, auf den er lange seine Aufmerksamkeit gerichtet und für den er alle Möglichkeiten seiner unvergleichlichen Bibliothek ausgeschöpft hatte, wobei er sogar auf die von ihm in seinen Büchern angebrachten Anmerkungen zurückgriff – und nicht im Alter von dreißig Jahren, in der Ecke eines Hospizes, an einem späten und lauen Abend.«[437]

Auf die kunstvolle, subtile Komposition des Briefes verweist uns schon das Zahlenspiel, das Petrarca in den Brief eingebaut hat. Das Spiel basiert auf dem Einsatz der heiligen Zahlen 3 und 6. Der Brief ist auf den 26. April 1336 datiert, und dieser Tag war im Jahre 1336 der Freitag, der genau zwei Wochen vor Christi Himmelfahrt gelegen war. Petrarca war 1336 im 33. Lebensjahr, das heißt in dem Alter, in dem Augustinus seine Bekehrung erlebt und Christus sein Blut für die Menschen vergossen hat. Im Sinne einer Bekehrung nach prominentem christlichen Vorbild mußte der Dichter einen Freitag im April wählen, und im Datum vom 26. April 1336 waren die heiligen Zahlen enthalten.

Doch der Dichter hat nicht nur den Zeitpunkt der Abfassung des Briefes, sondern auch den Ort frei gewählt. Ist im Brief die Rede von in aller Eile in der bäuerlichen Herberge hingeworfenen Zeilen, so vertreten Ruth und Dieter Groh die Auffassung, »daß Petrarca für die Abfassung seines Textes wohl seine Bibliothek zur Hand gehabt haben muß, wenn er rund 20 direkte und indirekte Zitate im Text verarbeitet hat«.[438] Nach Enrico Straub weicht Petrarca in der Komposition seiner Epistel von seinen mutmaßlichen oder nachgewiesenen Vorbildern insofern ab, als er sie in der ersten Person Singular verfaßt hat.

Auch bei der Wahl eines Berggipfels als Schauplatz zur Inszenierung seiner Bekehrung folgt der Dichter bedeutsamen Vorbildern. »Die wilde, einsame Gipfelhöhe als Opposition zum zivilisierten Flachland spielt in antiken, biblischen und patristischen Texten als Ort der Isolation, der Meditation und damit der größeren Gottnähe eine Rolle, die Petrarca in der ganzen Dimension voll bewußt war.«[439]

Bei der Beschreibung der Mühen des Aufstiegs gelingt ihm ein kunstvoller Wechsel zwischen seinem äußeren und seinem inneren Erleben, welche sich gegenseitig widerspiegeln. Sein Bruder Gherado, den er zu seinem Begleiter auserkoren hatte, steigt rasch und geraden Weges zum Gipfel auf, während unser Wortheld einen bequemen Weg sucht und von Zweifeln geplagt wird. Die Wahl des Bruders »kann in seiner allegorischen Bedeutung nur dann verstanden werden, wenn man weiß, daß Gherado nach einem wilden Jugendleben und nach dem Tod seiner Geliebten ins Kloster eingetreten ist und seit 1343 den Heilsweg der Weltaskese zu Gott beschritten hat«.[440]

Dem Dichter gelingt der Aufstieg nur, weil er aus seinen und Ovids Worten Kraft zu schöpfen vermag. Zwar muß er sich bei seinem inneren Monolog eingestehen, daß er gerne durch das Tal wandern würde, womit seine Neigung zu einem sündigen, ausschweifenden Leben gemeint ist, doch er erkennt durch seine und des anderen Dichters Worte, daß er sich auf dem richtigen Wege in die Höhe befindet und dabei ist, der ewigen Finsternis zu entkommen.

Endlich oben angelangt, steht er »einem Betäubten gleich«, wofür er sogleich den »ungewohnten Hauch der Luft« verantwortlich zu machen vermag. Sodann wagt er den Blick auf die unter ihm liegenden Wolken – auf dem Gipfel ist der Kontakt zu dem irdischen Getriebe der Menschen unterbrochen. Olymp und Athos werden ihm weniger unwahrscheinlich – der Dichter weilt in Götternähe. Er blickt in Richtung Heimat nach Italien und beginnt sich in der dünnen Bergesluft nach italischer Luft zu sehnen. Vom Raum schwingt er sich zur Zeit hinüber, und er überdenkt die zehn Jahre, seitdem er »nach Abschluß der kindlichen Studien aus Bologna auszog«.[441] Der Dichter blickt nach innen, er konzentriert sich auf die vorläufige Bilanzierung seines Lebens, spricht über die Liebe und macht sich Mut für seinen Tod.

Die großen Mühen seines Aufstiegs werden dem Dichter belohnt mit einer klaren Sicht auf sein Leben. Er überblickt auf dem Gipfel des Berges die Vergeblichkeit seines Lebens und erkennt die Größe, die er ihm zu verleihen verstand. Nach Karlheinz Stierle hat Petrarca in diesem Brief dem Wesen einer neuen ästhetischen Erfahrung Ausdruck verliehen.»Die neue ästhetische Erfahrung ist eine Erfahrung der horizonthaften Tiefe des Raums, die der Erfahrung der vertikalen Tiefe des Raums entgegengesetzt ist. Wenn diese als eine die Innerweltlichkeit übersteigende Unendlichkeit gedeutet werden kann, so erscheint die horizonthafte Unendlichkeit als eine innerweltliche.«[442]

Des Dichters Überblick über seine Zeit auf Erden und seine Erfahrung der horizonthaften Weite des Raums verweisen auf die gebrochene vertikale Beziehung zu Gottvater. Pertraca antizipiert seine Jahre, die ihm noch auf Erden bleiben, und er bringt sie in Zusammenhang mit dem Land seiner Herkunft, das er am Horizont erahnen kann. Dieses Land ist sein Land und das seiner römischen Vorbilder und Freunde. Mit diesem horizontalen Blick auf sein Leben und auf Italien verweist uns Petrarca auf seine eigentliche ferne Heimat in Raum und Zeit, auf die Antike.

Es folgt eine eher nüchtern zu nennende Aufzählung der Gebirge, Flüsse und Städte, die er geographisch einzuordnen versteht, und nach dieser ordnenden Orientierung hebt das eigentliche dramatische Geschehen an.

Das Aufschlagen des »faustfüllende(n) Bändchen(s) allerwinzigsten Formats, aber unbegrenzter Süße voll« eröffnet den Akt der Bekehrung. Die Worte des Augustinus, auf die sein Blick zufällig stößt, treffen ihn ins Zentrum seines Begehrens, das er nun als sündig brandmarken muß.[443]

Der Brief erhält seine dramatische Bewegung durch die gleich zu Beginn eingestandene vivendi cupiditas und durch die Bekehrung auf dem Gipfel. Durch die vivendi cupiditas gesteht Petrarca »ein von vorneherein verwerfliches Interesse, dessen sich zu bezichtigen als Zeichen wirklicher imitatio Sancti Augustini gelten konnte«[444], ein.

Im zehnten Buch der *Bekenntnisse* stehen die Worte geschrieben:

»Ich widersetze mich den Verführungen durch die Augen, damit meine Füße, mit denen ich meinen Weg zu Dir gehe, sich nicht verfangen, und ich erhebe unsichtbare Augen zu Dir, auf daß Du, ja Du ›vom Strick losmachest meine Füße‹.«[445]

Der Kirchenvater bezeichnet den Sehsinn metaphorisch für jede Art der Gefährdung des Gläubigen durch die Sinne:

»Das Sehen ist nur dem Auge eigentümlich. Wir gebrauchen aber dieses Wort auch von den anderen Sinnen, wenn wir sie auf das Erkennen richten. (...) Sonach wird alle Erfahrung überhaupt, wie gesagt, als ›Begierlichkeit der Augen‹ bezeichnet, weil auch die anderen Sinne, wenn sie auf ihren Gegenstand erkenntnishaft eingehen, vergleichsweise das Amt des Sehens ausüben, das eigentlich und erstlich nur den Augen zukommt«.[446]

Pertraca versteht es geschickt, einen Bogen zwischen den belehrenden Worten des Kirchenvaters, die seinen gelehrten Lesern gegenwärtig sind, und seiner freimütig eingestandenen Begierde zu spannen. Es sind die Worte des Augustinus, die ihn versuchen, die verbotene Frucht zu genießen. Von dieser Versuchung ausgehend konstruiert Petrarca mit Worten seine Bekehrung, die ein Nachleben, eine Aneignung der spirituellen Erfahrung des Augustinus ist.

Augustinus hörte in Mailand die Predigten des Ambrosius, der die Worte der Bibel in einer ihn beeindruckenden Weise auslegte. »Die Begegnung mit Ambrosius verschaffte Augustin einen neuen Begriff von Autorität. Diese Autorität schien ihm nicht im Gegensatz zu stehen zu selbständigem Denken.«[447] Ambrosius, der wie Augustinus und Petrarca ein Verehrer Ciceros war, machte nach Kurt Flasch Augustinus den Weg frei zum christlichen Glauben seiner Mutter.[448]

Wie ging nun die Bekehrung vor sich?

Als er von heftigen inneren Kämpfen in seinem Herzen befallen wurde, floh Augustinus in den Garten seiner Herberge, der Freund Alypius folgte ihm auf dem Fuße. »Ich aber zitterte im Geiste und ergrimmte in wildem Ingrimm, daß ich den Schritt nach Deinem Gefallen und zum Bunde mit Dir, mein Gott, nicht vermochte, den Schritt, den doch ›all mein Gebein‹ so laut verlangte und preisend als den Himmel verhieß.«[449] Er beteuert, er wolle sich in den Dienst des Herrn begeben, doch als Sohn Adams werde er immer wieder in sündiges Treiben verwickelt. »So war ich krank und marterte mich in Vorwürfen gegen mich selbst, bitterer noch als sonst, und wand und wälzte mich in meiner Fessel, daß sie nun endlich, dem Gebundenen schon so dünn geworden, ganz zerrisse.«[450]

Nachdem seine »grabende Selbstschau« all sein Elend an den Tag gebracht hatte, wollte er alleine sein und verließ den Freund auf der

Bank. Unter Tränen fleht er den Herrn an, ihn zu erlösen, da hört er aus dem Nachbargarten die Stimme eines Kindes im Singsang die Worte wiederholen: »Nimm es, lies es, nimm es, lies es.« Er weiß sofort, daß dies die Worte der Ouvertüre seiner Bekehrung sind.

»Denn von Antonius hatte ich gehört, wie er bei einer Evangelienlesung, zu der er sich von ungefähr eingefunden hatte, die Worte ›Geh hin, verkaufe alles, was du hast, gib es den Armen, und du wirst einen Schatz im Himmel haben; und komm und folge mir nach‹, als wäre es für ihn vermeint, was man da las, sich zur Mahnung genommen und bei diesem Gottesspruch sogleich zu Dir gekehrt hatte.«[451]

Er kehrt zu dem Freund auf die Bank zurück, wo er das Buch des Apostels Paulus hingelegt hatte.

»Ich ergriff es, schlug es auf und las still für mich den Abschnitt, auf den zuerst mein Auge fiel: ›Nicht in Schmausereien und Trinkgelagen, nicht in Schlafkammern und Unzucht, nicht in Zank und Neid, vielmehr ziehet an den Herrn Jesus Christus und pfleget nicht des Fleisches in seinen Lüsten‹. Weiter wollte ich nicht lesen, und weiter war es auch nicht nötig. Denn kaum war dieser Satz zu Ende, strömte mir Gewißheit als ein Licht ins kummervolle Herz, daß alle Nacht des Zweifelns hin und her verschwand.«[452]

Er teilt das Geschehene dem Freunde mit, der im Folgesatz – »Des Schwachen im Glauben aber nehmt euch an« – seine ihn bekehrenden Worte findet, und gemeinsam eilen sie zur keuschen Mutter Monnica, um sich mit ihr zusammen über die Bekehrung ihres Sohnes zu freuen.»Und ›Du hattest ihre Trauer in Freude gewandelt‹, viel reichlicher, als ihr Wunsch gegangen war, viel köstlicher und keuscher als die an Enkeln aus meinem Fleische, die sie erwartet hatte.«[453] Die Worte Gottes hatten Gott neue Nachkommen gezeugt. Augustinus Bekehrung bedeutete, daß er der sexuellen Lust entsagte und zur Freude der Mutter sein Blut mit keinem andern Blut mischte.[454] Durch die Kraft der belehrenden Worte war er nun auch ihr Sohn im Geiste geworden. Er gehörte nur noch Gott und ihr, den Frauen hatte er entsagt.

Kurt Flasch bezeichnet die geschilderte Szene als stilisiert und voller literarischer Anspielungen. Augustinus, der Rhetorikexperte, hatte antike Muster und christliche Motive in seine Darstellung eingearbeitet. So bedient er sich einer Lebensbeschreibung des heiligen Antonius und verwendet das Bild des Feigenbaums, unter dem sich schon Nathaenel befunden hatte.[455]

Francesco Petrarca befindet sich mit seiner Bekehrung auf dem Gipfel des Mont Ventoux in der Nachfolge des Augustinus. Er organisiert die Worte seiner Bekehrung in direkter Anlehnung an die Worte der Bekehrung des Augustinus, der wiederum auf die Worte früherer Bekehrter zurückgreift.

Bei der erstmaligen Lektüre der *Bekenntnisse*, so läßt Petrarca übermitteln, habe er einsam in der Kammer vor Ergriffenheit Tränen vergossen, und er empfand in einer Mimesis der Konversion die Seelenqualen des Kirchenvaters nach. Augustinus, der die Geschichte seines Lebens – vom wüsten Manichäer zum enthaltsamen Christenmenschen – in Worte gefaßt hatte, war für Petrarca eine Autorität, er war sein geistlicher Held. Petrarca nahm für sich ebenfalls in Anspruch, als ein Bekehrter in die Geschichte einzugehen. Er konstruierte in Anlehnung an Augustinus seine Bekehrung fern der Menschen auf dem Gipfel eines Berges in der Nähe der Götter.

Michael O'Connell[456] macht bei dem Vergleich der beiden Bekehrungsgeschichten allerdings zwei Unterschiede ausfindig: Petrarca folgt Augustinus zum einen darin, das Öffnen eines Buches und das Lesen der darin geschriebenen Worte dramatisch zu besetzen. Während jedoch an Augustinus die Aufforderung dazu von einer äußeren Stimme, der eines unschuldigen Kindes ergeht, »Tolle, lege, tolle, lege«, wird Petrarca von seiner inneren Stimme dazu getrieben, das Buch zu öffnen und die Worte zu erfahren. Zum anderen zeigt Augustinus seinem Freund Alypius die beseligenden Worte, während Petrarca sich von seinem Bruder abwendet und kein Wort mehr spricht.

Diese Unterschiede in der Ausgestaltung der Geschichte mögen gering sein, doch sie verdeutlichen, daß Petrarca sich die Bekehrungsgeschichte des Augustinus nicht nur aneignen, sondern sie auch mit eigenen Zeichen versehen wollte. Petrarca schließt sich in seinem Erleben völlig gegen die Außenwelt ab. Die Erfahrung der Bekehrung durch das stille Lesen der Worte des Augustinus reklamiert der Humanist für sich allein. Der Impuls zu lesen kommt aus seinem Inneren, und er gibt die bekehrenden Worte nicht an seinen blutsverwandten Bruder weiter.

Wenn Petrarca, versucht durch die Worte des Kirchenvaters, auf dem Gipfel des Berges, den Göttern nahe, durch Zufall die besagten Worte liest, so können wir das nicht anders als eine Gunst der Götter deuten.

Durch die geistige Anverwandtschaft mit Augustinus, der seine bedeutsamen Worte gleichsam aus dem Off spricht, ist es dem Dichter erlaubt, seine provokante Wanderung und glückliche Bekehrung in Worte zu fassen. Augustinus verleiht den Worten Petrarcas über sich selbst Dignität. Petrarca verbreitet sein Erlebnis der Aufnahme in die Reihe der durch Worte bekehrten Männer in Worten weiter.

Francesco Petrarca reiht sich in die Genealogie derer ein, die eine Bekehrung durch das Wort erfahren durften und darüber neue Worte gefunden haben. In Worten will auch er weiterleben.

Einsamkeit und Wanderschaft

Francesco Petrarca lebte sowohl abgeschieden von der Welt in seinem Haus in der Vaucluse als auch auf Wanderschaft in Frankreich, Italien und Deutschland. Während Einsamkeit für die gedankliche Versenkung in der Dichterzelle steht, wird mit Wanderschaft Weite und Ferne umrissen. In dem Rhythmus seines Lebens lösten sich »Hingabe an die Außenwelt und quietistische Versenkung in das eigene Innere ab«.[457] Der Dichter verfolgte mit beiden Lebensformen nur ein Ziel: die Erweiterung, Vertiefung und Entfaltung seines künstlerischen Selbst.

Mit 33 Jahren, in dem Alter, in dem Jesus sein Blut für die Menschen vergossen hat, kaufte sich Petrarca ein Haus in der Vaucluse an der Sorgue-Quelle. Dieses Haus ist ihm Refugium vor der Welt, die ihn ekelt; dorthin zieht er sich zurück, um sich ganz der Wissenschaft und dem Werden seines Selbst zu widmen.[458]

Den Dichter widerte die Zeit, in der er gezwungen war zu leben, an. Wirkliche Menschen, »Menschen, die leben, weil sie ruhmvoll und im Glanz ihrer Tugenden gestorben sind«[459], fand er allein in der Antike. Seine Gegenwart schien ihm geprägt durch Niedergang und Zerfall, weshalb er in die Einsamkeit floh. Nach Theodor E. Mommsen war es auch Petrarca, der eine neue Einteilung der Geschichte vornahm, und die Zeit, die wir Mittelalter nennen, als tenebra, als finster, bezeichnet hat. »Er glaubt, daß es in der Vergangenheit eine Ära des ›reinen Glanzes‹, die Antike, gab und daß es eine Ära der ›Finsternis‹ gibt, die dieser früheren Periode folgt und sich bis hin zu des Dichters eigenen Tagen erstreckt.«[460] Die Welt war verderbt geworden, weil sie die lateinische Bildung, die glanzvollen Worte und die hehre Lebensweise der Alten hat in Vergessenheit geraten lassen. Petrarca führt also für den bejammernswerten Zustand der Welt keine christlichen Motive an, sondern für ihn ist die Zeit, in der er leben muß, so stumpf, weil die Menschen ihre antiken Vorfahren nicht zu ihrem Vorbild erkoren haben, sondern sie ignorieren.

Die wichtigen Worte, die des Dichters Auffassung von der Geschichte am deutlichsten wiedergeben, sind diejenigen, »die er in der Apologia contra cuiusdam anonymi Galli calumnias schrieb: ›Was anderes also ist die ganze Geschichte, wenn nicht die Lobpreisung Roms?‹«[461] Petrarca war 1337 das erste Mal in seine geliebte Stadt Rom gereist und war so überwältigt gewesen, daß er für seine Gefühle und Eindrücke keine Worte fand.[462] 1341 weilte er anläßlich seiner Dichterkrönung erneut in der Stadt und wandelte mit Giovanni Colonna durch die Ruinen.[463] Er glaubte daran, daß ein Aufstieg Roms zu neuer Größe möglich sei, und brachte diesen Glauben auch in seinem Engagement für den politischen Abenteurer Cola di Rienzo[464] zum Ausdruck. Er pries ihn mit den Worten: »Ihr, die Herren aller Nationen, waret Knechte geworden; Eure Barone stammten aus der Fremde, vom Rhein, von der Rhône, von Spoleto. Sie ließen sich ›Herr‹ anreden, was selbst der Kaiser Augustus, der wirklich aller Völker Herr war, sich verbeten hatte. Nun ist Rienzo der dritte Brutus geworden, der dritte Befreier Roms von der Knechtschaft.«[465] Doch dieser charismatische Abenteurer blieb der Einzelfall eines lebenden Herrschers, den Petrarca ohne Gegenleistung in Worten pries.

Fand er für die Verfaßtheit seiner Zeit Worte der Trauer und des Abscheus, so überschüttete er die gelehrten Scholastiker mit Hohn und Spott. Petrarca hielt sich fern von den Scholastikern, diesem »durch Nachtwachen und Fasten ausgemergelten Geschlecht«[466], und verachtete sie für ihr schlechtes Latein, ihren mangelnden Sinn für Ästhetik und ihre trockene Lehre. »Ihr Ärmsten! Was arbeitet ihr immer so nutzlos in den Tag hinein und quält den Geist mit öden Haarspaltereien? Der Dinge Wesen kennt ihr nicht, und unter lauten leeren Worten altert ihr und mit weißem Haar und runzeliger Stirne treibt ihr kindische Spielereien!«[467]

Das Wort, das die Scholastiker zerlegten und in eine Ordnung preßten, wurde von Petrarca affektiv aufgeladen, es war ihm das Medium zu einer anderen Welt, zu seiner Heimat, der Antike.

»Wenn ich von mir reden soll, so dürfte es nicht leicht sein, begreiflich zu machen, welche Wirkung auf mich in meiner Einsamkeit gewisse bekannte und vertraute Worte ausüben, die ich mir nicht nur vorzustellen, sondern auch laut auszusprechen pflege, um meinen schlafenden Geist zu wecken.«[468] Seine eigenen Worte und die seiner gleichgestimmten Freunde sind dem Einsiedler Arznei, sie sind »heilsamer Balsam für das Ohr« und treiben ihn durch ihre »eigene seltsame Süßigkeit« an, immer weiter zu lesen, und dadurch gehen sie allmählich in ihn ein und dringen gleichsam »wie Stacheln« in sein Herz.

Die Worte der antiken Autoren treffen den Dichter des 14. Jahrhunderts also im Zentrum seines Körpers, in seinem Herz. Die Worte verbinden sich mit seinem Blut, sie werden zu einem Bestandteil seiner selbst. Sein Blut verbindet sich mit den Worten der Alten, und sie infizieren ihn mit ihrer Kraft.

Für diese animistische Praxis der Worte brauchte der Dichter die Einsamkeit. Kantorowicz schreibt über die Verwandtschaft von Abailard, dem Einsiedler aus Paraklet, und Petrarca, dem Einsiedler aus der Vaucluse, der im übrigen die Leidensgeschichte und Briefe Abailards sein eigen nannte: »Was beiden gemein ist und sie über alle philosophischen Gegensätze hinweg verbindet, das ist das Wichtignehmen des eigenen Ich – keimhaft nur als ein Kult der eigenen gottverwandten Vernunft bei Abaelard, voll entwickelt als Kult nicht nur der Vernunft sondern der gesamten eigenen Persönlichkeit, des ›Menschen‹, bei Petrarca.«[469] Der Dichter gilt Kantorowicz als derjenige, der »ganz dem Ziel der eigenen Glückseligkeit und Selbstvollendung« zustrebte. Petrarca entwarf dieses Bild seiner selbst als die Einsamkeit liebender Dichter, und er ist sich sehr wohl bewußt, daß die Augen ganz Italiens auf ihn gerichtet sind, auch wenn er an der Sorgue-Quelle weilt. Er weiß, daß er etwas Ungewöhnliches tut, wie denn auch sein Einsiedlerdasein ihm den Namen eines Magiers eingetragen hat.

Petrarca sucht die Einsamkeit nicht der Zwiesprache mit Gott oder der christlichen Übungen wegen, sondern er will den Menschen, die er verachtet, entkommen und gemäß den Worten Ciceros »Sibi et litteris vacare«, Sich und den Wissenschaften leben. Denn, wie Scipio sagte: »Nie bin ich weniger allein, als wenn ich allein bin.«[470] Mit »der stoischen Verachtung des ungebildeten Vulgus, seltsam gepaart mit christlicher Weltverachtung«[471], beansprucht er für seine vornehme Seele das Leben in hehrer Einsamkeit, wofür er die Worte fand: »Die Natur, unsere Führerin, hat uns zu Einsamen gemacht.«[472]

Der Dichter, der ein sicheres Gespür für die theatralische Inszenierung seines Lebens hatte, vergaß auch nicht, den von ihm erwählten Ort seiner Einsamkeit zu preisen. In einem Brief an seinen Freund Guido Scetten in Genua, den er gegen Ende seines Lebens schrieb, schildert er, wie er das erste Mal in sein geliebtes Tal kam und ihn sofort eine Ahnung befiel: »Dies hier ist ein Ort, der meiner Natur ganz gemäß ist, und wenn es einmal möglich ist, werde ich ihn großen Städten vorziehen.«[473] Die Schilderung seines vornehmen Gelehrtendaseins gerät ihm sehr idyllisch: »Wie soll ich dir aber jetzt diese ländliche Stille, dies beständige Murmeln des reizenden klaren Bächleins schildern, das Gebrüll der Rinder im Widerhall der Täler, den Chorgesang der Vögel in den Zweigen bei Tage wie zur Nacht?« [474] – und er versteigt sich dazu, nur die im Tale verbrachte einsame Zeit als Leben zu bezeichnen, der Rest sei ihm »nur Folterqual« gewesen.

Petrarcas Erleben der für ihn beseelten Natur, sein sicheres Empfinden für die Wirkung eines Ortes auf sein Gemüt und dadurch auf seine literarische Produktivität haben wenig Ähnlichkeit mit dem Leben der sich kasteienden Mönche in der rauhen Wüsteneinsamkeit. Auch hielt er wenig von Askese und hatte eine ausgeprägte Vorstellung von dem Einfluß, den die Nahrung auf sein Wohlbefinden hatte. Er nahm nur ein leichtes Frühstück zu sich und achtete auf einfache Speisen, die sein Wohlbefinden erhöhen und ihn in die rechte Stimmung zur Gelehrtenarbeit versetzen sollten.

Nach Kantorowicz ist die Lebensform, die Petrarca als die seine reklamiert, die adelige Lebensform des ersten Menschen Adam – allerdings bevor er Eva getroffen hatte.[475] Wir wissen allerdings aus der päpstlichen Legitimierungsurkunde, daß ihm 1337 ein Sohn geboren wurde, dessen Mutter unverheiratet war. Auch lebte er fünf Jahre mit seiner illegitimen Tochter und deren Familie zusammen. Dennoch gab es für den zweifachen Vater »nichts Süßeres und Ruhigeres als den Coelibat«.[476] So verwundert es nicht, daß Petrarca als Gefährten seiner Einsamkeit – ganz gemäß seinem zu Beginn vorgestellten Porträt – ausschließlich Bücher erwählte. Der Dichter nannte eine der reichhaltigsten Bibliotheken seit dem Ende des Imperium Romanum sein eigen, und er befand sich ununterbrochen auf der Suche nach Originalen.[477] »Unaufhörlich regte er seine Freunde und Bewunderer an, in den alten Klöstern nachzuspüren und bei gelehrten Männern nachzufragen. Nach Rom und Tuscien, nach Frankreich und Spanien, nach Deutschland und Britannien schickte er Bitten und Mahnungen, Geldbeträge, Zettel, auf denen er verzeichnet, nach welchen Schriften sein Sinn am meisten stehe.«[478] So hatte er 1345 in Verona die Briefe Ciceros an Atticus entdeckt und eigenhändig abgeschrieben.

Während Dantes Interesse an den Werken antiker Autoren nie ein philologisches war und er sich immer seiner Distanz zu diesen bewußt war, zeigte Petrarca große philologische Neugierde und spürte eine persönliche Verbundenheit mit den Alten.[479] Die fieberhafte und nervöse Suche nach Originaltexten, die ihn ein Leben lang beherrschte, verweist auf seine bereits erwähnte animistische Praxis im Umgang mit den Worten. So waren ihm auch seine Bücher seine treuen Gefährten; er und die geschriebenen Worte der Alten bildeten eine Gemeinschaft in der idyllischen Abgeschiedenheit der Vaucluse.[480] Er schrieb seinen toten Freunden Briefe, und er teilte mit deren Büchern sein Leben. »Seit Petrarca wurde das Buch personifiziert.«[481] So sind die Ränder seiner Bücher und Handschriften mit seinen Bemerkungen übersät. Auf den Rändern einer mit Miniaturen von Simone Martini verzierten Handschrift der *Aeneis* von Vergil unterhielt Petrarca eine heimliche Korrespondenz mit denjenigen Helden, die in jungen Jahren gestorben waren, indem er zwischen 1348 und 1372 die Namen ihm nahestehender Menschen notierte, die seiner Zuneigung entrückt waren. Der Dichter drängt sich mit seinen Worten nahe an die Worte seiner toten Freunde und fühlt sich ihnen nahe.

War Petrarca auf Reisen, so war er in großer Sorge seiner Bücher wegen. Als er einmal in seinem Haus bestohlen worden war, die Bücher jedoch zurückerhielt, da schienen sie ihm bleich zu sein und vor Schrecken zu zittern. Vor allem die Bücher Ciceros, mit dem er sich nach Eugen Wolf in einer Art »schöpferischer Synthese« befand, sprachen auch zu ihm. Ein Cicero, den er in die Vaucluse mitnimmt, ist sehr verwundert über die ihm neue Umgebung, er vergleicht Petrarcas Aufenthaltsort mit seinem Arpinatischen Landsitz. »Es schien mir, als ob er sich freute und sehr gerne bei mir wäre; wir haben dort zehn ruhige, friedliche Tage miteinander verbracht.«[482] Es waren die Süßigkeit und die Harmonie der Worte Ciceros, für die er sich bereits als Kind begeisterte. Er verheimlichte seine Bücherleidenschaft vor seinem Vater, der jedoch, als er dahinterkam und nachteilige Folgen für das Jurastudium seines Sohnes witterte, die Bücher in das Feuer warf. Doch je einen Band Vergil und Cicero rettete er aus den Flammen und überließ sie seinem Sohn. So wie sein Leben mit den Worten Ciceros begann, so sollte es auch mit den Worten des Römers enden. Der Überlieferung nach starb Petrarca allein in der Nacht, als er beim Niederschreiben einer Biographie über Cicero an eine Stelle gekommen war, an der er einen Passus aus Ciceros Briefen an Atticus zitieren wollte.

Für die animistische Belebung der Worte ist im besonderen die Nacht bzw. der Tagesanbruch geeignet. In der Nacht, wenn die gemeinen Menschen schlafen, wacht der Dichter als einziger und schreibt. Im Schein der Lampe sind seine Bücher die einzigen Gefährten, während ihn das Dunkel der Nacht umhüllt.[483] »Petrarca schuf sich das behagliche Studierzimmer, in dem seine eigenen Bücher ihn als vertraute Lebensgefährten umgaben und aus dem eine weite Lesewelt die Schöpfungen seines Geistes empfing.«[484]

Das Schreiben und das Lesen bezeichnet er als seine Krankheiten, wobei er unter Krankheit die »triebhaften Erregungen der Seele, die sich durch die ›Zügel der Vernunft‹ nicht bändigen ließen«[485], versteht. Über seine Bücherleidenschaft schreibt er an Gherado, seinen Bruder: »Ich bin unersättlich, wenn es sich um Bücher handelt, und habe doch mehr, als ich brauche.«[486] Das Buch, das die Worte seiner toten Freunde enthält und dadurch die Spuren von deren vergangenem Leben bewahrt, ist ihm Gegenstand ekstatischer Verehrung. Das Buch ist sein Fetisch.

Gleichzeitig empfindet er Qual und Lust zugleich, selber zu schreiben und Worte für seine Empfindungen, für die Ausgestaltung seines Selbst zu finden. »Immer bin ich gepeinigt und fühle mich schlaff, außer wenn ich schreibe: sic – nova perplexitas! – in quiete laborans in laboribus conquiesco.«[487] Doch diejenigen, die von dieser Krankheit, schreiben zu müssen, befallen sind, schreiben nach Petrarca »nur deswegen, weil sie nicht aufhören können; es ist, als ob sie einen steilen Abhang hinunterrennen würden und nicht mehr anhalten können«.[488]

Das Schreiben, die Produktion von Worten, verspricht ihm Ruhm und gewährt ihm ein Überdauern in der Zeit. Beim Lesen erfährt er die zeugende Kraft der Vergangenheit, und beim Schreiben in der Gegenwart ist er bemüht, sich als derjenige in Worten zu entwerfen, als welcher er überleben möchte und als welcher wir auch hier und jetzt seine Person anhand ihrer hinterlassenen Worte beschwören.

Das einsame Leben inmitten der idyllischen Natur, die ihn nach durchwachter dunkler Nacht mit seinen toten Freunden das Leben wieder spüren läßt, hilft ihm, die verstreichende Zeit zu negieren.[489] Ein Tag wie der andere und eine Nacht wie die andere, die Zähigkeit des Verfließens der einsam verbrachten Zeit bewahren das furchtsame Selbst vor dem Gedanken an den Tod. Die gleichförmig verlaufende Zeit suggeriert dem Menschen Dauer, so daß ihm das Nacheinander gewissermaßen zum Nebeneinander wird.

Petrarca, der sich nur ungern zu den Sterblichen zählte, fürchtete gar den dreifachen Tod: den physischen Tod, den Tod durch Verfall des Grabdenkmals und den Tod durch Untergang der literarischen Quellen. Das heißt, er fürchtete den Tod nach seinem Tod durch das verfallende Angedenken seiner Person im steinernen Bild und durch das Vergessen seiner hinterlassenen Worte. Nach des Dichters eigener Aussage hat sich kein Mensch häufiger mit dem Gedanken an seine Sterblichkeit beschäftigt als er. »Was immer ich sehe, höre, fühle, denke, beziehe ich auf dieses Eine.«[490]

Des Dichters umfangreiche Bibliothek, die er sich in lebenslanger Arbeit erschaffen hatte, ist Ausdruck seines Lebens mit dem Tod. Von seinem inneren Gestaltungsdrang gezwungen, erhält er sich durch das Schreiben und durch den Dialog mit den toten Freunden in der Bibliothek. Die Toten haben mehr Kraft für ihn als die Lebenden, und sie sind dank ihrer ihn labenden und am Leben erhaltenden Worte bereits gegen die von ihm gefürchtete Vergessenheit gefeit.

Michel de Montaigne hat dreihundert Jahre nach Petrarca sich ein ähnliches Leben mit den Toten in der Bibliothek gestaltet. Bei ihm ist der Ort, der seine Abspaltung von der Welt und von den Menschen demonstriert, ein Turm, den er mit Büchern anfüllt. Auf den Balken der Holzdecke der Bibliothek ließ er 54 Zitate antiker und biblischer Autoren anbringen. Er zelebrierte in der Ausgestaltung des Raumes den räumlichen und den zeitlichen Einschnitt seiner Lossagung von der Welt. Montaigne erlebte diesen Tag seines Rückzugs aus der Welt der Menschen in die Welt der Worte als den Tag seiner »freiwilligen Geburt« (Jean Starobinski). »Im Jahre des Heils 1571, im Alter von achtunddreißig Jahren, am Vorabend der Kalenden des März, seinem Geburtstag (28. Februar), hat sich Michel de Montaigne, seit langem der Bürden des Parlaments und der öffentlichen Pflichten müde, in voller Lebenskraft in den Schoß der gelehrten Musen zurückgezogen, wo er in Ruhe und Sicherheit die Tage verbringen wird, die ihm noch zu leben bleiben.«[491] Michel de Montaigne blickt als Mensch des 16. Jahrhunderts seiner ihm noch verbleibenden Zeit nüchtern ins Auge und beschließt, sie als ein Neugeborener der Worte zu verbringen.[492]

Petrarca und Montaigne, denen die Worte der Toten das Leben sind, träumten denn auch beide von der Fortpflanzung in Worten. Petrarca sagt: »Nicht eine Frau soll man begehren, sondern die Tugend; nicht durch Kinder, sondern durch Bücher, durch seinen Geist Unsterblichkeit erlangen«[493], und Montaigne ist unentschieden, »ob er nicht lieber ›aus dem Schoße der Musen‹ als ›aus dem Schoße (seiner) Ehefrau‹ ein Kind hervorgebracht hätte«.[494]

Das einsame Leben half dem Dichter Francesco Petrarca dabei, sich selbst in den Worten der anderen zu entdecken und sich selbst in seinen eigenen Worten zu erfahren und zu erweitern.

»Die Säkularistation des Mönchsgedankens, von Abaelard eingeleitet, ist hier vollzogen, aber der weltlich-geistige Bezirk hier so ausgeweitet, daß in ihm, fern von bloß planem Rationalismus, auch die Seele wieder ins Schwingen geriet und die Zelle Raum bot, den ganzen Menschen zu fassen. Das Mönchskleid war für ihn nicht mehr nötig: es war durch Petrarca wieder zum Philosophenmantel geworden, nicht bloß zum Talar des Gelehrten.«[495]

Die ersehnte Einsamkeit fand Petrarca jedoch nicht nur in seinem Haus in der Vaucluse, sondern auch auf der Wanderschaft. Als Wanderer lebte er die Einsamkeit der vornehmen, schweifenden Seele. Das Bild vom Wanderer diente ihm sowohl dazu, sich als Vertriebenen darzustellen, der seiner unglücklichen Liebe wegen durch die Welt irren muß, als auch sich als seligen Wandersmann zu präsentieren, der ruhig und gedankenverloren, doch mit aufmerksamem Blick für das ihn Umgebende die Welt durchstreift. »Im Unterwegssein des Wanderers, im steten Kommen und Gehen dessen, der überall sich nur als Gast fühlt, sah er ein Abbild des menschlichen Lebens nach seinem wahrsten Wesen: als Sehnsucht, die ein Ziel gefunden zu haben glaubt und doch immer wieder den Fuß weitersetzen muß, weil gerade die tiefsten Erlebnisse grenzenlos sind.«[496]

Auch seine Existenz als Wanderer bedurfte der Bestätigung durch seine antiken Vorbilder. So schreibt er in einem Brief an Socrates in Avignon: »Vergleiche nur die Irrfahrten des Ulixes mit den meinen. Wahrlich, wäre Glanz des Namens und der Schicksale bei uns beiden gleich – länger und weiter ist er nicht herumgeirrt als ich.«[497] Doch da der Mensch irrt, solange er strebt, ist das Wandern für den Dichter auch Ausdruck seiner Neugierde. Das Raumgefühl Petrarcas war auf das Grenzenlose hin orientiert. Im Unterschied zum mittelalterlichen Erleben der Höhe in den Kathedralen und der Weite in den Kreuzzügen, die beides Ausdehnungen im Namen Gottes waren, unternimmt Petrarca seine Fahrten im Namen und Interesse seiner selbst. Er, der vom »erhabenen Geist des Wanderers« spricht, betrachtet das Wandern als »Quelle des Ruhms«, und für Eugen Wolf verwirklicht Petrarca im Wandern sein »heroisches Erleben«. Dieses heroische Erleben des Dichters, das in der Aufladung des Augenblicks in der Zeit der Wanderschaft als einer bedeutsamen Zeit steht, hilft ihm, den Gedanken an seinen Tod zu negieren. Der Wanderer ist ein Fremder, der durch die Welt geht; seinem eigenen Rhythmus hingegeben, zieht er umher, und da er fremd ist, lernt er sowohl Neues als auch sich selbst im Vergleich mit dem Neuen kennen. Kehrt er aus der Fremde zurück, so ist er den Freunden gegenüber im Vorteil durch das Erlebte. Er gehört nicht mehr zu der einstmals vertrauten Welt, das Erlebnis der Ferne und der Differenz hat ihn verändert.

Des Wanderers Verhältnis zur Welt ist nach Francesco Petrarca ein »poetisches«. Unbeteiligt kann er den Reiz seiner Umgebung auf sich wirken lassen und in Worte fassen. Das Wandern ist eine männliche Weise des Lernens aus der Distanz zur Welt.[498]

Die Einsamkeit der Seele, von der Petrarca in seiner Schrift *De vita solitaria* spricht, haben diejenigen gefunden, die »in tiefster Versunkenheit am hellen Tag und mitten unter den Menschen nicht wissen, was um sie her vorgeht, die, sooft und wo sie wollen, allein sind«.[499] Die Einsamkeit der Seele, von der der Dichter spricht, ist die Einsamkeit des Mönchs, der unberührt durch die Laster und das Treiben der Menschen hindurchschreitet.[500] Die Mönche ziehen durch die Welt in selbstgewählter Armut, sie verbreiten ihre frohe Botschaft, und geschützt durch ihren Glauben können ihnen die Verführungen des Lebens nichts anhaben.

Petrarca war geschützt durch seine Worte und den Glauben an seine Einzigartigkeit. Im Wandern fand er die ersehnte Einsamkeit und Menschenferne, denn ein Wanderer in der Fremde ist »ein Träumer, der sich der Abwesenheit hingibt«.[501]

Seine Beschreibung ihrer Hand birgt die Beschreibung ihrer Grausamkeit und seiner Qual.

Die weißen Finger, »fünf Orientperlen gleich an Farb«, sind zu des Dichters Wunden streng und rauh, sie haben ihn, den besinnungslos Liebenden, in die Enge getrieben und machen ihn leiden.

Er liebt lebendes, klares, geschliffenes Glas, das ihn in Flammen setzt, und seine Adern, sein Herz, die Bahnen und Kammern des Blutes, des Lebens verdorren im Feuer seiner Leidenschaft.

Der Dichter steht in besinnungsloser Hingabe und Qual vor der geliebten Frau, er beschreibt sie als ein grausam schönes Ding – er ist besessen von seinem Martyrium der Liebe.

Petrarca, der Lyriker der italienischen Sprache, gab seiner Geliebten den Namen Laura. Einen Namen, den er in abgründigen, bedeutungsreichen Wortspielen auflöste in: L'aura mia: mein Lebensatem, l'auro: das Gold, l'aurora die Morgenröte, l'aura die Luft und lauro der Lorbeer.

Die Luft beneidet er:

»Luft, die du jene blond und krausen Haare
umgibst, bewegst und wirst bewegt von ihnen,
und jenes süße Gold verstreust im Grünen,
und fängst, daß es sich hold zum Knoten schare;

du rastest in dem schönen Augenpaare,
draus schmerzhaft, daß ich weine, Liebesbienen
mich stechen, bis des Tieres mühsam Dienen
und Stolpern ich am eignen Leib erfahre.«[502]

Lauras Duft ersehnt er:

»Der sanfte Duft, der von den hellen Zügen
sich hebt, mitsamt den Klängen klugen Redens,
um süße Klarheit, wo er weht, zu stiften,

scheint so mein mattes Herz in Trost zu wiegen
gleich einem edlen Paradieshauch Edens,
daß es nicht atmet als in diesen Lüften.«[503]

Ihr Haar ist von goldener Farbe:

»Das goldne Haar war hingestreut den Winden,
die es zu tausend süßen Knoten flochten;
und jedes Feuers Helle unterjochten
die Augen, die jetzt kaum mehr davon künden.«[504]

Er klagt über den goldenen Pfeil Amors, der sein Herz so grausam getroffen hat, und fühlt seinen Lebensatem mit ihrem Tod schwinden.

Nach Hans Baron[505] ist die letzte uns bekannte Fassung des *Canzoniere* vierzehn Jahre vor des Dichters Tod entstanden. Auch wenn viele der Verse auf uns den Eindruck machen, sie seien unmittelbar nach einem starken Erleben verfaßt worden, so gilt es als sicher, daß Petrarca sie erst Jahre später geschrieben hat. Petrarca hatte die Begabung, sich in die seelische Verfassung längst vergangener Jahre zurückzuversetzen und Worte für sein damaliges Glück oder Leid zu finden.

Seine Liebeslyrik, den *Canzoniere* und die *Trionfi*[506], hat der Dichter auf Italienisch verfaßt, und Umberto Bosco zufolge war dies eine rein stilistische Entscheidung, zu deren Gründen der Dichter sich wie folgt äußerte:»Die Alten haben in der edleren lateinischen Rede die Poesie mit solcher Vollkommenheit behandelt, daß sie uns und allen anderen jegliche Hoffnung benahmen, etwas Besseres zustande zu bringen, während das noch junge, von vielen mißhandelte und wenigen kultivierte Volgare sich für viele ausgezeichnete Werke und zu edelster Entwicklung anbietet.«[507]

Petrarca trat mit seinen Vorgängern, das heißt mit den französischen Troubadours, die ihr Leiden an der Liebe in ihrer Muttersprache besungen hatten, mit Dante, der die *Divina Commedia* und die *Vita Nuova* in Volgare geschrieben, und mit den anderen Protagonisten des »dolce stil nuovo« in Wettstreit. Er wollte das Volgare mit seinen Gedichten der Liebe adeln.[508]

Die Ritter aus dem Süden Frankreichs hatten ihren inneren Kampf zwischen ihrem Sehnen nach Wollust und der Süße des Verzichts in Worte gefaßt. Der Gedanke an die sinnliche Erfüllung der Liebe war dabei nicht ausgeschlossen, was durch die Existenz sogenannter »Abschiedslieder« bewiesen ist. Nach Leonard Forster[509] waren diese ein Kunstgriff, um den Beischlaf von Liebenden gleichen – d. h. höfischen – gesellschaftlichen Ranges auf eine diskrete Art zu behandeln. In diesen Liedern wird nicht die Lust besungen, sondern der Liebende führt Klage darüber, daß er seine Geliebte im Morgengrauen verlassen muß. In den Abschiedsliedern herrschte eine elegische Stimmung vor, deren wehmütige Trägheit an die verflossenen Stunden auf dem Liebeslager erinnert.

Dem »dolce stil nuovo« war körperliche Wollust fremd. Die Dichter machten die Frau zum Engel und spiritualisierten so die Liebe. Dante hatte sich mit der Strenge des mittelalterlichen Asketen der Sprache der Provenzalen bedient; er hatte sie aus einer höfischen in eine nicht-höfische, städtische Sphäre überführt. Die Liebe gilt ihm als eine Tugend, sie war befreit von aller sinnlichen Neigung und glich einer religiösen Haltung. Er hatte Beatrice zu einem Engel gemacht, und sie schien kein irdisches Wesen mehr zu sein. Die Neigung Dantes zu ihr hat nichts Sinnliches an sich, und das Streben nach dem Besitz der Geliebten ist vollständig ausgeschlossen.[510]

Francesco Petrarca durchbricht diese Konzeption der asketisch und religiös ausgerichteten Frauenliebe. Er faßt die Schönheit seiner Geliebten, die seine Begierde und Leidenschaft entfacht, in Worte. Er beschreibt das Rot ihrer Lippen, das Weiß ihrer Haut, das Blau ihrer Augen und die Süße ihres Engelsbusens. Sie verströmt einen angenehmen Duft, hat eine wohllautende Stimme, trägt ein Kleid aus Purpur, und ihr Haar wird von einer Stickerei aus Gold und Seide umwunden. Die Schönheit Lauras wird in des Dichters Worten sehr konkret beschrieben, und sie hört nie auf, »ein Weib zu sein«.[511]

Doch die Gefühle, die sie in ihm weckt und die ihn erzittern lassen, bringen Petrarca in einen permanenten Konflikt mit seiner Sinnlichkeit. »Denn was die Sinnlichkeit Petrarcas von der des ganzen Mittelalters unterscheidet, ist, daß sie nicht eine spontane Entladung der vitalen Kräfte ist, rein umschrieben von der Machtsphäre der Sinne, sondern ein Habitus der Gesamtpersönlichkeit, unscheidbar vermischt mit dem Geistigen.«[512] So zeiht sich der Dichter seiner in Gedanken begangenen Sünden, die er in Worte zu fassen vermag. Er kann diese Sünden nicht abbüßen, denn da er sie festgehalten hat, wuchern sie weiter, und sie reizen und quälen ihn zugleich.

Petrarca versucht, seine erotischen Gefühle in endlosen antithetischen Bildern festzuhalten und zu bannen. Er gestaltet mit Worten und mit dem Rhythmus derselben das Bild der schönen Laura, das ihm zu »eisigem Feuer« gerinnt. Der Zwiespalt, in dem er sich gefangen fühlt – zwischen dem leidenschaftlichen Begehren und dem Bewußtsein der Sündigkeit dieser Gedanken – drückt er in Antithesen und Oxymora aus. Dazu gebraucht er einfache Begriffe und konkrete Bilder: Hitze – Kälte; Feuer – Eis; Frieden –

Krieg; die Kerze (die Geliebte), die den Falter (den Liebenden) anzieht; der Salamander als der Liebende, der in den Flammen seiner Leidenschaft lebt; die Sonne (die Geliebte); der Fisch an der Angel (der Liebende). Die Dame ist der »süße Feind«, der »Tod voll Leben«, und das Weiß ihrer Haut ist Ausdruck ihrer Kälte und ihrer Grausamkeit. Die Epigonen Petrarcas im 17. Jahrhundert fanden für den männlichen Orgasmus das Bild »la petite mort/la piccola morte«. Sie sehnten sich nach dem »kleinen Tod« im Schoße ihrer Dame.

Die antithetischen Bilder drücken des Dichters Wunsch nach Distanz und nach Nähe aus. Sie geben den Gedichten etwas Schwankendes, denn niemals befindet der Liebende sich im Gleichgewicht: immer gibt es ein Übermaß an Freude oder Leid. Petrarca hat das zweite große internationale System der Liebe zwischen der mittelalterlichen Minne und der romantischen Liebe des 18. Jahrhunderts geschaffen. Dieses System der Ambivalenz ist von großer Flexibilität. Die erotische Komplexitätsstruktur ist grenzenlos, und die petrarkistische Sprechweise wurde in den folgenden Jahrhunderten die obligatorische Sprache der Liebe.[513]

Die Erscheinung Lauras, die wir aus des Dichters Worten kennen, beeinflußte wesentlich das Schönheitsideal der folgenden Jahrhunderte, und Shakespeare wandte sich bewußt gegen diese Tradition der Liebe zu einer blonden Frau, indem er Sonette an eine dunkelhaarige Schöne schrieb.[514]

Petrarcas Freund und Gönner, Kardinal Giacomo Colonna, hatte bereits den Verdacht geäußert, ob der Dichter überhaupt die Liebe zu einer Frau namens Laura im Herzen trage, ob die Gedichte nicht fingiert und die Seufzer geheuchelt seien und er alleine nach dem Lorbeer trachte.[515]

Die Gedichte bewegen sich in konzentrischen Kreisen um das Motiv der zurückgewiesenen Liebe und den ersehnten Ruhm. Nach Ruhm strebte er, und Laura begehrte er. Laura und lauro sind in den Versen Petrarcas auf nahezu unlösbare Weise miteinander verbunden.

Nach Sara Sturm-Maddox[516] ist der zentrale Mythos im *Canzoniere* der von Apollo und Daphne. Mit dessen Hilfe schuf er seinen Mythos vom unglücklich Liebenden. Der Dichter rekurriert dabei auf Ovid, der die Geschichte der Daphne und des Gottes Apoll, der der Vater der Morgenröte ist, in den *Metamorphosen* erzählt hat.

Daphne gilt als Apolls erste Liebe.

Doch dazu kam es, weil er sich lustig gemacht hatte über die Pfeile Amors. Der verärgerte Liebesgott schoß zwei Pfeile unterschiedlicher Wirkung ab:

»der scheucht, und jener erregt Glut.
Der sie erregt, ist golden und blinkt mit spitziger Schärfe;
Der sie verscheucht, ist stumpf und enthält Blei unter dem Rohre.«[517]

Der goldene Pfeil traf den göttlichen Spötter, der bleierne Daphne. Daphne erfreute sich nur an Gehölz und Jagd. »Nacheifernd der stets unbräutlichen Phöbe«, wies sie alle Werber ab und verabscheute die »eheliche Fackel«.

Apoll hatte die spröde Schöne erblickt und war in Liebe zu ihr entbrannt. Sie floh vor ihm, und er folgte ihr voll Begehren. Der Gott kam Daphne immer näher: »schon nahe dem Rücken/Hängt er, und atmet den Hauch in die fliegenden Haare des Nackens«, da rief die Bedrängte ihren Vater Peneos zur Hilfe. Kaum hatte sie ihren Hilfeschrei ausgestoßen, da erstarrten ihre Glieder.

»Zarter Bast umwindet die wallende Weiche des Busens;
Grün schon wachsen die Haare zu Laub' und die Arme zu Ästen«

Sie war von ihrem Vater zu einem schönen Lorbeerbaum verwandelt worden.

Ihr Verfolger umschlang die solcherart Verwandelte, doch selbst das Holz wich vor seinen Küssen zurück.

»Jetzo sagte der Gott: Da du mein als Gattin nicht sein kannst,
Wenigstens sei als Baum du die Meinige! Immer umwind' uns
Du das Haar, und die Leier, und du den Köcher, o Lorbeer!«[518]

Petrarca wurde am 8. April 1341 auf dem Kapitol in Rom zum poeta laureatus mit dem Lorbeerkranz gekrönt. In seiner auf lateinisch abgefaßten Dankesrede erläutert er die Bedeutung des Lorbeers für den Dichter.

»The laurel was considered sacred to Apollo, he explains, because it was ever green, ›and this gave rise to the story that apollo loved Daphne, for according to Uguiccione the Greek word daphne has the same meaning as the Latin laurus: this story may be read in full in the first book of the Metamorphoses of Ovid‹. The property of eternal verdure that prompts this etymological identification is also guaranteed by ›a great and noble prerogative‹, the immunity of the plant to lightning.«[519]

Jupiter war der Vater Apolls, und er ist im *Canzoniere* eine sexlüsterne Figur. Im Kanzone XXIII spricht der Dichter von der »Wolke von Golde«, die er nie gewesen sei, »die kostbar regnete und niedertaute, so daß sie Joves Feuer Kühlung brachte«. Diese »Wolke von Golde« ist eine Anspielung auf den Goldregen, als welcher Jupiter zu Danae kam und sie schwängerte. Auch das Feuer des Gottes, das dadurch Abkühlung erfährt, hat nach Sturm-Maddox eine eindeutig sexuelle Bedeutung.

> »Denn jene ist ein Stern; und wie die Hüllen
> der Lorbeer grün, bewahrt sich das Gehege
> der Keuschheit, daß kein Hauch vom Wind der Lüge
> es und kein Blitz beschwere.«.[520]

Laura ist immun gegen Anfeindungen ihrer Sinnlichkeit, der »Hauch vom Wind der Lüge«, welcher für sexuelle Leidenschaft steht, streift sie nicht. Die in ihrer Tugend und Keuschheit der Daphne verwandte Laura bewahrt den Dichter davor, sein sinnliches Verlangen in die Tat umzusetzen. Er hat sich nicht in ihren Schoß ergossen, und das Feuer lodert in ihm weiter.

Apoll ist dem Dichter ein göttlicher Vertrauter im Liebesschmerz. Einerseits beläßt er ihn in der Unerreichbarkeit seiner göttlichen Rolle, andererseits zieht er ihn zu sich heran und macht ihn zu zu seinem intimen Freund. Im Sonett CXV steht Laura gar zwischen ihm und Apoll als diejenige Frau, die von einem Dichter und einem Gott gleichermaßen geliebt wird. Durch dieses Doppelspiel, das Apoll bald in die menschliche Nähe, bald wieder in die göttliche Distanz rückt, wird vor allem das lyrische Ich dichterisch auf eine Stufe höherer Gültigkeit gehoben. Der Dichter hat sich durch seine in Worte gefaßten Leiden dem Gott vertraut gemacht, und seit Petrarca genießt die Mythologie »den Status eines rein poetischen, aber auch höchst poetischen Materials«.[521]

Petrarca hatte sowohl Einladungen zur Dichterkrönung in Paris als auch in Rom erhalten. Ernest H. Wilkins[522] geht davon aus, daß er sich beharrlich um diese beiden Einladungen bemüht hat und mit der Wiederbelebung der Dichterkrönung die Überzeugung verband, daß sie ganz allgemein dem Status der Dichtung und der Gelehrsamkeit seiner Zeit nutzen würde. Der Dichter reiste über Neapel, wo er bei König Robert weilte, nach Rom. König Robert nun, ein Graf aus der Provence, lieh ihm eines seiner Gewänder, das er bei der Krönung trug. Wilkins weist darauf hin, daß es der orientalischen Praxis entsprach, als Souverän bereits getragene Ehrengewänder zu verschenken. Angezeigt wurde dadurch, daß der Gebende den Empfangenden durch das Medium seiner Kleidung in seine Person mit einbezieht. Der Dichter Francesco Petrarca, der ausgezeichnet wurde für seinen Umgang mit den Worten, trug anläßlich seiner Krönung das Gewand eines Adeligen, in dessen Adern edles Blut floß.

Anläßlich der Krönungsfeier, bei welcher das Volk in Tränen der Rührung ausbrach, verfaßte der Dichter eine bereits erwähnte Rede, die voll von Zitaten seiner toten Freunde war. Die Rede ist in drei Teile gegliedert: Im ersten, der einem Text Vergils folgt, wird die Schwierigkeit und Leidenschaftlichkeit der Aufgabe des Dichters erörtert, im zweiten der allegorische Charakter der Dichtung und im dritten der Lohn des Dichters. Petrarca unterscheidet in dieser Rede auch zwei Arten von Ruhm: den des Herrschers und den des Dichters. Der Herrscher erwirbt sich Unsterblichkeit durch Heldentaten, der Dichter erhält den Kranz aufgrund seiner poetischen Begabung. Geschickt versteht es Petrarca, der Tyrannengünstling, Herrscher und Dichter miteinander zu verbinden, wenn er den Mächtigen der Welt Unsterblichkeit durch die Worte der Dichter verspricht. »So erringt der Dichter den Kranz der Unsterblichkeit nicht nur für sich allein, sondern auch für andere. Ihm ist es vor allem gegeben, den großen Namen vor dem Untergang zu retten, da ja ›die Tugend in ihrem Kampf mit den Lastern und der Vergessenheit nicht ohne den Beistand des Dichters bestehen kann‹.«[523] Petrarca glaubte an die Unsterblichkeit der Worte so sehr, daß er sich angewöhnte, die Namen seiner literarischen Feinde nicht zu erwähnen, um sie nicht mit seinen Worten unsterblich zu machen.

Die Dichter verewigen mit ihren Worten die blutigen Taten der Helden: Ruhm und Unsterblichkeit ist diesem produktiven Männerpaar gewiß.

Im Fortgang der Rede beschreibt er den Lorbeer als schattenspendenden Baum, der sowohl den im Kampfe Ermüdeten als auch den vom Dichten Ermatteten Ruhe und Besinnung zu schenken vermag.[524] Der Lorbeerbaum, der vom Blitze verschont bleibt und immergrün ist, ist das Symbol für nicht welkenden Ruhm, so wie die in einen Lorbeerbaum verwandelte Daphne für Keuschheit steht.

Das Lob der »Caesaren und Poeten«, das achtmal in Petrarcas

Rede auftaucht, drückt den Gedanken aus, daß Herrscher und Dichter gleichermaßen ein Anrecht auf den Lorbeerkranz haben »because the eternal verdure was earned tam bello quam ingenio, ›by both war and ingenium‹. (...) With Petrarch's Capitoline coronation ceremony the equiparation of prince and poet ceased to be a mere metaphor: its quasi reality had been demonstrated ad oculos, if in a slightly theatrical and stage-like fashion.«[525] Im Gewand des königlichen Freundes nimmt der Dichter, der durch seine Worte sich und den Mächtigen Unsterblichkeit beschert, den immergrünen Lorbeerkranz, das Zeichen seines geistigen Adels, entgegen.

Im neunten Buch der *Africa* prophezeit Homer dem Dichter Ennius, Petrarca werde die aus Italien geflohenen Musen zurückrufen und mit seinem Epos der Worte werde eine neue Blüte der Dichtung ihren Anfang nehmen. Der Dichter aus Italien, der sich voll Selbstbewußtsein Homer gleichstellt und seinen zukünftigen Dichterruhm in eigenen Worten preist, erwarb seinen Kranz für das noch nicht fertiggestellte, jedoch bereits hochgerühmte Werk *Africa*.

Der Gedanke, über Scipio Africanus, den Sieger des Zweiten Punischen Krieges, mit dem der Dichter sich seit frühester Jugend eigentümlich verbunden fühlte, ein Epos zu verfassen, dieser Gedanke kam Petrarca an einem Karfreitag (!), als er durch die Berge schweifte. Mit *Africa* nahm Petrarca den Wettstreit mit den Klassikern auf, und er wollte die von ihm in seiner Rede verkündete hohe Mission des Dichters erfüllen.

Scipio Africanus schien den Menschen göttlichen Ursprungs zu sein, so groß waren seine Tapferkeit und seine Tugend. Aldo S. Bernardo schreibt über den von Petrarca entworfenen Helden Scipio: »His body possesses those traits that inspire awe, respect, admiration, fear, and confidence in others. Jupiter himself, or even Apollo can scarcely equal his physical beauty. His greatest glory in this respect, is that whereas with other men their presence usually diminishes the reputation that had preceded them, with Scipio it increases.«[526] Nach Bernardo will Petrarca in *Africa* auf Lateinisch dasjenige Ideal in Worte fassen, das er auf Italienisch versucht hatte mit dem Bild der schönen Laura auszudrücken: »A concept of virtue that complements a concept of glory in a way that makes both acquire near-christian hues.«[527] Daß Himmel und Erde vereint seien, das war sein lebenslanger Traum.[528]

Im Mai 1348 trug Petrarca am Rand seiner Vergilhandschrift folgende Zeilen ein:

»Laura, durch eigene Tugend erlaucht und durch meine Lieder gefeiert, erschien zum erstenmal meinen Augen in den Tagen meiner Jugend im Jahre d. H. 1327 (...) am 6. April in der Kirche der hl. Klara zu Avignon, in früher Morgenstunde. Und in derselben Stadt, im selben Monat April, am selben 6. Tag und zur selben Morgenstunde ward mein Licht dem Lichte entrissen im J. 1348, als ich in Verona weilte ... Ihre Seele ... ist zurückgekehrt in den Himmel, woher sie gekommen, wie Seneca von Scipio sagt (...). Dies aber habe ich zu bitterem Gedenken in herber Süßigkeit (...) niedergeschrieben an eben dieser Stelle, die mir so oft vor die Augen kommt (...), damit ich erinnert werde, daß nichts mehr auf Erden ist, was mir gefällt.«[529]

Durch die Wahl des 6. April als Datum der ersten Begegnung mit der Geliebten und als Datum von deren Tod verknüpft Petrarca sein irdisches Leiden mit der Heilsgeschichte, denn »for the medieval commentators the feria sexta evoked not only the cruxification but the entire Christian drama, a drama that began with Adam's fall: it was specifically associated both with the creation of Adam and with the fall in Eden.«[530] Für Petrarca war der 6. April das festgesetzte Datum des Beginns der Leidensgeschichte Christi, der Erschaffung Adams und des Sündenfalls. »In fact, 6 April was also traditionally considered the day on which man was created and Adam sinned. This finds its importance in the fact that Petrarch accepted fully St. Augustine's view that ›omnis homo Adam et omnis homo Christus‹. «[531]

Der 6. April 1348, an dem Laura starb, war ein Ostersonntag. »Since in that year Easter Sunday happened to fall on 6 April, the poet was clearly implying both Laura's enjoyment of divine grace and her resurrection in Christ.«[532] Das heißt, Petrarcas Martyrium der Liebe begann an dem Tag[533], an dem Jesus sein Blut für die Menschen vergossen hat, und seine Geliebte starb am Tag der Auferstehung des Herrn.

Ihr Tod befreit ihn von der Qual ihrer körperlichen Anwesenheit auf Erden. Sieben Jahre nachdem er zum Dichter gekrönt worden war, verstarb Laura. Er bleibt mit dem Lorbeerkranz um die Stirn alleine unter den Sterblichen zurück und hörte nicht auf, ihre Schönheit und seine Trauer zu besingen. Im Besingen einer toten Frau folgt er seinem berühmten Landsmann Dante Alighieri. Dieser trug im Herzen das Bild und den Schmerz um die nie geküßte, tote Beatrice. Er unterzog sich seinen Liebesqualen am Ausgang des Mittelalters und formte aus seinem Leid melancholische Wortgebilde, in denen er sich und seine Einsamkeit stilisiert. Wie Karl Jaspers meint, verwirklicht Dante durch den Tod der geliebten Frau seine Grundstimmung des Lebens mit dem Ewigen.[534]

Der gesamte *Canzoniere* kreist um die Abwesenheit der geliebten Frau. Ob tot oder lebendig, der Dichter spricht nur über sich, seine Freude und sein Leid. In der Erinnerung beschwört er mit Worten ihre schöne, keusche Gestalt, was ihm erneut Anlaß zur Qual wird. Allein in den sechs Traumbesuchen des *Canzoniere* ist Laura ein Auftritt gewährt. Bei ihrem letzten Besuch als Selige erscheint die tote Geliebte dem bleichen, zitternden Dichter vor Tagesanbruch. Sie läßt sich an seinem Bett nieder und

»Des Palmbaums einen Stengel
zieht sie aus ihrem schönen Busen, einen
des Lorbeers: Sieh, vom reinen
empireischen Himmel der Erlösten
komm ich herab, allein um dich zu trösten.«[535]

Er fühlt seine Klagen erhört, die bis zu ihr in den Himmel gestiegen sind. Sie fragt ihn:

»Ist es dir so empörend,
daß ich aus diesem Elend heimgegangen,
das Leben zu erlangen?«(18-20)

Doch der Dichter weint um sich, da er ohne sie »versiegt«.

Sie hat ihm die beiden Zweige mitgebracht: der Palmzweig steht für den Sieg über sich selbst und der Lorbeerzweig für den Triumph, der daraus folgt. Sie verspricht ihm Linderung seiner Schmerzen, denn sie werde ihm schöner, teurer, spröder und holder erscheinen als im Leben.

»Ich weine, und sie trocknet
mit Händen mein Gesicht, und es entfließen
ihr Seufzer, ach, voll süßem,
schier felsensprengend süßem Zorn und Kummer.
Dann geht sie von mir, und mit ihr der Schlummer.« (67-71)

So endet der letzte Traumbesuch der seligen Laura bei dem Dichter, der voll biblischer Anspielungen ist, in Tränen.[536] Und doch kann man dieser von Petrarca geschilderten Szene gewisse erotische Momente nicht absprechen. Vor dem Morgengrauen erscheint die Geliebte mit ihren beiden Zweigen am Nachtlager des Geliebten. Sie besucht ihn in seinen Träumen um die Stunde, in der sich die heimlichen Liebenden trennen müssen und die lustvollen Stunden der Nacht entschwunden sind. Francesco Petrarca genießt das Spiel der Liebe in Worten mit einer schönen Frau, die kein Blut mehr in den Adern hat und der Welt der Schatten angehört. Grenzenlos ist sein Entzücken über ihre Erscheinung, über das Glück und das Unglück einer nicht wirklich gewordenen Liebe. In seinen Versen beschwört er die Sinnlichkeit einer Toten, die ihn immer wieder zu Wortspielen reizt, die ihm wirklich wird als Medium aus dem Reich der Toten. Die schöne Tote versteht es, die poetischen Potenzen des Mannes zu wecken, ihn zu erregen, so daß er sich in Worten ergießt.

Hinter der Schönheit der lebenden Laura lauerten Tod und Verwesung, denn sie war eine Sterbliche. Petrarca erlöst sich durch ihren Tod. Nicht mehr länger muß er die Qualen der Begierde ertragen, denn körperlos kann er sie nur noch geistig lieben. Der Schmerz und das Glück über eine Liebe, die nur wirklich wird in Worten, ist ganz sein. Laura ist nunmehr ein Wesen ohne Fleisch und Blut, und mit Worten bewältigt er seine Furcht vor dem Tod.

Doch der körperlose Zustand der Tugendreichen genügt dem Dichter nicht zur Erlösung seines matten Herzens. Der *Canzoniere* endet mit der Anrufung der Jungfrau Maria. Nach Georg Rabuse[537] ist der Dichter dazu durch Dantes Mariengebet im Schlußgesang der *Divina Commedia* angeregt worden. Das verbindende Moment der beiden Gebete ist, daß Maria als letzte Instanz, als mächtigste Schutzfrau und höchste Mittlerin angerufen wird. Petrarca erbittet von Maria, was Laura ihm nicht zu gewähren vermochte: den Frieden für sein wehes Herz. Er ruft die »reine Jungfrau, gänzlich makellose« an, ihn zu erhören. Er fleht sie an, sich »eines Herzens voller Reue« zu erbarmen.

> »Denn wenn ich wenig Erde, todgeweihte,
> geliebt mit so erstaunlicher Ergebung,
> wie, Edle, halt ich dann erst dir die Treue!«[538]

Er gelobt, angesichts seiner leidvollen Liebe zu einem weiblichen sterblichen Körper, ihr, der »Jungfrau ohn Exempel«, die ewige Treue.

All sein Leiden an der Endlichkeit, an der Liebe und an der Ruhmessucht ist im Schoße Marias aufgehoben. Der Dichter bittet sie, die durch das Wort Gottes Jungfrau, Mutter und Tochter zugleich ist, an den heiligen Wunden, am Blut ihres Bräutigams Christi, der das Band der Erbsünde durchschnitten hat, genesen zu dürfen. [539]

In seiner Liebe zu Laura begegnet der Dichter sich selbst. Er sucht keine Verschmelzung mit der geliebten Frau. Ihr Geschlecht und ihre Schönheit sind ihm Anlaß zur Qual, Anlaß, seine Leiden in Worte zu fassen. Im *Canzoniere* unterzieht sich Petrarca einer subtilen Analyse seiner selbst. Er experimentiert mit dem Ewigen und dem Vergänglichen anhand der Liebe zu einer Sterblichen. Selbstbezogenheit und äußerste Konzentration auf sein Inneres machen Francesco Petrarca zum begnadeten Lyriker.

Seine lyrische Sprache ist geprägt durch ein »Sichhingeben an die Fülle des Gefühls und ein Beherrschen dieser Gefühlsfülle in einem leisen, verhaltenen Sprechen«.[540] Der Dichter empfindet lyrische Wollust, wenn er seine Wonnen und Schmerzen in Worte faßt. Seine bitter-süßen Liebesklagen, mit denen er die Gestalt Lauras erschafft, sind Ausdruck von Selbsterfahrung und Selbstgenuß. Francesco Petrarca führt einen unblutigen Krieg der Worte, er ist Herr über Leben und Tod. Er vermag mit seinen Worten die blutvolle schöne Laura, den Schatten der toten Laura und seine Liebes-Herzensschmerzen zu beschwören. Amor hat ihm geraten, in Goldbuchstaben niederzuschreiben, was er gesehen, und er »bracht' mit Tinte zu Papier«[541] sein Schreien.

Im Gehäuse

Francesco Petrarca ist eine tragische Figur, denn er lebte in Angst vor Untergang und Verfall. Seine Gegenwart erschien ihm finster und seiner nicht würdig, er sehnte sich nach der glorreichen römischen Vergangenheit und nach einer Zukunft, die den Menschen die Wiederkehr des Goldenen Zeitalters bescheren würde.[542] Sein Medium, der Gegenwart zu entfliehen, sich in die Vergangenheit zu verlängern und in die Zukunft zu entwerfen, waren die Worte.

Der Dichter berichtet, er habe sich bereits in jungen Jahren an den Satzfolgen Ciceros und an den Wohllauten vergilischer Verse erfreut. Aus seiner scheinbar intuitiven Vorliebe für die edle Sprache wurde eine Besessenheit. Nur das klassische Latein hatte vor seinen Ohren Bestand, und das Latein der Scholastiker lehnte er ab; es verletzte gar sein Ohr. Er berauschte sich an der lateinischen Sprache, sie schien ihm der Garant seiner Unsterblichkeit.[543]

Über Cicero und Vergil sagt er: »Ich habe sie mehr geliebt als alle anderen, der eine war mir wie ein Vater, der andere wie ein Bruder, und langjähriges ihnen gewidmetes Studium hat zu einer so engen geistigen Gemeinschaft geführt, wie sie unter Lebenden kaum möglich sein dürfte.«[544]

Diese Gemeinschaft mit den Lebenden war vor allem ihm nicht möglich, denn kein Lebender kam ihm gleich. Er versenkte sich in die Worte, in das Vermächtnis seiner toten Freunde, und ließ deren Erbe in seinen Worten wiederauferstehen. Nach Eugen Wolf stellte die lateinische Sprache für Petrarca eine »irrationale Potenz« dar, eine Potenz, die es ihm erlaubte, seine Gedanken und seine Empfindungen in der Sprache der Edlen, der Auserwählten auszudrücken, so daß er sich als ein ihnen Ebenbürtiger im Geiste fühlte. Durch seine mit Worten produzierte Nähe zu den Toten distanzierte er sich von den Lebenden und von der Gegenwart, in der er sich gefangen fühlte. Er liebte die edlen Römer als Repräsentanten der heroisch-idyllischen Lebensstimmung, die er selbst überall suchte und die ihn einsam auf Erden machte.

In seiner Abgeschiedenheit von den Lebenden und seinem vertrauten Umgang mit den Toten verwirklicht er sich als ein Künstler der Worte.

Nach Karl Reinhardt gehört seit Homer »der Held nicht nur zu unseren abendländischen Formen des Rühmens, sondern auch der Selbsterkenntnis«.[545] In diesem Sinne verhelfen Petrarca seine Helden zu der Erkenntnis seines Selbst: in Vergil offenbarte sich ihm das Mysterium der Poesie, in Cicero fand er seine Widersprüchlichkeiten wieder, Augustinus schien ihm in seinem Ringen mit seiner Sinnlichkeit und dessen glücklichem asketischen Ausgang verwandt, und Scipio Africanus galt ihm als der Inbegriff einer strotzenden Männlichkeit, die durch das Gesetz der Sitte gebändigt und dadurch schön wird. In der Korrelation, Nachahmung und Abweichung zu diesen Männern erkannte er sich selbst und produzierte er einen Mythos seiner selbst.

Es war ihm ein leidenschaftlicher Wunsch, den antiken Autoren so nahe wie möglich zu sein. In seiner Studierstube, umgeben von den in Büchern niedergelegten lateinischen Worten seiner toten

Freunde, schrieb er seine Dichterworte nieder, und im Kontakt mit den Größen der Antike verlieh er seinen Worten eine nachgerade kultische Weihe. Auf Latein zu schreiben bedeutete für Petrarca, seine Worte mit Unsterblichkeit zu versehen.

Francesco Petrarca gehört dem Adel des Wortes an. Er war der Prophet seiner selbst. Der Glanz seiner Dichterperson wird durch seine geschriebenen Worte erzeugt; es ist das Medium und der Gebrauch der Worte, die ihm den Glauben schenken, demselben Geist wie die Römer anzugehören, römisches Blut in den Adern zu haben. Die Worte bilden den Thron, von dem aus er den edlen Toten die Hand reicht und seinen Adel spürt.[546]

Doch die Gemeinschaft des lebenden mit den toten Männern in der Welt der lateinischen Worte bewahrte den Dichter nicht vor Angriffen seiner Sinnlichkeit, denn er war ein Mensch und ein Mann.

Die niedrigste Art der Schönheit war für Petrarca die der schönen Körperlichkeit. Die Liebe zu einer schönen Gestalt erlebte er als einen schroffen Gegensatz zu der von ihm gesuchten reinen Geistigkeit. Da er dem Adel des Wortes angehört, stellt sich für ihn die Frage des Blutes als Frage der Abstammung nicht. Doch im Zusammentreffen mit dem schönen anderen Geschlecht spürt er, daß er Blut in seinen Lenden hat. Laura gemahnt ihn an seine physische Existenz und dadurch auch an seinen Tod.

In der italienischen Sprache schreibt er seine Liebeslyrik. Als Dichter italienischer Worte will er sich nur rimatore und nicht poeta nennen lassen, da ein wahrer Dichter nur ein Dichter lateinischer Worte ist.[547] Petrarca erschafft einen italienischen Wortkörper, in dem er die schöne weibliche Gestalt, die sein Blut zu reizen vermag und ihn solcherart an seinen sterblichen Körper gemahnt, leben und sterben läßt. Durch das Schmieden von Versen in italienischen Worten, durch die Konstruktion nahezu unlöslicher Wortgebilde seiner Ruhmessucht und ihres Namens, durch die Verbindung der Heilsgeschichte mit seiner leidvollen Liebesgeschichte vereinigt er sich mit ihr, wird er eins mit ihr im Wort.

Der Dichter verleibt die schöne Frau, die ihn sein Blut spüren läßt, seinem selbstreferentiellen System der Worte ein, und die Worte, mit denen er sie erschafft und tötet, gehören dem Wortkreislauf an, der ihm Unsterblichkeit bescheren soll.

Francesco Petrarca glaubte an die Kraft der Worte, mittels derer er mit den Geistern der Vergangenheit einen Bund der Gleichgestimmten schloß und mittels derer er die Qual seiner Sinnlichkeit zu bewältigen suchte.

Petrarca hat einige Verse über den Heiligen Hieronymos verfaßt. Der Heilige galt ihm, wie vielen seiner Zeitgenossen und geistigen Nachfahren, als das »eigne Gegenbild im unerreichbaren Altertum«.[548] In dem gelehrten, sprachkundigen Anachoreten, der sich im Gehäuse seiner Gelehrsamkeit selber vergißt und seiner gegenwärtig wird, glaubte Petrarca sein Ideal gefunden zu haben. Das Bild von »Hieronymos im Gehäus« ist das eingangs geschilderte Bild aus dem »Sala Virorum Illustrium« in Padua, das Bild des Dichters, der, umgeben von seinen Büchern, »sich selbst und einem vornehm-einsamen durchgeistigten und schönen otium cum dignitate lebte«.[549]

Ein Bild seiner selbst, welches uns der Erbe des Wortes in Worten hinterlassen hat.

Der Theoretiker Leon Battista Alberti

Das Leben

Er sei ein Tusker gewesen, der vor allem Römer, und zwar einer aus den glorreichen Zeiten habe sein wollen, schreibt Julius von Schlosser etwas abschätzig über Leon Battista Alberti. Eine anschauliche Illustration dieses Wunsches stellt die in mehreren Varianten erhaltene Porträtplatte Albertis dar. Wir sehen darauf einen Mann im Linksprofil mit einer hageren, spitzen Nase, der die Haare kurz geschnitten trägt, so daß seine Stirn und seine Schläfen – die Stätten des Geistes – betont werden. Der Dargestellte strahlt Entschlossenheit, Stärke und eine überzeugte Männlichkeit aus – er erinnert uns an einen edlen römischen Bürger.

Leon Battista Albertis Herkunft jedoch war alles andere als edel, denn er wurde als Bastard, als uneheliches Kind einer exilierten Florentiner Patrizierfamilie, 1404 irgendwo in Oberitalien geboren. Er studierte in Padua und Bologna, und Jacob Burckhardt weiß zu berichten, daß er von Kindheit an der Erste gewesen sei, weshalb er ihm auch als der »wahrhaft Allseitige« unter den Vielseitigen gilt. So sei er mit geschlossenen Füßen Leuten über die Schulter gesprungen, und die wildesten Pferde hätten unter ihm gezittert, »denn in drei Dingen wollte er den Menschen untadelhaft erscheinen: im Gehen, im Reiten und im Reden«.[550]

1421, als sein Vater starb, wurde er in die Armut entlassen. Als unehelicher Sohn hatte er kein bedeutendes Erbe zu erwarten, und diese seltsame Zwischenexistenz, illegitimer Abkömmling einer reichen, alteingesessenen Familie zu sein, hat sein Leben und sein Werk geprägt.

Seine Studienzeit verbrachte er schwankend zwischen materiellen Nöten und der exzessiven Hingabe an die Schätze des Geistes. Sein anonymer Biograph berichtet, nichts habe ihn von den Büchern, von den Worten der edlen Vorbilder abhalten können, und die Übungen des Lesens und des Schreibens, denen er sich mit ausufernder Begeisterung hingab, nannte man in Humanistenkreisen trefflich die »unsterblichen Betätigungen« (immortales occupationes). Alberti wurde infolge seiner extensiven Beschäftigung mit den Worten krank. Er litt unter Magenkrämpfen, Schwindelgefühlen und vergaß die Namen seiner Angehörigen. Die Folge seines Rausches der Worte war, daß ihn mit vierundzwanzig Jahren sein Wortgedächtnis verließ und er sein Jurastudium aufgeben mußte. Er wandte sich von den Worten den heilsamen Zahlen zu und begeisterte sich für die Mathematik.

Leonid Batkin schreibt, Alberti sei mit seiner Leidenschaft für die Welt des Geistes kein Ausnahmefall gewesen.»Die Gier nach Literatur (›aviditas litterarum‹) besaß lebensaufbauenden Inhalt; denn die Beschäftigung mit der Literatur lehrt die besten Grundlagen für ein treffliches Leben. Bekanntlich haben sich unsere äußerst klugen und fleißigen Vorfahren der Literatur mit solcher Leidenschaft und solchem Genuß gewidmet, daß ein Analphabet zu ihren Lebzeiten einem Ungeheuer gleichkam und die schlimmste Sünde darin bestand, als ungebildet zu gelten.«[551]

1432 wurde Alberti in Rom Abbreviator der päpstlichen Kanzlei. Zu dieser Zeit beschäftigte er sich mit optischen Experimenten. In Rom begann er, sich für Architektur zu interessieren, und die große Vergangenheit der Stadt war ihm eine Herausforderung für die Gegenwart.[552] 1434 schrieb er sein moralphilosophisches Buch *Della famiglia*. Es war nicht sein erstes Buch, denn er hatte bereits in Bologna mit großem Erfolg eine gefälschte altlateinische Verskomödie und einen Dialog nach der Art des Lukian verfaßt.

1434 reiste Alberti mit Papst Eugen IV. nach Florenz. Dort bewegte er sich im Umkreis bedeutender Männer, die eine Zeit des künstlerischen Umbruchs einläuteten. Ghiberti arbeitete an der Tür des Baptisteriums, und Brunelleschi baute den Florentiner Dom. Alberti hat in Florenz feststellen müssen, daß die dort ansässigen Künstler wissenschaftliche Kriterien in ihre Arbeit integrierten. »Seinen Traktat über die Malerei, in dem Alberti die neuen Namen präsentierte und in dem er Denkmodelle dafür entwarf, wie man Wissenschaftlichkeit nicht nur als persönlichen Habitus, sondern als praktisches künstlerisches Prinzip verwerten könne, hat er in der lateinischen Fassung dem Mantuaner Herzog Gianfrancesco Gonzaga gewidmet.«[553] Diese Widmung ist deshalb interessant, weil er die Volgare-Fassung Brunelleschi und damit einem städtischen Künstler widmete. »Denn die Widmung an Brunellesco hat durchaus ihren Sinn; er war zweifellos der Gebende und der Initiator, er ist diesen naturalistisch-mathematischen Experimenten zuerst nachgegangen, wie wir aus seiner zeitgenössischen Biographie ebenso wissen wie aus seinem eigenen Schaffen mit der bewußten Anwendung der ›divina proportio‹, des ›Goldenen Schnitts‹. Aber ins System gebracht hat sie erst dieser ›dilettierende‹ Humanist, der zum Römer gewordene Tusker.«[554]

Alberti beschrieb in *Della pittura* die Geometrie der Perspektive.[555] Er entwickelte ein »Pflaster«, wie er es nannte, »ein regelmäßig zurücktretendes Schachbrett von gedachten – in vielen Bildern wirklichen – Quadraten, auf denen der Maler die Größe seiner Figuren festlegt und berechnet«.[556] Albertis Künstlerideal war das eines uomo bono et docto in buono lettere, d. h., der Künstler sollte reich an Bildung und maßvoll in seiner Lebensführung sein.[557] Er verlangte von ihm, wie von einem Oratoren, eine historische, ethische und literarische Bildung. Dieses Ideal geht nach Kantorowicz[558] auf die Vorstellung des Vitruv über den Architekten zurück.[559]

1434 kehrte auch Cosimo de' Medici nach einjähriger Verbannung nach Florenz zurück. Cosimo bezeichnetete sich als einfachen Republikaner, realiter jedoch verstand er es geschickt, die wichtigsten Ämter mit seinen Vertrauten zu besetzen. Seine Pose der Interesselosigkeit war eine Technik der Macht. Cosimos politischer Stil ist mit dem eines Kaufmanns vergleichbar. So weigerte er sich, Blut zu vergießen, schickte seine Feinde ins Exil und kümmerte sich mit unauffälligen Methoden um den Ausbau seiner Macht. »Er war das typische Beispiel für einen rationalen und rechnenden Unternehmer, ein schlauer, unsentimentaler Realist, der Leidenschaften und Gefühle aus der Politik verbannte.«[560] Dieser mächtige und spröde Mann machte sich als Freund und Förderer der Kunst und Wissenschaft einen Namen. Er war angeblich der erste Mäzen in Italien, den eine Freundschaft mit den Künstlern verband.[561] Cosimo verknüpfte Mäzenatentum und Politik, denn er hatte begriffen, daß die Stadt ein Raum war, den man mit politischem Kalkül gestalten konnte. Er förderte den Schöpfergeist der Künstler, und nicht Gott, sondern ein reicher Bankier offenbarte den Menschen die Schönheit.[562]

Ein Ausdruck der Entdeckung des städtischen Raums als Zeichen der republikanischen Macht war der bereits erwähnte Dom, der 1436 von Papst Eugen IV. geweiht wurde. Filippo Brunelleschi hatte die Aufgabe, dem Dom eine Kuppel aufzusetzen, und er löste dieses Problem durch eine Rotationskuppel nie zuvor gesehenen Ausmaßes. Diese Kuppel ist Ausdruck der politischen Spannung zwischen Stadt und Land. Sie markiert anschaulich den

Übergang vom Stadt- zum Territorialstaat. Alberti hat diese Botschaft des Domes begriffen, wenn er über ihn schreibt, er bedecke mit seinem Schatten »nicht allein das Volk von Florenz, vielmehr ›sämtliche Völker der Toskana‹«.[563] Der Florentiner Dom ist nicht Ausdruck einer spirituellen Sehnsucht nach einer anderen Welt, sondern die breite Kuppel steht für die bürgerliche Geborgenheit auf Erden.

Julius von Schlosser zufolge ist Alberti »der erste Theoretiker der bildenden Kunst«. Er wollte nach dem Vorbild des Redners die Ausbildung und den Einfluß des Künstlers gestalten. Die von ihm wiedergefundene antike Praxis der Worte wurde sein Vorbild für die Praxis der bildenden Kunst.

»Im Bemühen, den Künsten eine an den Maßstäben des klassischen rhetorischen Wahrnehmungs- und Kommunikationssystems orientierte Einheit ihrer formalen und inhaltlichen Ausdrucksweisen zu geben, vollzieht Alberti dabei noch einen Schritt, der über eine bloß philologische und stilkritische Rezeption der Rhetorik hinausführt: Wie aus allen seinen ästhetischen Schriften deutlich wird, sucht er die Künste einer öffentlichen Aufgabe und Bedeutung zuzuführen, die jenem zivilen Rang, den die Redekunst in den antiken Stadtgesellschaften eingenommen hatte, mehr als nur ebenbürtig sein soll.«[564]

Alberti blieb zwei Jahre in der Stadt am Arno und reiste danach in päpstlichem Auftrag durch Oberitalien. Eine wichtige Station seiner Reise war Ferrara, wo er sich dem Studium der Architektur widmete. 1445 kehrte er über Siena nach Rom zurück. Die folgenden Jahre betrieb Alberti die praktische Umsetzung seiner Studien, das heißt, er arbeitete als Architekt. Allein, er war nie ein Praktiker vom Schlage eines Brunelleschi, der am Bau selbst anwesend war. Leon Battista versuchte, am Schreibtisch seinen Ideen in Form von Konstruktionen Ausdruck zu verleihen, er war ein administrativer Bauleiter und Berater. Albertis wichtigste Bauten sind nach zugesandten Zeichnungen von gut funktionierenden Hofbauämtern realisiert worden.

1452 schrieb er sein umfangreichstes Werk, das zehn Bücher umfaßt. In *De architectura* versucht er, eine Synthese aus den Regeln der klassischen Architektur des Vitruv und den Anforderungen an Harmonie seiner Zeit herzustellen. Er ist damit »der erste, der einen kohärenten Architekturtraktat (1452) vorlegt und so eine jahrhundertelange europäische Welle der Vitruv-Rezeption – von dessen zur Zeit des Augustus verfaßten Lehren gehen Alberti und seine klassischen Nachfolger aus – initiiert«.[565]

1462 wurde er aus den päpstlichen Diensten entlassen, und die verbleibenden zehn Jahre bis zu seinem Tod verbrachte er auf Reisen. Sein letztes großes Werk war *De statua*, in dem er sich mit der bildhauerischen Proportionenverteilung beschäftigte. Zwar verkehrte Alberti in seinen letzten Lebensjahren im neuplatonischen Zirkel Lorenzo de' Medicis und freundete sich mit Marsilio Ficino an, doch seine große Zeit war vorüber.[566] Leon Battista Alberti starb 1472 in Rom.

Alberti hat petrarkistische Verse, gefälschte altlateinische Komödien, moralphilosophische Abhandlungen, Grammatikbücher, Theorien zu Malerei, Architektur und Bildhauerei, Stadtpläne und Bauwerke hinterlassen. Die ungeheure Vielfalt seines Werkes läßt sich bündeln in einem Wunsch: das den Dingen innewohnende Gesetz aufzuspüren und in eine Ordnung zu fassen. Diese Ordnung wird durch die Ordnung der Worte hergestellt.

Das Buch

1427 gelangte über Byzanz die Schrift *Oeconomia* des Xenophones nach Italien. Alberti benutzte dieses Buch als Vorlage für *Della famiglia*. Zu Beginn des Quattrocento wurden viele solcher moralphilosophischen Schriften, die Anleitungen enthielten, wie man ein gebildeter, vortrefflicher Mensch werden konnte, geschrieben: 1402 erschien *De ingenius moribus et liberalibus studiis adolescentiae* (Die edle Gesinnung und literarische Bildung der Jugend) von Paolo Vergerios da Capodistria, 1415 *De re uxoria* (Über den Ehestand) von Francesco Barbaros und 1438 *Della vita civile* (Das bürgerliche Leben) von Matteo Palmieri, um nur einige zu nennen. Gemeinsam war ihnen der Glaube an die Bildung und damit an die Veredelung des Menschen durch die Worte.

Della famiglia von Alberti ist jedoch das wichtigste und verbreiteste Buch dieser Spezies, und Yves Renouard[567] hat es als »le catechisme de la bourgeoisie commerçante« bezeichnet. Für Werner Sombart bildete dieses Buch gar das Fundament zur Theorie der bürgerlich-kapitalistischen Wirtschaftsführung, wie er sie in seiner Studie *Der Bourgeois* von 1913 ausgeführt hat.

Della famiglia ist ein Buch der Besinnung und der Neuorientierung. Der Autor besinnt sich seines Blutes, seiner Abstammung aus einer traditionsreichen Familie und erweckt seine Vorfahren, wie z. B. seinen Vater, der der sterbende Lorenzo ist, mit seinen Worten zum Leben. Er bringt die Toten zum Sprechen und verewigt sie in diesem Buch. Doch nicht nur seinen Bluts-, sondern auch seinen antiken Geistesverwandten setzt er in dem Buch ein Denkmal, wenn er deren kluge Ratschläge und Lehren nutzt, um für seine Leser Regeln der richtigen Lebensführung zu formulieren. Wie Fritz Schalck in der Einleitung zu *Della famiglia* schreibt, waren die Worte der antiken Autoren Alberti so sehr zu eigen geworden, daß Text und Zitat sich nur ganz schwer differenzieren lassen, sich vielmehr zu einer überraschenden Einheit verbinden.

Alberti transformiert sein antikes Erbe der Worte und seine Familiengeschichte, die zunächst eine Geschichte des Blutes ist, in eine soziale Handlungsanweisung um.

Della famiglia ist im Volgare geschrieben. Julius von Schlosser hat als Grund für diese Sprachwahl den Wunsch Albertis nach großer Wirkung unter seinen Zeitgenossen ausgemacht. Der Gelehrte wollte sich ein »Sprachdenkmal« setzen.[568]

Della famiglia besteht aus vier dialogisch konstruierten Kapiteln. Die ersten drei waren 1434 abgefaßt worden. Das vierte Kapitel, das uns hier nicht interessieren soll, da es nicht zur ursprünglichen Konzeption des Buches gehört, entstand aus Anlaß eines Wettkampfes und wurde 1441 hinzugefügt. In den drei Kapiteln werden folgende Themen behandelt:

1. Über die Pflichten der Alten gegenüber den Jungen
2. Über die Ehe
3. Über das Hauswesen.[569]

In allen Kapiteln kommen ausschließlich Männer zu Wort. Sie haben sich am Sterbebett des pater familias zusammengefunden, und ihre Gespräche, die zugleich als Wettbewerb der Gelehrsamkeit angelegt sind, was bedeutet, daß sie sich im Zitieren übertreffen wollen, kreisen um die Frage des Familienglücks.

Das Buch ist in Dialogform abgefaßt. Der antike Dialog wurde im Quattrocento wiederentdeckt und ein fester Bestandteil des geistigen Lebens und der gelehrten Darstellung. Das Schema war dabei immer dasselbe: gelehrte, edle Männer fanden sich an einem angenehmen Ort zusammen, um eine anregende und erhabene Unterhaltung zu führen. Eine These wurde aufgestellt, und die Anwesenden disputierten darüber.

Dieser Ritus des Wortes war eine Übung im Argumentieren

und eine öffentlichen Darstellung der Gedanken. Der Humanismus nahm über die Idee der normativen Sprache Gestalt an, »in der sich seelische Eigenschaften offenbaren und die uns einzig und allein von den Tieren unterscheidet, weil sie Voraussetzung und Realität des menschlichen Verstandes ist; diese Fähigkeit, richtig zu sprechen und folglich auch richtig zu denken, die als Logik aufgefaßte Kunst des Redens, wird im Umgang realisiert (›commercio doctiores efficimur‹).«[570]

In *Della famiglia* spielen christliche Begriffe keine Rolle, und der Umgang mit den Worten der antiken Autoren wird flexibel gehandhabt. Alberti diskutiert mit den Alten, er kritisiert sie und entwickelt ihre Gedanken weiter. Die Dialoge stellen eine Mischung aus akademischem und Alltagswissen dar.

Im folgenden werden die ersten drei Kapitel des Buches vorgestellt und analysiert, wobei ich mich für eine ausführliche Darstellung des Alberti-Textes entschieden habe, da es die Worte sind, die uns zu seinem Denken leiten.

Die Frage

Die Kernfrage des Buches ist die Frage nach dem möglichst langen Erhalt des Glücks und des Wohlergehens einer Familie. Ausgehend von seiner eigenen, unglücklichen Familiengeschichte fragt sich Alberti, wie es möglich sein kann, daß Geschlechter, die mit tüchtigen, vortrefflichen Männern gesegnet sind, ihren ehrwürdigen, geachteten Stand verlieren können. Wie sich nach ihm Niccolò Machiavelli die Frage nach dem Erhalt der Macht stellen wird, so stellt Alberti sich die Frage nach dem dauerhaften Erhalt des Glücks.[571]

»Daher ist es mir immer nicht unbegründet erschienen, wissen zu wollen, ob wirklich das Glück über die menschlichen Dinge so große Macht habe und ihm diese schrankenlose Willkür zugestanden ist, mit seiner Unbeständigkeit und Treulosigkeit die größten und vorzüglichsten Geschlechter zugrunde zu richten.«[572]

Alberti ist jedoch davon überzeugt, daß das Glück[573] diejenigen, die sich gegen seine Willkür zu wehren wissen, nicht einfach unterwerfen kann.

Der Leser wird dazu aufgefordert, sich die Lehren der vortrefflichen Alten und die Sitten der Vorväter aus dem Hause Alberti einzuprägen, denn »wie eure Tugend, so werde euer Glück beschaffen sein«.[574]

Um das Regelwerk der männlichen und weiblichen Tugenden, das der Bürger kennen und achten muß, damit der Name seiner Familie zu Unsterblichkeit gelangen kann, geht es in den folgenden Kapiteln.

Dialog eins

Lorenzo Alberti liegt in Padua, fern der geliebten Heimat, im Sterben. Er verlangt seinen Bruder Ricciardo zu sehen, der auch sein Kommen zugesichert hat. Lorenzo erklärt den anwesenden »höchst gebildeten und anständigen Männern«, Advorado und Lionardo Alberti, daß er den dringenden Wunsch verspüre, seinem Bruder seine beiden Söhne Battista und Carlo anzuempfehlen.

Lorenzo führt aus, es sei die Pflicht der Väter, über alles, was in der Familie geschieht, zu wachen und dafür Sorge zu tragen, daß die Söhne ihre natürlichen Anlagen vortrefflich entfalten können. Da er sich anschicke, diese Welt zu verlassen, wolle er seine Söhne seinem liebsten Bruder in diesem Sinne anvertrauen. Er gesteht, daß es ihn schmerze, die »Süße des Daseins« und die Freunde verlassen zu müssen. Doch er weiß, daß bei denjenigen, denen er »durch die Bande des Blutes« nahesteht, seine Angelegenheiten und die der Familie gut aufgehoben sein werden. Er gedenkt seiner fernen Heimat und seines klugen Vaters, der ihn lehrte, daß »die Häupter eines Geschlechtes auf alles achten, über alles wachen«[575] müssen.

Der sterbende pater familias ermahnt seine beiden Söhne Carlo und Battista, den Vater zu ehren, »um so mehr der Vater, von dem du, wenn nicht die Habe, so doch das Leben empfangen hast, und nicht das Leben allein, sondern auch Nahrung so lange Zeit hindurch, und wenn nicht die Nahrung, so doch jedenfalls Dasein und Namen«.[576] Von daher ist es die Pflicht der Söhne, sich mit ihrem Vater über alles zu beraten und keine Geheimnisse vor ihm zu haben. Er empfiehlt den beiden, nach der Tugend zu jagen, dem Laster zu entfliehen und die Alten zu ehren. Als Zeichen dieser Ehrerbietung sei er als junger Mann den Alten entblößten Hauptes entgegengegangen, um sie zu ehren, und wo immer er Alte traf, schloß er sich ihnen an, um von ihnen zu lernen. Lorenzo bedauert es, seine Söhne verbannt und verwaist auf Erden zurückzulassen, doch ein Trost sind ihm die anderen Familienmitglieder, von denen bekannt ist, daß sie von Natur aus »liebenswürdig« sind. Er befiehlt seine beiden Söhne Advorado und Lionardo an, deren Aufgabe es sein wird zu zeigen, »daß diese Worte, mit denen ich sie euch jetzt ans Herz lege, wenn ich dahin bin, ihnen geholfen haben«.[577]

Mit dieser Einleitungssequenz hat Alberti unmißverständlich deutlich gemacht, wer die wichtigsten Figuren innerhalb einer Familie sind: Es sind die Väter und die Söhne. Die Söhne verdanken den Vätern ihre Herkunft, ihr Blut und damit ihre natürlichen Eigenschaften. Der Vater muß möglichst viele Söhne haben, und er muß dafür Sorge tragen, daß sein Erfahrungsschatz, seine Worte von seinen Söhnen angenommen und beherzigt werden.

Die Söhne werden gleichsam mit den Lehren der Väter, angereichert mit den Ratschlägen der antiken Autoren, für das Leben geimpft. »Since the nature of the upper-class family was such that each of its members gave moral quality to the whole, and the whole to the individual, no man in this order of society could easily free himself from what was commonly supposed about his family.«[578] Es ist die wichtige Aufgabe der Väter, nicht nur ihr Blut zu mehren, sondern sie haben auch für die tugendhafte, mannhafte Ausbildung der Söhne Sorge zu tragen. Auch müssen sie ihre Söhne lehren, diese Lehren wiederum an ihre Söhne weiterzugeben, so daß ein Gedächtnis der Familie entsteht und erhalten bleibt. Das männliche Familienoberhaupt übernimmt nach diesem Modell die alleinige Verantwortung für die Fortführung der traditionsreichen Familie. Der pater familias verfügt dabei sowohl über einen ausgeprägten Sinn für die Vergangenheit als auch für die Zukunft.

»›Houses‹ were made by men. Kinship was determined by men, and the male branches of genealogies drawn up by contemporaries show how little importance was given, after one or two generations, to kinship through women. Estates also passed from one generation to another through men. Among the goodess that men transmitted jealously, excluding women from ownership as far as they could, was the material house, which they ›made‹ also, in the sense that they built it, and filled it with children who bore their name. The Florence of the Early Renaissance, the Florence of the great merchants and the first humanists, was not a tenderly feminine city. Family structures and the framework of economic, legal, and political life remained under the control of levelheaded males, bastions of solidarity, and family values were inspired by a several masculine ideals.«[579]

Nur in den ersten Lebensjahren gehören die Söhne der Frau. Die Mütter haben dafür zu sorgen, daß die Knaben gesund an die Väter weitergereicht werden, von denen sie ihre sittliche Vervollkommnung erhalten.

Nachdem die Ärzte Lorenzo geraten haben, sich auszuruhen, führen Advorado und Lionardo das Gespräch fort. Lionardo erklärt sich die Liebe der Väter als eine Sache der Natur: »So muß man es vielleicht auch als naturgegeben ansehen, daß Väter nichts unterlassen, um diejenigen aufzuziehen und zu erhalten, die aus ihnen hervorgegangen und durch sie geboren sind.«[580] Für die ersten Jahre will er das Kind dem Vater gänzlich entziehen und es alleine der Mutter anvertrauen. Advorado bedauert in seiner Antwort, daß so viele junge Männer aus dem Hause Alberti keine Kinder haben und sie ihr Blut nicht vermehrt haben. Auch weist er darauf hin, daß der Vater wohl Sorge dafür zu tragen habe, daß z. B. die Amme des Kindes »frei sei von den Lastern und Unreinheiten, die Milch und Blut vergiften und verderben«.[581]

Den Platz des Sohnes in der Reihe der Männer bestimmt nach Lionardo der Vater. Er muß über dessen Ausbildung wachen, und nach eingehender Beobachtung hat er zu entscheiden, welcher Kunst oder Wissenschaft, welcher ehrenwerten Betätigung der Sohn nachgehen soll. »Und es scheint, daß die Natur selbst vom ersten Tage an, da ein jedes Ding ans Licht tritt, an ihm gewisse deutliche und offenkundige Zeichen und Merkmale angebracht habe, durch die die Menschen erkennen können, was ihnen not tut zu wissen, um den Nutzen von den Dingen zu haben, um dessentwillen sie geschaffen wurden.«[582] Um diese von der Natur gegebene Veranlagung erkennen zu können, muß der Vater die Söhne in ihrem Umgang und Beisammensein mit anderen Menschen beobachten. Der Sohn soll die Ehrerbietung anderen gegenüber erlernen und sich nicht »weibischem Nichtstun« hingeben. Der Sohn muß von klein auf »in edlem Männerwerk« erzogen werden, und Lionardo erinnert an die Sitte der Lacedämonier, die ihre Söhne in der finsteren Nacht über die Gräber schickten, so daß sie nicht an Geister glauben lernten. Doch nicht allein der Geist des Jungen, sondern auch sein Körper muß trainiert werden.

Leibesübungen haben nur günstige Auswirkungen auf das Wachstum und die Erziehung. Lionardo lobt diejenigen Väter, die ihren Söhnen Entbehrungen auferlegen, »um sie dadurch, soweit als möglich, zur Männlichkeit zu erziehen«.[583] Er vertritt die Auffassung, der Mann müsse sich zuerst um seine Söhne und erst dann um den Staat und die Geschäfte kümmern. Denn nur tugendhafte Söhne erhalten das von ihren Vätern hinterlassene Erbe. Gleich einem Gärtner, der eine schädliche Pflanze ausreißt, darf sich der Vater nicht scheuen, den Sohn zu bessern. Doch muß er ihm in Tugendhaftigkeit ein Vorbild sein und darf ihn nur Gutes lehren, denn »Tugend ist nichts anderes als in sich vollendete und glücklich hervorgebrachte Natur«.[584] Der Vater muß die Anlagen des Sohnes erkennen, die guten fördern, die schlechten unterdrücken und so dessen Mannwerdung regulieren. Der Vater kann dabei dem Durchbruch der lasterhaften Anlagen vorbeugen, indem er nach der Sitte der Alten bei den familiären Zusammenkünften in Gesprächen und Versen die Heldentaten der Vortrefflichen preist. Durch seine Worte, die die antiken Helden preisen, wird der Wunsch, auch zu diesen Helden gehören zu wollen, für seine Söhne zwingend. Durch die Worte des Vaters lernen die Söhne, das Gute zu lieben und das Schlechte zu verabscheuen. Wichtig ist Lionardo vor allem die Bildung des Sohnes, und er will den jungen Edlen lieber mit einem Buch in als einem Falken auf der Hand antreffen. Er fordert die beiden anwesenden jungen Männer auf, die in den Büchern niedergelegten Weisheiten und Ratschläge zu studieren. Für ihn gibt es nichts Anmutigeres als die Verse der Dichter. Es erquickt das Herz und den Geist, gute Bücher zu lesen, »du gewinnst daraus einen Überfluß an Beispielen, eine Fülle von Gedanken, einen Reichtum an Überzeugungen, Kraft der Gründe und Urteile, du schaffst dir Gehör, deine Mitbürger lauschen gern deinen Worten, sie schauen auf dich, preisen dich, lieben dich«.[585] Die Worte der Alten veredeln den Menschen und den Staat. Von Cicero, Livius und Sallust lernen die Jungen »jenen Glanz in der Vollkommenheit der Rede«[586], und sie werden dadurch mit dem Adel der lateinischen Sprache ausgezeichnet.

Der Vater soll den Sohn des weiteren mit männlichen und anständigen Spielen vertraut machen, wozu Lionardo das Reiten, das Bogenschießen und das Ballspiel rechnet.

Die Tugend der Söhne beruht nach Lionardo auf der sorgfältigen Erziehung durch die Väter. Will ein Sohn den Vater nicht als solchen anerkennen, so muß der Vater ihn als Feind im eigenen Haus in Fesseln halten, so daß er nicht das Ansehen der Familie schädigen kann.

Das Gespräch ist beendet, als der Diener die Ankunft des erwarteten Ricciardo meldet und Advorado, der dessen Schwiegersohn ist, ihm entgegengeht.

Im ersten Kapitel von *Della famiglia* erfahren wir, daß die Väter und die Söhne die zentralen und wichtigsten Figuren eines jeden Familienverbandes sind. Der Vater soll mit seinen männlichen Nachfahren nicht nur das Blut und damit seine natürlichen Anlagen teilen, sondern sie mit den Worten der Alten zu vortrefflichen Männern erziehen. Francis William Kent bestätigt in seiner Studie über das Hauswesen in Florenz die von Alberti gegebene Empfehlung, die Jungen durch Erzählungen und Beispiele zur Tugendhaftigkeit anzuleiten: »A household's sense of unity and common purpose was also reinforced by constant family discussion, which served both to formulate present or future plans and to establish the facts and meaning of the group's past history.«[587]

Das »edle Männerwerk« lernt der Junge allein durch kalkulierte Entbehrung. Überfluß führt zu weibischem Verhalten. Die Zeit, die dem Manne zu seiner Selbstvervollkommnung gegeben ist, ist kostbar, und jede Stunde, die nicht dafür genutzt wird, gilt Alberti als eine verlorene Stunde. Kein Tag darf verstreichen ohne das Bemühen, die männlichen Tugenden zu erreichen und zu erhalten. Mit körperlichen Übungen, Gesprächen mit den Vätern und dem Lesen der Worte der Alten ist die Lebenszeit des sich veredelnden Mannes dicht angefüllt und nur auf ein Ziel hin ausgerichtet: ein vortrefflicher Mann unter vortrefflichen Männern zu werden, zu sein und zu bleiben. Sein Blut, das Blut seiner Väter, birgt die Anlagen dafür in sich, und durch das eifrige Studium der Worte der Alten wird er das Ziel seiner Selbstvervollkommnung erreichen. So erwirbt man sich das »edle Männerwerk« nach Alberti durch das reflektierte Zusammenspiel von Vergangenheit und Gegenwart, durch die Kenntnis der Worte der Alten und durch die Beobachtung und Nachahmung der Lebenden.

Das erste Kapitel veranschaulicht die dem Vater zugeschriebene Stärke und Macht, die er kraft seines Blutes und der Worte der Alten innehat.

Lionardo und die beiden jungen Männer, Carlo und Battista, bleiben schweigend zurück. Lionardo durchbricht das Schweigen und fragt die beiden jungen Männer, welche Gedanken sie hegten. Battista, der Erzähler des Buches, antwortet ihm, er hätte gerne mehr über die verschiedenen Arten der Liebe erfahren. Lionardo macht den Vorschlag, über dieses Thema eine Disputation zu führen, die zudem den Vorteil habe, daß sie sich im Argumentieren und Zitieren üben würden. Er stellt die These auf, daß »die Liebe, die in wahrer Freundschaft enthalten ist, die beständigste und mächtigste von allen Arten der Liebe ist«.[588]

Ihm widerspricht Battista, der, obwohl er nicht verliebt sei, wie er betont, allerlei geschichtliche Beispiele anführt, nach denen die sinnliche Liebe die größte Macht besitzt, da »diese gestrengen, mit soviel Vernunft und Weisheit gepanzerten Männer fielen und erlagen der Liebe«.[589] Der junge Alberti sieht in der Ehe die ideale Verbindung der Liebenden, und er besteht darauf, mit der Ehefrau all seine Geheimnisse und Neigungen zu teilen.

Lionardo, der erfahrene Mann, widerspricht ihm heftig. Die sinnliche Liebe ist ihm gleichbedeutend mit Knechtschaft. Er entlarvt die großen Liebenden, die Battista angeführt hat, als Lüstlinge, die ihren Trieben nachgegeben haben. Eindringlich weist er darauf hin, daß es die Würde des Menschen ausmache, daß er zwischen Tugend und Laster zu unterscheiden vermag. Derjenige, der es nicht gelernt hat, seine Triebe zu beherrschen, gilt ihm weniger als das niedrigste Tier. Sein Beispiel ist Pompeius, der, obwohl er selbst in die schöne und kluge Flora verliebt war, diese seinem Freund Geminius zum Beischlaf überließ und solcherart die Freundschaft zwischen Männern über das Verlangen nach einer Frau stellte. Lionardo singt das hohe Lied der Männerfreundschaft und warnt die beiden Jungen vor der sinnlichen Liebe zu einer Frau.

Auf einen Wunsch Battistas hin erläutert er, wie man seinem Geschlecht zur Ehre gereichen und eine glückliche Familie gründen und erhalten kann. Er beklagt zunächst das Schicksal der Alberti, die es in die Fremde verschlagen habe, und lobt sodann die große Anzahl wohlhabender, geachteter Männer, die der Familie angehörten. Sein Rat zur Gestaltung eines glücklichen Lebens lautet, man solle die Familie vergrößern, das Vermögen vermehren, den guten Namen ehren und wichtige Freundschaften knüpfen.

Um ein Kind zu zeugen, braucht der Mann aber eine Frau. Nach Lionardo soll der Mann für den Unterhalt von Frau und Kindern sorgen, während die Frau »im Hause das Heimgebrachte bewahre«.[590] Wer sich müht, Reichtum und Macht zu erwerben, der braucht Erben, »denn die Söhne bewahren innerhalb des Geschlechtes den Platz und das wahre Bild Vaters«.[591] Lionardo stellt Überlegungen an, ob es nicht sinnvoll sei, wenn der Vater bereits in seinem Testament festlegen würde, daß, wenn der Sohn nicht innerhalb eines angemessenen Zeitraums heiratet, er seines Erbes verlustig geht.[592]

Eine Heirat vor 25 Jahren hält er für wenig sinnvoll, da auch der Samen vorher, wie er meint, »noch nicht völlig ausgereift ist«.[593] Hat der junge Mann dieses Alter erreicht, so muß er sich eine Frau suchen, die er nach den Kriterien Schönheit, Verwandtschaft, Reichtum auszuwählen hat. Als schön gilt Lionardo dabei vor allem deren gebärtaugliche Figur, Bescheidenheit und Reinlichkeit. Sein Ratschlag lautet demnach »Wie du dir die Kinder wünschst, so wähle die Mutter!«[594] Dabei empfiehlt es sich, eine junge Frau mit vielen Brüdern zu wählen, da zu erwarten ist, daß sie vielen Söhnen das Leben schenken wird. Um wenig Ärger mit den Verwandten zu bekommen, soll der Werber »Leute von nicht gemeinem Blut«[595] aussuchen. [596] Über die günstigste Zeit der Zeugung weiß Lionardo von den Ärzten Bescheid, und zwar »die Nacht nach der ersten Verdauung, wenn man weder müde ist noch voll beschwerender Speise, sondern gelöst und leicht vom Schlaf«.[597] Des weiteren sei es günstig, »daß man sich glühend von dem Weibe ersehnen lasse«. Nach der erfolgreichen Zeugung soll die nunmehr schwangere Frau keusch und heiter leben, nur leichte Kost zu sich nehmen und im Hause des Gatten niederkommen. Dem Kind soll man einen schönen Namen geben, und das Datum der Geburt in den »geheimen Büchern des Hauses«[598] festhalten. Für den Erhalt des Glücks rät Lionardo zu einem ehrenwerten Beruf wie zur Meidung allen Müßiggangs und aller gesundheitlichen Beeinträchtigungen. Er beschließt das Gespräch mit seinem ausdrücklichen Appell an Carlo und Battista, sich immer von der Ehre leiten zu lassen.

Im zweiten Kapitel wird der Leser über die Gründung und den Erhalt einer Familie unterrichtet. Die Basis des Glücks ist dabei die Wahl der Frau, der Gebärerin der Söhne. Sie wird nach den Kriterien des Blutes, das heißt nach ihrer Abstammung und ihrer Gebärtauglichkeit, ausgewählt und nicht aus Liebe erwählt. Der

Mann muß sich also von der Liebe zu seinem Geschlecht und nicht von der Liebe zu einer Frau leiten lassen. Über die zwischen dem Mann und der Frau geforderte Liebe schreibt Ian MacLean: »The need for reciprocal love and respect is everywhere stressed: by love is meant not passionate attachment, but something akin to an amalgam of Christian charity and the virtues of chastity and endurance (tolerantia).«[599]

Die sinnliche Liebe ist eine Liebe, die vom Reiz des Unerklärlichen gespeist wird. Lionardo beschwört die jungen Männer, diesem vergänglichen und lasterhaften Reiz zu entsagen. Er rät ihnen, statt dessen den Plan einer Familiengründung zu verfolgen, der von der Stunde der Zeugung über die Wahl der Ehefrau nach ihrer gebärtauglichen Figur alles miteinbezieht.

Die sinnliche Liebe, die nicht vernunftgemäß zu begreifen ist, läßt sich nicht in einen Plan integrieren. Da diese Liebe nicht als eine Regel formuliert und weitergereicht werden kann, wirkt sie auf Alberti, der das planbare Glück entwerfen will, gefährdend. Die Ehre der Familie zu erhalten folgt einem gewissen Regelwerk, dessen Wahrung das zeitlose Kontinuum der Genealogie der Männlichkeit sichert.

Dialog drei

Erneut treffen Lionardo, Carlo und Battista zusammen. Zu ihnen gesellt sich Gianozzo Alberti, »der wegen seiner gebildeten Menschlichkeit und der Reinheit seiner Sitten bei allen als ein vorzüglich guter Mensch galt und gerühmt wurde, wie er es auch wirklich war«.[600] Lionardo fordert Gianozzo auf, »von der ehrwürdigen Kunst des Haushaltens zu sprechen« und auf diese Weise den beiden Knaben gute Lehren zuteil kommen lassen. Gianozzo zögert nicht lange und nennt drei Dinge, die der Mensch sein eigen nennen darf: seine Seele, seinen Körper und ein drittes »höchst wertvolles Ding«, das von ihm wie ein Rätsel eingeführt wird: »Man kann es keinem hinterlassen, nicht verringern, in keiner Weise kann dies Ding dir nicht gehören, sofern du nur willst, daß es dein ist.«[601] Er spricht von der Zeit.

Die Seele soll heiter sein, und man muß Zorn, Habsucht und Gier von ihr fernhalten. Auch der Körper soll gepflegt werden, man muß bemüht sein, ihn gesund, kräftig und schön zu erhalten.

Was die Zeit anbelangt, so schärft er den Anwesenden ein, nie Zeit zu verlieren und sich nur mit wertvollen Dingen zu beschäftigen. Gianozzo erzählt, er überlege sich jeden Morgen, was den Tag über zu tun sei, und am Abend überprüfe er das Geleistete. »Ich mache es also mit diesen drei Dingen, wie ihr gehört habt: ich gebrauche die Seele, den Leib und die Zeit nur zu guten Zwecken.«[602]

Darauf entspinnt sich ein Disput über politische Aktivitäten, da Gianozzo der Ansicht ist, ein tugendhafter Mann solle sich nicht am Staatsleben beteiligen, denn dort herrsche nur Argwohn und List. Lionardo widerspricht ihm, er wünscht sich tugendhafte Männer in den öffentlichen Ämtern. Gianozzo beendet den Disput mit dem Hinweis, man dürfe nicht wegen eines unordentlichen Hauses in die Staatsgeschäfte fliehen. Das eigene Haus muß gerichtet und in Ordnung sein, denn nur so kann man seiner Meinung nach Politik machen. Er ermahnt die Anwesenden, daß sie, um andere zu regieren, niemals aufhören dürften, sich selbst zu regieren und daß sie der Staatsgeschäfte wegen niemals ihre privaten Angelegenheiten vernachlässigen dürften. Wenn jedes der Familienmitglieder, also »Weib und Kinder und die übrigen Angehörigen des Hauses, Gesinde, Dienerschaft«[603], seinen Platz im Haus kennt und seine Aufgaben erfüllt, dann hat man es nach Gianozzo mit einem gut funktionierenden Hauswesen zu tun.

Lionardo will nun von Gianozzo wissen, wie er ein haushälterisches Leben mit Weib und Kind organisieren würde. Die Antwort ist, daß man sich eine Stadt suchen muß, wo die Kinder »frisch und hübsch«, die Luft gut, die Gesetze gerecht, die Regierenden ehrbar und die Bürger wohlhabend sind. Für ein gesundes Leben ist vor allem die gesunde Luft wichtig.[604]

Gianozzo würde sein Haus luftig anlegen und dafür sorgen, daß es in einer Gegend gelegen sei, in der nur ehrbare Bürger wohnen. An diesen hätten dann seine Frau und seine Kinder die besten Vorbilder. Unter dem Dach dieses Hauses sollten sich alle Familienmitglieder sammeln, und er wünscht sich, daß alle »an einem Herde sich wärmten, an einem Tische säßen«.[605] Diese Familie steht unter dem Willen des pater familias, der den Mittelpunkt der Familie bildet, der sie schützt, erhält und erzieht.

Danach kreist das Gespräch um die richtige Ernährung und die einfache Kleidung. Als Beruf würde Gianozzo den Handel wählen und versuchen, möglichst vielen Menschen Brot und Arbeit zu geben. Nur ehrenwerte Männer würden in seinem Haus verkehren, und er bezeichnet es als Vorteil für den Kaufmann, »die Hände immer mit Tinte befleckt zu haben«[606], was bedeutet, daß er alles überprüft und notiert. Auch rät er, lieber mit Verwandten denn mit Fremden zusammenzuarbeiten.

Der Hausvater muß alle Fäden in der Hand halten und einer Spinne gleich alles wachsam und aufmerksam verfolgen. Da er sich aufgrund seiner Geschäfte oftmals außerhalb des Hauses aufhält, muß er seine Frau so erziehen, daß sie in seinem Sinne haushalten kann. Dazu empfiehlt es sich, ihr die kleineren Dinge des Hauses in Obhut zu geben.

»Die Frau, im Hause eingeschlossen, soll unsern Besitz und sich selbst mit Muße, Furcht und Argwohn verteidigen. Der Mann soll die Frau, das Haus, die Seinen und das Vaterland verteidigen, nicht indem er zu Hause sitzt, sondern indem er seinen Mut und seine Hände betätigt, heldenmütig, und wenn nötig, Schweiß und Blut vergießt.«[607] Gianozzo, dessen ehernes Prinzip es war, die Arbeiten, die den Frauen zustehen, zu meiden, hatte nach Lionardo eine sehr tüchtige Frau an seiner Seite. »Meine Frau war gewiß von Anlage und Charakter, noch viel mehr aber durch meine Belehrungen die beste Hausmutter«[608], und er gesteht nicht ohne Stolz ein, sie erzogen zu haben.

Seine erste Lektion bestand darin, die junge Frau durch das Haus zu führen und ihr zu zeigen, wo alles verwahrt wird. Auch die Verstecke der Wertgegenstände zeigte er ihr. Vorenthalten blieb ihr jedoch das studiolo des pater familias. Dort in seinem Studierzimmer bewahrte er die Bücher und die Schriften seiner Vorfahren auf. »Stets habe ich die Schriften nicht in den Ärmeln des Gewands getragen, sondern nach ihrer Ordnung in meinem Studierzimmer aufgestellt gehabt, wie etwas Heiliges und Ehrwürdiges, und habe meiner Frau nie erlaubt, weder mit mir noch allein, diesen Ort zu betreten, mehr noch, ihr aufgetragen, wenn ihr je etwas von meinen Schriften in die Hand fiele, es mir sogleich zu übergeben.«[609]

Die zweite Lektion bestand darin, in ihrer Gegenwart ausschließlich von Dingen der Haushaltung, von der Kindererziehung oder sittlichen Fragen zu sprechen. Sodann überprüfte er ab und an, ob alles am Platze war, und vertraute seiner Frau. Nachdem er ihr sein Vertrauen geschenkt hatte und sie ihm beteuerte, ihm zu gehorchen wie ihrem Vater, teilte er ihr mit, daß er drei Dinge von ihr wünsche: Sie solle niemals nach einem anderen

Manne Verlangen haben, des weiteren sein Haus in Ruhe und Sitte halten und vor allem darauf achten, daß nichts verlorengehe.

Seine dritte Lektion bestand darin, der jungen Frau das Schminken abzugewöhnen.[610] Wer sich schminkte und putzte, galt nach Gianozzo als ehrlos und leichtfertig. So hatte er auch seine Frau gewarnt, nicht »die Schwärme der Lüsternen« anzulocken. Als sie sein Verbot übertrat und sie sich an einem Osterfest mit den Gästen amüsierte und sich geschminkt zu gefallen schien, nahm er sie zur Seite und flüsterte ihr ins Ohr, ihr Gesicht sei besudelt, ob sie denn in eine Bratpfanne gelaufen sei. Die Frau brach daraufhin in Tränen aus, wusch sich das Gesicht und schminkte sich nie wieder.

In seiner vierten Lektion lehrt er sie zu schweigen. Schweigsamkeit gilt ihm als eine »Zierde ihrer Würde«, und er schärft ihr ein, nicht mit dem Gesinde und den Frauen auf der Straße zu schwatzen. Er lehrt sie, mit den Bediensteten umzugehen, so daß sie seinen Willen und sein Gesetz vertreten kann, wenn er außer Haus weilt. Er rät ihr, sie solle mehrmals am Tage die Ordnung im Hause überprüfen, so wisse das Gesinde, daß sie wachsam sei, sie selbst fliehe dem Müßiggang und werde einen besseren Appetit und eine gesunde Gesichtsfarbe haben. Mit einer solcherart erzogenen Frau an der Seite kann einem Mann nur Ehre zuteil werden. Gianozzo schließt seine Ausführungen über das Haushalten mit dem Ratschlag, die Ausgaben geringer als die Einnahmen zu halten und sowohl in Worten als auch in Taten gerecht und haushälterisch zu sein.

Im dritten Kapitel des Buches wird der Leser von einem erfahrenen Hausvater in die Kunst des Haushaltens eingeführt. Petrarca wäre eine solche Diskussion über den Reichtum einer Familie und die Erziehung der Hausfrau nichtig erschienen. Für ihn waren seine künstlerische und seine ökonomische Unabhängigkeit untrennbar miteinander verbunden, weshalb er auch keine der ihm angebotenen Stellen annahm. Anders ist es bei Alberti, dem der Reichtum als Basis des Familienglücks erscheint.[611] Der ökonomische Umgang mit Geld ist für ihn Ausdruck der Überlegenheit der städtischen Zivilisation. Zurückzuführen ist dieser Umschwung nach August Buck auf die Verschmelzung zwischen dem Bildungs- und dem Besitzbürgertum im Quattrocento. Dadurch, daß viele vermögende Bürger begannen, sich für die neuen Ideen der Bildung und Selbstveredelung zu begeistern, erfuhr auch der ökonomische Ehrgeiz eine Aufwertung. Nach Denys Hay wird in

Della famiglia das Streben nach Reichtum legitimiert: »The man of wealth, like the man of affairs, had found a justification, and he had found it in the company of the scholars and their books.«[612]

Gianozzo vertritt demnach das Ideal der bürgerlichen Sparsamkeit. »An die Stelle der Ausgabenwirtschaft, wie sie Fürsten, Adlige und z. T. auch die Kirche betrieben und sich damit in Schulden stürzten, tritt die Einnahmenwirtschaft, die auf der Herstellung einer vernünftigen Relation zwischen Einnahmen und Ausgaben beruht.«[613]

Im Florenz des Quattrocento ist die Zeit der ritterlichen Tugend der Verschwendung endgültig vorüber, und es herrscht der strenge Kaufmannsgeist.[614] Der kalkulierende Geist des Bürgers bezog auch stets die Zeit mit in seine Überlegungen ein. Gianozzo bezeichnet die Zeit, neben der Seele und dem Körper, als das Eigentum des Menschen und spricht damit unumwunden eine neue Empfindung aus: Die Zeit auf Erden gehört dem Menschen. War die Zeit des Mittelalters eine rein klerikal bestimmte Zeit, so wird die Zeit seit ungefähr dem 14. Jahrhundert zur entfliehenden Zeit, zur Zeit, die es galt, für die Geschäfte und für die Selbstvervollkommnung zu nutzen.

Die Zeit, die der Bürger für seine Geschäfte zu nutzen versteht, ist ohne metaphysischen Bezug, während die Zeit, die er mit der Veredelung seines männlichen Selbst verbringt, einen metaphysischen Bezug zu seinen Vorbildern, den antiken Autoren und Helden, hat. [615] Nach Leonid Batkin beschreibt Alberti in *Della famiglia* Zeit als identisch mit Kultur.

Zeit ist reine Möglichkeit, und es bleibt dem Willen des Menschen überlassen, sie zu nutzen. Wer sie verschwendet, verliert sie, wer sie nutzt, gewinnt sie. »Zeit zu besitzen bedeutet, sich in ihr zu kultivieren, sich in ›löblichen Dingen‹ zu vervollkommnen, zu lernen und zu denken.«[616] Alberti gilt freilich die mit den Studien der Worte zugebrachte Zeit als kostbarer denn die mit dem Erwerb von Reichtümern zugebrachte Zeit. Seine Gelehrsamkeit gehört dem Menschen für alle Zeiten, seine Reichtümer kann er wieder verlieren.

Dieser kostbarste Gebrauch der Zeit, nämlich sich mit den Worten der Alten zu beschäftigen, ist der Frau nach Alberti ausdrücklich verwehrt. Die Schriften, die der pater familias vor ihr in seinem studiolo versteckt hält, sind Schriften männlicher Geheimnisse; sie enthalten die Anleitungen der Alten, wie man männliche

Tugenden erreichen und erhalten kann. Das studiolo war der Raum der Verwandlung, in dem aus dem nüchtern kalkulierenden Kaufmann ein schwärmerischer Liebhaber der Worte wurde.[617] Alberti hatte dem Hausvater im zweiten Kapitel den Ratschlag erteilt, die Familiengeschichte in den »geheimen Büchern des Hauses« niederzuschreiben. In diesen geheimen Büchern beginnt der Bürger, über sich zu schreiben. Er verbindet die durch das Blut gebildete genealogische Lineare der Männer mit seinen Worten. Diese Worte, die er über sich und sein Geschlecht findet, verwahrt er zusammen mit den Worten der Alten in seinem studiolo.[618] Der Bürger stärkt sich im stillen Lesen der antiken Schriften und in der Besinnung auf das Schicksal seiner Vorfahren und seines Geschlechts.

Auch im dritten Kapitel des Buches wird der Leser darauf hingewiesen, daß die Frau die Fremde in der Familie ist.[619] Nach Manlio Bellomo gehörte gemäß den florentinischen Rechtsstatuen »die eingeheiratete Frau nicht zur Familie des Gatten, gleichgültig ob dieser Oberhaupt oder Sohn ist. Hingegen gehören zur Familie Frauen, die vom Familienoberhaupt oder einem seiner männlichen Nachkommen abstammen, aufgrund der Blutsbande, die sie mit dem Gewaltinhaber verbinden.«[620] Ihre Aufgabe als junge Frau ist es, für den dynamischen Teil der Familie zu sorgen, das heißt, Söhne zu gebären, in denen sich das Geschlecht ihres Mannes fortpflanzt. Sie hat allein das Blut des Geschlechts zu vermehren, und man muß sie von den edlen Worten fernhalten.[621]

Gianozzo verlangte von seiner Frau den gleichen Gehorsam, den sie ihrem Vater entgegengebracht hat. Er, als ihr angetrauter Mann, ist ein neuer Lehrer in ihrem Leben; sie ist abhängig von ihm, hat ihm zu gehorchen und ihre neue Rolle als Hausfrau von ihm zu erlernen.[622]

Die Frau war aus dem Selbstvervollkommnungsprozeß der Männer ausgeschlossen. Für sie gelten andere Worte, eine andere Sprache, und ihr wird ein Platz im Innern des Hauses angewiesen. Es war sowohl für die verheiratete als auch für die unverheiratete Frau aus vermögendem Hause sehr schwierig, mehr als nur sporadischen Kontakt zur Außenwelt aufzunehmen. Sie wurde streng bewacht und war in ihrem Verhältnis zur Welt völlig dem Willen ihres Vaters oder Gatten unterworfen, weshalb auch die Empfehlungen Albertis zur Erziehung der Frau als typisch für seine Zeit gelten können. Auf Gemälden des Quattrocento sind immer wieder Geschehnisse aus der Schlafkammer dargestellt, wobei es sich zumeist um Geburtsszenen oder die Verkündigung handelt. Die Verkündigungsszene kann man als Ermahnung und Anreiz für die Frau lesen, wurde doch Maria allein in ihrer Kammer vom Engel angetroffen, der ihr ihre Auserwähltheit und damit die größte Ehre, die je einem weiblichen Wesen zuteil wurde, verkündete.[623] So heißt es auch in einem Ratgeber: »Das Weib soll der Jungfrau Maria nacheifern, die auch nicht aus dem Hause ging, um sich überall zu unterhalten, nach hübschen Burschen zu schauen oder eitlem Geschwätz ihr Ohr zu leihen. Nein, sie blieb daheim, hinter verschlossener Türe in der Privatheit ihrer Wohnung, wie es sich ziemt.«[624]

Als Ort ihres Rückzugs, zur Zwiesprache mit Gott, wurde ihr das Schlafzimmer anempfohlen. So erwähnt Richard C. Trexler[625] einen häuslichen Ratgeber, in dem Frauen geraten wurde, ihren Schlafraum wie einen Kirchenraum herzurichten. In ihrem Schlafzimmer soll sie im Monolog mit Gott verharren und von ihrem Mann Söhne empfangen, um das Blut des Geschlechts zu mehren.

Gianozzo verhängt das Gebot der Schweigsamkeit über die Frau, und er will ihr nicht das kleinste Geheimnis anvertrauen. Die Worte, die der pater familias für seine Frau findet, sind andere als die, die er mit seinen Söhnen und Freunden wechselt. Er ist für ihre weltliche Erziehung zuständig, er lehrt sie, sich sittsam zu kleiden, allein ihn zu begehren, das Gesinde zu überwachen und dafür zu sorgen, daß alles nach seinem Willen geht. Der Mann findet für seine Frau Worte, in denen es um die Belange des Hauses und der Sittlichkeit ging. Der Weg der Frau nach innen, den ihr Mann mit dem Studium der Worte der Alten unternahm, führte sie zu Gott und damit zu dem immer gleichen Spiel von Reue, Buße und Vergebung. Gianozzo lehrt seine Frau, die Dinge im Haus am rechten Platz zu halten, und er vertraute ihr die Schlüssel an. Die Kontrolle des Hauses, die der Frau aufgetragen wird, ist eine symbolische Handlung, die die Abschließung und Bewahrung ihrer selbst gegen jede sinnliche Versuchung bedeutet.[626]

Um eine Familie zu gründen, muß der Mann eine gebärtaugliche Frau finden, den materiellen Reichtum sichern und den guten Ruf mehren, lehrt Alberti. Die Frau muß bewacht und im Innern des Hauses verwahrt bleiben, um nicht in Versuchung geführt zu werden. Ihre Aufgabe ist es, Söhnen das Leben zu schenken und das Haus zu verwalten. Ihr Einschluß im Haus und ihr Ausschluß von den Worten der Männer sind konstitutiv für deren Geheimnis.

Gianozzo berichtet über die Vorfahren der Alberti, daß diese allezeit beschäftigt waren, »entweder in jenen eueren Büchern zu lesen oder auf dem Rathaus das Vaterland zu beraten und an jedem Orte mit den ausgezeichneten Männern sich zu unterreden, dabei ihre Tugenden zu zeigen und diejenigen, die ihnen lauschten, zur Tugend zu erziehen«.[627]

Das heißt, sie waren beständig damit beschäftigt, Worte zu tauschen oder aus den Worten der anderen zu lernen. Wie wir bereits erfahren haben, war es die mit dem Studium der Worte verbrachte Zeit, die als die am kostbarsten verbrachte Zeit galt. Die Worte zeichnen den vortrefflichen Mann mit dem edlen Blut aus.

Während die Männer sich in diesem »feierlichen 15. Jahrhundert« (Walter Pater) anschicken, die Welt in Besitz zu nehmen, während Zeit und Raum sich dramatisch ändern, gerät der Frau ihr verschleierter Gang zur Kirche noch immer zum Ereignis.

Sie ist die Fremde in der Familie, die nicht durch die Bande des Blutes oder den Vorzug des männlichen Geschlechts ausgezeichnet war.[628] Das bedeutet, daß sie von der veredelnden Praxis der Worte ausgeschlossen ist. Ihr Mann weiß um die Ferne und die Fremde, und während er vorausblickend im Kontor seine Erfahrungen in Neuerungen umsetzt und seinen Profit plant, bleibt sie im Hause ein- und von der Welt abgeschlossen. Der Mann steht im Dialog mit den toten und den lebenden Vortrefflichen, er lernt aus den Worten der Alten, während sie, zur Schweigsamkeit verurteilt, gefangen ist in ihrem Monolog mit Gott.

Ihre Erziehung ist eine Erziehung durch die Worte, die bar jeglicher Antizipation sind.

Der Frau sind die reuigen Worte zu Gott und die gehorsamen Worte zu ihrem Gatten erlaubt, während ihr Mann auf den öffentlichen Plätzen im Gespräch mit den ehrenwerten Bürgern über das Wohl der Republik berät oder aber sich im studiolo in selbstgewählter Abgeschiedenheit seinem Werden widmet und Worte über die Vervollkommnung seines Selbst findet.

Zur fortschreitenden genealogischen Lineare der Männer leistet sie ihren biologischen Beitrag, und Alberti bestimmt den Sinn ihrer Existenz in ausschließlicher Abhängigkeit von der Vermehrung der Söhne in der Familie. Die Veredelung der Anlagen des Blutes und damit die menschliche Selbstvervollkommnung durch das Wort sind der Frau untersagt und dem Mann eine ihn auszeichnende Verpflichtung.

Leon Battista Alberti ordnet die Figuren im Haus an. Er vermißt den Raum und die Existenz einer Kaufmannsfamilie, die um ihren Machterhalt, ihre Tradition und um eine ökonomisch stabile und moralisch vorbildliche Grundlage bemüht ist.

Nachdem der Theoretiker Maß genommen hat, entwirft er eine Ordnung und siedelt innerhalb dieser Ordnung seinen Plan des Glücks an. So werden die Figuren wie in einem Koordinatensystem gedacht. Jeder einzelnen Figur wird eine Aufgabe innerhalb der Ordnung zugeteilt. Der Grundpfeiler des Glücks einer Familie ist nach Alberti die streng geregelte Verteilung des Wortes und des Blutes zwischen dem Mann und seiner Frau.

Der Kartograph

Alberti, der Theoretiker, war ein Leben lang auf der Suche nach den richtigen Proportionen von Mensch und Welt. Burckhardt berichtet, der junge Alberti habe, als ihn sein Wortgedächtnis verließ, sich seines Sachverstandes besonnen und »lernte daneben alle Fertigkeiten der Welt, indem er Künstler, Gelehrte und Handwerker jeder Art bis auf die Schuster um ihre Geheimnisse und Erfahrungen befragte«.[629] Diese Geheimnisse übersetzte er in Regeln, die in seinen Plan von einem idealen Leben mündeten.

Um funktionieren zu können, muß zwischen dem Messenden und dem zu Vermessenden eine gewisse Distanz liegen. Je größer diese Distanz ist, um so mehr kann gemessen werden. Für die albertische Methode der Vermessung der Welt heißt dies, daß sie ihm die größtmögliche Ferne zu den Menschen und den Dingen ermöglichte.

Sein edukatives Ideal, das all seinen Schriften zugrunde liegt, war Teil seines moralischen Systems. Für Alberti war es die wichtigste und vornehmste Aufgabe des Mannes, sich zu vervollkommnen. In seinen Worten: »Tugend ist nichts anderes als in sich vollendete und glücklich hervorgebrachte Natur.«[630] Die Einhaltung der von ihm aufgestellten Regeln in der Malerei, Architektur, Bildhauerei und der Familienführung garantiert ein ideales Bild, Haus, Statue oder Leben.

Das Gegenbild zu seinem planenden Selbst war das der Frau. Wie wir anhand der Analyse der ihr zugeschriebenen Rolle in *Della famiglia* gesehen haben, ist sie nach Alberti zur Organisation und Konstruktion schlichtweg unfähig. Die Perfektion gilt ihm als sichtbarer Ausdruck des moralisch Guten,[631] und René König[632] spricht von »Albertis fast krampfhaftem Ordnungsdenken«.

In seiner Schrift *Della pittura* entwickelte Alberti eine Art visueller Geometrie, durch die die Darstellung der Natur in ihrer Dreidimensionalität auf einer zweidimensionalen Fläche möglich wurde. Sein erster Schritt bei diesem Verfahren bestand darin, »fühlbare Gegenstände als geometrische Formen darzustellen, als bestünden sie aus sichtbaren oder körperlichen Punkten, Linien, Winkeln und Flächen. Indem man sich vorstellte, Gegenstände zu ›sehen‹, als seien sie aus meßbaren Oberflächen zusammengesetzt, konnte das Problem, sie und die Veränderungen in ihrer Erscheinung abzubilden, je nachdem ob sie näher oder weiter vom Zuschauer entfernt aufgestellt waren, durch geometrische Methoden gelöst werden.«[633] Albertis Blick auf die Welt war der eines theoretischen Menschen, der die ihn umgebende Welt rein »als ein Fächerwerk von allgemeinen Wesenheiten und ein System allgemeiner Abhängigkeitsverhältnisse«[634] ausmachen kann.

Alberti wollte die Geheimnisse der Natur erfassen und deren Regeln in Worte fassen. Nach Joan Gadol folgt auf Alberti Leonardo da Vinci, der ebenfalls von dem Wunsch besessen war, den regelmäßigen, theoretischen Aufbau der Natur zu ergründen. Auf Leonardo folgt Kopernikus, der, als er sein heliozentrisches System beschrieb, seine Neuerung nicht mit empirischen Überlegungen darlegte, »sondern in Worten, die die ästhetischen, metaphysischen Ideen der concinnitas (Harmonie, Wohlklang, K. W.) wiederholen, die Alberti ein Jahrhundert früher in seinem Werk über Architektur formuliert hatte«.[635] Machiavelli entdeckt und beschreibt dann das politische Regelwerk, indem er historische Ereignisse heranzieht, um eine Regel oder ein Gesetz zu begründen. Ganz ähnlich wie Alberti sucht der Florentiner das immanente, universelle Gesetz der Geschichte und der Politik zu ergründen. Michel de Montaigne schließlich forscht nach dem gesetzmäßigen Ablauf seines Lebens, so wie ihn Machiavelli für die Geschichte ausfindig gemacht hatte. Der Franzose wollte seine Seele formen und gestaltete sein Leben nach von ihm selbst aufgestellten Regeln. Diese Aufzählung veranschaulicht, wie bedeutsam die theoretischen Überlegungen und die intellektuelle Praxisform Leon Battista Albertis sind.

In dem analysierten Buch plant der Theoretiker das Glück der Familie. Alberti entwirft darin das Bild des Mannes als Schöpfer: als Schöpfer seiner selbst und seiner Familie. Die entscheidenden Elemente seiner Schöpfung sind die Worte und das Blut. Sein Blut muß er durch seine Söhne mehren, und mit den Worten der Alten erzieht er seine Söhne zu vortrefflichen Männern, die wiederum gemäß dem väterlichen Gesetz handeln werden.

Alberti hat in seinen Schriften dem Menschen kein transzendentes Ziel vorgegeben, und *Della Famigila* ist der »freimütige Entwurf eines rein irdischen und sozialen Glücks«.[636] Es war der Glaube Albertis, daß das »vollkommene Leben« nach einem eigenen inneren Gesetz gestaltet wird, welches das väterliche Gesetz des Wortes und des Blutes war.

Auf der eingangs geschilderten Porträtplatte sieht man außer der Seitenansicht Albertis mit seiner antikisierenden Rhetorik am unteren Rand ein geflügeltes Auge abgebildet. Das geflügelte Auge war das Emblem Albertis, und Renée Watkins deutet es einerseits als Symbol der Allmacht Gottes und andererseits »als Symbol der menschlichen Erkenntnis, der beschieden ist, Gott nachzueifern und zu verehren«.[637] Auge und Verstand arbeiten nach Albertis Methode der Erkenntnis zusammen, um die Gesetze der Natur zu erkennen, die der Demiurg dann mit seinen Worten unter den Menschen verbreitet, auf daß sie vortrefflich werden.

Der Höfling Baldesar Castiglione

Das Leben

Als einen melancholisch dreinblickenden Mann hat Raffael seinen Freund Baldesar Castiglione gemalt. Auf dem berühmten Porträt, das heute im Louvre zu bewundern ist, sieht man den damals siebenunddreißigjährigen Höfling mit dichtem Bart und bis auf sein weißes Hemd ganz in Schwarz gekleidet.[638] Er hat seine Hände übereinandergeschlagen und blickt den Betrachter aus traurigen Augen an. Raffael, welcher ein Meister des Porträts war, hat Castiglione nicht nur in seiner Individualität, sondern auch als einen typischen Vertreter der höfischen Kultur Italiens des 16. Jahrhunderts festgehalten. Man fühlte sich in diesem Jahrhundert »wie von Gesichtern umstellt«.[639]

Castiglione wußte sehr wohl, daß das Porträt das Angedenken an eine Person bewahrt. So verfaßte er ein Gedicht, in dem er seine junge Frau über die Abwesenheit ihres Mannes klagen läßt, denn alleine das Bild von ihm blieb ihr als Ersatz.[640] Er hat auch sein Buch *Il Libro del Cortegiano*, um das es im folgenden gehen soll, als ein Porträt verstanden, das das Gedenken an die Toten wachhalten sollte. [641] In seiner 1527 abgefaßten Widmung an Don Michel de Silva, den Gesandten des portugiesischen Königs beim Vatikan, schreibt er, daß er ihm dieses Buch als ein Porträt des Hofes von Urbino schenke. Die Mitglieder des Hofes seien tot, und er wolle ihn mit diesen Toten bekannt machen. Er selbst werde traurig, wenn er an die vergangenen Zeiten in Urbino denke.

Der elegische Ton der Widmung verweist uns auf den melancholischen Blick Castigliones auf dem Porträt Raffaels. Angesichts der Nichtigkeit des Lebens in Hinblick auf den Tod hat er in Worten ein Porträt des Hofes von Urbino hinterlassen, an dem er die glänzendste Zeit seines Lebens verbracht hat.

Baldesar Castiglione wurde am 6. Dezember 1478 in Casatico in der Nähe von Mantua geboren. Zwar war er von adeliger Herkunft, doch nicht anders als Petrarca oder Alberti litt er ein Leben lang unter Geldsorgen, da seine Familie nicht vermögend genug war, ihm einen angemessenen Lebensstil zu finanzieren. Er erhielt eine gründliche Ausbildung in Latein und Griechisch und kam mit

16 Jahren an den Mailänder Hof der Beatrice d'Este und des Ludovico Sforzas (il Moro).[642] Castiglione befand sich in Begleitung seines Verwandten Giovanni Stefano da Castiglione, der im Februar Castigliones Vater in einem Brief mitteilte, wie hochgeschätzt sein Sohn sei und welch große Fortschritte Baldesar im Erlernen des höfischen Dienstes mache. Dieser Brief ist das erste Zeugnis der erfolgversprechenden Höflingstalente des jungen Baldesar.

1499 sollte ein bedeutsames Jahr für den Fürstendiener, aber auch für Italien werden. Im März starb Castigliones Vater, und er sah sich gezwungen, nach Mantua zurückzukehren. Als neues Familienoberhaupt mußte er die Träume von gewichtigen diplomatischen Missionen gegen das Schlichten kleinlicher Familienangelegenheiten eintauschen, und er wurde von dem prächtigen, geistreichen Hof der Sforza an den kleineren des Francesco Gonzaga verschlagen. Im Oktober 1499 wohnte er als Angehöriger des Mantuaner Hofes dem Einzug des französischen Königs Ludwig XII. in Mailand bei. Der Einmarsch der Franzosen in Oberitalien bedeutete nicht nur das Ende der Herrschaft des Ludovico Sforza, der auf die falsche Karte beim diplomatischen Spiel gesetzt hatte, sondern auch den Beginn der unglückseligen Invasionen ausländischer Mächte auf der Appeninnenhalbinsel.

»The military alliances which ranged against him had proved too much even for Ludovico Sforza's politics of intrigue, and he had been forced to flee from Milan before the French arrived. The departure of il Moro meant the disappearance of the great cultural attractions of the Lombard court and the dispersal of the host of talents which Ludovico had welcomed there.«[643]

Der Einundzwanzigjährige mag das Ende des glanzvollen Italien gespürt haben, als er, durch schicksalshafte Umstände auf die andere Seite geraten, den Franzosen huldigte. In einem Schreiben an seinen Schwager Jacobo Boschetto überdenkt Castiglione seine Situation. Er bezeichnet darin den untergegangenen Sforza-Hof als Gaststätte der Blüten des menschlichen Geistes und beklagt das gewaltsame, unzivilisierte Verhalten der französischen Soldaten den Frauen Mailands gegenüber. Der einstmals strahlende Hof, an dem er seine Lehrzeit als Höfling begonnen hatte, war nun zum Schauplatz von wüsten Trinkgelagen geworden. Da jedoch sein neuer Fürst Francesco Gonzaga ein Verbündeter der Franzosen war, gehörte Castiglione zu denjenigen, die die Vertreibung seines einstigen Herrn zu bejubeln hatten. Dies war seine erste Übung in der politischen Geschmeidigkeit des Höflings.

1503, auf dem Rückweg von einer diplomatischen Mission in Neapel, begegnete er in Rom dem Herzog Guidobaldo da Montefeltro und dessen Gattin, der Herzogin Elisabetta Gonzaga. Der Herzog forderte ihn auf, ihm an seinen Hof in Urbino zu folgen. Dies war ein reizvolles Angebot für den ehrgeizigen Höfling, denn er konnte auf diese Weise seinem ungeliebten Fürsten die Gefolgschaft aufkündigen und an einem Hof leben, wo nicht nur seine ohnehin nur gering ausgeprägten militärischen Kennnisse gefragt waren.[644] Zudem lebten in Urbino viele der einstigen Berater Ludovico Sforzas, und Castiglione nahm das Angebot an. Guidobaldo bat seinen Schwager um die Freigabe Castigliones. Das Antwortschreiben Francesco Gonzagas fiel denkbar knapp aus: »Wenn Baldesar de Castiglione entschieden hat, in Euern Dienst zu treten (...), sind wir es zufrieden. Wir werden immer bereit sein, Euch in jeder gewünschten Form Genüge zu tun.«[645] Seinen Wechsel an den Hof von Urbino bezahlte Castiglione mit dem Einreiseverbot nach Mantua. Dies war Castigliones Lektion, daß der Höfling nicht ungestraft seinen Fürsten verlassen darf.

Castiglione befand sich auf der Höhe seines Lebens. Er war ein gebildeter, gefälliger, mit diplomatischem Geschick begabter Mann, der seinem Fürsten zu Diensten sein wollte und danach strebte, eine herausragende Position bei Hofe einzunehmen. In Urbino fand er Zeit, sich seiner Bildung zu widmen, und er begann seinen politischen Einfluß zu erproben. So war er nicht unbeteiligt an der Wahl von Sigismondo Gonzaga zum Kardinal und brachte seinen Bruder in dessen Gefolge unter. 1506 brach er nach England auf, um für seinen Fürsten den ihm zuerkannten Hosenbandorden entgegenzunehmen. Er war ein willkommener Gast am italophilen englischen Hof und kehrte im Februar 1507 nach Italien zurück, gerade rechtzeitig, um den Aufenthalt des Papstes in Urbino mitzuerleben. Dies ist insofern bedeutsam, als Castiglione den Beginn seines Buches auf den Abend des päpstlichen Abreisetages legte.

1508 starb Guidobaldo, und Nachfolger wurde Francesco della Rovere, um dessen Ruf es nicht zum Besten stand. Della Rovere übernahm das Amt seines toten Ziehvaters als Oberkommandierender der päpstlichen Truppen, und die Zeit der geistigen Bildung und unblutigen Intrigen war für Castiglione vorüber. Erneut fand sein Dienst bei einem »guten« Fürsten ein abruptes Ende, er war gezwungen, sich mit unliebsamen militärischen Fragen zu befassen, und litt zudem unter Geldnöten. Im Dienste Francescos hatte er gar einen Mord zu rechtfertigen, und Roger Willemsen mutmaßt, er habe andere, sogar verräterische Aufgaben außerdem übernommen. Castiglione hat uns darüber keinerlei Hinweise hinterlassen, und er befolgte seine Lektion, daß ein Höfling nicht der Kritiker des Fürsten, sondern dessen getreuer Diener zu sein habe.

1513 wird er für seine Treue belohnt, und er bekommt den Grafentitel verliehen. Castiglione zieht nach Rom, wo er als Gesandter Urbinos am Hofe des neugewählten Papstes Leo X. weilt. Fasziniert von der Stadt, beginnt er, petrarkistische Verse zu verfassen und wandelt mit seinen Freunden durch die Ruinen. In Rom schließt er mit Raffael, Michelangelo, Pietro Bembo und Alfonso Ariosto Bekanntschaft, und er beginnt mit der Arbeit an seinem Buch über den Hofmann. Die Anregung dazu soll von Ariost stammen, dem er das Buch auch ursprünglich widmen wollte.

Im Juni 1516 verlor sein Fürst das Oberkommando über die päpstlichen Truppen, wurde exkommuniziert und ging all seiner Ämter verlustig. Er floh samt der Herzogin nach Mantua, wohin ihnen Castiglione folgte. 1516 beschließt Castiglione, nach über zwanzig Ehevorschlägen seiner Mutter, die fünfzehnjährige, wohlhabende Ippolita Torelli zu heiraten. Die Ehe wird als glücklich geschildert, und in Mantua führte Castiglione drei Jahre lang ein beschauliches Leben im Kreise seiner Familie. Er widmete sich der Abfassung seines Buches, dessen erste Fassung er 1518 an Pietro Bembo schickte. 1520 starben sein Freund Raffael und seine Frau Ippolita, die ihm drei Kinder hinterließ. Castiglione empfing die niederen Weihen, lebte fortan in Rom und überließ die Erziehung der Kinder seiner Mutter.

Seine letzte Mission führte ihn 1525 als päpstlichen Nuntius an den Hof Karls V. nach Madrid. Als er die Nachricht vom Tode der Herzogin Elisabetta erhielt, beschloß er, sein Buch zu veröffentlichen. Seine Entscheidung kam nicht zuletzt dadurch zustande, daß er von an den Fürstenhöfen kursierenden Abschriften seines *Hofmannes* erfahren hatte. Im November 1527 ging *Il Libro del Cortegiano* in Druck.

1527 erschütterte das »Sacco di Roma« die abendländische Christenheit. In Rom wüteten deutsche Landsknechte, und der Papst wurde gefangengenommen. Castigliones Rolle in dieser Angelegenheit ist umstritten, und es kursierten Gerüchte, er sei nicht unschuldig am Verrat des Papstes gewesen. Castiglione reagierte auf diese Anschuldigungen, indem er keinerlei kaiserliche Huldigungen mehr entgegennahm und sich ganz in den Dienst der Kurie stellte. Die Belohnung dafür ließ nicht lange auf sich warten, und kurz vor seinem Tode wurde er Bischof von Avila.

1529 starb Baldesar Castiglione, und anläßlich der Beisetzungsfeierlichkeiten im Dom von Toledo wurde ihm doch noch kaiserliche Gunst zuteil: Karl V. sprach die berühmt gewordenen Worte »Meine Herren, einer der besten Kavaliere der Welt ist gestorben.«

Das Buch

Karl V., der Kaiser, in dessen Reich die Sonne nie unterging, hatte angeblich neben seinem Bett die Bibel, Machiavellis *Il principe* und *Il Libro del Cortegiano* liegen. Castigliones Buch wurde zu einem Bestseller des 16. Jahrhunderts, und Erich Loos[646] zufolge erschienen allein bis 1600 über 50 Auflagen und Übersetzungen in verschiedenen Sprachen.[647] Das Buch umfaßte ursprünglich in klassischer Manier drei Kapitel, das vierte und in diesem Falle vielleicht sogar entscheidende Kapitel wurde von Castiglione nachträglich hinzugefügt.

Castiglione wählte die einzelnen Personen, die in seinem Buch zu Worte kommen, so aus, daß sie ihrer Herkunft und Sprache nach einen Querschnitt durch Italien ergaben.[648] Die dargestellten Damen und Herren kamen aus Mantua, Verona, dem Piemont, den Abruzzen, Süditalien, Genua, der Adriaküste, Venezien, Florenz und Rom.

Castiglione machte viele Anleihen bei antiken Autoren. Da er vor allem Cicero nachahmen wollte, griff er an über 150 Stellen auf diesen zurück. Wayne A. Rebhorn geht in seinem Buch *Courtly Performances* auf die Ähnlichkeiten zwischen Platos *Symposion* und dem *Hofmann* ein, und J. R. Woodhouse und Eduardo Saccone[649] weisen auf die aristotelischen Wurzeln des Buches hin. Erich Loos führt als weitere Quellen Castigliones Plutarch und Marsilio Ficino an, während Thomas M. Greene[650] behauptet, Castiglione habe sich bei der Wahl seines Schauplatzes und bei der Zusammensetzung des abendlichen Kreises an Boccacccios *Decamerone* orientiert. Die Kenntnis und die Kunstfertigkeit im Umgang mit den Worten dieser Autoren verweisen auf den hohen Bildungsgrad Castigliones.

Das Buch beginnt mit einer im Stil der Zeit selbstgefälligen Einleitung des Autors. Die folgenden vier Kapitel sind unterschiedlich lang und haben verschiedene Themen. Der Aufbau ist jedoch immer derselbe: Nach einigen einführenden Bemerkungen aus dem Off wird der Leser in den Saal geleitet, wo sich die illustre Gesellschaft bereits versammelt hat. Er lauscht sodann deren gelehrtem und vergnüglichem Gespräch. Insgesamt sind dreiundzwanzig Personen versammelt, von denen jedoch nur zehn zu Wort kommen.[651] Diese Ausgestaltung verweist uns bereits auf ein wichtiges Element des höfischen Lebens: ohne Publikum gibt es keinen Glanz.

Szenische Dramaturgie – Der Ort, die Figuren und das Spiel

»An den Abhängen des Appenin liegt, fast in der Mitte Italiens, dem Adriatischen Meere zu, wie jeder weiß, die kleine Stadt Urbino; obwohl sie zwischen Bergen ruht, die vielleicht nicht so lieblich sind wie viele andere, ist ihr der Himmel doch günstig gewesen und das Land ringsumher äußerst fruchtbar und reich an Erträgen, so daß man außer der gesunden Luft in Fülle alles findet, was zum menschlichen Leben nötig ist.«[652] Mit diesen zurückhaltenden Worten führt uns Castiglione in Urbino, der Stadt des Geschehens, ein. Herzog Federico, »der zu seinen Lebzeiten eine Leuchte Italiens war«, suchte sich als rechter Humanistenfürst seine Unsterblichkeit durch Bücher und Bauwerke zu sichern. So ließ er die Natur bezwingen und baute »in der herben Gegend Urbinos einen Palast, der nach Ansicht vieler der schönste ist, der sich in ganz Italien findet«.[653] Dort brachte er nicht nur die luxuriösen Dinge des höfischen Alltags wie Wandbehänge, Silberbesteck und Bronzefiguren, sondern auch seine Sammlung wertvoller Gemälde, Musikinstrumente und Bücher unter. Seine Bücher, die die Worte der antiken Autoren enthielten, ließ er in Gold und Silber binden, »weil er sie für das Vortrefflichste in seinem großartigen Palast hielt«.[654]

In diesem Palast trifft an einem Abend im März des Jahres 1507 eine höfische Abendgesellschaft zusammen, deren Gespräche in scheinbar protokollierter Form als das *Buch vom Hofmann* vorliegen. Die edlen Damen und Herren kamen im sogenannten »Sala delle Veglie« (Saal der Nachtwachen), der zu den Räumen der Herzogin Elisabetta gehörte, zusammen. Elisabetta war die Ehefrau des Fürsten Guidobaldo, welcher der Sohn des Palasterbauers war. Für das fürstliche Paar findet Castiglione ausschließlich lobende Worte. Guidobaldo scheint ihm so vortrefflich zu sein, »so daß man unter den vortrefflichen Taten Herzogs Federicos keine für größer hielt als die, einen solchen Sohn gezeugt zu haben«[655], und über Elisabetta will er nicht viel Worte verlieren, da ihre hervorragenden Eigenschaften allen bekannt seien.

Die Herzogin verstand es, eine illustre Gesellschaft um sich zu versammeln, und war der Abend gekommen, so trafen sich bei ihr die Damen und Herren des Hofes zu Tanz, Musik und vergnüglichen Spielen. An den »Sala delle Veglie« schlossen sich die Privatgemächer der Herzogin an, was zu bedeuten hat, daß ihr Rückzug gesichert war. Ihre Gemächer gehörten zum nicht-politischen Teil des Hofes, und bei ihr traf man sich auf gesellschaftlichem Parkett. Auf diesem hatten sich die geladenen Herren nicht nur als mutige Kämpfer und geschickte Taktiker, sondern auch und vor allem als Kavaliere den Damen gegenüber zu erweisen. Die Herzogin selbst hielt sich vornehm im Hintergrund. Sie erschien jeden Abend ohne ihren Gatten, da dieser schwerkrank war und früh zu Bett ging. Alle Versammelten liebten und verehrten sie. Castiglione hat ihre Figur geschickt aufgebaut, denn die Abwesenheit des Fürsten und die stoische Größe, mit der sie das Leben an der Seite eines Schwerkranken erträgt, verleihen ihr Majestät und schaffen Distanz. Sie ist die unberührbare Ehefrau des impotenten Fürsten und damit das ideale, ferne und reine Objekt der Begierde der Höflinge.

Das Buch beginnt an dem Abend nach der Abreise des Papstes Julius II., welcher ein Freund des Fürsten war und diesen auch finanziell unterstützte. Wie ich bereits erwähnt habe, weilte Castiglione entgegen seinen Angaben zu diesem Zeitpunkt nicht in England, sondern war bei Hofe anwesend. Man befand sich aufgrund der dem Hofe zuteil gewordenen Ehre in gehobener Stimmung, und die edelsten Damen und Herren bildeten die abendliche Gesellschaft. Castiglione zählt unter anderem auf: Pietro Bembo, den bedeutenden Humanisten aus Venedig; Graf Ludovico da Canossa aus Verona, der mit Raffael und Erasmus von

Rotterdam befreundet war; Bernard Bibbiena, einen mit den Medici befreundeten Humanisten, der später Kardinal wurde; Giuliano de' Medici, den Sohn des Lorenzo il Magnifico; Federico Fregosa, der den Weg vom Soldaten zum Kardinal ging und ein Wegbereiter der Gegenreformation war; Nicolo Frisio, einen Diplomaten, der für Isabella d'Este Antiken besorgte; Unico Aretino, einen an vielen Höfen beheimateten Dichter; Cesare Gonzaga, Soldat, Diplomat und ein Freund Castigliones; Ottaviano Fregosa, der bei Machiavelli und Guicciardini lobend als Heerführer Erwähnung findet; die Herzogin und Signoria Emilia Pia, die gerühmte Witwe des fürstlichen Bruders.

Es war die Letztgenannte, die an dem bewußten Abend auf Geheiß der Fürstin das Gespräch eröffnete.

»Edle Herrin, da es Euch nun einmal gefällt, daß ich mit den Spielen dieses Abends beginne, und ich billigerweise nicht verfehlen kann, Euch zu gehorchen, beschließe ich, ein Spiel vorzuschlagen, durch das ich nach meiner Meinung wenig Tadel erfahren und noch weniger Mühe haben dürfte. Und zwar möge jeder nach seinem Belieben ein noch nicht gespieltes Spiel vorbringen; man wird dann dasjenige wählen, das am würdigsten erscheint in dieser Gesellschaft ausgeführt zu werden.«[656]

Die kluge Emilia, die nach diesen Worten von der Herzogin zu ihrer Stellvertreterin ernannt wurde, forderte nun die Herren auf, ihre Vorschläge einzubringen.

Schon in dieser Eröffnungssentenz wird deutlich, daß bei Hof eine andere Zeit herrscht als im städtischen Bürgerhaus. Man hat dort Zeit, über ein Spiel zu beraten, mit dem man angenehm die Zeit zu verbringen gedenkt.

Nach Johan Huizinga[657] wird das Spiel durch drei Komponenten gekennzeichnet. Alles Spiel ist zunächst freies Handeln, sodann ist das Spiel nicht das gewöhnliche oder eigentliche Leben, und schließlich findet es immer in einem abgeschiedenen und begrenzten Rahmen nach bestimmten Regeln statt. Alle drei Komponenten treffen auf die geschilderte Hofgesellschaft zu. Der Platz des Spieles ist der Saal der Herzogin, der durch seinen ausdrücklich nicht-alltäglichen Gebrauch die ideale Spielstätte darstellt. Die Dauer des Spiels ist auf einen Abend beschränkt, so lange, bis die Damen beschließen, daß die Herren müde sind. Die Spielteilnehmer stimmen bestimmten Regeln zu, zu denen nicht zuletzt der Vorsitz durch eine Frau gehört. Emilia Pia, die diese Position einnimmt, wird von Castiglione als realitätstüchtige, schlagfertige Frau gezeichnet. Sie verkörpert den Typus der ehrbaren Witwe und ist als solche keine Konkurrenz zur Herzogin. Des weiteren gibt sie sich lebenserfahren, was bedeutet, daß die Herren nicht fürchten müssen, daß sie allzu schnell und allzu häufig rot wird.

Das Spiel und die Anwesenheit der beiden Geschlechter erzeugen eine ernste und zugleich eine heitere Atmosphäre. Heiter insofern, als die Teilnehmer sich auf vergnügliche Stunden freuen, und ernst durch den Wettkampf um Bildung und Menschlichkeit, der sich hinter dem Spiel verbirgt. Wer gegen die Regeln verstößt, darf bestraft werden. Man muß es verstehen, die Balance zu halten zwischen engagiertem Spieleifer und nicht zu leidenschaftlicher Teilnahme.

Auf Emilias Aufforderung hin werden sieben Spielvorschläge gemacht. Diese reichen von der Aufzählung der Tugenden und Fehler der geliebten Person über Vermutungen, warum Frauen Mäuse hassen und Schlangen lieben, bis hin zu der Aufforderung, einen Teilnehmer auszuwählen »und ihm den Auftrag zu erteilen, mit Worten einen vollendeten Hofmann zu schildern, indem er alle Bedingungen und besonderen Eigenschaften erklärt, die für den erforderlich sind, der diesen Namen verdient«.[658]

Die vorgeschlagenen Fragen und Spiele erinnern Thomas M. Greene an die provençalischen Liebeshöfe. »The tradition has its source, as far as we know, in the medieval cours d'amour and the Provencal jocs partitz, which latter institution confronted two poets arguing opposed solutions to a subtle question drawn from the codified doctrine of fin amors.«[659] Emilia Pia entscheidet sich für den Vorschlag Nummer sieben, für die Schilderung des perfekten Hofmannes. Sie entscheidet sich damit gegen die polemisch-kasuistische Behandlung von Liebesfragen und bietet den Herren die Möglichkeit, ihr Wissen über die Antike vorzuführen, aus ihrer Lebenserfahrung zu schöpfen und damit den abendlichen Kreis zur Selbstdarstellung zu nutzen. Die »edelsten Geister« sind aufgefordert, sich ihrer selbst zu besinnen, und die Vorsitzende weist Ludovico da Canossa an, mit der Definition des idealen Hofmannes zu beginnen.

Graf Ludovico da Canossa nennt als erste Anforderung an den idealen Hofmann dessen adelige Abstammung, mit anderen Worten: dessen edles Blut. Sein Titel sei gleichsam das Kapital, das ihm seine Vorfahren hinterlassen haben, und ein Hofmann von edlem Geblüt werde alles tun, um seinen Namen nicht zu beschmutzen, sondern ihn in Ehren zu halten. Der »Glanz des Adels« liegt über seinen Taten, ein Glanz, den die Nichtadeligen nie erreichen werden. Des weiteren will da Canossa, daß der Hofmann sowohl von seiner äußeren Erscheinung als auch seinem Wesen nach eine schöne und liebenswürdige Erscheinung sei.

Ihm widerspricht Signor Gaspar Pallavicino, für den allein der Adel des Geistes und nicht der Adel des Blutes zählt. Für ihn ist der Adelstitel, da man ihn nicht persönlich erwirbt, nicht unbedingt ein Vorzug dessen, der ihn trägt. Der Graf leugnet im folgenden nicht, daß Nichtadelige über dieselben Tugenden wie die Adeligen verfügen können, doch scheint ihm das adelige Blut für den idealen Hofmann vor allem bedeutsam »wegen der allgemeinen Meinung, die jeder ohne weiteres mit dem Adel verbindet«.[660]

Er wendet sich sodann den »Einzelheiten« der Hofmannskunst zu. Unabdingbar ist für den idealen Hofmann, daß er das Waffenhandwerk »eifrigst« ausübt. So wie die Frauen es vermeiden müssen, daß ihre Ehrbarkeit angezweifelt werde, so darf man niemals über den Hofmann munkeln hören, er sei feige. Er muß treu und mutig sein und ein Gefühl dafür haben, wann der rechte Zeitpunkt gekommen ist, seine Kühnheit zur Schau zu stellen. So kann er das Säbelrasseln in Damengesellschaft getrost bleibenlassen und statt dessen seine charmante Seite hervorkehren. Seinen Feinden gegenüber, wenn es um das Vergießen von Blut geht, muß er wagemutig und streng sein; in Gesellschaft dagegen, wenn kluge Worte getauscht werden, muß er sich als menschlich und bescheiden erweisen. Vor allem hat er sich vor zu großem Eigenlob zu hüten, und er muß es verstehen, seine kühnen Taten nur beiläufig zu erwähnen, »als ob gar nichts weiter übrigbliebe, als sie vorzubringen und, indem man das eigene Lob zu meiden scheint, es doch auszusprechen«.[661] Nach da Canossa muß der ausgezeichnete Mann genau wissen, wann er und mit wem er von sich spricht. Eine kühne Tat, die bescheiden erzählt wird, erzielt eine größere Wirkung als eine Prahlerei.

Bernardo Bibbiena, der sich selbst für einen schönen Mann hält und nur hinsichtlich seiner Beine Zweifel hegt, will sodann erfahren, wie der Körper des Hofmannes beschaffen sein soll. Die Antwort ist, daß er vor allem nicht »weich und weibisch« sein darf, daß er lieber kleiner als zu groß gewachsen sein soll und daß er »Kraft, Leichtigkeit und Gewandtheit zeige«[662], die man sich durch kriegerische Übungen erwirbt. Der Höfling soll im Ringkampf erfahren und ein guter Reiter sein. Er soll die Jagd lieben, »da sie eine gewisse Ähnlichkeit mit dem Krieg hat«.[663] Unerläßlich sind für ihn das Ballspiel, das Schwimmen, das Laufen und das Werfen von Steinen.[664] Seine körperlichen Ertüchtigungen soll er mit Anmut verrichten und nie an einen Gaukler oder Possenreisser erinnern. So darf der Höfling zwar scherzen, tanzen und lachen, doch stets muß er sich seiner Würde und seiner Position bewußt sein.

Cesare Gonzaga will wissen, wie man diese geforderte Anmut erlangen könne. Der Graf bekennt daraufhin seinen Glauben an den Wert der Erziehung. Der Schüler muß »allen Eifer aufwenden, um sich dem Lehrer anzugleichen und, wenn dies möglich wäre, sich gleichsam in ihn zu verwandeln«.[665] Auch muß er darauf achten, nur die vortrefflichsten Männer als Lehrer auszuwählen und nachzuahmen.

Des Hofmanns Anmut entsteht aus einer gewissen Lässigkeit, die daher rührt, »daß das, was man tut oder sagt, anscheinend mühelos und fast ohne Nachdenken zustande gekommen ist«.[666] Das Kunstvolle des hofmännischen Verhaltens darf sich nicht als Kunst zu erkennen geben, sondern soll als Natur erscheinen. »Man kann daher sagen, daß wahre Kunst ist, was keine Kunst zu sein scheint; und man hat seinen Fleiß in nichts anderes zu setzen, als sie zu verbergen.«[667]

Der Hofmann muß die Kunst der kalkulierten Worte beherrschen und wissen, wann toskanische oder französische Worte angebracht sind. Daraufhin entzündet sich ein Streitgespräch darüber, ob man die Ausdrucksweise seiner Zeit gebrauchen oder aber wie zu Petrarcas Zeiten sprechen soll. [668] Die Vorsitzende macht dem unfruchtbaren Gespräch ein Ende und weist die Herren darauf hin, daß sie über den Hofmann und nicht über Dialekte disputieren sollen. Man einigt sich in bezug auf die Sprache des Hofmanns darauf, daß er neue Worte schöpfen können muß, daß er in klaren Worten komplizierte Inhalte darzulegen und mit seinen Worten Leidenschaften zu entfachen und Interessen zu wecken.

Der Graf wendet sich erneut gegen jede Art von Künstelei und verwendet zur Illustration das beliebte Beispiel von der geschminkten Frau. Er rühmt diejenigen Frauen, die es verstehen, sich so herzurichten, daß kein Zweifel an ihrer Natürlichkeit besteht. Diese tugendhaften Wesen erkennt man an ihrer Schamröte, die nicht unter der Schminke verborgen bleibt. Er schwärmt für die lässige und beiläufige Enthüllung der weiblichen Reize und entfaltet bei seinen Beschreibungen das erotische Empfinden eines Voyeurs, der die zufällige Enthüllung der Hände oder der Füße seiner Geliebten ersehnt.

Nach dieser gekonnten Abschweifung in die Welt der Sinne und der erotischen Reize wendet sich da Canossa der hofmännischen Herzensgüte zu. »Außer der Güte aber, meine ich, sind der wahre und hauptsächliche Schmuck des Herzens bei jedem die Wissenschaften.«[669] Es entspinnt sich ein Gespräch darüber, daß es gerade den Franzosen an dem Adel der Wissenschaften fehlen würde und dieselben nur den Adel der Waffen pflegten. Magnifico Juliano preist jedoch Monsignor d'Angolem, den späteren Franz I., der dafür Sorge tragen wird, daß auch die Wissenschaften wieder in Frankreich gepflegt werden.[670] Nach diesem Kniefall vor dem König der Franzosen läßt Castiglione den Grafen den Beweis seiner Gelehrsamkeit antreten. Da Canossa führt allerlei berühmte Männer an, die sowohl die Wissenschaften als auch die Waffen ehrten. »Wer aber die Wonne der Wissenschaft nicht fühlt, kann auch nicht wissen, wie groß die Erhabenheit des von ihnen für lange Zeit bewahrten Ruhmes ist, und er mißt diesen allein an dem Lebensalter eines oder zweier Menschen, weil er darüber hinaus keine Erinnerung hat.«[671] So soll der Hofmann gebildet sein und Verse auf Latein und Griechisch verfassen können. Den Konflikt »arma litterae«, den Konflikt also zwischen Worten und Blut, löst Castiglione dergestalt, daß er die Verbindung von beidem als das Ideal des Höflings bezeichnet: »... daß es sich für niemanden mehr als für einen Kriegsmann schickt, gebildet zu sein; daß diese beiden Bedingungen bei unserem Hofmann miteinander verbunden seien und die eine durch die andere unterstützt werde, was höchst angemessen wäre, möchte ich wohl.«[672]

Aber der Hofmann soll nicht nur gebildet, kriegerisch, tugendhaft und tapfer, sondern auch künstlerisch begabt sein. Dazu gehören das Spielen verschiedener Musikinstrumente, das Singen und das Zeichnen.[673]

Das Gespräch wird unterbrochen durch die Ankunft des Präfekten Francesco Maria della Rovere, der seinen päpstlichen Onkel ein Stück des Weges begleitet hatte und sich nun zu der vornehmen Runde gesellte. Da der Abend jedoch bereits fortgeschritten war, beschloß Emilia Pia, das Gespräch zu beenden, und erteilte Federico Fregosa den Auftrag, bei der morgigen Zusammenkunft über die von de' Medici gestellte Frage, »auf welche Weise der Hofmann jene guten Eigenschaften anzuwenden habe«[674], zu referieren. Die abendliche Gesellschaft wandte sich sodann »nicht so anspruchsvollen Vergnügungen« zu, und die Herzogin forderte die Damen auf zu tanzen.

Bereits im ersten Kapitel macht Castiglione deutlich, daß es bei der Ausgestaltung des idealen Hofmannes um die Verbindung des Blutes mit den Worten geht. Im Italien des Cinquecento erlebte die aristokratische Kultur an den Höfen der Renaissancefürsten eine Blüte. Nach Alfred von Martin verbanden sich auf dem höfischen Parkett das humanistische und das adelige Ideal, also nach meiner Terminologie die Worte und das Blut. Für den Sprecher des ersten Abends, Graf da Canossa, ist niemand mehr dazu prädestiniert, die edle Natur des Menschen zu verkörpern, als der Adelige, der edles Blut in seinen Adern hat. Doch der Edelmann muß zudem die Worte der antiken Autoren kennen und schätzen, um ein idealer Hofmann genannt werden zu können.

»In dem neuen gesellschaftlichen und ästhetischen Idealtyp des ›Hofmannes‹ (cortegiano) tritt uns der neue ›Ritter‹, der zugleich ein Weltmann und in jedem Sinne ›gebildet‹ sein muß, als der vollendete Seigneur im Vollbesitz einer ›urbanen‹ Kultur entgegen. (...) Der Hof vermittelt zwischen der neuen Kultur und der alten Feudalität.«[675]

Auf diesem Hintergrund ist die erste an den Hofmann gestellte Anforderung, nämlich adelig zu sein, zu verstehen. Castiglione läßt jedoch auch einen Vertreter des Adels der Worte, also der Erziehung, sprechen. Den Konflikt zwischen dem Adel des Blutes und dem Adel des Wortes entscheidet Castiglione, indem er beides miteinander verbindet und sein idealer Hofmann ein adeliger Liebhaber der Worte ist.

Der am ersten Abend geschilderte Hofmann muß es vor allem verstehen, den Takt zu wahren. Als Fürstendiener ist er bemüht, nie in den Ruch zu geraten, zu seinem Fürsten in Konkurrenz treten zu wollen. Es muß ihm dennoch mit wohldosierter Zurückhaltung gelingen, seinen Ruf als kühner Kämpfer zu verbreiten, und im Unterschied zum mittelalterlichen Ritter, der sich eines Herolds bediente, muß der Höfling des Cinquecento von sich selbst sprechen können. Dieses Sprechen über sich selbst bedarf jedoch eines gewissen Taktgefühls, das den Fürstendiener als einen höflichen Helden hervorhebt.

Der vom Kriegshandwerk geprägte Körper des Höflings weist ihn als einen aus, der allzeit bereit ist, Angriffe abzuwehren, und der es versteht, auf Gefahren zu reagieren. Der Höfling soll von schöner Gestalt und angenehmen Wesen sein, was bedeutet, daß die Natur bereits eine Vorauswahl für den erlauchten höfischen Kreis getroffen hat.

So verbindet sich in der Figur des Hofmannes der erfahrene Kämpfer, der seinen Mut im Blutvergießen der Feinde beweist, mit dem Liebhaber der antiken Autoren, der sich von deren Worten zu neuen Heldentaten anreizen läßt. »Immortality and glory are conferred by great literature, and reading about great heroes stimulates a man to glory even centuries after their death.«[676] Der ideale Hofmann darf nicht aufhören, sich im Training des Krieges, des Blutvergießens und dem Studium der Worte zu üben.

Dem Hofmann sollen seine angelernten, kunstvoll eingeübten Verhaltensweisen zur zweiten Natur werden. Das drastische Beispiel von der geschminkten Frau ist nicht nur eine Ermahnung an die Damen, sondern richtet sich auch direkt an die Männer. »To use the words of Count Ludovico, Castiglione's spokesman in Book I, the courtier's mask is just like his ideal lady's make-up: it is not smeared on in thick layers that seem to cover her face with a wooden mask and turn her into a statue; rather, it is applied sparingly, so that it moves freely with the changing expressions of her face and appears a natural part of it.«[677] Er soll sich zu einem naturgetreuen Kunstwerk gestalten.

Der Hofmann muß die Kunst der angestrengten Zurückhaltung und der gefälligen Aufmerksamkeitshascherei perfekt beherrschen. Castigliones Ideal ist nicht der uomo universale, der uns in Alberti begegnet ist und der all seine vortrefflichen Tugenden zur Schau stellen will. Der Hofmann des Cinquecento ist vielmehr um kalkulierte Mittelmäßigkeit bemüht. Er ist vortrefflich, weil er von allen vornehmen Beschäftigungen etwas versteht, und er fällt alleine auf durch sein maßvolles Understatement. Der Hofmann darf den Einklang der höfischen Pracht nicht stören, er muß den Takt kennen und zu wahren verstehen. Seine kalkulierte Mittelmäßigkeit verschafft dem Höfling eine gewisse Beweglichkeit, und wie er diese einzusetzen verstehen muß, erfahren wir am zweiten Abend.

Der zweite Abend

Nach einer Einleitung des Erzählers, in der dieser darlegt, daß die heutigen Zeiten nicht weniger gut oder schlecht seien, als die von den Alten gepriesenen Zeiten es waren, wendet er sich erneut der Urbiner Hofgesellschaft zu. Er berichtet, man habe während des ganzen Tages im Palast über das Gespräch des vorangegangenen Abends disputiert, und von daher fand sich am zweiten Abend eine größere Gesellschaft als üblich in den Gemächern der Herzogin ein und wartete begierig darauf, daß das Gespräch über den idealen Hofmann beginnen möge.

Federico Fregosa eröffnete die abendliche Runde, indem er dem Grafen da Canossa zustimmte, was Adel, Geist, Anmut und Bildung des Höflings anbelangt. Doch muß der solchermaßen Bevorzugte nach Fregosa auf der Hut vor Neidern sein. »Es ist daher nötig, daß unser Hofmann bei jeder Handlung vorsichtig sei und das, was er sagt oder tut, mit Klugheit begleite.«[678] Seine kluge Lebensführung erkennt man daran, »daß das Ganze den Teilen entspricht und man ihn stets und bei allem als so beschaffen erkennt, daß er nicht mit sich selbst uneinig ist, sondern aus allen diesen guten Eigenschaften einen einzigen Körper bildet«.[679] Fregosa führt die Methode des Malers als Beispiel an, der sein Bild dergestalt konstruiert, daß es ein gelungenes Ganzes ergibt und Licht, Schatten, Figuren und Farben sich gegenseitig ergänzen und betonen.

Des weiteren nennt er zwei wichtige Prinzipien, die der Hofmann seinem Verhalten zugrunde legen muß: Er muß erstens – wie bereits am Abend zuvor erwähnt – jede Künstelei vermeiden und soll wegen seiner Gelassenheit bewundert werden; und zweitens muß er sich immer vergegenwärtigen, mit wem er über was spricht und welches dabei sein Ziel ist. Die Vorführungen seiner Vortrefflichkeit sollten sorgsam dosiert sein, was für einen Tanz auf dem höfischen Parkett ebenso gilt wie für einen mutigen Kampf zu Pferde.

Der Hofmann muß es verstehen, mit den Männern anders umzugehen als mit den Damen. Für den Umgang mit beiden Geschlechtern gilt, daß, »wenn er etwas berühren will, das sein eigenes Lob betrifft, so wird er es verhüllt, wie zufällig und im Vorbeigehen tun«[680], und Zurückhaltung und Behutsamkeit werden ihn dabei leiten.

Sodann wendet sich Fregosa dem Verhalten des Hofmannes gegenüber dem einfachen Volke zu. Er darf niemals in den Verdacht geraten, sich ernsthaft mit den Bauern messen zu wollen. »Wer aber mit den Bauern ringen, laufen und springen will, muß es nach meiner Meinung in der Weise tun, daß er sich, wie man zu sagen pflegt, nur aus Höflichkeit erproben will, nicht aber, um mit ihnen in Wettstreit zu treten.«[681]

Ein weiterer Faktor, den der Hofmann bei seinem Verhalten zu berücksichtigen hat, ist der seines Alters. So ziemt es sich für einen alten Hofmann nicht, zu tanzen oder Liebeslieder zu singen, und ein junger Hofmann, der weise wirken will, erscheint Fregosa gar lächerlich. Er erteilt den Versammelten den Rat, daß man im Alter »den Ernst der Jahre mit einer gewissen maßvollen und scherzhaften Freundlichkeit«[682] begleiten soll, und bei einem jungen Mann schätzt er »ruhige und kluge Tugend« jenseits der Überschwenglichkeit, die diesem Alter oftmals eigen ist.

Nach diesen Bemerkungen über die publikumswirksamen Vorführungen des Höflings thematisiert Fregosa dessen wichtigste Beziehung, nämlich die zu seinem Fürsten. Der Höfling muß allen und vor allem sich jeden Tag beweisen, daß er ein idealer Höfling ist, und Fregosa wünscht, »daß er sich mit allen Gedanken und Kräften seines Herzens darangibt, den Fürsten, dem er dient, vor allen anderen zu lieben und ihn gleichsam anzubeten; und er richte alle seine Wünsche, Gewohnheiten und Sitten darauf, ihm gefällig zu sein«.[683] Keinesfalls darf er sich als Schmeichler oder Günstling gerieren, sondern er soll »immer ein wenig niedriger stehen, als wozu der Rang eigentlich berechtigt«.[684]

Trifft er seinen Herrn in dessen Gemächern sozusagen privat an, so muß er sich in eine andere Person verwandeln und Gespräche anregen, »die seinem Herrn erfreulich und angenehm sind, um ihn nicht an jenem geistigen Ausruhen zu hindern«.[685] Wird ihm von seiten des Fürsten Gunst und Ehre zuteil, so hat er sich bescheiden zu verhalten, denn die ihm erwiesene Gnade wirkt um so größer, je mehr er sich durch sie geehrt fühlt.

Nach einem kurzen Disput über den Zustand der Höfe eint Fregosa die Anwesenden mit seinem Ratschlag, der Hofmann solle den Dienst bei einem schlechten Fürsten möglichst schnell quittieren, »denn jeder nimmt an, daß gut ist, wer den Guten, und schlecht, wer den Schlechten dient«.[686] Daraufhin wird Fregosa die delikate Frage gestellt, ob der Hofmann dem Fürsten auch in ehrlosen Angelegenheiten zu folgen habe. Die Antwort lautet, daß man niemanden in ehrlosen Dingen zu gehorchen habe. Allein, der Hofmann hat all diejenigen Anträge abzulehnen, die seinem Herrn zum Schaden gereichen. Nach Fregosa kann der Höfling im Auftrag seines Herrn nicht nur einen, sondern zehntausend Menschen töten und dabei durchaus ehrenvoll handeln. »Es ist richtig, daß viele Dinge, die schlecht sind, auf den ersten Blick gut erscheinen und viele schlecht erscheinen und doch gut sind.«[687] Bei der Frage, ob der Hofmann in diplomatischer Mission auch anders handeln dürfe als mit dem Fürsten verabredet, wenn ihm dies günstiger erscheine, rät Fregosa ab. Da die Natur der Herren zumeist streng ist, muß man mit der eigenmächtigen Änderung von deren Befehlen behutsam umgehen, »denn falls er so streng ist, wie es deren viele gibt, würde ich ihm, wenn er mein Freund wäre, niemals raten, den ihm gegebenen Befehl in irgendeinem Teil zu ändern«.[688]

Die Gewänder des Hofmannes sollen nicht wie die der Franzosen zu großartig oder wie die der Deutschen zu kleinlich sein, sondern, ausgerichtet an der spanischen Mode, Ernst und Gelassenheit ausstrahlen. Um diesen Effekt zu erzielen, scheint Fregosa schwarz die angemessene Farbe zu sein.[689]

Was die Wahl der Freunde anbelangt, so soll der Höfling Freundschaften mit den Guten pflegen und »in Gesellschaft höflich, menschlich, freizügig, liebenswürdig und sanftmütig«[690] sein, so daß alle bestrebt sind, seine Freundschaft zu erringen.

Von den Spielen soll der Höfling vor allem das Schachspiel meiden. Man muß nach Fregosas Ansicht zuviel Zeit darauf verwenden und ist am Ende vortrefflich darin und hat alle anderen Dinge vernachlässigt. Somit ist ihm bei diesen gesellschaftlich organisierten Vergnügungen »die Mittelmäßigkeit lobenswerter als die Vortrefflichkeit«.[691]

Der Präfekt nun erkundigt sich nach den Scherzen, die sich für einen Hofmann gehören. Für Fregosa sind diese eine Gnade der Natur und ihm scheinen die Spanier oder Toskaner eher dazu befähigt als andere Nationen.

Da Fregosa vom Gespräch ermüdet zu sein scheint und ihm keine andere Antwort auf die ihm gestellte Frage einfällt, betreut Emilia Bibbiena mit dieser Aufgabe. Dieser vertritt die Ansicht, der Höfling solle es verstehen, geistreich zu spaßen, seine Späße nicht auf Kosten offensichtlich Unterlegener zu machen, und er solle niemals die Art der Gaukler nachahmen. In Anwesenheit des weiblichen Geschlechts hat er zweideutige Witze zu vermeiden, und sein Scherzen soll sozusagen situations- und geschlechtsabhängig sein.

Als Gasparo Pallavicino es für nötig befindet, darauf hinzuweisen, daß Frauen gerade an zweideutigen Witzen das größte Vergnügen haben, sucht Bibbiena die tugendhaften Frauen zu verteidigen. Emilia jedoch weist die beiden Herren mit scharfen Worten zurecht: »Die Frauen bedürfen keines Verteidigers gegen einen Ankläger von so geringem Ansehen; belaßt Signor Gasparo daher ruhig bei seiner verkehrten Meinung, die eher daraus entstanden ist, daß er niemals eine Frau gefunden hat, die ihn hat anschauen wollen, als wegen irgendeines Fehlers der Frauen.«[692]

Nach diesem Zwischenfall werden allerlei Schwänke und Witze zum Besten gegeben, bis Ottaviano Fregosa erläutert, daß es sich bei Frauen um unvollkommene Wesen handele, die nicht tugendhaft handeln könnten. Allein durch die ihnen angelegten Zügel und die Furcht vor der Schande könne ihrem lasterhaften Treiben Einhalt geboten werden. Der Mann muß die Frau – wenn nötig – auch auf gewaltsame Weise zur Tugend anleiten. Die erste Tugend einer Frau muß ihre Keuschheit sein, »damit man hinsichtlich der Kinder Sicherheit hat«.[693]

Es entzündet sich an diesen wenig schmeichelhaften Äußerungen ein erregtes Gespräch über die Natur der Frau, und Emilia ernennt als Sprecher des folgenden Abends Juliano Medici, der im Gegensatz zu Ottaviano Fregosa und Gasparo Pallavicino als ein »Beschützer der Frauenehre« galt. Die Herzogin persönlich erteilte ihm den Auftrag, über die ideale Hofdame zu sprechen, und in freudiger Erwartung des kommenden Abends nahm man Abschied von der Herzogin und begab sich zu Bett.

Im zweiten Buch des *Il Libro del Cortegiano* geht es um die Verhaltens- und Präsentationsformen des Höflings. Diese sind ganz auf seinen Herrn, den Fürsten, ausgerichtet. So stellt Dain A. Trafton fest, daß der Aufwand Castigliones, darzustellen, wie man seinem Fürsten gefallen kann, bei weitem den übertrifft, den er betreibt, um die Aufgaben des Höflings zu schildern. In diesem Sinne urteilt Trafton auch über die das zweite Buch abschließende Diskussion: »The art of telling the right joke in the right way at the right time represents sprezzatura at the most trivial kind of ingratiation.«[694]

Sprezzatura, die scheinbar mühelose Lässigkeit, mit der der Höfling über das Parkett gleitet, ist zusammen mit der Forderung nach natürlicher Anmut (grazia), welche gleichbedeutend ist mit dem Vermeiden jeglicher Künstelei (affettazione), die Maxime seines Verhaltens.

Die Lehren, die im zweiten Buch erteilt werden, sind Lehren des gekonnten Maßhaltens, welches vor allem im Umgang mit dem mächtigen Fürsten geübt sein will. Der Hofmann muß das Ideal seines Selbst auf der Leinwand, welches die höfische Gesellschaft ist und über die der Fürst wacht, genau kalkulieren. Castigliones Lehre von der Mittelmäßigkeit ist eine Lehre, die größten Erfolg bei dem Fürsten verspricht. Keiner ist größer als der Fürst.

John S. White bezeichnet die Haltung des Höflings als »ästhetischen Idealismus«.[795] Dem Höfling ist alleine an dem Effekt gelegen, den er bei seinem Publikum und bei seinem Fürsten erzielt. Um diesen Effekt vorauszuplanen, muß er ein Kenner des sozialen Reglements und der fürstlichen Natur sein. Für seine gekonnte Darstellung erwartet er keinen Applaus, sondern stumme Bewunderung und fürstliche Gnade.

Im zweiten Buch kommt Castiglione des öfteren auf die schwierigen Verhältnisse, die an den italienischen Höfen herrschen, zu sprechen. Im Cinquecento wurde der Norden des Landes von zahlreichen Stadtstaaten bevölkert, deren Herrscher zumeist Condottiere (Heerführer) waren. Condottiere leitet sich ab von »condotta«, Vertrag. In diesem Vertrag wurde festgelegt, unter welchen Bedingungen die käuflichen Soldaten dem Gemeinwesen zu Diensten waren. »Der Vertrag bestimmte die Art der vereinbarten Dienste (voller Lohn, halber Lohn oder Lohn in aspetto), die Größe, Ausrüstung und Waffengattung der Truppe, die den Dienst aufnehmen sollte, die Besoldungsskala, zusätzliche Vergütungen, Vertragsstrafen und die Dauer der Dienstzeit.«[696]

Die meisten dieser Condottiere stammten aus dem Landadel, und die Einnahme eines Gemeinwesens durch Gewalt war für sie die einzige Chance, Reichtum zu erwerben und in einen Rang aufzusteigen, der für sie ansonsten unerreichbar gewesen wäre. Diese

Männer wurden oftmals zusammen mit ihren Söldnern zur Hilfe gerufen, und sie sollten nach der Erledigung ihrer bezahlten, vertraglich festgelegten blutigen Dienste weiterziehen.[697] Doch viele fanden die Aussicht auf eine Herrschaft über eine Stadt verlockender als den bezahlten Söldnerdienst, und so nutzten sie ihre Stellung aus und blieben. Sie machten ihre Herrschaft erblich, wie zum Beispiel die Visconti und die Sforza in Mailand, die Este in Ferrara, die Scaliger in Verona, die Montefeltro in Urbino, um nur einige zu nennen. Das bedeutet, die Herren, die angeheuert worden waren, das Gemeinwesen zu schützen, und deren Blut käuflich war, nahmen für sich in Anspruch, edles Blut zu haben, und sie behaupteten die Erblichkeit ihrer unrechtmäßig erworbenen Herrschaft. Nach Alfred von Martin sind diese Stadtstaaten »rein tatsächliche« Gründungen, und ihr Erhalt war abhängig von der Dynamik und der Vitalität ihrer Machthaber. Max Scheler bezeichnet den Condottiere als den zusammengesetzten Typen »von Kriegsmann und Erwerbsmensch«.[698] Italien, in dem sich nach dem Niedergang der universalen Kaiserherrschaft in wirtschaftlichen und politischen Dingen das freie Spiel der Kräfte mehr als anderswo entfaltete, war das ideale Betätigungsfeld für diese nach Unsterblichkeit strebenden Abenteurer. Gerade weil diese Fürsten durch Blutvergießen und mit Gewalt an die Herrschaft gelangt waren, waren sie bestrebt, ihrem Hof Glanz zu verleihen. Diesen Glanz erzeugten außer den Künstlern vor allem die im Umgang mit den Worten gebildeten Männer, wie Baldesar Castiglione einer war. Wie wir erfahren haben, befand er sich nicht immer in den Diensten guter Fürsten und war bereit, im Auftrag seiner Herrn auch weniger ehrenwerte Befehle auszuführen. Im zweiten Buch nun legitimiert er jedoch sein Verhalten coram publico, wenn er Fregosa sagen läßt, der Höfling dürfe im Auftrag seines Fürsten auch zehntausend Menschen töten.

Der Höfling ist Teil des Hofes, der den Raum umfaßt, den der Fürst mit Pracht und Glanz erfüllen will. Er hat seinen Herrn zu lieben und ihm bedingungslos ergeben zu sein. Der Höfling ist ein fester Bestandteil des politischen und gesellschaftlichen Raumes, der den Fürsten umgibt, und dadurch Teil des Fürstenkörpers. Er schützt den Fürsten und vertraut sich gleichzeitig dessen Schutz an. Die Beziehung des Fürsten und des Höflings ist durch eine eigentümliche Ambivalenz gekennzeichnet, denn beide sind sie ideelle Zeugungen ihrer selbst und ohne einander nicht denkbar.

Der Fürst, dem der Glanz des dynastischen Blutes fehlt, bedarf des Höflings schmeichelnder Worte, um sich als edler Fürst zu fühlen, und er bedarf dessen kalkulierter Worte, die diesen Ruf verbreiten. Der Höfling wiederum bedarf der Gunst und Gnade des Fürsten, um bei Hofe unter seinesgleichen zu überleben.

Der dritte Abend

Das dritte Buch beginnt mit einem Lob auf die Überlegenheit des Hofes von Urbino vor allen anderen Höfen Italiens. Der Erzähler versichert, das von ihm Aufgeschriebene habe wie von ihm dargestellt stattgefunden, wofür es noch genügend Zeugen gebe. Er fühlt sich dazu verpflichtet, »diese leuchtende Erinnerung vor tödlichem Vergessen zu retten und sie durch Niederschreiben in den Herzen der Nachfahren lebendig zu erhalten«.[699] Allein, er gesteht ein, daß seine Worte nie ausreichen würden, die Tugenden der versammelten edlen Geister hinreichend zu preisen.

Nachdem sich am Abend die Gesellschaft zur gewohnten Stunde und am üblichen Ort versammelt hatte, wurden zunächst allerlei Einwände dagegen laut, die Hofdame zum Gegenstand des Gesprächs zu machen. Der deutsche Teilnehmer Nicolo Frigio meinte gar, man könne unmöglich über Frauen sprechen, wenn nicht über die Männer schon alles gesagt sei. Cesare Gonzaga erwidert ihm, kein Hof komme ohne die Zierde der Damen aus und kein Hofmann würde »artig, gefällig oder kühn sein und ein anmutiges, ritterliches Werk verrichten, wenn er nicht durch den Umgang, die Liebe und das Wohlgefallen der Damen dazu bewogen wird«.[700]

Auf diese Worte hin kann Juliano Medici, der auserwählte Sprecher des Abends, mit der Beschreibung seiner idealen Hofdame beginnen, wiewohl er einräumt, daß es ihm einfacher gefallen wäre, statt einer Hofdame eine Herrin zu schildern. Für dieselbe hätte er ein Vorbild vor Augen, nämlich die tugendhafte Herzogin, während er im Falle der Hofdame ein Ideal zu beschreiben habe, das es nicht gibt.

Zunächst und vor allem muß sie sich »in Sitten, Gewohnheiten, Worten, Gebärden und Betragen«[701] vom Manne unterscheiden. Eine gewisse Lieblichkeit und Zärtlichkeit soll ihren Handlungen zugrunde liegen, und wie der Hofmann soll sie adelig, ungekünstelt, anmutig und geistreich sein. Unabdingbar ist ihre äußere Schönheit, »denn der Dame, der die Schönheit fehlt, fehlt wahrlich viel«.[702] Die Hofdame hat unterhaltsam zu sein, wobei sie die Balance zwischen Tugend und Langeweile, Witz und Charme zu halten verstehen muß. Das bedeutet, daß sie bei vertraulichen Gesprächen mit »leichter Schamröte« zuzuhören hat und daß sie es vermeiden soll, über andere Frauen schlecht zu reden oder gar in den Ruf zu geraten, eine Klatschbase zu sein. Juliano Medici bestimmt weiter, daß sie in ihrem körperlichen Ausdruck zurückhaltend und nicht zu heftig sein soll. Sie hat auf »männliche« Übungen wie Ringen und Ballspiele zu verzichten, und »wenn sie in die Gelegenheit kommt, zu tanzen oder gleich welcher Art zu musizieren, muß sie sich durch einiges Bitten und mit einer gewissen Schüchternheit dazu bereden lassen, die jene edle Schamhaftigkeit erweist, die das Gegenteil von Unbesonnenheit bedeutet«.[703]

Die Kleidung der Donna di palazzo soll sorgfältig und nach genauer Einschätzung ihres Typs ausgewählt sein. Jedoch soll sie ihre Künste unauffällig ausüben und so, als ob »sie keinerlei Fleiß und Mühe darauf verwende«.[704] Von den Hofmannskünsten, die ihr nicht zustehen, wie das Fechten, Reiten, Ringen und Ballspielen, muß sie Kenntnis besitzen, so daß sie den Hofmann ob seiner Künste tadeln oder loben kann. Die Hofdame hat in der Literatur, Musik und Malerei bewandert zu sein, so daß sie jede Person, die sie trifft, »höchst anmutig« unterhalten kann. Von ihren Tugenden zählt er »Züchtigkeit, Hochherzigkeit, Mäßigung, Willensstärke, Klugheit« auf.

Gasparo Pallavicino kritisiert diesen Entwurf, und er spottet, ob Juliano Medici wohl den Frauen auch noch das Regieren überlassen wolle. Da er die anwesenden Damen nicht persönlich beleidigen will, versteckt er sich hinter der Meinung, die die »weisesten Männer schriftlich hinterlassen haben«, nämlich »die Natur würde, da sie immer das Vollkommenste zu schaffen bestrebt sei, wenn sie könnte, fortgesetzt Männer hervorbringen«.[705] Von daher ist die Geburt einer Frau nicht anders als ein Fehler der Natur zu verstehen. Medici widerspricht ihm und betont, Mann und Frau gehörten beide der Gattung Mensch an. Die beiden Geschlechter seien zwar unterschiedlich, doch vollkommen ausgeprägt. »Ich verstehe auch nicht, wie Ihr sagen könnt, daß die Natur nicht die Frauen hervorzubringen beabsichtige, ohne die die menschliche

Gattung nicht erhalten werden könnte, was die Natur selbst doch mehr als alles andere wünscht.«[706] Gasparo ruft Aristoteles erneut zur Hilfe, der sich bereits die Frage gestellt hatte, woher es komme, daß die Frau den Manne liebe und er sie hasse. Die kluge Philosophenantwort lautet, »weil die Frau bei dem Vorgang (der Liebe, K. W.) vom Mann Vollkommenheit empfängt, der Mann von der Frau aber Unvollkommenheit; und jeder liebt natürlich das, was ihn vollkommen, und haßt, was ihn unvollkommen macht.«[707]

Signora Emilia mag das Spekulieren nicht mehr hören und befiehlt: »Hört um Gottes willen einmal mit Euren Stoffen und Formen und Männlichem und Weiblichem auf und sprecht in einer Weise, daß ihr verstanden werdet.«[708] Daraufhin wenden sich die Herren konkreten Beispielen zu. Frigio, der Deutsche, erinnert an Eva, die dem Menschengeschlecht »Tod, Sorge und Schmerz vermachte«[709], und Juliano Medici kontert mit der segensreichen Jungfrau Maria. Als seine Antwort sich zu einer Beschimpfung der lasterhaften Mönche ausweitet, verläßt die Vorsitzende, die seine Worte für eine schwere Sünde hält, den Raum.

Die Zurückgebliebenen beginnen, sich über die mutigen Frauen in der Geschichte zu unterhalten, und Madonna Margherita Gonzaga begehrt mehr über tugendhafte Heldinnen zu erfahren. Die Herren übertreffen sich daraufhin im Erzählen von Anekdoten über sittenstrenge Jungfrauen, die lieber sterben wollten als unkeusch zu werden. Man lobt Isabella von Kastilien ob ihrer strengen und umsichtigen Regierungskunst – eine Verbeugung Castigliones vor der Großmutter Karls V. –, und Juliano Medici bedauert, daß es keine erobernden Königinnen mehr gibt, woraufhin Gasparo Pallavicino erneut sein Argument ins Felde führt, die Frauen würden all ihre Kräfte dafür brauchen, keusch zu bleiben. »Deswegen ist es, wie gestern gesagt wurde, klugerweise so eingerichtet, daß es den Frauen ohne Tadel gestattet ist, in allem anderen zu fehlen, damit sie all ihre Kraft daransetzen können, sich diese einzige Tugend der Keuschheit zu erhalten, ohne die die Kinder ungewiß sein würden und jenes Band sich auflösen müßte, das die ganze Welt durch das Blut bindet, und wodurch jeder ganz natürlich das liebt, was er erzeugt hat.«[710]

Es verwundert nicht, daß er fortfährt mit der Aufzählung tugendhafter Männer, die sich nicht von schönen, in Liebesdingen erfahrenen Frauen verführen ließen.

Cesare Gonzaga bittet darum, an der Stelle des Medicisprößlings antworten zu dürfen, und er weiß noch einige Geschichten über sittenstrenge, todesmutige Heldinnen beizusteuern. Dazu zählt er auch die Herzogin, »die fünfzehn Jahre in der Gesellschaft ihres Gemahls als Witwe lebte«.[711] Für ihn ist unbestritten, daß das Leben ohne Frauen »bäuerisch und bar jeder Süßigkeit sein würde« und »daß sie (die Frauen, K. W.) den Geist von der Erkenntnis großer Dinge nicht ablenken, sondern ihn im Gegenteil erwecken und daß sie im Kriege die Männer furchtlos und über alle Maßen kühn machen«.[712] Doch nicht nur ihr Blut vergießen die Männer für die Frauen, als Dichter finden sie auch Worte für sie. So wäre es nach Gonzaga ein großer Verlust gewesen, wenn Francesco Petrarca sein Herz allein dem Lateinischen zugewandt hätte. Seine Liebe zu Laura brachte ihn dazu, schöne italienische Verse zu schreiben.

Federico Fregosa stellt Juliano Medici die Frage, wie sich die Hofdame bei einem Gespräch über die Liebe zu verhalten habe, wenn der höfliche Ritter »jene vornehmen Übungen, Aufwartungen und Sitten benutzt, die wir genannt haben«.[713] Die Antwort ist, daß sie auf dem Quivive sein muß, denn derjenige, der Worte der Liebe für sie findet, liebt sie deswegen noch lange nicht. Bescheiden hat sie sich vor der Täuschung zu hüten und darf nicht den Eindruck erwecken, sie schenke den Liebesschwüren des vornehmen Herrn Glauben. Sie weiß, »daß die Männer mit sehr viel geringerer Gefahr als die Frauen ihre Liebe zeigen können«.[714]

Er bestimmt, die Ehefrau solle Liebe empfinden, und selbst wenn sie unglücklich verheiratet sei, dürfe sie sich ausschließlich ihrem Gatten hingeben, während ihr Liebhaber sich mit ihrem Herz zufrieden geben müsse. Roberto da Bari nennt solch eine Liebe »bäuerisch«, und er fragt, ob sich die Liebenden denn ihre Zuneigung zeigen dürfen. Nach Juliano Medici sind die Zeiten der höfischen Liebe vorbei. Die Hofdame soll denjenigen lieben, den sie heiraten kann, und sie darf ihm alle Liebesbeweise geben, »ausgenommen jene, die im Herzen des Liebhabers die Hoffnung erwecken könnten, von ihr irgend etwas Unehrenhaftes zu erlangen«.[715] Der Hofmann kann nur für eine keusche Hofdame Liebe empfinden, und Unico Aretino fügt noch hinzu, man müsse die Frauen in der Liebe unterweisen, was jedoch bei einem Manne nicht vonnöten sei.

Seiner Meinung nach muß man sie vor allem lehren, den richtigen Mann zu wählen, denn die Frauen selbst verfügen über kein natürliches Urteilsvermögen. Auf diese Äußerungen hin greift Emilia den Dichter an und zweifelt an seiner Liebesfähigkeit. Für sie muß der Mann, der eine Frau liebt, sich zu deren Sklaven machen. Man beginnt sich darüber zu unterhalten, woran man die Liebe erkenne und wie man sie zum Ausdruck bringe. Juliano Medici rät, die Liebe geheimzuhalten, sie durch Blicke zu bezeigen, der Geliebten zu gefallen, ohne sie zu beleidigen, und Nebenbuhler taktvoll aus dem Wege zu räumen. Für weitere Nachfragen verweist er auf Ovid.

Da man der Hofdame genügend Zeit, Aufmerksamkeit und Worte geschenkt hat, einigt man sich darauf, am kommenden Abend nochmals über den Hofmann zu sprechen. Ottaviano Fregosa meldet sich dafür zu Wort, und die Damen und Herren gehen zu Bett.

Im dritten Buch geht es um die Hofdame, die die Balance zwischen unzweifelhafter Ehrbarkeit und zweideutiger Unterhaltsamkeit zu wahren verstehen muß. Sie darf weder langweilig noch leichtfertig sein, und ihr Spiel mit Worten und Blicken ist am Rande der Koketterie angesiedelt. Georg Simmel beschreibt das kokette Gebaren ganz entsprechend den Verhaltensregeln Castigliones für die Hofdame.

»Dreht sich die erotische Frage zwischen den Geschlechtern um Gewähren und Versagen (deren Gegenstände natürlich unendlich mannigfaltig und abgestuft und keineswegs nur radikaler oder gar nur physiologischer Art sind), so ist es das Wesen der weiblichen Koketterie, ein andeutendes Gewähren und ein andeutendes Versagen wechselnd gegeneinander zu spannen, den Mann anzuziehen, ohne es zur Entscheidung kommen zu lassen, ihn zurückzuweisen, ohne ihm alle Hoffnung zu nehmen.«[716]

Die Hofdame muß es verstehen, dem Hofmann das Gefühl zu vermitteln, aufgrund seiner Eroberungskünste schenke sie ihm einen Tanz, und dabei gleichzeitig uneinnehmbar wirken, so daß sein Eroberungswille gereizt wird.

Ihre Funktion besteht darin, als erzieherisches Korrektiv für den Hofmann zu wirken. Er, der sich von keinem anderen Mann als von seinem Fürsten kritisieren lassen darf, läßt sich von ihr, die aufgrund ihres Geschlechts keine Konkurrenz für ihn darstellt, in seiner Vortrefflichkeit überprüfen. Die Hofdame ist keine ernst zu nehmende Gegnerin für den Hofmann, denn ihre Beziehung zum

Fürsten wurde indirekt über die Fürstin oder aber direkt über ihren Körper geregelt.[717]

Die Hofdame existiert in Abhängigkeit vom Hofmann, so wie dieser in Abhängigkeit von seinem Fürsten existiert. »Since there is no meaning in the idea of a lady as a courtier except with reference to the gentleman as a courtier, just as there is no meaning to the idea of a courtier except with reference to a prince.«[718]

Die Teilnahme der Hofdame am erotisch-galanten Spiel beschränkt sich vor allem darauf, dieses dem Mann nicht zu verderben. Würde sie eine eindeutige Position beziehen, so wäre das Spiel vorbei. Sie ist das Objekt der Begierde, und der promiskuitive Blick der Höflinge auf ihre körperliche Schönheit ist Teil des höfischen Spiels und Amüsements. Der Hofmann hat bei der Liebe die Wahl zwischen der Lust an der Täuschung und dem Leiden an der Wahrheit; die Hofdame muß geschmeichelt von seinen Worten sein, ohne sich täuschen zu lassen, und sie muß heiraten, wenn sie glaubt, geliebt zu werden. Die Liebe ist das diplomatische Terrain der Hofdame. Sie ist die Bewahrerin des erotischen Kitzels, den der Mann spüren will.[719]

Castiglione macht jedoch sehr deutlich, daß der Hofdame höchste Tugend ihre Keuschheit ist. Joan Kelly-Gadol schreibt in ihrem Aufsatz *Did Women Have Renaissance?*[720], daß Castiglione eine verhängnisvolle Verbindung zwischen Liebe und Heirat hergestellt habe. Diese Verbindung kam der veränderten Situation der italienischen Aristokratie des Cinquecento entgegen, da, wie bereits erwähnt, ein neues Interesse an legitimer Nachkommenschaft und Blutsreinheit entstanden war.

Für Dain A. Trafton stellt das dritte Buch eine List Castigliones dar. »Beneath the camouflage of the court lady and assorted tales of good women, the third books reveals the fundamental orientation of Castiglione's political thought.«[721] Das bedeutet, daß nach Traftons Ansicht das der Hofdame gewidmete Buch lediglich eine Tarnung für die Lehren der Praxis der männlichen Politik ist.

Mit koketten Worten und Blicken hat die Hofdame des Hofmanns Leben zu versüßen, und als seine tugendsame Gattin hat sie seinen blutreinen Nachwuchs zu gebären. Er erprobt an ihr seine galanten Worte, mit denen er letztendlich um die Gunst seines Fürsten buhlt.

In melancholischer Manier beginnt das vierte Buch mit einer Aufzählung der Verstorbenen aus der höfischen Runde. Es waren dies Roberto da Bari, Cesare Gonzaga und Gasparo Pallavicino. Diese edlen Männer haben eine Lücke hinterlassen, die nicht mehr geschlossen werden kann, und Castigliones Klage über deren Tod ist auch eine Klage darüber, daß die Tugenden, die diese edlen Männer verkörperten, aus der Mode gekommen sind.

Im nächsten Abschnitt zählt er die Erfolge der Lebenden auf. Viele aus dem Urbiner Kreis haben hohe geistliche Ämter eingenommen, und Francesco Maria della Rovere ist Fürst von Urbino geworden. Über den Tod von Castigliones ehemaligem Herrn, den unglücklichen Guidobaldo, erfahren wir nichts. Die Erfolge der Edelleute führt Castiglione auch auf die abendlichen Zusammenkünfte und den Austausch der klugen Worte am Hofe von Urbino zurück, und sodann beginnt er den vierten Abend der geistreichen Runde zu schildern.

Mit Verspätung erscheint Ottaviano Fregosa, der Redner des Abends. Man hat bereits nicht mehr an sein Erscheinen geglaubt und zu tanzen begonnen. Er eröffnet das Gespräch mit einer heftigen Attacke gegen den bisher geschilderten Hofmann. Zwar stimmt er den aufgezählten Anforderungen zu, jedoch nicht dessen Ziel. »Denn wenn der Hofmann in Wahrheit dadurch, daß er adelig, anmutig, freundlich und in vielen Übungen erfahren ist, kein anderes Ergebnis zeitigte, als an sich selbst so zu sein, dann dürfte man nach meiner Meinung zur Erlangung dieser Vollkommenheit in der Hofmannskunst vernünftigerweise nicht so viel Fleiß und Mühe daran wenden, wie zu ihrem Erwerb nötig sind.«[722] Er kritisiert vor allem das Singen, Tanzen oder Spielen, denn dies sind für ihn leichtfertige Beschäftigungen, und ihnen mangelt es an der Ernsthaftigkeit, die dem Hofmann eigen sein soll. Für Ottaviano ist ein Hofmann dieses Schlages eine frivole Natur, eher dazu angetan, den Ruf der Italiener zu schmälern denn zu mehren. Vor allem bemängelt er, daß solch ein Hofmann nicht bereit sein wird, zu sterben oder sich überhaupt in Gefahr zu begeben.

Der eigentliche Sinn der Existenz des Höflings besteht für Ottaviano nicht in der Ausbildung zu solch einer selbstgefälligen, feigen oder bestenfalls unterhaltsamen Figur, sondern er soll der ernsthafte Berater des Fürsten sein. Ottaviano führt mit ernsten Worten die Kunst des Regierens, die Probleme des Staates in die Runde ein. Die Spiele und die Vergnügungen am Hof sind in seinen Augen die Blüte der Hofmannskunst, ihre wahre Frucht jedoch ist es, »den Fürsten zum Guten zu führen oder ihm dabei zu helfen und ihn vom Schlechten abzuschrecken«.[723] An falschen Schmeichlern und Günstlingen fehlt es dem Fürsten nicht, wohl aber an ernsthaften Hofmännern, die es wagen, ihm die Wahrheit zu sagen.

Sind solche Hofmänner nicht bei Hofe vertreten, so ist es nach Ottaviano kein Wunder, wenn der Fürst zum Tyrannen wird. Wenn alle falschen Freunde ihm demütig gehorchen und keine Kritik an ihm üben, so glaubt der Fürst, das Regieren sei einfach und beschränke sich in seiner Allmacht auf Willkür und Verschwendung. »Aus der Unkenntnis in der Beherrschung von Völkern aber entstehen so viele Übel, Tod, Zerstörungen, Brand, Verderbnis, daß man sie die tödlichste Pest nennen kann, die es auf Erden gibt.«[724] Daß dies nicht geschieht, dafür hat der Hofmann zu sorgen. Er muß es verstehen, dem Fürsten den Pfad der Tugend schmackhaft zu machen, und ihm dabei seine Lektionen unterhaltsam gestalten. Sollte er mit den Eigenschaften gesegnet sein, die an den vorangegangenen Abenden aufgezählt worden sind, so wird es ihm ein leichtes sein, das Herz des Fürsten zu gewinnen. Gasparo Pallavicino widerspricht Ottaviano, denn er ist der Ansicht, Ehrbarkeit und Herzensgüte könne man nicht erlernen, denn sie würden einem von der Natur verliehen. Ottaviano hält dagegen, daß der Mensch die Tugenden und die Laster erlernen könne, und deshalb sei es wichtig, »einen Lehrmeister zu haben, der durch Unterweisung und gute Mahnungen jene sittlichen Tugenden in uns erregt und erweckt, deren Samen in unserer Seele eingeschlossen und begraben liegen, und der sie wie ein guter Landmann pflegt und ihnen den Weg öffnet, indem er ringsumher Dornen und Unkraut der Begierden fortnimmt, die unsere Herzen oft so beschatten und ersticken, daß sie sie nicht blühen und jene glücklichen Früchte hervorbringen lassen, die allein, wie man wünschen müßte, aus den menschlichen Herzen erwachsen sollen«.[725] Aus diesen Worten wird deutlich, wie sehr Ottaviano an den Wert der Erziehung und die Veredelung des Menschen glaubt.

Gasparo Pallavicino fragt, ob Ottaviano die Herrschaft eines guten Fürsten oder aber die Regierung einer guten Republik vorziehen würde. Dieser antwortet, daß er immer die Fürstenherrschaft bevorzugen werde, denn sie scheint ihm die naturgemäße Herrschaftsform zu sein, was er mit Beispielen aus dem Tierleben belegt. Pietro Bembo findet die Beispiele unzureichend, für ihn verwirklicht sich die menschliche Freiheit in einer Republik.

Für Ottaviano besteht Freiheit jedoch darin, »nach guten Gesetzen zu leben«, und so gibt es seiner Auffassung nach Menschen, für die es besser ist zu gehorchen denn zu befehlen. Gott hat den Fürsten die Völker anvertraut, und sie sind allein ihm Rechenschaft für ihre Herrschaft schuldig. Der Fürst kann gut genannt werden, wenn die Völker, die er regiert, gut sind, denn die Sitten der Bürger hängen von den Gesetzen ab, die der Fürst ihnen gibt. Es ist des Fürsten Aufgabe, »sich Wissen anzueignen; ferner bilde er in sich selbst das Gesetz der Vernunft aus und beobachte es unwandelbar bei allem, jenes Gesetz, das nicht auf Papier oder Metall geschrieben, sondern in sein eigenes Herz gegraben ist, damit es ihm stets nicht nur vertraut, sondern innerlich zugegen sei und er mit ihm wie mit einem Teil von sich lebe«.[726]

Für den Fürsten sollen von seinen Untertanen keine Gefahren ausgehen. Der Fürst soll sich bemühen, richtig zu erkennen, zu urteilen und den richtigen Leuten die richtigen Befehle zu erteilen. Als er gefragt wird, was er seinen Fürsten lehren würde, entgegnet Ottaviano, er würde ihn anhalten, einen Rat der Edlen zu bilden, »mit denen er alles beriete, und denen er die Ermächtigung und freie Erlaubnis gäbe, ihm rückhaltlos über alles ihre Meinung sagen zu können«.[727] Neben diesem Rat sollte er einen Volksrat ins Leben rufen, der zusammen mit dem Rat der Edlen über die Belange der Stadt beriete. »Auf diese Weise entstände aus dem Fürsten als dem Haupt und den Adeligen und den Volksvertetern als den Gliedern ein einziger Körper, dessen Leitung hauptsächlich vom Fürsten ausginge, an der aber trotzdem auch die anderen teilhätten.«[728] Vor allem bei der Wahl seiner Rechtswahrer hat der Fürst aufmerksam zu sein. Er darf seinem Volk weder zu große Freiheit lassen noch es in Knechtschaft halten. Vertraut der Fürst den ihm erteilten Ratschlägen, so wird er nach Ottaviano von seinem Volk geliebt und angebetet.

Cesare Gonzaga bestätigt die Lehren Ottavianos und fügt hinzu, daß er als Hofmann dem Fürsten raten würde, großzügig zu sein und viele Paläste zu erbauen. Man lobt daraufhin die großen Fürsten wie Franz I., Don Carlos von Spanien und Heinrich,

Prinz von Wales. An dieser Stelle nun will Castiglione seine Anwesenheit bei diesen Gesprächen verleugnen, und Ottaviano sagt, Castiglione habe aus England über den Prinzen von Wales geschrieben, daß sich die Natur mit diesem Fürsten habe auf die Probe stellen wollen, »indem sie in einem einzigen Körper so viele Vorzüge vereinte, wie zum Schmuck unzähliger ausgereicht hätten«.[729] Doch ganz gleich, wie edel diese Fürsten sind, sie brauchen Ratgeber, und sie müssen die Kunst der Selbstbeherrschung verstehen.

Ottaviano hatte seine Rede beendet, und die Gesellschaft hatte sich bereits erhoben, als Juliano Medici den Einwand erhob, Ottavianos Worte hätten alleine darauf abgezielt, den Hofmann über die Hofdame zu stellen, denn er hätte einen Hofmann geschildert, der noch über dem Fürsten stehe. Den Erzieher und Ratgeber des Fürsten will er nicht Hofmann nennen, sondern dieser verdiene einen »größeren und ehrenvolleren Namen«.

Ottaviano stellt es lachend der Hofdame frei, ihre Erziehungskünste an ihrer Fürstin zu erproben, um sodann darauf hinzuweisen, daß das von ihm geschilderte Ziel der Hofmannskunst »schwierig und oft unmöglich zu erreichen sei«.[730] Gasparo Pallavicino hat die Lehren Ottavianos so verstanden, daß der junge Hofmann verliebt sein und sich seinen Vergnügungen hingeben darf, während der Hofmann, der seinen Fürsten erzieht, alt sein muß. Spitzfindig fragt er, was denn passieren würde, wenn der greise Hofmann sich verlieben würde. Sein Ruf als ernsthafter Fürstendiener wäre doch gefährdet, wenn er sich, um die Gunst seiner Dame zu gewinnen, zu Albernheiten hinreißen lassen würde. Pietro Bembo wirft feinsinnig ein, daß der alte Hofmann vielleicht auf eine Art zu lieben verstehe, die ihn nicht zum Gespött werden lasse. Die Herzogin, neugierig geworden durch diese Andeutung, fordert ihn auf, mehr darüber zu verraten, und erteilt ihm das Wort.

Pietro Bembo ziert sich zunächst und hebt dann zu referieren an. Die Liebe beschreibt er als das Verlangen, die Schönheit zu genießen. Die Schönheit, die ein Widerschein der göttlichen Liebe ist, zieht den Verliebten zu der Dame und verleitet ihn zu dem Wunsch, sich mit diesem schönen Körper verbinden zu wollen. Wird diesem unehrbaren Wunsch nachgegeben, so überkommt den Mann hinterher Überdruß, oder aber sein Begehren ist nicht gestillt, und die solcherart Liebenden »empfinden mit derselben

Unruhe, die sie zuvor verspürten, den wütenden und brennenden Durst nach dem, was sie vergebens vollkommen zu besitzen hofften«.[731] Verantwortlich für dieses Begehren nach körperlicher Vereinigung mit der Frau sind bei dem jungen Mann die Sinne, die mächtig sind, »weil die Kraft von Fleisch und Blut in diesem Alter so viel Stärke verleiht«.[732] Von daher verzeiht Bembo dem Jüngling seinen Drang nach sinnlicher Liebe, »obgleich sie in jedem Alter schlecht ist«.[733] Jünglinge, die ihre Triebe bezwingen und mit Vernunft lieben, gelten ihm als »göttlich«, und alte lüsterne Hofmänner stellt er noch unter die Tiere. Die Herren streiten sodann über die Schönheit der Frau, und manche wissen zu berichten, daß gerade schöne Frauen böse sind. Für Pietro Bembo jedoch ist Schönheit, weil sie von Gott verliehen wurde, gut. Seiner Meinung nach machen falsche Erziehung und schlechte Erfahrungen schöne Frauen böse.

Die Alten, die es verstehen, begierdelos zu lieben, sind für Bembo glücklicher als die jungen, ungestümen Liebhaber. Er bezeichnet sich als einen, der über die heiligsten Geheimnisse der Liebe Bescheid weiß, und er will dem Hofmann eine Liebe zeigen, »die fern aller Gewohnheiten der gemeinen Menge steht«.[734] Dem jungen Hofmann gewährt er die sinnliche Liebe, doch der alte Hofmann muß sie meiden. Wenn er dennoch beim Anblick einer tugendhaften, schönen Frau Liebe empfindet »und jenen Einfluß in sich zu spüren beginnt, der sie erregt (die sinnliche Liebe, K. W.) und allmählich erhitzt, und daß die lebendigen Geister, die aus ihren Augen funkeln, dem Feuer immer neue Nahrung zuführen, dann muß er schon bei diesem Beginn für schnelle Abhilfe sorgen, die Vernunft wecken und mit ihr die Festung seines Herzens besetzen und den Sinnen und Begierden die Zugänge derart versperren, daß sie weder durch Gewalt noch durch List eindringen können«.[735] Ist dieses gleichsam militärische Vorgehen gegen sich selbst nicht von Erfolg gekrönt, so muß er sich vor Augen führen, daß Schönheit etwas Unkörperliches ist. Schönheit ist nicht durch Berührung zu genießen, allein seine Augen können die Geliebte schauen und seine Ohren ihre Stimme vernehmen. Seine Seele wird vermittels dieser beider Sinne, »die wenig Körperliches an sich haben und Diener der Vernunft sind«, gestärkt, »ohne durch ein auf den Körper gerichtetes Verlangen irgendeiner unehrenhaften Begierde zu verfallen«.[736] Den Kuß, den die Dame dem vernünftig Liebenden gewährt, bezeichnet Bembo als ungleich süßer, weil die Liebenden dabei fühlen, wie sich ihre Seelen zu vereinen beginnen, während der sinnliche Kuß nur dazu dient, die niederen Begierden anzustacheln und die körperliche Vereinigung zu ersehnen. »Der Kuß kann daher eher eine Vereinigung der Seelen als der Körper genannt werden, weil er eine solche Macht auf jene hat, daß er sie an sich zieht und vom Körper trennt.«[737]

Als nächste Stufe wird der Liebende nicht nur die Schönheit der einen Frau betrachten, sondern die Schönheit, »die alle Körper schmückt«. Diesen Grad der Liebe nennt Bembo edel, jedoch noch nicht vollkommen, da sie »noch nicht gänzlich von der Finsternis des Stofflichen gereinigt ist«.[738] Gegenüber dem sinnlich Liebenden ist der edel Liebende zwar in einer glücklichen Position, doch will Bembo, daß der Hofmann den höchsten Grad der Liebe erreicht.

Ist er für die irdischen Dinge blind geworden, so wird er der himmlischen Schönheit gewahr. Er kehrt in sich ein, erklimmt die höchsten Stufen der Glückseligkeit, schauend entrückt er sich der Welt und steigt auf zu dem erhabenen Raum, wo Gottes Schönheit wohnt. Inbrünstig fleht Bembo:

»Nimm unsere Seelen auf, die sich dir zum Opfer darbieten, und verbrenne sie in der lebendigen Flamme, die jegliche Häßlichkeit des Stoffes verzehrt, damit sie sich, ganz vom Körper getrennt, mit der göttlichen Schönheit in einem ewigen, süßen Bande vereinige, und damit wir, uns selbst entrückt, uns als wahre Liebende in das Geliebte verwandeln können, und, von der Erde gelöst, zum Mahl der Engel zugelassen werden, wo wir endlich, von unsterblichem Ambrosia und Nektar gelabt, den glücklichsten und belebenden Tod sterben, wie die alten Patriarchen ihn starben, deren Seelen du in der glühendsten Kraft der Betrachtung dem Körper entrissest und mit Gott vereinigtest.«[739]

Mit diesen Worten endet Pietro Bembo. Er hat die Augen gen Himmel gerichtet und scheint erstarrt. Die lebenstüchtige Witwe Emilia zupft ihn an seinem Gewand und scherzt, er solle achtgeben, daß sich nicht seine Seele von seinem Körper trenne. Des Entrückten Antwort lautet: »Signora, (...) das wäre nicht das erste Wunder, das die Liebe an mir gewirkt hätte.«[740] Bembo wird bedrängt weiterzusprechen, doch er hat alles gesagt.[741]

Offen bleibt die Frage, ob auch die Frauen zu solch einer Liebe fähig sind, und man verschiebt deren Beantwortung auf den nächsten Abend.

Erstaunt stellte die Hofgesellschaft fest, daß es bereits getagt hat. Man öffnete die Fenster des Palastes, und, siehe da, alle Sterne waren bereits erloschen »außer Venus, der süßen Himmelsherrscherin auf der Grenze von Tag und Nacht«.[742]

Das vierte Buch ist anders. Allein der Beginn des Abends, nämlich die inszenierte Durchbrechung des Ritus durch den verspäteten Ankläger, ist ein dramaturgischer Höhepunkt des Buches. So wird bereits durch den Auftakt des Gesprächs von Castiglione deutlich gemacht, daß dieser Abend nicht wie die vorangegangenen verlaufen wird, was dann in der Tat auch geschieht.

Über die Gründe, die Castiglione dazu veranlaßt haben mögen, das vierte Buch so anders als die übrigen drei zu gestalten, gibt es unterschiedliche Einschätzungen. So hat für Jacob Burckhardt der neuplatonische Monolog Bembos »vollends nichts mehr zu tun mit der speziellen Aufgabe des Werkes«.[743] Für Alfredo Bonadeo[744] schließt Castiglione durch den Monolog Bembos die Kluft, die sich im Verlauf der abendlichen Diskussionen zwischen den Fähigkeiten des Hofmannes und dem Anspruch, der an ihn gestellt wird, aufgetan hat. Nach Lawrence V. Ryan führt die Komposition des gesamten Buches auf den Monolog hin, denn jeden Abend wurde über die Liebe gesprochen. Bembo jedoch lehrt die höfische Versammlung das Wesen der wahren Liebe, »that is the bond of all the virtues, of the political order, and of mankind to the divine«.[745]

Nach meiner Interpretation ist der in den ersten drei Büchern geschilderte Hofmann ein anderer als der im vierten Buch geschilderte, was an der Beziehung, die er zum Fürsten und zur Hofdame unterhält, deutlich wird. In der Doppelheit der Komposition zeigt sich ein signifikanter Umschlagpunkt in der kulturellen Schematisierung politischen Handelns.

Der Sprecher des vierten Abends, Ottaviano Fregosa, kanzelt den bisherigen Entwurf des Hofmannes als frivol ab. Bei dem Zustand, in dem sich Italien zur Zeit Castigliones befand, nämlich erdrückt von ausländischen Invasoren und gedrückt von inländischen Tyrannen, waren andere Qualitäten des Hofmannes als allein unterhaltsame gefragt.[746]

»In upper Italy, by about 1400, space was becoming completely organized; political interstices were filling up; the margins and cushions were shrinking, and the states of the peninsula were being obliged by the resulting pressures to an continuous awareness of each other. Italy was beginning to become such a system of mutually balanced parts in unstable equilibrium as all Europe was to be three hundreds years later, a small-scale model for experiments with the institutions of the new state.«[747]

In diesem diffizil ausbalancierten Gebilde Italien entwickelte sich die neuzeitliche Diplomatie. Bereits die italienischen Kaufleute, die über ganz Europa verstreut ihre Filialen hatten, verfügten über ein geschultes Augenmaß, das heißt, sie waren dazu in der Lage, Mentalitäten, Sitten und politische Machtverhältnisse einzuschätzen und diese Beobachtungen zu ihren Gunsten einzusetzen, also Profit daraus zu schlagen. Ihre Informationen leiteten sie brieflich in ihre Heimat weiter, und nicht viel anders kursierten die politischen Informationen zwischen den kleinen und den großen Mächten. Was den italienischen Stadtstaaten an militärischer Potenz gegenüber den Giganten Frankreich, England oder Spanien fehlte, machten sie mit ihren Intrigen, mit ihren kalkulierten Worten wett. Sie betrieben eine verzwickte Bündnispolitik, umwarben Verbündete, um sie zum richtigen Zeitpunkt wieder auszutricksen, und sammelten unablässig Informationen über Gegner und Freunde.

Nach Andreas Kraus[748] war es Francesco Sforza, der als erster ständige Gesandte an fremde Höfe schickte. Florenz, Neapel und Venedig folgten seinem Beispiel und bauten die Einrichtung der ständigen Gesandtschaft systematisch aus. Zu Beginn des 16. Jahrhunderts ahmten auch die Großmächte deren Vorbild nach, und dies war der Beginn des modernen Gesandtschaftswesens in Europa. Mit der Ausbreitung dieses neuen Faktors in der Politik wurde der Umgang der Staaten untereinander durch ein »deutlich werdendes gesteigertes Raffinement, also die Ausbildung einer besonderen politischen Taktik in der Gestaltung der Beziehungen, im Verhandeln, im Planen«[749] geprägt, und der Ausbau des Informationssystems begann. »Die Gesandten, vorher schon angehalten, über das Ergebnis ihrer Sendung zu berichten, hatten jetzt regelmäßig Informationen zu sammeln und an ihren Herrn weiterzugeben: Sie selbst mußten ebenso regelmäßig über ihre Aufgaben instruiert werden. Berichte und Instruktionen, die Unterlagen für die augenblicklichen politischen Entscheidungen, dienten gleichzeitig als Unterlagen für die zukünftigen Instruktionen; es war notwendig, sie aktenmäßig zu bearbeiten – ein neuer Zug der modernen Politik.«[750] Das im Brief übermittelte Wort des Gesandten an seinen Herrn, der in der Verhandlung auf Worten aufgebaute taktische Schachzug des Gesandten gegenüber dem fremden Fürsten, trug eine neue politische Kraft und die Möglichkeit zur Intrige in sich.[751]

Der neue Wert des Wortes in der Politik, das nun instruierend und kalkulierend eingesetzt wurde, ging einher mit Veränderungen im militärischen Bereich.

»Der Buchdruck, das Schießpulver und die Magnetnadel, so lautet eine berühmte Wendung in Bacons Novum Organon, haben das Antlitz der Erde verändert. Die Magnetnadel hat die überseeische Expansion, das Ausgreifen der Europäer auf andere Erdteile möglich gemacht; das Schießpulver war eine Voraussetzung für die innere Konsolidierung und äußere Expansion der Nationalstaaten, denn der schweren Artillerie der Fürsten vermochten die Burgen des Adels ebensowenig zu widerstehen wie die Mauern der freien Städte; und der Buchdruck hat eine beispiellose intellektuelle Mobilisierung der europäischen Gesellschaft ausgelöst.«[752]

Die reichen Städte gingen mehr und mehr dazu über, die militärischen Aufgaben von Söldnern wahrnehmen zu lassen. Das Blutvergießen barg nicht mehr den einstigen Ruhm in sich, und interessanter war da schon das Arrangement, die Vermeidung oder die Planung eines Krieges mit Worten als Diplomat.[753] »Diplomacy was for rulers; war for hired men.«[754]

Vor diesem Hintergrund muß man den Hofmann, den Ottaviano Fregosa entworfen hat, sehen. Die bloße ästhetische Erscheinung, der Tanz und das Spiel reichen nicht aus, um eine Rolle in dem komplizierten, risikoreichen Wortspiel der Politik zu übernehmen. Ottaviano korrigiert das Bild vom Höfling als Publikumsliebling und Fürstengünstling und entwirft ihn als einen ernsthaften Berater und Erzieher des Fürsten. Ottaviano Fregosa ist der erste Sprecher, der nicht nur vom Hof, sondern auch von der Kunst des Regierens, welches eine Kunst der Worte ist, spricht. Der Hof, der Raum, der den Fürsten umgibt, beruht auf einem ausgeklügelten Arrangement der Pracht, das die Menschen zum Staunen bringen soll und das den Glanz des edlen Blutes betont oder ersetzt. Die Regierung eines Volkes verlangt jedoch Wissen, Verstand und Selbstbeherrschung. Die Gesetze, die normativen Worte des Fürsten, soll dieser in seinem Herzen, im Zentrum seines Körpers, bewahren. Tag und Nacht sollen nach Ottaviano diese Gesetze mit dem Herzen des Fürsten Zwiesprache halten und »in seinem Herzen mit ihm sprechen«.[755]

Dieses Bild Castigliones erinnert an das Bild vom König, der die

Gesetze in seiner Brust trug.[756] Des Fürsten Worte sind die Grundlage des Gemeinwesens und damit die Grundlage der Sitten seiner Untertanen. Zwar muß auch Ottavianos Höfling sich auf dem höfischen Parkett zu bewegen verstehen, doch seine edelste und eigentliche Aufgabe ist die politische Erziehung und Beratung des Fürsten, der er mit dem dafür gebotenen Ernst nachzugehen hat.

Die Erziehung und die politische Beratung des Fürsten sind eine Sache der Worte. Der Fürst und sein Berater sind durch das Geheimnis, durch gemeinsames Wissen um die Angelegenheiten des Staates, miteinander verbunden. Ganz nahe beim Fürsten, nämlich an dessen Ohr, finden wir unseren Hofmann. Er flüstert dem Fürsten ein, wie er es anstellen muß, um geliebt zu werden, und er berät ihn bei der Wahl seiner Berater.[757]

Im Hinblick auf die diplomatische Mission, mit der Castiglione selbst oftmals betreut worden war, lese ich die vielbeschworene Ausbildung der lässigen Natürlichkeit, die künstlich erzeugt wurde und natürlich wirken mußte. Der Hofmann muß mehrere Rollen einnehmen können und dabei echt wirken. Für seine Aufgaben im Dienste des Fürsten muß er in der Kunst der Verstellung und der List geübt sein. Diese neue Anforderung im politischen Geschäft an der Wende zur Neuzeit ist als die Entdeckung der Perspektive in der Politik zu kennzeichnen. Nur durch die Kenntnis der Vielzahl der Wahrheiten, durch die Fähigkeit, einen Tatbestand in mehreren Variationen darstellen zu können, das heißt durch das perspektivische Denken, und das wiederum bedeutet durch das Abrücken vom Wort Gottes, werden die Diplomatie und ihre Gehilfin, die Intrige, möglich. Der Hofmann mußte ein Meister der Intrige sein, der die alleinige Wahrheit seinem Fürsten vorbehielt. Solcherart wurde durch das kalkulierte Wort des Höflings die Macht des Fürsten bewahrt.[758]

Der zweite Sprecher des Abends, Pietro Bembo, gestaltet den Hofmann um. Der galante Abenteurer, der die Waffen der höfischen Liebe zu handhaben versteht, wird zu einem visionär Schauenden der göttlichen Schönheit und Wahrheit.[759] Die prunkvollen Banalitäten des Hofes werden verscheucht durch das mystische Erlebnis einer weltabgewandten Ekstase. Bembo will die Anwesenden in die Geheimnisse der Liebe einweihen. Er beschreibt ein Modell der Liebe, bei dem die Vernunft den sinnlichen Anfechtungen standhält. Er ist ein Anhänger der neuplatonischen Liebesphilosphie, ein »Liebhaber der Keuschheit« (Ralf Konersmann).

Nachdem Platos Worte im Quattrocento zunächst vor allem in theologischen Kreisen diskutiert wurden, gewannen sie aufgrund ihrer weltanschaulichen Bedeutung zunehmend an Verbreitung.[760]

Die durch Gewalt an die Macht gekommenen Tyrannen des Cinquecento, die ihre Herrschaft erblich machten, sammelten um sich Männer, die weder zu den alteingesessenen adeligen Herren noch zu den reichen Bürgern aus den Städten gehörten. »Diese neue Gesellschaft, zusammengesetzt vor allem aus solchen Menschen, die der fürstlichen Gnadensonne vorzüglich bedurften, also Humanisten, Künstlern, Dichtern, geistlichen Pfründnern, Diplomaten, hatte durch die Beziehung auf den jeweiligen erlauchten Mäzen eine soziale Gemeinsamkeit, die einen standesmäßigen Zusammenschluß, die Ausbildung einer maßgeblichen konventionellen Attitüde bewirken oder doch begünstigen mußte. (...) Die Beschäftigung mit Platon mußte dies Gefühl einer sozialen Gemeinsamkeit allererst vertiefen und adeln.«[761] Der Platonismus wurde die Modephilosophie der höfischen Kreise, denn zum Wesen der höfischen Gesellschaft gehört das reizvolle Spiel mit Worten, das sich um die Wonnen und die Gefahren der Liebe dreht.[762]

Pietro Bembo gilt als einer der bedeutendsten Dichter der italienischen Hochrenaissance. Castiglione machte bei Bembos Werk *Asolani* nicht nur sinngemäße, sondern auch wörtliche Anleihen. Auch in den *Asolani* wird eine mehrtägige Diskussion mit dem Lob auf die wahre Liebe beendet.[763]

Castigliones Bembo schwärmt von der Liebe, die nicht zur Vereinigung der Körper, sondern zur Vereinigung der Seelen führt. Der Liebende kehrt in sich ein, vergißt sich selbst und darf die himmlische Schönheit schauen. Der Verzicht auf die körperliche Liebe ist ein lustvoller Verzicht, der die wahren Wonnen der Liebe für den Mann birgt.

Ottavianos Modell des ernsten Fürstenberaters und Bembos Modell des keuschen Liebenden werfen die Frage auf: Wo ist der Platz der Hofdame?

Meine Antwort ist, daß sie in beiden Modellen, die sich beide von dem sinnlichen Aspekt des Lebens abwenden – sei es vom Amüsement des prachtvollen Hofes oder vom koketten Spiel der Liebe –, keinen Platz findet, weil sie ein Teil der sinnlichen Welt ist. Im ernsten Miteinander der Männer hat sie nichts zu suchen, und somit wird sie aus beiden Modellen verbannt. Die von Ottaviano geforderten Eigenschaften des ernsten Wortes der Beratung und der Erziehung stehen ihr als Frau nicht an, und ihre Kunst der Koketterie hat in der Welt der Gesetze und des Verstandes nichts verloren. Den Fürstenkörper und damit den politischen Apparat erweitern alleine die Männer.

Bembo läßt die Hofdame verschwinden, indem er sie sich einverleibt. Er übergipfelt ihre Figur, deren Hauptmerkmal ihre Schönheit ist, und löst sie auf. Dem liebenden Hofmann à la Bembo ist die Schönheit der Frau Anlaß zu einer mythischen Erfahrung im Reich der Bilder und des Lichts. Er nimmt die Schönheit der Frau wahr, vergißt sie, um sich zu vergessen und Gott zu finden.

Somit findet Ottaviano die politisch-gesellschaftliche Lösung für das Verschwinden der Hofdame und Bembo die mönchisch-spirituelle.

Wir müssen nochmals auf die eingangs von mir behauptete Differenz des Hofmannsmodells, das in den ersten drei Büchern, und des Hofmannsmodells, das in dem vierten Buch geschildert wird, zurückkommen. Der von mir im folgenden als Entwurf eins bezeichnete Hofmann ist der Beherrscher seiner äußeren Affekte und inneren Triebe. Er ist eine Art Palastkünstler und muß eine existentielle Gefälligkeit ausbilden und die List der Täuschung beherrschen, um auf dem höfischen Parkett zu überleben.[764] Seine Kunst besteht im geschickten Einsatz seiner selbst. So muß er seine Überlegenheit den anderen Höflingen gegenüber raffiniert zu verdecken und zu zeigen verstehen, was ihn in einen permanenten Zustand der Vorlust versetzt. Das gleiche Prinzip gilt auch für sein Verhältnis zur Hofdame. Die beiden spielen ein erotisches Spiel, bei dem die Worte die Träger der Reize sind und bei dem die Dame niemals den täuschenden Worten des Mannes nachgeben darf. Er erprobt an ihr die Taktik des Schmeichelns und der Heuchelei, mit der er um die Gunst des Fürsten buhlt. Ist die Hofdame dann verheiratet, so hat sie Söhne zu gebären und das Blut zu bewahren.

Der Hofmann des Entwurfes eins ist eine Figur, die dazu ersonnen ist, dem Fürsten zu gefallen und zu Diensten zu sein. Begrifflich gefaßt, ist er ein soziales Ornament. Letztendlich ist er bar jedweder ernsten Aufgabe und hat die Verschwendungskapazität des Fürsten darzustellen. Er gehört wie die allzeit kokette Hofdame dem sinnlichen Teil des Hofes an und hat die Macht des Fürsten zu verkörpern, indem er, zur Handlungsunfähigkeit verdammt, sein Leben im Kampf mit der Langeweile zubringt. Die Höflinge und ihre Damen müssen ein beständiges, zivilisiertes Zusammensein pflegen, sie verschwenden ihr Leben im Auftrag des Fürsten. Das Verhältnis zwischen dem Herrscher und dem Höfling wird durch festgelegte Zeremonien bestimmt, die das Pathos der Distanz des Herrschers betonen. Die Höflinge verkörpern für den Herrscher die Präsenz und Existenz seines Hofes, der ihn umschließt und mit seiner Pracht umgibt.

Wir finden den Höfling der Vorlust und seine Dame am französischen Hof wieder, wo sie als soziales Ornament in Versailles die Verschwendungskapazität des absolutistischen Königs darstellen. Kennzeichen von des Höflings Ohnmacht waren seine Melancholie und seine Langeweile.[765] Als guter Höfling hatte er diese Gefühle zu verbergen, denn:

»Der Adelige, der seine Langweile verrät, dokumentiert nachdrücklich seine Machtlosigkeit; der König wiederum ahnt in der Langeweile die drohende Rebellion. Daher ist in einem solchen ausbalancierten Zustand alles darauf angelegt, die eigenen Emotionen zu unterdrücken und sich mit der Freude zu begnügen, die es bereitet, beim anderen die mangelnde Kontrolle zu entdecken.«[766]

Die Revolution verlangte bezeichnenderweise das Blut: Es war das Vergießen des Königs- und des Höflingsblutes, welches die Französische Revolution einläutete, die auf den Worten »Freiheit, Gleichheit, Brüderlichkeit« basierte und damit das Blut aller Menschen gleich machte.[767]

Der von mir als Entwurf zwei gekennzeichnete Hofmann hat Platon und Aristoteles zum Paten. Er ist der ernsthafte Fürstenberater und Fürstenerzieher, der mit seinem Herrn eine patrimoniale Beziehung eingeht. Den Hofmann des fürstlichen Einflusses und Vertrauens, der mit seinem Herrn durch die Worte der Intrige und des Geheimnisses verbunden ist, finden wir wieder im diplomatischen Dienst als Gesandten oder aber als Staatssekretär. Nach Andreas Kraus bezeichnete das Wort »secretarius« ursprünglich den Vertrauten, »dem das Herz des Freundes offensteht« und der um dessen Geheimnisse weiß. Die Veränderung der feudalen Ordnung und damit auch die Umgestaltung des politischen Apparates (siehe Ludwig der Heilige) führte dazu, daß der fürstliche Sekretär eine Institution wurde.[768]

Es war die bereits skizzierte Veränderung in der Diplomatie

durch die italienischen Kleinstaaten des Cinquecento, die den kalkulierten, informierenden, intrigierenden und instruierenden Worten einen wichtigen Stellenwert im politischen Geschäft verschaffte.[769] Dadurch wurde denjenigen Männern, die die Akten kannten, ein enormer Machtzuwachs beschert. Der Sekretär wurde quasi der Herr über die Worte und gewann dadurch Einflußspielraum seinem Herrn und den übrigen politischen Instanzen gegenüber.[770]

»Die bisher noch auf kollegialer Basis arbeitenden Sekretariate verwandelten sich alsbald in büromäßig organisierte Behörden. Die Sekretäre wurden zu leitenden Beamten, für die seit der Mitte des 16. Jahrhunderts der Titel ›Staatssekretär‹ nachweisbar ist und die nur dem Souverän unterstanden.«[771]

Der Sekretär macht sich auf, eine Arithmetik des Staates und der Staatenbeziehungen zu entwerfen. Er ist der Architekt eines Europas, in dem dem die multiplen Interessenpositionen neu ausgelotet werden. »Regieren erfordert deshalb mehr als bloß Anwendung allgemeiner Prinzipien der Vernunft, der Weisheit und Umsicht. Wissen ist notwendig, konkretes, präzises und gemessenes Wissen um die Stärke des Staates.«[772] Dieses Wissen nennt man politische Statistik oder Arithmetik. Nach Friedrich Meinecke war der berichtende Diplomat »der gegebene Entdecker der Lehre von den Interessen des Staates«.[773]

Nicht mehr das Privileg, mit dem Schwert Blut zu vergießen, hebt ihn hervor, sondern er ist ein Meister der Worte, der das Blutvergießen des Krieges plant, verhindert oder durch Intrigen arrangiert.

Der Fürst mit dem Blut ohne dynastischen Glanz, der Günstlinge und Wortkünstler um sich schart, ist eine Übergangsfigur, und der Hofmann der ernsten Worte entfernt sich von seinem Ohr, sitzt am Kabinettstisch und wird ein Diener des Staates.[774]

Friedrich von Gentz, der Adlatus des Fürsten Metternich, kann als ein typischer Vertreter des Hofmannsentwurfes zwei gelten. Er war ein Aufsteiger aus dem preußisch-schlesischen Kleinbürgertum und verdankte seinen Einfluß allein seiner Kunst der Worte. Er war der »Erste Sekretär Europas« und fungierte als einflußreicher Schriftführer der Verhandlungen über die Neuordnung Europas beim Wiener Kongreß.[775]

Der der vernünftigen Welt der normativen Worte und der Regierungskunst zugehörige Hofmann, der mit seinem Fürsten einen ernsthaften Männerbund geschlossen hat, den keine Frau zu stören vermag, wird ein kunstvoller Intrigant, der in der Folgezeit seine Kunst der Worte im Namen des Staates oder der Revolution ausübt.

Der Gewinner

Die norditalienischen Fürstenhöfe des 16. Jahrhunderts seien ein Paradies für Strukturalisten, schreibt Lauro Martines in seiner Studie *Power and Imagination.* Die Macht und die Pracht gingen alleine vom Fürsten, der zumeist durch Blutvergießen und Gewalt an die Spitze geraten war, aus. »Around that point (lordship) all life revolved (service) all the dominant forms of thought, passion and entertainment.«[776] Der Höfling hatte sich innerhalb dieser glanzvollen Sphäre ganz dem Rhythmus von Befehl und Gehorsam anzupassen. Nur dem Fürsten, der aufgrund seiner Vitalität und seines Willens zur Macht die Herrschaft ausübte, gebührte Ruhm und Ehre. Den Platz der Gerechtigkeit nahm des Fürsten Gnade ein.

Die Höfe der Tyrannen des Cinquecento waren die Kristallisationspunkte einer sich aristokratisierenden Gesellschaft. Die Fürsten polierten den fehlenden dynastischen Glanz ihres Blutes mit den Worten und den Bildern der Höflinge und Hofkünstler auf. In Italien dominierte nach Jahrzehnten der kommunalen Organisation der Bürger, welche auf der Garantie des vereinbarten Wortes beruhte, nun erneut der Wert des Blutes.

Baldesar Castiglione war Höfling, und das Thema des Höflings ist das Überleben in der Gunst des Fürsten. Die Gunst und die Gnade desselben erwarb sich der Höfling durch ein gefälliges Verhalten, ein angenehmes Äußeres und den Verzicht auf Kritik. Zwar schimmert im *Cortegiano* da und dort etwas Kritik an den herrschenden Zuständen durch, doch es ging Castiglione »nicht um die Abbildung einer Wirklichkeit und deren Kritik. Vielmehr lag ihm daran, Idealgestalten zu entwerfen und diese auch bewußt als solche zu zeichnen.«[777]

Als Rahmen für die Ausgestaltung dieser Idealgestalten wählte Castiglione eine illustre Hofgesellschaft in einem schönen Palast, die sich unter dem Vorsitz einer edlen Dame zusammengefunden hat. Wir fühlen uns an das Spiel der höfischen Liebe erinnert, als unter den Augen der Damen, die die Tribüne zierten, ihre Liebhaber, die die Günstlinge ihres Mannes waren, einen blutigen Kampf wagten oder die hohe Dame mit Worten der Liebe besangen. Der Kampf in Urbino wird ausschließlich mit Worten geführt.

In dem Spiel, dessen Regeln sich die Urbiner Hofgesellschaft verpflichtet, soll die Rolle des Hofmannes in dem sozialen Gefüge des Hofes beschrieben werden. »Das Spiel ist ein Kampf um etwas oder eine Darstellung von etwas. Diese beiden Funktionen können sich auch vereinigen, in der Weise, daß das Spiel einen Kampf um etwas ›darstellt‹ oder aber ein Wettstreit darum ist, wer etwas am besten darstellen kann.«[778]

Interpretiert man die Abende in Urbino im Sinne Huizingas, so ist Baldesar Castiglione der Gewinner des Spiels, und Jacob Burckhardt hat in diesem Falle recht, wenn er über ihn schreibt: »Die innere Triebkraft, die ihn bewegt, bezieht sich, obwohl es der Autor verhehlt, nicht auf den Fürstendienst, sondern auf die eigene Vollendung.«[779] Über Castiglione wird in dem Buch nur gesprochen. Er beschreibt sich selbst als einen Abwesenden. Dies ist ein literarischer Trick, denn so kann er Fiktives und Reales mischen und ist doch als Autor, schon durch die sehr persönlichen und ausführlichen Vorworte, die er jedem der vier Abende vorausschickt, auf intensive Weise gegenwärtig.

Baldesar Castiglione benutzt seine berühmten und gelehrten Freunde, um den idealen Hofmann und damit das Ideal seines Selbst mit Worten zu porträtieren. Castiglione führt uns sehr geschickt seine Höflingskünste vor, denn ohne daß wir es gewahr werden, spricht er ausschließlich über sich, entwirft ein ideales Bild seiner selbst und ist der Gewinner in diesem unblutigen Spiel der Worte.

V.

Finale

Das Motiv und seine Variationen

Das 11. Jahrhundert sei die Kindheit Europas, schreibt Georges Duby. In diesem Jahrhundert zerbricht die mythische Einheit von Gott und König, und es bringt die Differenz zwischen bellatores und oratores hervor. Die mythische Einheit wird abgelöst durch den trifunktionalen ordo, in dem die Ritter, die bellatores, die Repräsentanten des Blutes sind, das sie vergießen und erzeugen.

Gründet deren Macht im Blut, so wird bei den Verwaltern des Wortes Gottes das entsagungsvolle Streben der Mönche durch den Einfluß des Zölibats bindend. Den Geistlichen, den oratores, ist es untersagt, Blut zu vergießen, ihr Blut zu vermischen, und allein die Interpretation und Verwaltung des Wortes Gottes begründet den Sinn ihrer Existenz. Die dritte Gruppe, die laboratores, die in diesem Zusammenhang nicht von Bedeutung sind, sind bar jeglicher Macht.

Diese jeweils exklusive Bestimmung der beiden Gruppen stellt eine elementare Verbindung von Worten und Blut her. Diese einfache Differenz wird gehalten durch die ontotheologische Verfaßtheit der feudalen Ordnung. Noch ist der König in Analogie zu Gott begründet, auf dessen Transzendenz sich oratores als auch bellatores beziehen.

Dem 12. Jahrhundert kommt in der Transformationsgeschichte von Worten und Blut eine besondere Bedeutung zu. Bewegung kommt in die starre Ordnung dadurch, daß die Differenz von Worten und Blut sich in verschiedenen Bereichen und Figuren selbst reflektiert. Die Worte lösen sich aus dem festgezurrten ordo, sie werden leicht und mobil für das rhetorische Spiel, und im Gegenzug bekommt das Blut eine mythische Schwere. So beschwören die Worte des Abtes Suger von Saint-Denis die charismatische Macht des königlichen Blutes. In Gestalt von Pierre Abailard und Bernhard von Clairvaux treten konkrete Artikulationen der Präsenz Gottes auf. Abailard will Gottes Worten durch logische Beweiskunst Dignität verleihen, und Bernhard von Clairvaux sucht den Weg zu Gott durch die Meditation über das eine Wort. Abailard wurde zum Autor einer leidenschaftlichen Liebesgeschichte und endete als Verfolgter und Verstümmelter, während Bernhard von Clairvaux, als Lyriker der Mutter Gottes, die Ritter zum Blutvergießen in die Kreuzzüge trieb. Abailards Rhetorik ist eine von Logik und Selbstbekümmerung und Bernhards eine von Liebe und Haß.

Die Frau erhält in dieser reflektierten Differenz von Worten und Blut eine neue Position. In der ritterlichen Welt der provenzalischen Liebeshöfe löst sie die Zunge der minnenden Ritter, und in der theopoetischen Marienverehrung verheißt sie die Erfüllung der Gnade Gottes. Sie ist begehrtes Liebesobjekt und erhöhte Madonna zugleich. Überhaupt ist das 12. Jahrhundert durch vielfältige Praktiken des männlichen Begehrens gekennzeichnet. Die Hauptfrage männlicher Selbstdefinition betrifft jedoch nicht die der Penetration, sondern die der Erektion. Worum es, wie Michel Foucault einmal formuliert, geht, ist nicht die Beziehung zu anderen Menschen, sondern die Selbstbeziehung oder genauer: zwischen dem Willen zur Kohärenz des Selbst und den »unfreiwilligen Aufstellungen«[780] des männlichen Körpers.

War das 12. Jahrhundert das der reflektierten Differenz von Worten und Blut, so muß man das 13. Jahrhundert als eines neuer Kompensationen in diesem Verhältnis charakterisieren. Das Leitbild dieser neuerlichen Transformation ist die Einheit. Der eine Körper ist in der Ordnung des Staates, der Liebe, der Wissenschaft und des Glaubens wiederzufinden. Wort- und Blutkreislauf schließen sich zusammen in einer kommunizierenden Zirkulation. Ausdruck dieses gesellschaftlichen Inbildes des einen Körpers ist die fortgeschrittene Institutionalisierung des Rechts, des Wissens, der Verwaltung und des Glaubens. Die Logik der Institutionalisierung beruht darin, daß die repräsentativen Instanzen der vorhergehenden Jahrhunderte in einem Verband ihren Platz finden, für dessen Aufrechterhaltung verschiedene Gruppen von Spezialisten Sorge tragen. Es sind dies die Spezialisten, deren Macht auf der Kenntnis der Worte beruht. So trägt der König zwar die Gesetze in seiner Brust, aber über deren wohlgesetzte Ausführung wachen Beamte, die der monarchischen Macht unterstehen. In einem präzisen Sinne können wir jetzt von der herrschenden Konzeption eines Gesellschaftskörpers sprechen. Das 13. Jahrhundert endet jedoch mit der endgültigen Spaltung des mittelalterlichen Weltbildes. Der Papst tritt in Konkurrenz zu Kaiser und König; die weltliche und die geistige Macht zerstreiten sich um die Vorherrschaft in der Welt: Die ontotheologischen Korrespondenzen zwischen Worten und Blut büßen ihre Geltung ein.

Der Übergang zur Neuzeit ist als eine hierarchische Integration der verschiedenen Einzeltransformationen von Worten und Blut aufzufassen. Für den Prolog der Vollendung steht Person und Herrschaft Friedrichs II.

Friedrich II. hat sich als vorauslaufendes Modell der hierarchischen Integration von Worten und Blut in dreifacher Weise hervorgebracht:

Der Kaiser hat in seinem Modellstaat Sizilien die Macht der Feudalfürsten durch einen juristischen Verwaltungsapparat ersetzt. Und durch die Formel, die Juristen seien seines »Wissens Mitwisser«, hat er dieses institutionalisierte System der Herrschaft durch Worte ganz auf seine majestätische Person zugeschnitten. Er wurde dadurch zum omnipräsenten Wahrer der Gerechtigkeit. Seine herausragende Stellung wurde weiter durch seine kaiserliche und königliche Bluthoheit garantiert. Durch seine charismatische Einzigartigkeit schließlich beanspruchte er einen neuen Wirklichkeitssinn, und er wagte es, die Worte der Interpreten Gottes einer Prüfung durch das Experiment zu unterwerfen.

Friedrich II. ist insofern eine Vollendungsgestalt, als er Worte und Blut gleichermaßen an sich bindet. Nur war diese Equilibration so sehr auf seine Person zugeschnitten, daß sie mit seinem Tod endete.

Die Modelle des männlichen Selbst, die Francesco Petrarca, Leon Battista Alberti und Baldesar Castiglione als Vertreter der italienischen Renaissance zur Darstellung bringen, einigt der Versuch, das Faktum des Blutes mit Worten zu überwinden und dadurch Vollkommenheit zu erlangen. Ihr Streben nach Absolutheit wird kontrolliert durch die Wertsphären, für die sie jeweils stehen.

Francesco Petrarca, der eitle Nachfolger Dantes und Freund Boccaccios, war allein mit der Ausgestaltung des Mythos seiner Dichterperson beschäftigt. Er entwarf sich in seinen Schriften als Freund der Dichter, Philosophen und Helden der Antike und als unglücklich Liebenden. Beide Selbstentwürfe sollten seinen Ruhm mehren, und sein Ruhm sollte seinen Tod überdauern. Durch seine Worte wollte er unsterblich werden.

Leon Battista Alberti ist der theoretische Kopf des geschäftigen Quattrocento. Er betrieb die Kartographierung der Welt und seiner Empfindungen. Die Einteilung der Welt in immer kleinere Parzellen schien ihm eine Methode, das Gleichgewicht zu halten und das Schicksal zu bannen. Er ist der Vordenker einer bestimmten Technik zur Beherrschung der Welt und der Natur durch nahezu zwanghafte Distanz.

Baldesar Castiglione, der schillernde Höfling des Cinquecento, der mit seiner Melancholie rang, hat uns eine Technik im Umgang mit der Macht hinterlassen. »Erkenne Dich selbst« heißt nach seiner Interpretation, daß man danach streben soll, sich so gut zu kennen, daß man sich verbergen kann. Die von ihm formulierte Tugend der kalkulierten Mittelmäßigkeit und Geschmeidigkeit wurde zu einer Basisanforderung für den europäischen Staats- und Fürstendiener.

Die Gemeinsamkeit des Dichters, des Wissenschaftlers und des Politikers besteht darin, daß sie ihre Selbstgeburt in Worten im intimen Kontakt mit den Klassikern der Antike vollbringen.

Es handelt sich um eine Kommunikation mit Toten, deren Worte überlebt haben. Die Lektüre gerät allen dreien zu einer animistischen Praxis, die den einzigen Zweck verfolgt, die Spur der großen Vorfahren aufzunehmen, um sich sodann mit eigenen Worten in den universellen Wortkreislauf einzuschreiben. Unsterblichkeit ist der beabsichtigte Effekt ihres Schreibens. Das Blut als Konstituans ihres Lebens soll durch eine große literarische Anstrengung zu einer bloßen Bedingung ihrer Existenz herabgewürdigt werden. Sie machen sich zu großen Einsamen, für die die Frau allein eine fiktionale Bedeutung hat. Die Frau gemahnt sie an das Blut, das die ewige Zirkulation der Worte der Männer nur stört.

Epilog im Himmel

Nach Michel Covin ist die christliche Kunst eine Kunst, die die Worte der Bibel kommentiert. Die Farben dieser Kunst sind an den Worten orientiert: »Die Farben sind die Passion der Wörter.«[781]

Die christliche Dogmatik kreist um das Bild von der Menschwerdung Gottes, und das Christentum beruht auf der Inszenierung der Geschichte des einen Körpers. Das Bild, das von diesem einen Körper überliefert wird, ist das Bild des mißhandelten, leidenden Körpers, der an das Kreuz geschlagen wurde. Es ist der Schmerz Jesu, der die Menschwerdung des Wortes Gottes versinnbildlicht. Das Bild des Gekreuzigten hütet die Kirche, und in Worten wird der Bericht von den Leiden Jesu überliefert.

Die Farbe des Bildes des einen mißhandelten Körpers ist die Farbe des Blutes. So ist die christliche Heilsgeschichte eine Geschichte, in der der gemarterte eine Körper wieder heil wird. Strahlend und schmerzlos kündet Christi nach der Auferstehung den Menschen von der ihnen widerfahrenen Gnade, von dem für sie vergossenen Blut.

Christus wurde zum Bilde, er legte Zeugnis ab von der Liebe Gottes zu den Menschen, und er opferte sein Blut. »Als der erste christliche Maler verwendete Jesus ausschließlich die Farbe Rot.«[782] Um den Glanz der Heilwerdung des einen Körpers zu erzeugen, verwenden die Maler die leuchtendsten Farben, verwenden sie das Rot, das alle Formen auflöst in ein Sehnen.

Alle Rottöne der christlichen Malerei schmecken laut Covin nach Blut.

Das bei der Passion Christi vergossene Blut finden wir wieder in den Bildern des Michelangelo oder des Piero della Francesca. So beleben die Maler mit der Farbe die Erinnerung an den Opfertod des Erlösers der Menschen.

Dante, der Dichter im blutroten Gewand, berichtet uns in der *Göttlichen Komödie* von seiner Reise in die Welt der Schatten. Der Dichter beginnt seine Reise ins Jenseits wie Jesus am Karfreitag, und am Morgen des Ostertages kehrt er zu den Menschen zurück. Er ist in seinem Epos der Worte der einzige, der Blut in den Adern hat, und er berichtet uns Lebenden, wie die auf ewig Verdammten in der Hölle büßen und die im Fegefeuer Leidenden hoffen. Geleitet wird er von Vergil, Beatrice und Bernhard von Clairvaux.

Vergil, der heidnische Dichter, führt ihn durch die Hölle und das Fegefeuer, und Beatrice, die den Status »einer von Dante kanonisierten Heiligen« (Harold Bloom) innehat, empfängt ihren unglücklich Liebenden aus dem Leben an den Pforten des Paradieses. Sie vertraut ihn schließlich Bernhard von Clairvaux an, »damit er ihn zur letzten Beschauung geleite, der Krönung seiner Pilgerfahrt ins Jenseits, letztes Ziel des heiligen Gedichts und Urbild des Endziels der Menschen«.[783] Bernhard, der den Weg des Schmerzes ging und lehrte, wie man sich selbst vergißt, um zu Gott zu gelangen, führte Dante zur Mutter Gottes.

Die besondere Stellung der Jungfrau Maria rührt daher, daß sie das zu Fleisch und Blut gewordene Wort Gottes geboren hat; dadurch steht sie höher als alle anderen Frauen. Die Begegnung der Zone des Menschlichen mit der Zone des Göttlichen ist die Gnade. Der Endpunkt der *Göttlichen Komödie* ist erreicht, als Dante des weißen Lichts, das jenseits der Worte und des Blutes liegt, ansichtig wird und verstummt.

Der Erlöser der Menschen wurde von einer Jungfrau geboren. »Das Wort Gottes ist aus der Substanz Gottvaters geboren; da es aber Fleisch angenommen hat, so muß man notwendig zugeben, daß es, dem Fleische nach, von einer Frau geboren wurde«, lehrt der heilige Thomas von Aquin. Jesus Christus, das zu Fleisch gewordene Wort, sprach zu den Menschen mit seinem Blut.

Dante schildert uns in der *Divina Commedia* seine Heilsgeschichte, die eine Geschichte der Selbstvervollkommnung eines Sterblichen ist. Es ist dies seine unblutige Selbstgeburt in Worten. Beatrice ist das Medium, das ihn in die Unendlichkeit der Worte führt. Die *Göttliche Komödie* ist die Inauguration eines Mannes in das System der Worte durch eine erhöhte, tote Frau, die sich daran erinnert, wirklich gewesen zu sein. Doch der Dichter ist der einzige in seinem selbsterschaffenen Kosmos, der Blut in den Adern hat. Er verwandelt das Blut in Worte, mit denen er zu uns spricht.

Der Sohn Gottes, der unter den Menschen weilte und für sie starb, fuhr auf zu seinem Vater und ist »sitzend zu seiner Rechten«.

Dante, der sich in Worten selber geboren hat, teilt sich mit Shakespeare die moderne Welt. Einen Dritten gibt es nicht.[784]

Und das System der Worte übergreift ihn.

Anmerkungen

1 Olof Lagercrantz: Von der Hölle zum Paradies. Dante und die Göttliche Komödie. Frankfurt/Main 1964, S. 15
2 Purgatorio XXVII, 140
3 Julia Kristeva: Fremde sind wir uns selbst. Frankfurt/Main 1990, S. 116
4 Zur Kulturgeschichte des Fegefeuers, des »dritten Orts«, und seiner Bedeutung für die mentale Entwicklung des Menschen im Mittelalter vergleiche Jacques Le Goff: Die Geburt des Fegefeuers. Vom Wandel des Weltbildes im Mittelalter. München 1990
5 Ernst H. Kantorowicz: Die zwei Körper des Königs. Zur politischen Theologie des Mittelalters. München 1990, S. 483-484
6 Purgatorio XXXIII, 140-145
7 Zum vorangegangenen Leben und Sterben der Beatrice Portinari vergleiche Dante Alighieri: Das neue Leben. Vita Nova. Zürich 1987
8 Friedrich Ohly: Typologie als Denkform der Geschichtsbetrachtung, in: Volker Bohn (Hg.), Typologie. Internationale Beiträge zur Poetik. Frankfurt/Main 1988, S. 22
9 Zu dieser leider wenig beachteten Erklärung des Begriffs der Renaissance als »wiedererwachsen« vergleiche Jost Trier: Zur Vorgeschichte des Renaissance-Begriffs, in: Archiv für Kulturgeschichte XXXIII, Nr. 195, 1950, S. 45-63
10 Gerhard B. Ladner: Pflanzensymbolik und der Renaissance-Begriff, in: August Buck (Hg.), Zu Begriff und Problem der Renaissance. Darmstadt 1969, S. 371
11 Harold Bloom: Die heiligen Wahrheiten stürzen. Dichtung und Glaube von der Bibel bis zur Gegenwart. Frankfurt/Main 1991, S. 56
12 Karl R. Popper: Objektive Erkenntnis. Ein evolutionärer Entwurf. Hamburg 1974
13 Jakob Taubes: Abendländische Eschatologie. Bern 1947, S. 57
14 Marc Bloch: Die Feudalgesellschaft. Berlin/Frankfurt/Main/Wien 1982
15 Karl Mannheim: Die Bedeutung der Konkurrenz im Gebiete des Geistigen, in: ders., Wissenssoziologie. Berlin/Neuwied 1964, S. 579
16 Georges Duby: Die drei Ordnungen. Das Weltbild des Feudalismus. Frankfurt/Main 1986, S. 16
17 Michel Foucault: Von der Freundschaft als Lebensweise. Michel Foucault im Gespräch. Berlin o. J., S. 37
18 Augustinus: Vom Gottesstaat. Band II. Zürich 1955, S. 206
19 Auf das Menstruationsblut, konnte ich im Rahmen dieser Arbeit nicht eingehen.
20 Foucault, a .a. O., S. 45
21 Zum Begriff »Renaissance« vergleiche August Buck (Hg.): Zu Begriff

und Problem der Renaissance. Darmstadt 1969, und Konrad Burdach: Sinn und Ursprung der Worte Renaissance und Reformation, in: ders., Reformation, Renaissance, Humanismus. Zwei Abhandlungen über die Grundlage moderner Bildung und Sprachkunst. Berlin 1918, S. 13-96

22 Vergleiche zu der sozialen Schichtung der Humanisten Lauro Martines: The Social World of Florentine Humanists. Princeton 1963

23 Konrad Burdach: Über den Ursprung des Humanismus, in: ders., Reformation, Renaissance, Humanismus. Zwei Abhandlungen über die Grundlage moderner Bildung und Sprachkunst. Berlin 1918, S. 99

24 Vergleiche hierzu u. a. Walter Pater: Die Renaissance. Studien in Kunst und Poesie. Jena/Leipzig 1906 und Hans Oppermann: Humanismus. Darmstadt 1970

25 Theodor W. Mommsen: Der Begriff des »Finsteren Zeitalters« bei Petrarca, in: August Buck (Hg.), Zu Begriff und Problem der Renaissance. Darmstadt 1969, S. 151-179

26 Was das Verhältnis von Renaissance und Humanismus anbelangt, so schließe ich mich Leonid Batkin an, der schreibt: »Die Renaissance ist der humanistische Kulturtyp, während der Humanismus ein renaissancistisches und ausschließlich renaissancistisches Phänomen ist.« Leonid Batkin: Die italienische Renaissance. Versuch einer Chrakterisierung eines Kulturtyps. Frankfurt/Main 1981, S. 21

27 Aby Warburg cit. nach Fritz Saxl: Die Ausdrucksgebärden der bildenden Kunst, in: Bericht über den XII. Kongreß der Deutschen Gesellschaft für Psychologie. Jena 1932, S. 23

28 Ernst Cassirer: Einige Bemerkungen zur Frage der Eigenständigkeit der Renaissance, in: August Buck (Hg.), Zu Begriff und Problem der Renaissance. Darmstadt 1969, S. 218

29 Zum »modernen« Ruhm vergleiche Le Monde (Hg.): Zehn Schriftsteller und der Ruhm. Eine Umfrage. Berlin 1992

30 Vergleiche hierzu Christina von Braun: NichtIch. Logik Lüge Libido. Frankfurt/Main 1988, S. 152

31 Über den Bourgeois des neunzehnten Jahrhunderts und seinen Penis vergleiche Jean-Paul Aron/Roger Kempf: Der sittliche Verfall. Bourgeoisie und Sexualität in Frankreich. Frankfurt/Main 1982. Auf Seite 12 dieses Buches findet sich die schöne Beschreibung: »In den Metaphern des Phallus haben unsere Gelehrten Erleichterung und Frieden gefunden. Ins Symbol verwandelt läßt sich das Organ unschuldig handhaben.«

32 Christian Meier: Programm einer Geschichtsschreibung, in: Merkur 47, Nr. 3, 1993, S. 213

33 Paul Ricoeur: Zufall und Vernunft in der Geschichte. Tübingen 1986

34 Paul Veyne: Der Eisberg der Geschichte. Foucault revolutioniert die Historie. Berlin 1981

35 Emil Staiger: Grundbegriffe der Poetik. München 1983, S. 86
36 Zur Entwicklung des Krönungszeremoniells in Frankreich vergleiche Percy Ernst Schramm: Der König von Frankreich. Das Wesen der Monarchie vom 9. zum 16. Jahrhundert. Ein Kapitel aus der Geschichte des abendländischen Staates. Band I. Darmstadt 1960
37 Chrisma ist das heilige Öl, das in der römisch-katholischen Kirche gebraucht wird. Es setzt sich aus Olivenöl und Balsam zusammen.
38 Moshe Barasch schreibt, daß die ganz abstrakte Darstellung des Königtums Gottes keine bedeutende Geschichte aufzuweisen hat. Er bezeichnet als eines der wichtigsten Ergebnisse seiner Studien über die Ikonographie der Theokratie, »daß unsere Vorstellungskraft auf die menschliche Gestalt nicht verzichten kann, selbst dann nicht, wenn die Gestalt so problematisch ist wie die des Gottkönigs«. Und weiter: »Die wohl häufigste Formulierung, die einen bedeutenden Teil der theokratischen und imperialen Ikonographie beherrscht, besteht in einem Zusammenwachsen von zwei Gestalten, dem Gottkönig und dem König, der auf Erden regiert.« Moshe Barasch: Gott als Herrscher. Zur Ikonographie der Theokratie, in: Jacob Taubes (Hg.), Religionstheorie und Politische Theologie. Band 3. München/Paderborn/Wien/Zürich 1987, S. 256
39 Jacques Le Goff: Das Hochmittelalter. Fischer Weltgeschichte. Band 11, Frankfurt/Main 1989, S. 39
40 Georges Duby: Die Ursprünge des Rittertums, in: Arno Borst (Hg.), Das Rittertum im Mittelalter. Darmstadt 1976, S. 349-369
41 Er bezieht sich dabei auf seine Forschungen in der Gegend von Mâcon und seine Urkundenbuchfunde in der Abtei von Cluny. Vergleiche dazu Georges Duby: Lignage, Adel und Rittertum im 12. Jahrhundert in der Gegend von Mâcon, in: Claudia Honegger (Hg.), Schrift und Materie der Geschichte. Vorschläge zur systematischen Aneignung historischer Prozesse. Frankfurt/Main 1977, S. 415-439
42 Georges Duby: Die Ursprünge des Rittertums, in: Arno Borst (Hg.), Das Rittertum im Mittelalter. Darmstadt 1976, S. 352
43 Vergleiche hierzu auch den Aufsatz von François Louis Ganshof: Was ist das Rittertum?, in: Arno Borst (Hg.), Das Rittertum im Mittelalter. Darmstadt 1976, S. 130-141
44 Die Schriftsteller und literarisch Gebildeten sprachen zur Betonung der kämpferischen Aufgabe der Ritter von »bellator« oder »pugnator«.
45 Radulfus Glaber cit. nach Georges Duby: Die Zeit der Kathedralen. Kunst und Gesellschaft 980-1420. Frankfurt/Main 1992, S. 119
46 Duby, a. a. O., S. 135
47 Augustinus hatte eine starke Bindung an seine Mutter, die keusche Monnica, die entsetzt war, als ihr Mann ihr nach einem gemeinsamen Badebesuch mit dem Sohn vergnügt und stolz berichtete, der Sechzehnjährige habe eine Erektion gehabt. »Sie verbot ihm praktisch alles:

Die Unzucht (Onanie), die Ehe, den Ehebruch. Da blieb wenig Spielraum. Monnica wollte ihn für sich. In diesem Konflikt bildete sich Augustins Begriff vom Menschen: Die Zuwendung zum Körper, zur sexuellen Lust schien unweigerlich zum Verlust der geliebten Mutter und der von ihr repräsentierten reineren Welt zu führen. Diese Unausweichlichkeit drückte sowohl sein Manichäismus wie seine spätere Gnadenlehre aus. Das Interesse Augustins an durchgehender Körperbeherrschung entsprang nicht dem Wunsch, sich als Fakir oder Leistungssportler auszuzeichnen. Er wollte der Mutter gefallen. Dann blieb nur die Enthaltsamkeit. Die ›Bekehrung‹ zum Christentum war deshalb zugleich der Entschluß zum Zölibat. Später haben Monnica und Augustin auch an die Möglichkeit einer Ehe gedacht. Aber der Plan, halbherzig verfolgt, zerschlug sich. Das richtige Leben, das Gott und Monnica wohlgefällige Leben – das war die Enthaltsamkeit.« Kurt Flasch: Augustin. Einführung in sein Denken. Stuttgart 1980, S. 241

48 Vergleiche zum ritterlichen Lebenslauf Gina Fasoli: Grundzüge einer Geschichte des Rittertums, in: August Buck (Hg.), Das Rittertum im Mittelalter. Darmstadt 1976, S. 198-211

49 Vergleiche hierzu Elisabeth Orth: Formen und Funktionen der höfischen Rittererhebung, in: Josef Fleckenstein (Hg.), Curialitas. Studien zu Grundfragen der höfisch-ritterlichen Kultur. Göttingen 1990, S. 128-170

50 Georges Duby: Guillaume de Maréchal oder der beste aller Ritter. Frankfurt/Main 1987, S. 94

51 Arno Borst: Das Rittertum im Hochmittelalter. Idee und Wirklichkeit, in: ders. (Hg.), Das Rittertum im Mittelalter. Darmstadt 1976, S. 243

52 Georges Duby: Adel und Rittertum im 12. Jahrhundert in der Gegend von Mâcon, in: Claudia Honegger (Hg.), Schrift und Materie der Geschichte, Vorschläge zur systematischen Aneignung historischer Prozesse. Frankfurt/Main 1977, S. 431

53 Philippe Ariès: Zeit und Geschichte. Frankfurt/Main 1988, S. 104

54 Georges Duby: Ritter, Frau und Priester. Die Ehe im feudalen Frankreich. Frankfurt/Main 1988, S. 114

55 Duby, a .a. O., S. 114

56 Interessant für die »Listen« der Frauen scheint mir in diesem Zusammenhang folgende Vermutung von Natalie Zemon-Davis: »Wenn es eine universelle Natur gab, so war sie für die Frauen kein Zeichen des Selbst-Besitzes, sondern ein Zeichen, vergeben, weggegeben zu werden. Ich möchte behaupten, daß paradoxerweise eine Strategie zur Erringung einer Spur weiblicher Autonomie vielleicht genau auf diesem Verständnis des Weggehens gründete: manchmal kehrten Frauen diese kulturelle Form um – sie gaben sich selbstständig weg. Erstens wurde ihnen durch die oft wiederholte Vorschrift geholfen, daß Töchter einer Heirat zustimmen mußten – in der Tat wichtig. Wenn sie sich weiger-

ten, einer arrangierten Heirat zuzustimmen – wie Prinzessin Jeanne d'Albert 1541, die zum Altar getragen werden mußte –, konnte die Eheschließung annulliert werden. Zweitens gab es viele Frauen, die ihre Heirat selber arrangierten, meist Witwen und weibliche Dienstboten, die weit entfernt von ihren Eltern lebten oder deren Eltern gestorben waren.« Natalie Zemon-Davis: Bindung und Freiheit. Die Grenzen des Selbst im Frankreich des sechzehnten Jahrhunderts, in: dies., Frauen und Gesellschaft am Beginn der Neuzeit. Studien über Familie, Religion und die Wandlungsfähigkeit des sozialen Körpers. Berlin 1986, S. 15

57 Marc Bloch: Die Feudalgesellschaft. Berlin/Frankfurt/Main/Wien 1982, S. 181

58 Zur asketischen Lebensweise im frühen Christentum vergleiche Peter Brown: The Body and Society. Men, Women and Sexual Renunciation in Early Christianity. New York 1988; J. Massingberd Ford: A Trilogy on Wisdom and Celibacy. Notre Dame/London 1967. Eine chronologische Darstellung von der ersten Hälfte des vierten Jahrhunderts bis zur Gegenwart mit vielen Quellen findet sich in Georg Denzler: Päpste und Papsttum. Das Papsttum und der Amtszölibat. Stuttgart 1973

59 Zum rechtlichen Aspekt des Zölibats vergleiche Hans Heimerl: Der Zölibat. Recht und Gerechtigkeit. Wien/New York 1985. Eine Darstellung aus soziologischer Sicht findet sich in Kurt Hagemann: Der Zölibat der römisch-katholischen Kirche. Meisenheim am Glan 1971

60 Erwin Panofsky: Abt Suger von Saint-Denis, in: ders., Sinn und Bedeutung in der bildenden Kunst. Köln 1978, S. 158

61 Suger cit. nach Jacques Le Goff: Das Hochmittelalter. Fischer Weltgeschichte. Band 11. Frankfurt/Main 1989, S. 113

62 Erwin Panofsky cit. nach Hans Sedlmayr: Die Entstehung der Kathedrale. Graz 1976, S. 352

63 Percy Ernst Schramm: Der König von Frankreich. Das Wesen der Monarchie vom 9. zum 16. Jahrhundert. Ein Kapitel aus der Geschichte des abendländischen Staates. Band I. Darmstadt 1960, S. 139

64 Die lateinische Fassung seiner Schriften findet sich in Suger: Œuvres complètes. Herausgegeben von A. Lecoy de la Marche. Hildesheim/New York 1979

65 Erwin Panofsky: Abbot Suger on the Abbey Church of Saint-Denis and its Treasures. Princeton 1948, S. 21

66 Nikolaus Pevsner: Europäische Architektur von den Anfängen bis zur Gegenwart. München 1957, S. 145

67 Benjamin Nelson: Wissenschaften und Zivilisationen, »Osten« und »Westen« – Joseph Needham und Max Weber, in: ders., Der Ursprung der Moderne. Vergleichende Studien zum Zivilisationsprozeß. Frankfurt/Main, S. 37

68 Jacques Rossiaud: Der Städter, in: Jacques Le Goff (Hg.), Der Mensch des Mittelalters. Frankfurt/Main/New York/Paris 1989, S. 156-197

69 »Members of the nobility no longer wore straight, loosely belted long overtunics that had previously given females and males much the same appearance. Instead the man's tunic became fuller at the chest and shoulders and shorter to reveal his legs and his hose in bright greens, blues and oranges. The woman's underchemise showed the lines of her breasts and was girdled at the waist; the sleeves tapered and could be buttoned to the wrist. The overtunic remained long but might now be fitted and have lined sleeves, a cloak hanging loosely about her shoulders, fastened only at the neck.« Bonnie S. Anderson/Judith P. Zinsser: A History of their Own. Women in Europe from Prehistory to Present. Volume I. New York 1988, S. 305

70 Guibert von Nogent cit. nach Jacques Le Goff: Das Hochmittelalter. Fischer Weltgeschichte. Band 11. Frankfurt/Main 1989, S. 79

71 Rossiaud, a .a. O., S. 158

72 Vergleiche hierzu Jacques Le Goff: Wucherzins und Höllenqualen. Ökonomie und Religion im Mittelalter. Stuttgart 1988

73 Vergleiche hierzu Gabriele Dolff-Bonekämper/Dieter Kimpel/Robert Suckale: Die gotische Kathedrale: Gestalt und Funktion, in: Werner Busch und Peter Schmoock (Hg.), Kunst. Die Geschichte ihrer Funktionen. Weinheim und Berlin 1987, S. 11-30

74 Otto von Simson: Die Gotische Kathedrale. Beiträge zu ihrer Entstehung und Bedeutung. Darmstadt 1968, S. 235

75 Georges Duby: Die Zeit der Kathedralen. Kunst und Gesellschaft 980-1420. Frankfurt/Main 1992, S. 176

76 Von seiner Bekehrung steht in der Apostelgeschichte geschrieben: »Etliche Männer aber hiengen ihm (Paulus, K. W.) an, und wurden gläubig; unter welchen war Dionysius, einer aus dem Rath, und ein Weib, mit Namen Damaris, und andere mit ihnen« (17,34).

77 Dionysius cit. nach Rosario Assunto: Die Theorie des Schönen im Mittelalter. Köln 1982, S. 164

78 Nikolaus Pevsner: Europäische Architektur von den Anfängen bis zur Gegenwart. München 1957, S. 176

79 »Ein Stein, meist eine Säule oder ein Dienst, ist ›en délit‹, wörtlich ›entgegen der Bettung‹ aufgestellt wie ein ›Orthostat‹ oder ›Jude‹, wobei seine Höhe seine Breite allerdings erheblich übertrifft.« Dieter Kimpel/Robert Suckale: Die gotische Kathedrale in Frankreich 1130-1270. München 1985, S. 550

80 Julius Lange cit. nach Wolfgang Schöne: Über das Licht in der Malerei. Berlin 1977, S. 38

81 Es ist dies das Blau, das später Yves Klein benutzt und über dessen Wirkung Emile Male schrieb: »Ce bleu, qui émeut, comme la révélation de l'autre monde«. Emile Male: L'Art religieux du XIIe siècle en

France. Étude sur l'origine de l'iconographie du Moyen Age. Paris 1924, S. 68

82 Otto von Simson: Die Gotische Kathedrale. Beiträge zu ihrer Entstehung und Bedeutung. Darmstadt 1968, S. 171

83 Suger cit. nach Dieter Kimpel/Robert Suckale: Die gotische Kathedrale in Frankreich 1130-1270. München 1985, S. 90

84 Jakob Taubes: Abendländische Eschatologie. Bern 1947, S. 107

85 Jacques Le Goff: Die Intellektuellen im Mittelalter. Stuttgart 1986, S. 88

86 Erwin Panofsky: Gotische Architektur und Scholastik. Zur Analogie von Kunst, Philosophie und Theologie im Mittelalter. Köln 1989, S. 18

87 »Der Begriff des Klerikers hat sich da erweitert und verschoben; er bezeichnet nicht mehr nur den Geistlichen, sondern auch den Studierten, den Gelehrten, den wissenschaftlich Gebildeten (wie sich seitdem im Französischen und im Englischen das Wort clerc im Sinne des Gebildeten, des Literaten, ja des Schreib- und Lesekundigen einbürgerte).« Herbert Grundmann: Vom Ursprung der Universität im Mittelalter. Berlin 1957, S. 28

88 Pierre Abaelard: Die Leidensgeschichte und der Briefwechsel mit Heloisa. Übertragen und herausgegeben von Eberhard Brost. Heidelberg 1963

89 Abaelard, a .a. O., S. 9

90 Abaelard, a. a. O., S. 12

91 »Das bleibende Verdienst von Anselms Schule ist die Glossa ordinaria, die Glossierung der Bibel, wozu er selbst den Psalter, die Paulinen und wahrscheinlich auch das Johannes-Evangelium bearbeitete und sein Bruder Radulf das Matthäus-Evangelium.« Arnold Angenendt: Peter Abaelard, in: Martin Greschat (Hg.), Im Mittelalter I. Mainz 1983, S. 151

92 Abaelard, a. a. O., S. 17

93 Ob er noch andere Ämter bekleidete, ist ungewiß. Sikes schreibt zu dieser Frage: »He was offered a chair at the cathedral, and since William now settled at Chalons, he was destined to enjoy peace for some long time. Dr. Poole conjectures that he was also given a canonry at Notre-Dame; it seems highly probable that he must have held some official position on that cathedral body since he taught at the cathedral school. But, though he is mentioned as having been a canon at Tours, Chartres and Sens, he is never called by any contemporary writer a canon of Paris.« Jeffray Garrett Sikes: Peter Abailard. New York 1965, S. 10. Ich folge in meiner Schreibweise Sikes, demzufolge es sich bei »Abailard« um die korrekte Schreibweise handelt.

94 Zur Geschichte der »wahren« Heloise und zum folgenreichen »Heloise-Komplex« in der Kulturgeschichte vergleiche Charlotte Charrier: Héloise. Dans l'histoire et dans la légende. Genf 1977

95 Abaelard, a. a. O., S. 19
96 Abaelard, a. a. O., S. 21
97 »A married canon regular would have been a real scandal; a married canon who was but a tonsured cleric, like Abélard, would have been in an unfortunate situation, particulary if he were a celebrated professor. His ecclesiastical position would certainly have been affected. He would even have found himself ecclesiastically irregular. But he would only have had to resign his office as canon in order to regularize his position.« Etienne Gilson: Héloise and Abélard. Michigan 1960, S. 18
98 Sechshundert Jahre nach Tode von Heloise veröffentlichte Jean-Jacques Rousseau seine »Nouvelle Heloise«. Über die Verwandtschaft der beiden bemerkt Friederike Hassauer: »Auch hier die schwierige Freundschaft der briefewechselnden Seelen, denen der sinnliche Körper ausgetrieben werden muß – wenn auch nicht mehr mit Kastration und Nonnenschleier.« Friederike Hassauer: Die alte und die neue Heloisa: weibliche Zugänge zur Schrift, in: Bea Lundt (Hg.), Auf der Suche nach der Frau im Mittelalter. Fragen, Quellen, Antworten. München 1991, S. 295
99 Vergleiche zu diesem Phänomen Eric Walter: Le complèxe d'Abélard ou le célibat des gens de lettres, in: Dix-Huitième Siècle, 12, 1980, S. 127-152
100 Heloise cit. nach Abaelard, a. a. O., S. 104
101 Abaelard, a. a. O., S. 30
102 Vergleiche zur Frage der Echtheit dieses Briefwechsels Jacques Monfrin: Le problème de l'authenticité de la correspondence d'Abélard et d'Héloise, in: Pierre Abélard Pierre le Vénérable. Les Courants Philosophiques, Littéraires et Artistiques en Occident au Milieu du XIIe Siècle. Paris 1975, S. 409-424
103 Abaelard, a. a. O., S. 130
104 Abaelard, a. a. O., S. 31
105 D. E. Luscombe cit. nach Mary M. McLaughlin: Peter Abélard and the Dignity of Women: Twelfth-Century »Feminism« in Theory and Practice, in: Pierre Abélard Pierre le Vénérable. Les Courants Philosophiques, Littéraires et Artistiques en Occident au Milieu du XIIe Siècle. Paris 1975, S. 310
106 Abaelard, a. a. O., S. 133
107 Abaelard, a. a. O., S. 134
108 Abaelard, a. a. O., S. 134
109 Abaelard, a. a. O., S. 140
110 Heloise cit. nach Abaelard, a. a. O., S. 109
111 Heloise cit. nach Abaelard, a. a. O., S. 151
112 »Abaelard war ein Genie, doch ein Genie von jener paranoischen Sorte, die Zuneigung durch Anmaßung zurückstößt, die dadurch, daß

sie beständig im Argwohn imaginärer Verschwörungen lebt, wirkliche Verfolgung provoziert und im Gefühl, von moralischem Verschuldetsein jeglicher Art erdrückt zu werden, dazu neigt, Dankbarkeit in Groll zu verkehren.« Erwin Panofsky: Abt Suger von St. Denis, in: ders., Sinn und Bedeutung in der bildenden Kunst. Köln 1978, S. 143

113 Vergleiche zu deren Verhältnis Louis Grodecki: Abélard et Suger, in: Pierre Abélard Pierre le Vénérable. Les Courants Philosophiques, Littéraires et Artistiques en Occident au Milieu du XIIe Siècle. Paris 1975, S. 279-286

114 Abaelard, a. a. O., S. 51

115 Abaelard, a. a. O., S. 52

116 Ernst H. Kantorowicz: Die Wiederkehr gelehrter Anachorese im Mittelalter, in: ders., Selected Studies. New York 1965, S. 340

117 Vergleiche hierzu Elisabeth List: Der asketische Eros. Über Geschichte und Struktur des wissenschaftlichen Habitus, in: Manon Andreas Griesebach/Brigitte Weisshaupt (Hg.), Was Philosophinnen denken II. Zürich 1986, S. 23-48

118 Kantorowicz, a. a. O., S. 342

119 Aufgrund einer Urkunde aus dem elften Jahrhundert erhob Suger Ansprüche auf Argenteuil, und er erhielt Recht.

120 »Quand, jeune homme, écrit Jean de Salisbury, je vins étudier en Gaule je m'adressai au Péripatéticien du palais, Abélard, qui présidait alors sur la montagne Sainte-Geneviève, maitre illustre et admiré de tous les hommes. Alors, à ses pieds, j'acquis les premiers rudiments de la dialectique et attrapai, selon la mesure de mon esprit, ce qui passa ses lèvres avec une totale gourmandise de l'esprit.« Cit. nach May Vieillard-Troiekouroff: L'eglise Sainte-Geneviève de Paris du temps d'Abélard, in: Pierre Abélard Pierre le Vénérable. Les Courants Philosophiques, Littéraires et Artistiques en Occident au Milieu du XIIe Siècle. Paris 1975, S. 745

121 Abaelard, a. a. O., S. 434

122 Die von ihm aufgeschriebene »Leidensgeschichte«, aus der ich zitiert habe, endet mit seinem Aufenthalt bei den niederträchtigen Mönchen in der Bretagne.

123 William von Saint Thierry cit. nach Nikolaus Häring: Abélard yesterday and today, in: Pierre Abélard Pierre le Vénérable. Les Courants Philosophiques, Littéraires et Artistiques en Occident au Milieu du XIIe Siècle. Paris 1975, S. 343

124 Bernhard von Clairvaux cit. nach Häring, a. a. O., S. 345

125 Jeffray Garrett Sikes: Peter Abailard. New York 1965, S. 233

126 Im fünfzehnten Jahrhundert wurden die Gebeine von Heloise und Abailard in den Chor der Kirche von Nogent sur Seine überführt. Diese Grabstätte wurde im Verlaufe der französischen Revolution

zerstört. 1817 wurde das Grab des legendären Liebespaares auf dem Pariser Friedhof Père-Lachaise errichtet, das man noch heute besuchen kann.

127 »Ich bin wer weiß welch eine Chimäre meines Jahrhunderts, weder Kleriker noch Laie; denn das Leben des Mönchs führe ich längst nicht mehr, nur das Gewand trage ich.« Bernhard von Clairvaux cit. nach Hans-Georg Jaedicke: Bernhard von Clairvaux. Versuch eines Persönlichkeitsbildes, in: W. Blankenburg u. a. (Hg.), Kerygma und Melos: Christhard Mahrenholz. Kassel/Basel 1970, S. 499

128 William von Saint-Thierry cit. nach Georges Duby: Der heilige Bernhard und die Kunst der Zisterzienser. Frankfurt/Main 1991, S. 72

129 Jaedicke, a. a. O., S. 497

130 »Quite the contrary, it would be astonishing were your language to be dry and arid, for we have heard it said that from the beginning of your adolescence (a primis fere adolescentiae rudimentis), you used to write mocking and alluring tunes and profane melodies (cantiunculas mimicas et urbanos modulos fictitasse).« Berengar cit. nach Jean Leclerq: New Recruitment – New Psychology, in: ders., Monks and Love in Twelfth-Century France. Psycho-Historical Essays. Oxford 1979, S. 17

131 Jaedicke, a. a. O., S. 501

132 Elphegius Vacandard cit. nach Jaedicke, a. a. O., S. 502

133 Bernhard von Clairvaux cit. nach George Duby: Der heilige Bernhard und die Kunst der Zisterzienser. Frankfurt/Main 1991, S. 166

134 Vergleiche hierzu Michael Töpfer: Die Konversen der Zisterzienser. Untersuchungen über ihren Beitrag zur mittelalterlichen Blüte des Ordens. Berlin 1983

135 Im Gegensatz zu den schwarz gekleideten Mönchen von Cluny trugen die Zisterzienser weiße Kutten aus ungefärbter Wolle. Zu weiteren Unterschieden zwischen den beiden Orden vergleiche Adriaan H. Bredero: Cluny et Cîteaux au Douzième Siècle. L'Histoire d'une controverse monastique. Amsterdam 1985

136 Vergleiche zu den Bauwerken das schöne Buch von Georges Duby: Der heilige Bernhard und die Kunst der Zisterzienser. Frankfurt/Main 1991 und das lehrreiche Buch von Ambrosius Schneider et al: Die Cistercienser. Geschichte Geist Kunst. Köln 1986

137 Bernhard von Clairvaux cit. nach Rosario Assunto: Die Theorie des Schönen im Mittelalter. Köln 1982, S. 198

138 Bernhard von Clairvaux cit. nach Jaedicke, a. a. O., S. 504

139 Besser als die magersüchtigen Männer sind die Frauen erforscht, die unter dieser Krankheit leiden. Der amerikanische Historiker Rudolph M. Bell hat einige spätmittelalterliche Heiligenleben aus Umbrien und der Toskana ausgewählt und nach Übereinstimmungen zwischen dem Krankheitsbild der anorexia religiosa und der

vornehmlich unter Frauen verbreiteten anorexia nervosa untersucht. Rudolph M. Bell: Holy anorexia. Chicago 1985. Ein weiterer Beitrag zu diesem Thema aus weiblicher Sicht ist der Aufsatz von Christina von Braun: Gott-Essen, Frau-Essen. Christliche Fleischeslust und weibliche Sexualverweigerung, in: Lettre, Nr. 17, 1992, S. 62-67

140 Bernhard von Clairvaux: Das Hohelied. 80 Ansprachen über die ersten beiden Kapitel des Hohenliedes Salomons. Zweites Buch, in: ders., Die Schriften des Honigfließenden Lehrers Bernhard von Clairvaux. Wittlich 1938, S. 165

141 Interessant ist in diesem Zusammenhang eine Feststellung, die Deleuze und Guattari über Kafka treffen. Sie bezeichnen als die ursprüngliche Territorialität des Mundes, der Zunge und der Zähne die Nahrung. »Indem sie sich der Artikulation von Lauten widmen, deterritorialisieren sie sich. Es gibt also eine gewisse Disjunktion zwischen essen und sprechen – und mehr noch, dem Anschein zum Trotz, zwischen essen und schreiben: Gewiß kann man beim Essen schreiben, es ist leichter, als beim Essen zu sprechen, aber das Schreiben verwandelt die Wörter eher in Dinge, die mit der Nahrung rivalisieren können. Disjunktion zwischen Inhalt und Ausdruck. Sprechen, und vor allem Schreiben, ist Hungern.« Gilles Deleuze/Félix Guattari: Kafka. Für eine kleine Literatur. Frankfurt/Main 1976, S. 29

142 Daß der Wunsch, verschlungen zu werden, mit der Identifikation mit Jesus zusammenhängen kann, ist ein Hinweis von Janine Chasseguet-Smirgel: Gefügige Töchter. Einige Hypothesen über die primäre Passivität und ihre Auswirkungen auf den Mechanismus des Denkens, in: dies., Zwei Bäume im Garten. Zur psychoanalytischen Bedeutung der Vater- und Mutterbilder. München/Wien 1988, S. 66

143 William von Saint-Thierry cit. nach Jean Leclerq: Aggressiveness or Repression in St. Bernard and his Monks, in: ders., Monks and Love in Twelfth-Century France. Psycho-Historical Essays. Oxford 1979, S. 89

144 Bernhard von Clairvaux cit. nach Jaedicke, a. a. O., S. 508

145 Friedrich Schiller cit. nach Artur Michael Landgraf: Der heilige Bernhard in seinem Verhältnis zur Theologie des zwölften Jahrhunderts, in: Joseph Lortz (Hg.), Bernhard von Clairvaux. Mönch und Mystiker. Internationaler Bernhardkongreß Mainz 1953. Wiesbaden 1955, S. 44

146 Rudolf Hiestand: Der Kreuzfahrer und sein islamisches Gegenüber, in: Forschungsinstitut für Mittelalter und Renaissance (Hg.), Das Ritterbild in Mittelalter und Renaissance. Düsseldorf 1985, S. 52

147 Für das Aufkommen und die Verbreitung der Vorstellung von einem heiligen Krieg macht Carsten Colpe Bernhard von Clairvaux und Ruholla Khomeini verantwortlich. Carsten Colpe: Der ›Heilige

Krieg‹. Benennung und Wirklichkeit, Begründung und Widerstreit. Bodenheim 1994

148 Jean Leclerq hat zwei »Tricks« Bernhards ausfindig gemacht: »Bernard used two ruses to sublimate the dynamics of aggression in his monks. In the first place he readily and frequently had recourse to the Bible, narrating in its own words the conflicts and struggles endured by biblical characters« (...) »Secondly, Bernard had a way of putting each symbol of aggression in juxtaposition to the spiritual realities which are the components of the peace resulting from the Christian combat: such combat vanquishes evil and establishes the soul in peace«. Jean Leclerq: Aggressiveness or Repression in St. Bernard and in his Monks, in: ders., Monks and Love in Twelfth-Century France. Psycho-Historical Essays. Oxford 1979, S. 98

149 »Bernard strove constantly to ›transpose‹ all knightly characteristics, even every detail of the attitudes and actions of knights in battle, and to lift them to a higher plane, giving them a spiritual interpretation immediatly applicable to monks, but incidentally to all other knights. Bernard's whole ascetic teaching became a doctrine of the combat for God, expressed in the terms and illustrated with the imagery that was familiar to the one-time knights among the monks he was adressing, or the still active knights for whom he was writing«. Jean Leclerq: Saint-Bernard and El Cid: Knighthood and two Models of Interpretation, in: Patrick J. Gallacher/Helen Damico (Eds.), Hermeneutics and the Medieval Culture. New York 1989, S. 73-74

150 Friedrich Ohly: Hohelied-Studien. Grundzüge der Hoheliedauslegung des Abendlandes bis 1200. Wiesbaden 1958, S. 139

151 Vergleiche hierzu Yves J.-M. Congar: Die Ekklesiologie des heiligen Bernhard, in: Joseph Lortz (Hg.), Bernhard von Clairvaux. Mönch und Mystiker. Internationaler Bernhardkongreß Mainz 1953. Wiesbaden 1955, S. 76-119.

152 Claudia Opitz: Hunger nach Unberührbarkeit? Jungfräulichkeitsideal und weibliche Libido im späten Mittelalter, in: Feministische Studien 5, Nr. 1, 1986, S. 61

153 Bernhard von Clairvaux: Das Hohelied. 80 Ansprachen über die beiden ersten Kapitel des Hohenliedes Salomons. Erstes Buch, in: Die Schriften des Honigfließenden Lehrers Bernhard von Clairvaux. Wittlich 1937, S. 17

154 Näheres über Bernhard und Maria findet sich bei Marina Warner: Alone of all her Sex. The Myth and the Cult of the Virgin Mary. New York 1983

155 Vergleiche zur Bedeutung der Beziehung zur Mutterbrust für die emotionale und sexuelle Entwicklung des Menschen Melanie Klein: Der Ödipuskomplex unter dem Aspekt früher Angstsituationen, in:

dies., Frühstadien des Ödipuskomplexes. Frühe Schriften 1928-1945. Frankfurt/Main 1985, S. 107-169

156 Ulrich Köpf: Wesen und Funktion religiöser Erfahrung – Überlegungen im Anschluß an Bernhard von Clairvaux, in: Neue Zeitschrift für systematische und theologische Religionsphilosophie 22, Heft 2, 1980, S. 156

157 Vergleiche hierzu Etienne Gilson: Die Mystik des heiligen Bernhard von Clairvaux. Wittlich 1936, S. 88ff.

158 Erich Kleineidam: Wissen, Wissenschaft, Theologie bei Bernhard von Clairvaux, in: Joseph Lortz (Hg,), Bernhard von Clairvaux. Mönch und Mystiker. Internationaler Bernhardkongreß Mainz 1953. Wiesbaden 1955, S. 137

159 Vergleiche zu weiteren Formen mythischer Erfahrung Grace M. Jantzen: Mysticism and Experience, in: Religious Studies 25, 1989, S. 295-315, sowie dies.: »Where Two are to Become One«: Mysticism and Monism, in: Godfrey Vesey (Ed.), The Philosophy of Christianity. Cambridge 1989, S. 147-166, und Bernard McGinn: Love, Knowledge and Mystical Union in Western Christianity: Twelfth to Sixteenth Centuries, in: Church History 56, 1987, S. 7-24

160 Köpf, a. a. O., S. 157

161 Gerhard B. Winkler: Bernhard und Abaelard oder: Das Ärgernis am Ursprung der westlichen Theologie, in: W. Baier et al (Hg.), Weisheit Gottes – Weisheit der Welt. Band 1. Erzabtei Sankt Ottilien 1987, S. 731

162 Bernhard von Clairvaux cit. nach L. M. de Rijk: Peter Abälard (1079-1142): Meister und Opfer des Scharfsinns, in: Rudolf Thomas (Hg.), Petrus Abaelardus (1079-1142). Person, Werk und Wirkung. Trierer Theologische Schriften 38. Trier 1980, S. 129

163 Bernhard von Clairvaux cit. nach Georges Duby: Der heilige Bernhard und die Kunst der Zisterzienser. Frankfurt/Main 1991, S. 165

164 Abailard konterte an die Adresse Bernhards: »Es gibt aber nur sehr wenige (perpauci), denen die göttliche Gnade sich erwürdigt, Kenntnis der Logik zu verleihen, was sage ich: die Schatzkammer der Weisheit kennenzulernen.« Pierre Abailard cit. nach de Rijk, a. a. O., S. 130

165 Elisabeth Gössmann: Zur Auseinandersetzung zwischen Abaelard und Bernhard von Clairvaux um die Gotteserkenntnis im Glauben, in: Rudolf Thomas: Petrus Abaelardus (1079-1142). Person, Werk und Wirkung. Trierer Theolgische Schriften 38. Trier 1980, S. 235

166 »Thus in the eleventh century Peter Damiani warned monks against the ›feigned schools of grammarians‹ on the ground that worldly knowledge rendered men earthly and bastard, wheras heavenly wisdom made them spiritual and the legitimate sons of the church.« Jeffray Garrett Sikes: Peter Abailard. New York 1965, S. 63

167 So akzeptierte Karl V. als einziges Zeichen seiner gesellschaftlichen Stellung das kleine Vlies, das ihn als einen Ritter des Ordens vom Goldenen Vlies auszeichnete. »Anders als die dynastische Verbindung – die zu den Habsburgern von der Vaterseite, zu den Valois nach seiner Mutter, zu Spanien und Portugal nach den Großeltern –, brachte ihn der Orden vom Goldenen Vlies in eine Wahlverwandtschaft, in eine ritterliche Vereinigung unter Männern.« Friedrich Seibt: Karl V. Der Kaiser und die Reformation. Berlin 1990, S. 39

168 Dominique Barthélmy: Verwandtschaftsverhältnisse und Großfamilie, in: Philippe Ariès und Georges Duby (Hg.), Geschichte des privaten Lebens. Band 2. Vom Feudalzeitalter zur Renaissance. Frankfurt/Main 1990, S. 95

169 cit. nach Marc Bloch: Die Feudalgesellschaft. Berlin/Frankfurt/Main/Wien 1982, S. 280

170 Erich Köhler: König Artus und sein Reich. Geschichtliche Wirklichkeit und ritterliches Wunschbild, in: ders., Ideal und Wirklichkeit in der höfischen Epik. Studien zur Form der frühen Artus- und Gralsdichtung. Tübingen 1956, S. 23

171 Ute Frevert: Ehrenmänner. Das Duell in der bürgerlichen Gesellschaft. München 1991, S. 21

172 Georges Duby: Krieg und Gesellschaft im Europa der Feudalzeit, in: ders., Wirklichkeit und höfischer Traum. Zur Kultur des Mittelalters. Berlin 1986, S. 157

173 Innozenz II. cit. nach Franco Cardini: Der Krieger und der Ritter, in: Jacques Le Goff (Hg.), Der Mensch des Mittelalters. Frankfurt/Main/New York/Paris 1989, S. 114

174 Zu dieser aufregenden Frau vergleiche Jean Markale: La Vie, La Légende, L'Influence d'Alienor Comtesse de Poitou, Duchesse d'Aquitaine, Reine de France, puis d'Angleterre. Dame des Troubadours et des Bardes Bretons. Paris 1979

175 »Es hat bekanntlich nie ein Zweifel daran bestanden, daß von einer solchen Kultur im strengen Sinne erst seit dem 11. Jahrhundert gesprochen werden kann: in England seit dem Umbruch durch die normannischen Könige und deren Nachfolger, die Plantagenets, in Frankreich seit den Kapetingern, in Deutschland nach ersten Anfängen unter den Saliern im vollen Sinn seit den Staufern.« Josef Fleckenstein: Miles und clericus am Königs-und Fürstenhof. Bemerkungen zu den Voraussetzungen, zur Entstehung und zur Trägerschaft der höfisch-ritterlichen Kultur, in: ders., Curialitas. Studien zu Grundfragen der höfisch-ritterlichen Kultur. Göttingen 1990, S. 311

176 Erich Auerbach: Mimesis. Dargestellte Wirklichkeit in der abendländischen Kultur. Bern/München 1982, S. 136

177 Zum Einfluß Ovids auf die Liebesschriften der weltlichen und der geistlichen Herren vergleiche Jean Leclercq: Another Master in the

Art of Loving: Ovid, in: ders., Monks and Love in Twelfth-Century France. Psycho-Historical Essays. Oxford 1979, S. 62-85

178 Die wichtigsten Veröffentlichungen zur höfischen Liebe von 1500-1975 finden sich in Roger Boase: The Origin and Meaning of Courtly Love. A Critical Study in European Scholarship. Manchester 1977

179 »So war es der aus einer Krise geborene Zwang, die eigene Situation und Existenzform zu reflektieren, der Europa nach der Antike die erste Kultur weltlichen Dichtens und Singens bescherte und damit eine Zeit beendete, in der Kultur und Kunst identisch waren mit geistlicher Kultur, geistlicher Kunst.« Peter Gülke: Mönche/Bürger Minnesänger. Musik in der Gesellschaft des europäischen Mittelalters. Wien/Köln/Graz o. J., S. 144

180 Georges Duby: Die Frau ohne Stimme. Liebe und Ehe im Mittelalter. Berlin 1989, und Erich Köhler: Die Rolle des niederen Rittertums bei der Entstehung der Trobadorlyrik, in: Arno Borst (Hg,), Das Rittertum im Mittelalter. Darmstadt 1976, S. 293-314

181 Ursula Peters: Niederes Rittertum oder hoher Adel? Zu Erich Köhlers historisch-soziologischer Deutung der altprovençalischen und mittelhochdeutschen Minnelyrik, in: Euphorion 67, 1973, S. 252

182 Rüdiger Schnell: Die »höfische« Liebe als »höfischer« Diskurs über die Liebe, in: Josef Fleckenstein (Hg.), Curialitas. Studien zu Grundfragen höfisch-ritterlicher Kultur. Göttingen 1990, S. 300

183 Karl Voßler: Die philosophischen Grundlagen zum »Suessen Neuen Stil« des Guido Guincelli, Guido Cavalcanti und Dante Alighieri. Heidelberg 1904, S. 45

184 Lewis Freeman Mott: The System of Courtly Love. Studied as an Introduction to the Vita Nuova of Dante. New York 1965, S. 3

185 Wilhelm begründete ein regelrechtes »Troubadourinnengeschlecht«: Seine Enkelin war besagte Eleanore von Aquitanien, und deren Tochter wiederum war Marie von Champagne, die Gönnerin des Chrétien de Troyes. Vergleiche hierzu Sidney Painter: French Chivalry. Chivalric Ideas and Practices in Medieval France. Ithaca/London 1974

186 Als Kostprobe seiner Dichtung zitiere ich im folgenden Strophe drei und vier des fünf Strophen umfassenden Gedichts »Mit der Süße des Frühlings«, das nach Dietmar Rieger als Wilhelms »reinstes«, das heißt am wenigsten obszöne, Liebeslied gilt.

»III. Unserer Liebe geht es (wörtl. unsere Liebe geht) / wie dem Zweig des Weißdorns, / der, in der Nacht, beim Regen und beim Eis (Frost), zitternd (treman?) auf dem Baum verweilt, / bis zum nächsten Morgen, da sich die Sonne durch das grüne Laub im Gezweig ausbreitet.

IV. Noch (immer) erinnere ich mich (wörtl. erinnert es mich) an einen Morgen, / als wir dem Streit (Krieg) ein Ende machten / und als sie mir ein so großes Geschenk gab: / ihre Liebe und ihren Ring. /

Gott lasse mich noch so lange leben, / bis ich meine Hände unter ihrem Mantel habe!« Cit. nach Dietmar Rieger (Hg.): Mittelalterliche Lyrik Frankreichs I. Lieder der Trobadors. Stuttgart 1980, S. 25

187 Colin Morris: The Discovery of the Individual 1050-1200. Toronto/Buffalo/London 1972, S. 110

188 Erich Köhler unterscheidet den Süden und seine sinnenfreudige Lyrik vom Norden mit seinem Roman, in dem nicht offen gegen die Moralvorstellungen der Kirche verstoßen wurde. »Im rigoroseren Norden Frankreichs, in dem Kirche und Klerus nicht denselben Prestigeverlust erlitten wie im Süden, mußte die Liebeskonzeption der Provençalen einer einschneidenden Korrektur ausgesetzt sein, wenn sie ihre Funktion als eine moralisch unangreifbare Bildungs- und Ordnungsmacht auch hier erfüllen sollte.« Erich Köhler: Verdichtung und Wandlung der Ideal-Wirklichkeitsspannung in der Liebe. Erec, Cligès, Tristan, Lancelot, Yvain, in: ders., Ideal und Wirklichkeit in der höfischen Epik. Studien zur Form der frühen Artus- und Gralsdichtung. Tübingen 1956, S. 142

189 Ulrich Mölk: Curia und curialitas – Wort und Bedeutung im Spiegel der romanischen Dichtung: Zu fr. cortois(ie) / pr. cortes(ia) im 12. Jahrhundert, in: Josef Fleckenstein(Hg.), Curialitas. Studien zu Grundlagen der höfisch-ritterlichen Kultur. Göttingen 1990, S. 30

190 Schnell, a. a. O., S. 252

191 Köhler, a. a. O., S. 169

192 Vergleiche hierzu John T. Noonan Jr.: Empfängnisverhütung. Geschichte ihrer Beurteilung in der katholischen Theologie und im kanonischen Recht. Mainz 1969, S. 243-368

193 Norbert Elias vermutet denn auch, daß die größeren Zwänge, denen Frauen in der kriegerischen Gesellschaft unterworfen waren, bereits früher bei ihnen zur Zügelung ihrer Leidenschaften geführt haben. »Dem entspricht es, daß in der Kriegergesellschaft erst die Beziehung des sozial niedrigstehenden und abhängigen Mannes zu der sozial höherstehenden Frau zu jenem An-sich-Halten, zur Versagung, zur Bändigung der Triebe und damit zur Umformung nötigt.« Norbert Elias: Über den Prozeß der Zivilisation. Soziogenetische und psychogenetische Untersuchungen. Zweiter Band. Wandlungen der Gesellschaft. Entwurf zu einer Theorie der Zivilisation. Frankfurt/Main 1979, S. 111

194 Michel Feher: Liebeskünste im Abendland. Maskenspiele, lodernde Glut – Figuren aristokratischer Erotik, in: Lettre, Nr. 17, 1992, S. 47

195 Marc Bloch: Die Feudalgesellschaft. Berlin/Frankfurt/Main/Wien 1982, S. 282

196 Régine Pernoud: La Femme au Temps de Cathédrales. Paris 1980, S. 122

197 Georges Duby: Über die höfische Liebe, in: ders., Die Frau ohne Stimme. Liebe und Ehe im Mittelalter. Berlin 1989, S. 86

198 Duby, a. a. O., S. 90
Der oftmals von Feministinnen gehegten romantischen Vorstellung, die höfische Liebe sei eine Erfindung der Frauen, erteilt Georges Duby eine klare Absage.

199 Voßler, a. a. O., S. 6

200 Über den spekulierten Zusammenhang der Verehrung der Jungfrau Maria und der hohen Dame schreibt Marina Warner: »There is very little evidence of the cult of the Virgin in the literature of courtly love in its first trobadour phase in the south of France, or in its second trouvère phase at the court of Marie de Champagne. It was the next generation, of Eleanore's granddaughter, Blance of Castile (d. 1252), mother of King Louis IX. (d. 1270), that focussed its ardour on the Virgin Mary.« Marina Warner: Alone of all her Sex. The Myth and the Cult of the Virgin Mary. New York 1983, S. 147

201 Zur Suche des Menschen nach seinen inneren Beweggründen und dem Empfinden seiner Standeszugehörigkeit vergleiche Aaron J. Gurjewitsch: Das Individuum im europäischen Mittelalter. München 1994

202 Das Rolandslied. Herausgegeben von Rudolf Besthorn. Bremen 1981, Laisse 115

203 1063 hatte Papst Alexander II. bereits denjenigen Rittern Ablaß gewährt, die gegen die Ungläubigen in Spanien kämpften.

204 Das Rolandslied, a. a. O., Laisse 79

205 Jacques Le Goff: Das Hochmittelalter. Fischer Weltgeschichte. Band 11, Frankfurt/Main 1989, S. 136

206 Paul Veyne: Geschichtsschreibung – Und was sie nicht ist. Frankfurt/Main 1990, S. 141

207 Das Rolandslied, a. a. O., Laisse 175

208 Niketas Choniates cit. nach Sabine Krüger: »Verhöflichter Krieger« und miles illiteratus, in: Josef Fleckenstein (Hg.), Curialitas. Studien zu Grundfragen der höfisch-ritterlichen Kultur. Göttingen 1990, S. 327

209 Guibert von Nogent cit. nach Rudolf Hiestand: Der Kreuzfahrer und sein islamisches Gegenüber, in: Forschungsinstitut für Mittelalter und Renaissance (Hg.), Das Ritterbild in Mittelalter und Renaissance. Düsseldorf 1985, S. 57

210 Das Rolandslied, a. a. O., Laisse 265

211 Zur Geschichte der Kreuzzüge vergleiche Steven Runciman: Geschichte der Kreuzzüge. Band 1-3. München 1957ff., sowie das fünfbändige Werk von Kenneth M. Setton (Hg.): A History of the Crusades. London/Bombay/Karachi 1958ff., und Hans-Eberhard Mayer: Die Geschichte der Kreuzzüge. Stuttgart/Berlin/Köln/Mainz 1985

212 Adolf Waas macht in seinem Beitrag im »Lexikon für Theologie und Kirche« für dieses Gemetzel die »religiöse Erregung«, die die Chri-

sten ergriffen hatte, verantwortlich. »Nach der Eroberung Jerusalems löste sie (die religiöse Erregung, K. W.) sich in einem wilden Blutrausch (Tausende v. Muslimen wurden v. fränkischen Rittern getötet) dem eine Bußprozession als Abschluß folgte.« Adolf Waas: Kreuzzugsbewegung, in: Lexikon für Theologie und Kirche. Herausgegeben von Josef Höfer und Karl Rahner. Band 6. Freiburg 1961, S. 633

213 Was die Expansion der Kaufleute im Windschatten der Kreuzzüge anbelangt, so kam diese ehe zögerlich in Gang. Doch vor allem die seefahrenden Italiener entdeckten den Vorteil der friedlichen Handelsgeschäfte mit den Ungläubigen. So lebten am Ende des zwölften Jahrhunderts ungefähr 10 000 venezianische Händler in Konstantinopel, und Robert S. Lopez schreibt dazu: »Die Ilias der Ritter wurde vorweggenommen, begleitet und übertroffen durch die Odyssee der Kaufleute.« Robert S. Lopez cit. nach Le Goff, a. a. O., S. 145

214 Hiestand, a. a. O., S. 67

215 Aba Shama cit. nach Hiestand, a. a. O., S. 68

216 Friedrich-Wilhelm Wentzlaff-Eggebert: »Devotio« in der Kreuzzugspredigt des Mittelalters. Ein Beitrag zum ritterlichen Tugendsystem, in: Günter Eifler (Hg.), Ritterliches Tugendsystem. Darmstadt 1970. S. 422-430

217 Der Begriff der Demut taucht in den Benediktinerregeln auf. Das VII. Kapitel ist »Von der Demut« überschrieben: »Die einzelnen Stufen der Demut sind als die 12 Sprossen der Himmelsleiter zu sehen; über diese alle wird erst das Ideal der Demut erreicht. Gerade die genaue Benennung von zwölf Forderungen an die Demut in der Benediktinerregel beweist, daß die freiwillige Beugung unter den Willen Gottes, die Besiegung des Eigenwillens oder der uneingeschränkte Gehorsam nur Teile eines Ganzen darstellen, das mit dem Wort devotio umgrenzt wird.« Wentzlaff-Eggebert, a. a. O., S. 425

218 Das Rolandslied, a. a. O., Laisse 172

219 Georges Duby: Die Zeit der Kathedralen. Kunst und Gesellschaft 980-1420. Frankfurt/Main 1992, S. 157

220 Ausspruch eines Templers cit. nach Waas, a. a. O., S. 636

221 Georges Duby: Die Zeit der Kathedralen. Kunst und Gesellschaft 980-1420. Frankfurt/Main 1992, S. 249

222 Innozenz III. cit. nach Ernst H. Kantorowicz: Die zwei Körper des Königs. Eine Studie zur politischen Theologie des Mittelalters. München 1990, S. 206

223 Zur langwierigen Auseinandersetzung zwischen dem französischen König und den Herrschern des angevinischen Reichs vergleiche Joachim Ehlers: Geschichte Frankreichs im Mittelalter. Stuttgart/Berlin/Köln/Mainz 1987, S. 124ff.

224 Guillaume de Breton cit. nach Georges Duby: Der Sonntag von Bouvines 27. Juli 1214. Berlin 1988, S. 41

225 Georges Duby: Der Sonntag von Bouvines 27. Juli 1214. Berlin 1988, S. 168
226 Joachim Ehlers: Geschichte Frankreichs im Mittelalter. Stuttgart/Berlin/Köln/Mainz 1987, S. 138
227 »Im Frankreich Philipp-Augusts existiert eine Abrechnung der Einnahmen aus den königlichen Amts-und Stadtbezirken zumindest seit 1190. Ferdinand Lot und Robert Fawtier haben die für 1202-1203 erhaltenen Abrechnungen als das ›erste Budget der französischen Monarchie‹ bezeichnet.« Jacques Le Goff: Ist Politik noch immer das Rückgrat der Geschichte?, in: ders., Phantasie und Realität des Mittelalters. Stuttgart 1990, S. 99
228 Ehlers, a. a. O., S. 137
229 Innozenz III. cit. nach Percy Ernst Schramm: Der König von Frankreich. Das Wesen der Monarchie vom 9. bis zum 16. Jahrhundert. Ein Kapitel aus der Geschichte des abendländischen Staates. Band I. Darmstadt 1960, S. 181
230 Kantorowicz, a. a. O., S. 343
231 Jacques Le Goff: Die Wahrnehmung des Raums der Christenheit durch die römische Kirche und die Organisation des ökumenischen Konzils im Jahre 1274, in: ders., Phantasie und Realität des Mittelalters. Stuttgart 1990, S. 344
232 Kantorowicz, a. .a. O., S. 291
233 Kantorowicz, a. a. O., S. 333
234 Schramm, a. a. O., S. 189
235 Schramm, a. a. O., S. 192
236 Ernst H. Kantorowicz: Kingship under the Impact of Jurisprudence, in: ders., Selected Studies. New York 1965, S. 155
237 Thomas von Pouilly cit. nach Kantorowicz, a. a. O., S. 165
238 Vergleiche Marc Bloch: Les Rois Thaumaturges. Étude sur le caractère surnaturel attribué à la puissance royale particulièrement en France et en Angleterre. Strasbourg 1924
239 Schramm, a. a. O., S. 151 ff.
240 Die dem französischen König zugesprochenen heilenden Kräfte mögen auch eine Rolle gespielt haben bei dem Entschluß der Revolutionäre, Ludwig XVI. zu töten. Wenn das besondere Blut dieses Angehörigen einer einzigartigen Dynastie vergossen sein wird, dann geht es allen Franzosen gut.
241 Schramm, a. a. O., S. 149
242 Richier cit. nach Ernst H. Kantorowicz: Die zwei Körper des Königs. Eine Studie zur politischen Theologie des Mittelalters. München 1990, S. 340
243 Wilhelm von Saint-Pathus cit. nach Régine Pernoud: Die Kreuzzüge in Augenzeugenberichten. Düsseldorf 1960, S. 324

244 Karl August Ott: Der Rosenroman. Erträge der Forschung. Darmstadt 1980, S. 32

245 Eine philosophische Spekulation zu dem Zusammenhang von Geschlecht, Körper und Text findet sich bei Sarah Kay: Women's body of knowledge: epistemology and misogyny in the Romance of the Rose, in: Sarah Kay/Miri Rubin (Eds,), Framing medieval bodies. Manchester 1994, S. 211-235

246 Régine Pernoud: Christine de Pisan. Das Leben einer außergewöhnlichen Frau und Schriftstellerin im Mittelalter. München 1990, S. 97

247 Jean Gerson cit. nach Ott, a. a. O., S. 36

248 Ott, a. a. O., S. 37

249 Guillaume de Lorris: Der Rosenroman. Übersetzt und eingeleitet von Gustav Ineichen. Berlin 1987, S. 27

250 de Lorris, a. a. O., S. 28

251 de Lorris, a .a. O., S. 35

252 de Lorris, a. a. O., S. 46

253 de Lorris, a. a. O., S. 49

254 de Lorris, a. a. O., S. 53

255 de Lorris, a. a. O., S. 53

256 de Lorris, a. a. O., S. 61

257 Ott, a. a. O., S. 151

258 Georges Duby: Der Rosenroman. Sozialgeschichtliche Hintergründe eines höfischen Traums, in: ders., Wirklichkeit und höfischer Traum. Zur Kultur des Mittelalters. Berlin 1986, S. 81

259 Erich Köhler cit. nach Ott, a. a. O., S. 67

260 Ott hat auch eine brillante Erklärung dafür bereit, warum dieser »bürgerliche« Aspekt des »Rosenromans« den Gelehrten bisher verschlossen blieb. »Diese Seite der Geschichte des Bürgertums (das Streben, den Adel zu imitieren, K. W.) ist von der bürgerlichen Geschichtsschreibung des 19. Jahrhunderts systematisch ignoriert worden, da sie sich in dem Gedanken gefiel, das Bürgertum aller Zeiten habe seinen Kampf gegen ›Thron und Altar‹ geführt, und schon der Bürger des 13. Jahrhunderts habe den weiland 1789 entschiedenen Kampf gegen die Feudalherrschaft begonnen. Eine Geschichtsschreibung aber, die selbst der Idealisierung der bürgerlichen Vergangenheit diente, mußte zwangsläufig blind für ein Werk sein, das die höfische Welt in bürgerlicher Idealisierung schildert und in dem die bürgerliche Verallgemeinerung höfischer Werte im Interesse einer Imitation höfischen Lebensstils ihren ersten und entschiedensten literarischen Ausdruck fand.« Ott, a. a. O., S. 160

261 Ott, a. a. O., S. 97

262 Ich stütze mich bei meinen Angaben zum zweiten Teil rein auf Sekundärliteratur, da mir der Originaltext nicht auf Deutsch zugänglich war. Selbst wenn ich ihn hätte lesen können, hätte ich ihn nach der

Auffassung von Georges Duby nicht verstehen können, da wir heutzutage die »Schlüssel der Rhetorik«, die uns dieses Werk erschließen würden, verloren haben.

263 M. M. Gorce cit. nach Ott, a. a. O., S. 99

264 Ott, a. a. O., S. 167

265 Ott, a. a. O., S. 168

266 Ernst Robert Curtius: Europäische Literatur und lateinisches Mittelalter. Bern 1954, S. 134

267 Vergleiche hierzu Georges Duby: The Transformation of the Aristocracy. France at the Beginning of the Thirteenth Century, in: ders., The Chivalrous Society. London 1977, S. 178-185

268 Im dreizehnten Jahrhundert umgehen zunehmend mehr junge Männer das Zeremoniell des Ritterschlags. Gründe dafür sind vor allem die gestiegenen Kosten für die aufwendige Zeremonie und für die Ritterausrüstung.

269 »In den Freien Reichsstädten und größeren Städten wie Lille und Toulouse begegnet uns im Spätmittelalter ein Stadtadel, der sich durch den Besitz von adligen Landgütern und städtischem Hausbesitz auszeichnete und durch eine Familientradition mit Dienststellungen im militärischen und zivilen Bereich.« Maurice Keen: Das Rittertum. Reinbek 1991, S. 225

270 de Meun cit. nach Maurice Keen, a. a. O., S. 241

271 Georges Duby: Der Rosenroman. Sozialgeschichtliche Hintergründe eines höfischen Traums, in: ders., Wirklichkeit und höfischer Traum. Zur Kultur des Mittelalters. Berlin 1986, S. 92

272 Zur Blumensymbolik vergleiche Christel Krauß: ... und ohnehin die schönen Blumen. Essays zur frühen christlichen Symbolik. Tübingen 1994

273 Werner Ross: Rose und Nachtigall. Ein Beitrag zur Metaphorik und Mythologie des Mittelalters, in: Romanische Forschungen 67, 1956, S. 58

274 Ross, a. a. O., S. 59

275 »Interessant wäre in diesem Zusammenhang eine Untersuchung des Bedeutungswandels von ›defloratio‹, das in patristischer Zeit soviel wie ›Blütenlese‹ heißt. Ambrosius ist der erste, der es in der physiologischen Bedeutung anwendet (Nachweise im Thesaurus linguae latinae).« Ross, a. a. O., S. 74

276 Ross, a. a. O., S. 75

277 Ross, a. a. O., S. 77

278 Avicenna hat um 1100 gelebt, und sein Verdienst ist es, die erste vollkommene Assimilation des aristotelischen Denkens auf einer neuplatonischen monotheistischen Grundlage verfaßt zu haben. Averroes aus Cordoba lebte Mitte des zwölften Jahrhunderts, und sein Einfluß reicht bis hin zu Dante. Er bewunderte Aristoteles als einen Denker,

der den höchsten Grad menschlicher Vernunft erreicht hat. Der Araber hat den Scholastikern den Weg zu einer sachlichen Auseinandersetzung mit Aristoteles geöffnet. Averroes war im Mittelalter sehr umstritten, galt jedoch als der Kommentator schlechthin.

279 Johannes Hirschberger: Geschichte der Philosophie. Altertum und Mittelalter. Freiburg/Basel/Wien 1976, S. 437

280 Herbert Grundmann: Vom Ursprung der Universität im Mittelalter. Berlin 1957, S. 16-17

281 »Während der Studienzeit im Mittelalter gehörte der Student einem anderen Stand an, dem status studentium. Man stand unter der Gerichtsbarkeit der Universität und nicht der weltlichen oder geistlichen Macht. Friedrich Barbarossa hatte dies bereits 1158 verkündet, als er die ›aus Liebe zur Wissenschaft Heimatlosen‹ unter seinen Schutz stellte, und er bestimmte zugleich, daß sie bei Rechtshändeln, wenn sie verklagt würden, selbst die Wahl haben sollen, ob ihr eigener Magister oder der Bischof der Stadt, in der sie studierten, über sie zu Gericht sitzen sollte«. Grundmann, a. a. O., S. 31

282 Zur exklusiven Geschichte der Pariser Universität vergleiche Gordon Leff: Paris and Oxford Universities in the Thirteenth and Fourteenth Centuries. An Institutional and Intellectual History. New York/London/Sydney 1968

283 Etienne Gilson/Philotheus Böhner: Christliche Philosophie. Von ihren Anfängen bis Nikolaus von Cues. Paderborn 1954, S. 411

284 Grundmann, a. a. O., S. 61

285 »Nun ist freilich die soziale Herkunft der Studenten mittelalterlicher Universitäten zumal in ihren Anfängen nicht immer leicht und genau feststellbar. Auch wo die Matrikeln erhalten sind, geben sie darüber selten Aufschluß oder nur gerade bei Studenten aus bekannten Familien, das heißt zumeist: aus dem Adel. Auch aus anderen Quellen erfahren wir oft von Fürsten- und Grafensöhnen, später auch von Bürgermeistern oder anderen Patriziersöhnen, ob und wo sie studiert haben, selten aber, fast nie von der anonym bleibenden Masse von Studenten aus anderen Ständen. Es kann aber kein Zweifel sein, daß unter den Tausenden, die in Paris, in Oxford oder Bologna oder anderwärts studierten, die weitaus größte Zahl nicht-adeliger, bürgerlicher oder bäuerlicher Herkunft war.« Grundmann, a. a. O., S. 21

286 Bonaventura hat sehr schön erklärt, was man unter einem Auktor zu verstehen hat: »Vier Arten, ein Buch herzustellen, gibt es. Jemand schreibt Fremdes und fügt nichts hinzu und ändert nichts; dieser heißt reiner Schreiber. Jemand schreibt Fremdes, indem er etwas hinzufügt, doch nichts aus Eigenem; dieser heißt Kompilator. Jemand schreibt Fremdes und Eigenes, jedoch Fremdes überwiegend und Eigenes nur als Anhang zur Verdeutlichung; dieser heißt Kommentator,

nicht Auktor. Jemand schreibt Eigenes und Fremdes, aber Eigenes überwiegend und das Fremde nur als Anhang zur Bekräftigung; und ein solcher muß Auktor genannt werden.« Bonaventura cit. nach Gilson, a. a. O., S. 455

287 Albertus Magnus: Ausgewählte Texte. Herausgegeben und übersetzt von Albert Fries. Mit einer Kurzbiographie von Willehad Paul Ekkert. Darmstadt 1987

288 Karl-Heinz Hoefs: Erfahrung Gottes bei Bonaventutra. Untersuchungen zum Begriff »Erfahrung« in seinem Bezug zum Göttlichen. Leipzig 1989, S. 34

289 Paradiso XI, 37-39

290 Franz Brentano: Geschichte der mittelalterlichen Philosophie im christlichen Abendland. Aus dem Nachlaß und eingeleitet von Klaus Hedwig. Hamburg 1980, S. 48

291 Gilson, a. a. O., S. 550

292 Thomas von Aquin cit. nach Erwin Panofsky: Gotische Architektur und Scholastik. Zur Analogie von Kunst, Philosophie und Theologie im Mittelalter. Köln 1989, S. 23

293 Louis Dumont: Individualismus. Zur Ideologie der Moderne. Frankfurt/Main/New York 1991, S. 75

294 Zu den verurteilten Lehrsätzen von 1277 vgl. Gordon Leff: Paris and Oxford Universities in the Thirteenth and Fourteenth Centuries. An Institutional and Intellectual History. New York/London/Sydney 1968, S. 230ff.

295 Josef Pieper: Hinführung zu Thomas von Aquin. Zwölf Vorlesungen. Freiburg/Basel/Wien 1967, S. 89

296 Rolf Schönberger: Was ist Scholastik? Hildesheim 1991, S. 83

297 L. M. de Rijk cit. nach Schönberger, a. a. O., S. 84

298 Roger Bacon cit. nach Panofsky, a. a. O., S. 43

299 Panofsky, a. a. O., S. 44

300 Hans Blumenberg: Die Legitimität der Neuzeit., Frankfurt/Main 1988

301 Bonaventura cit. nach Blumenberg, a. a. O., S. 655

302 Panofsky, a. a. O., S. 25

303 Hirschberger, a. a. O., S. 444

304 Dazu gehört auch, daß die Poesie und die antiken Dichter zunehmend an Bedeutung verloren. Eine Tatsache, die nach Elisabeth Gössmann zu erklären ist durch »die Überformung der Grammatik durch die Logik. Im Jahr 1215 ist im Lehrplan der Universität Paris die Autorenlektüre nicht mehr zu finden, wenngleich sie andernorts noch erhalten blieb.« Elisabeth Gössmann: Antiqui und Moderni im Mittelalter. Eine geschichtliche Standortbeschreibung. München/Paderborn/Wien 1974; S. 91

305 Arno Borst führt als solche auf: Die Bistümer Nordfrankreich, Albi, Toulouse, Carcassonne, Val d'Aran, Rassèz und Agen.

306 Arno Borst: Die Katharer. Stuttgart 1953, S. 143

307 Vergleiche hierzu auch die drei Aufsätze der Historikerin Lucie Varga: Der Katharismus – ein methodisches Problem der Religionsgeschichte, in: dies., Zeitenwende. Mentalitätshistorische Studien 1936-1939. Frankfurt/Main 1991, S. 189-199, und Lucie Varga: Peire Cardenal – ein Häretiker?, in: ebd., S. 200-224, sowie Lucie Varga: Waren die Katharer Neomanichäer oder Neognostiker?, in: ebd., S. 225-242

308 Zu den Aufnahmeriten der Katharer vergleiche Malcolm D. Lambert: Ketzerei im Mittelalter. Häresien von Bogumil bis Hus. München 1981, S. 166ff.

309 Claudia Honegger: Die Hexen der Neuzeit. Studien zur Sozialgeschichte eines kulturellen Deutungsmusters. Frankfurt/Main 1978, S. 38

310 Borst, a. a. O., S. 13

311 Innozenz III. cit. nach Lothar Baier: Die große Ketzerei. Verfolgung und Ausrottung der Katharer durch Kirche und Wissenschaft. Berlin 1984, S. 113

312 Arnaud-Amaury cit. nach Borst, a .a. O., S. 118

313 Borst, a. a. O., S. 119

314 Erich Auerbach schreibt, daß alles, was Franz tat, eine Szene gewesen sei. Diese Szenen waren von solcher Intensität, daß die Zuschauer in seinen Bann geschlagen wurden. Der Heilige scheint Pop-Star-Qualitäten gehabt zu haben. Erich Auerbach: Mimesis. Dargestellte Wirklichkeit in der abendländischen Literatur. Bern 1982, S. 156

315 Franz von Assisi selbst war in Ägypten gewesen. Ihn hatte der Gedanke gereizt, die Ungläubigen im Morgenland zu bekehren und dabei den ersehnten Märtyrertod zu finden. Doch sein frommes Sehnen ging nicht in Erfüllung, und er kehrte ins Abendland zurück, ohne auch nur eine Seele bekehrt zu haben.

316 Franz von Assisi cit. nach Ivan Gobry: Franz von Assisi. Hamburg 1991, S. 67

317 Vergleiche zur physischen Verfassung der Heiligen Nadia Tazi: Celestial Bodies: A Few Stops on the Way to Heaven, in: Michel Feher (Eds.), Fragments for a History of the Human Body. Part Two. New York 1989, S. 519-552

318 Franz von Assisi cit. nach Gobry, a. a. O., S. 128

319 Diego von Osma cit. nach Ernst Werner/Martin Erbstösser: Kleriker, Mönche, Ketzer. Das religiöse Leben im Hochmittelalter. Berlin 1992, S. 369

320 Ein Beispiel für die Schreckensherrschaft der Inquisition ist Konrad von Marburg, der seit 1277 damit beauftragt war, Ketzer in der Erzdiözese Mainz aufzuspüren, und der dabei mit großer Brutalität vorging. Er war von dem Wahn besessen, eine neue Häresie ausfindig zu

machen, die der Luziferianer, der Teufelsanbeter. 1233 wurde Konrad von Marburg von seinen potentiellen Opfern erschlagen.

321 Wie allmählich der Tatbestand der Zauberei für die Inquisition interessant wurde, dazu vergleiche Claudia Honegger (Hg.): Die Hexen der Neuzeit. Studien zur Sozialgeschichte eines kulturellen Deutungsmusters. Frankfurt/Main 1978

322 Borst, a. a. O., S. 20

323 Borst, a. a. O., S. 21

324 Ernst H. Kantorowicz: Pro Patria in Medieval Political Thought, in: ders., Selected Studies. New York 1965, S. 313

325 Was nichts daran ändert, daß Adel und kriegerische Berufung als eng miteinander verbunden betrachtet werden. »Wenn die französischen Könige des 14. Jahrhunderts ein Aufgebot zur Heerfolge erlassen wollten, beriefen sie alle Adeligen in ihre Dienste und solche, die Lehnsgüter von Adeligen innehatten.« Maurice Keen: Das Rittertum. Reinbek 1991, S. 232

326 Bonifazius VIII. cit. nach Ernst H. Kantorowicz: Die zwei Körper des Königs. Eine Studie zur politischen Theologie des Mittelalters. München 1990, S. 206

327 Römer 12, Vers 4 und 5

328 Jürgen Miethke: Das Reich Gottes als politische Idee im späteren Mittelalter, in: Jacob Taubes (Hg.), Religionstheorie und Politische Theologie. München/Paderborn/Wien/Zürich 1987, S. 272

329 Vergleiche hierzu Georges Duby/Guy Lardreau: Geschichte und Geschichtswissenschaft. Dialoge. Frankfurt/Main 1982, S. 177

330 Jacques Le Goff: Head or Heart? The Political Use of Body Metaphors in the Middle Ages, in: Michel Feher (Ed.), Fragments for a History of the Human Body. Part 3. New York 1989, S. 21

331 Vergleiche hierzu Marie-Christine Pouchelle: Corps et chirurgie à l'apogée du Moyen Age: Savoir et imaginaire du corps chez Henri de Mondeville, chirurgien de Philippe le Bel. Paris 1983

332 Henri de Mondeville cit. nach Le Goff, a. a. O., S. 23

333 »Die Reise ins Jenseits, die mit einer geradezu unfaßbaren mystischen Vision schließt, der blitzartigen Erleuchtung durch das absolute Licht, ist in eine streng intellektualistische Form eingeschlossen. Die multiplicatio et variatio universorum wird erreicht durch die mathematische Zahlenordnung und die rhythmische Entsprechung, durch welche die Terzinen mit alternierendem Reim sich nach dem eisernen Schema ABABCBCDC und so fort verschränken. Das hält Erzählung und Vision zusammen, weist jedem Teil die Stelle an, die ihm als Einheit, die auch Vielfalt ist, zukommt: vielfältige Einheit, die zur Einheit strebt.« Rosario Assunto: Die Theorie des Schönen im Mittelalter. Köln 1982, S. 99

334 »In Deutschland verzichtet der Kaiser auf die Investitur mit Ring und

Stab, aber er behält sein Mitsprachrecht bei der Wahl und gewährt die Investitur für die zeitlichen Güter, die Regalien, durch das Zepter, zwischen Wahl und Weihe. In Italien und Burgund sind die Bischofswahlen ganz frei, und der Bischof muß nur innerhalb von sechs Monaten nach der Weihe die Regalien vom Kaiser empfangen und ihm den Eid leisten.« Jacques Le Goff: Das Hochmittelalter. Fischer Weltgeschichte. Band 11. Frankfurt/Main 1989, S. 93

335 Hans Martin Schaller: Die Kaiseridee Friedrich II., in: Josef Fleckenstein (Hg.), Probleme um Friedrich II. Sigmaringen 1974, S. 112

336 Friedrich I. cit. nach Herbert Grundmann: Vom Ursprung der Universität im Mittelalter. Berlin 1957, S. 31

337 Raoul Manselli: Grundzüge der religiösen Geschichte Italiens im 12. Jahrhundert, in: Konstanzer Arbeitskreis für mittelalterliche Geschichte (Hg.), Beiträge zur Geschichte Italiens im 12. Jahrhundert. Sigmaringen 1971, S. 11

338 Die dreißig Jahre, die Friedrich zurückrechnete, bezogen sich auf das Ende der Herrschaft des letzten Normannenkönigs Wilhelm II. Seit dessen Tod herrschte Unordnung in Süditalien. »Regalien, Kronrechte, Krongüter, Lehen waren seither teils von Heinrich VI. in der Absicht, sie wieder zurückzufordern, teils von den zahlreichen Machthabern während Friedrichs Jugendzeit vergabt, verschenkt und vertan worden... zum Nachteil der Krone, die dabei gänzlich verarmte und alle Macht einbüßte.« Ernst H. Kantorowicz: Kaiser Friedrich II. Stuttgart 1991, S. 105

339 Ernst H. Kantorowicz: Kaiser Friedrich II. Stuttgart 1991, S. 111

340 Franz Kampers: Kaiser Friedrich II. Der Wegbereiter der Renaissance. Bielefeld und Leipzig 1929, S. 38. Zwar betont Kampers, Friedrich II. habe die Steuerschraube »bis zur Unerträglichkeit« angezogen, bescheinigt ihm jedoch auch, daß er dadurch die Einheit des Staatswesens hergestellt habe. Dadurch weist er in die Zukunft, und die lombardischen Städte können als seine ersten Nachahmer gelten.

341 Keiner seiner Untertanen durfte nach der Gründung der Universität von Neapel im Ausland studieren, und diejenigen, die bereits anderswo studierten, erhielten eine Frist gesetzt, binnen derer sie sich in Neapel einzufinden hatten.

342 cit. nach Ernst H. Kantorowicz: Die zwei Körper des Königs. Eine Studie zur politischen Theologie des Mittelalters. Stuttgart 1990, S. 143

343 Grundmann, a. a. O., S. 41

344 Philipp der Schöne behauptete, sein Urgroßvater Philipp II. August habe dieses Verbot erwirkt, und er selbst empfahl 1312 in einer Ordonnanz für die Universität Orléans das Studium des römischen Rechts, »weil es den Verstand schärfe, moralisch wirksam sei und

auch das Verständnis und die Anwendung des in seinem Lande geltenden ungeschriebenen Rechtsbrauchs fördere.« Grundmann, a. a. O. S. 45 ff.

345 Kantorowicz weiß zu berichten, daß die Juristen sich lieber als Ritter denn als Priester fühlten. »Bis zum Ende des 13. Jahrhunderts hatten die Juristen tatsächlich die Quasi-Ritterschaft erworben, die sie auf Grund falsch ausgelegter Stellen Justinians beanspruchten. Seither wurden Doktorpromotion und Ritterschlag als gleichwertig erachtet; beides verlieh denselben Grad gesellschaftlichen Ansehens.« Ernst H. Kantorowicz: Die zwei Körper des Königs. Eine Studie zur politischen Theologie des Mittelalters. München 1990, S. 140. Demnach wäre es ein reizvolles Unternehmen, die Welt der Wissenschaft als eine männlich-ritterliche zu untersuchen.

346 »The scientific interpretation of these sets of law became a ›must‹ owing to the numerous contradictions and other difficulties, and it gave birth to a methodical study of sources and parallels, and therewith to a legal science which, in the course of time, mothered our modern historico-philological method.« Ernst H. Kantorowicz: Kingship under the Impact of Scientific Jurisprudence, in: ders., Selected Studies. New York 1965, S. 152

347 Ernst H. Kantorowicz: Die zwei Körper des Königs. Eine Studie zur politischen Theologie des Mittelalters. München 1990, S. 136

348 Die große Frage war nun, ob er sich selbst auch diesem Gesetz, das er ist, unterstellt. Friedrich schrieb diese Frage betreffend an Senat und Volk von Rom: »Sowohl die allmächtige Vernunft, die den Königen befiehlt, als auch die Natur erlegen uns die Pflicht auf, in der Zeit unseres Imperiums den Ruhm der Stadt zu erhöhen... Im Einklang mit dem bürgerlichen Recht bekennen wir uns mit einem majestätswürdigen Wort zu unserer Verpflichtung. Denn obgleich unsere kaiserliche Majestät frei von allen Gesetzen ist, ist sie trotzdem nicht frei vom Urteil der Ratio, der Mutter des Rechts.« Friedrich II. cit. nach Ernst H. Kantorowicz: Die zwei Körper des Königs. Eine Studie zur politischen Theologie des Mittelalters. München 1990, S. 123. Diese Frage wird Jahrhunderte später sehr prominent werden im Prozeß um den französischen König Luwig XVI. Dazu, ob ein König zu verurteilen ist, und zu den Worten, die die neuen Herren in der Politik, die Revolutionäre, dafür gefunden haben, vergleiche Martin Walzer (Ed.): Regicide and Revolution. Speeches at the trial of Louis XVI. Cambridge 1974. Friedrich II. nimmt also auch hier die Mittelstellung ein, er ist an die an ihn gebundene Vernunft gebunden. Interessant ist der Hinweis von Kantorowicz, daß diese Interpretation der Vernunft ein Jahrhundert später sich zum Werkzeug der Politik, zur ratio regis et patriae (Staatsräson), wandelt.

349 Pierre Legendre: Der Tod, die Macht, das Wort. Kantorowicz' Arbeit

am Fiktiven und am Politischen, in: Tumult. Schriften zur Verkehrswissenschaft, Nr. 16, 1992, S. 109-115

350 »Et sic nos etiam, qui prohibente individuitate personae ubique praesentialiter esse non possumus, ubique potentaliter adesse credamur.« Cit. nach Ernst H. Kantorowicz: Die zwei Körper des Königs. Eine Studie zur politischen Theologie des Mittelalters. München 1990, S. 157

351 Ernst H. Kantorowicz: Kaiser Friedrich II. und das Königsbild des Hellenismus, in: ders., Selected Studies. New York 1965, S. 272

352 1348 berichtet Johann von Winterthur: »In diesen Tagen verbreitete sich bei zahlreichen Leuten jedes Standes die Meinung, daß Kaiser Friedrich, der zweite dieses Namens, in größter Machtfülle wiederkehren werde, um den völlig verschlechterten Zustand der Kirche zu reformieren. Die Leute, welche diese Meinung verteten, fügen hinzu, daß er notwendig kommen müsse, auch wenn er in tausend Stücke zerschnitten oder zu Asche verbrannt worden wäre, weil es Gottes unabänderlicher Ratschluß sei, daß es so geschehen müsse. Nach dieser Meinung wird er, sobald er vom Tode auferstanden und auf die Höhe seiner Herrschermacht zurückgekehrt ist, die armen Frauen und Jungfrauen reichen Männern zur Ehe geben und umgekehrt; die Nonnen und Beghinen wird er verheiraten, die Mönche zur Ehe veranlassen, Unmündigen, Waisen und Witwen wird er alles, was ihnen geraubt ist, wiederverschaffen und allermänniglichen sein volles Recht zuteil werden lassen. Die Geistlichen wird er heftig verfolgen, daß sie ihre Tonsuren, wenn sie sonst keine Kopfbedeckung haben, lieber mit Kuhmist verdecken werden, als ihre Tonsuren zu zeigen«. Johann von Winterthur cit. nach Herfried Münkler: Das Reich als politische Vision, in: Peter Kemper (Hg.), Macht des Mythos – Ohnmacht der Vernunft? Frankfurt/Main 1989, S. 347. 1519 wurde in einem Volksbuch erstmals Friedrich II. mit Friedrich Barbarossa verwechselt. »Aus Friedrich II. ward allmählich der bärtige Ahn Barbarossa, aus dem Ewigjungen der Greis. Der Traum Deutschlands begann sich zu wandeln: und Mythenwechsel spiegelt Leben und Sehnen des alternden oder sich verjüngenden Volkes nur wider.« Ernst H. Kantorowicz: Kaiser Friedrich der Zweite. Stuttgart 1991, S. 632

353 Cit. nach Ernst H. Kantorowicz: Zu den Rechtsgrundlagen der Kaisersage, in: ders., Selected Studies. New York 1965, S. 292

354 Friedrich II. cit. nach Ernst H. Kantorowicz: ebd., S. 295

355 Papst Alexander III. (1159-1181) formulierte als erster ein fortan gültiges und sehr folgenreiches juristisches Prinzip, nach dem man zwischen Art und Person, einer delegatio facta personae (lebenszeitliche Begrenzung) und einer delegatio facta dignitati (unbegrenzt) unterschied. Und »... by the middle of the thirteenth century, the great lawyer-pope Innocent IV introduced or elaborated the notion of the

persona ficta, the fictitious or (as we call it) juristic person, that abstraction of any aggregate of man – corporation, community or dignity – without which modern society could not easily exist.« Ernst H. Kantorowicz: Pro Patria Mori in Medieval Thought, in: ders., Selected Studies. New York 1965, S. 319

356 Friedrich II. cit. nach Kampers, a. a. O., S. 35ff.

357 Friedrich II. cit. nach Arthur G. Dickens: Europas Fürstenhöfe. Herrscher, Politiker und Mäzene 1400-1800. Graz/Wien/Köln 1978, S. 25

358 Michael Scotus cit. nach Kampers, a. a. O., S. 72

359 Friedrich II.: Über die Kunst mit Vögeln zu jagen. Miniaturen aus einer Handschrift des Falken-Buches von Kaiser Friedrich II. und mit einem Geleitwort von Carl A. Willemsen. Frankfurt/Main 1988, S. 17

360 Friedrich II. cit, nach Kampers, a. a. O., S. 74

361 Georges Duby: Die Zeit der Kathedralen. Kunst und Gesellschaft 980-1420. Frankfurt/Main 1992, S. 308

362 Walter Goetz: Die Entwicklung des Wirklichkeitssinnes vom 12. zum 14. Jahrhundert, in: Archiv für Kulturgeschichte XXVII, 1966, S. 53

363 »Die Anekdote erzählt, die Freude des Kaisers am Experiment wiedergebend, daß er diese den Menschen am meisten beschäftigende Frage (nach der Unsterblichkeit, K. W.) einmal auch praktisch zu lösen versucht habe. Danach sperrte er einen Mann in ein dicht verschlossenes Weinfaß und ließ ihn umkommen, zum Beweis, daß die Seele, die aus dem Fasse nicht entweichen konnte, mit dem Körper untergehe.« Kampers, a. a. O., S. 59. Mir selbst war diese Anekdote aus dem Religionsunterricht bekannt; sie wurde uns Kindern erzählt als Beispiel heidnischer Ungläubigkeit und Grausamkeit.

364 Von arabischen Chronisten sind uns interessante Schilderungen zur Person des Kaisers überliefert. So schreibt Sibt Ibn al-Ganzi über ihn: »Der Kaiser, erzählten immer noch die Wärter, hatte eine rötliche Haut, war kahlköpfig und kurzsichtig – als Sklave hätte er keine zweihundert dirham eingebracht.« Sibt Ibn al-Ganzi cit. nach Francesco Gabrieli (Hg.): Die Kreuzzüge aus arabischer Sicht. Zürich/München 1973, S. 334. Ibn Wasil bemerkt: »Der Kaiser war ein König der Franken, vornehm und gelehrt, ein Freund der Philosophie, Logik und Medizin und den Muslimen günstig gesonnen, denn seine eigentliche Heimat, wo er auch erzogen wurde, war Sizilien, dessen König er selbst, sein Vater und sein Großvater waren und dessen Einwohner in der Mehrheit Muslime sind.« Ibn Wasil cit. nach Gabrieli, a. a. O., S. 327

365 Kampers, a. a. O., S. 50

366 Duby, a. a. O., S. 308

367 Duby, a. a. O., S. 309

368 »Der Triumphbogen ist ein Durchgang. Er ist der szenische Ort eines repräsentativen politischen Akts: Das Durchschreiten des siegreichen

Feldherrn bedeutet Reinigung vom Krieg für die Rückkehr in den befriedeten Bereich der civitas; zugleich wird im Durchschreiten der heroische Triumph des siegreichen Kriegers anschaulich. Das Triumphportal ist dabei szenischer Hintergrund, der die martialische Gravität des Akteurs zum Ausdruck bringt.« H. Mühlmann cit. nach Volker Breidecker: Florenz oder: Die Rede, die zum Auge spricht. Kunst, Fest und Macht im Ambiente der Stadt. München 1990, S. 160

369 Ernst H. Kantorowicz: Zu den Rechtsgrundlagen der Kaisersage, in: ders., Selected Studies. New York 1965, S. 307

370 Goetz, a. a. O., S. 59

371 Villani, cit. nach Duby, a. a. O., S. 305

372 Ernst H. Gombrich: Gab es ein Dante-Porträt von Giotto?, in: ders., Neues über alte Meister. Zur Kunst der Renaissance IV. Stuttgart 1988, S. 9

373 Adolf Philippi: Der Begriff der Renaissance. Daten zu seiner Geschichte. Leipzig 1912, S. 11

374 Der berühmte Chronist Giovanni Villani war an der Pest gestorben, die im vierzehnten Jahrhundert in Europa wütete.

375 Villani wollte nach der Art der alten Geschichtsschreiber unter den berühmten Männern auch die Maler und die Bildhauer aufführen. Das »Liber civitatis Florentiae famosis civibus« behandelt in 29 Kapiteln Dichter, Gelehrte, Maler, Krieger, Bildhauer und Staatsmänner.

376 Villani cit. nach Philippi, a. a. O., S. 14

377 Vergleiche hierzu: Ernst H. Gombrich: Ideal und Typus in der Malerei der italienischen Renaissance, in: ders., Neues über alte Meister. Zur Kunst der Renaissance IV. Stuttgart 1988, S. 66-81

378 Ernst Kris und Otto Kurz haben in ihrer Studie zur »Legende vom Künstler« nachgewiesen, daß auch die Lehrer-Schüler Verbindung von Cimabue und Giotto ebenfalls auf die Worte Dantes, auf den elften Gesang des Purgatorio, zurückgeht und reine Fiktion ist. Diese Verbindung entsprang dem Bestreben, »die Leistung dieses großen Erneuerers (Giotto, K. W.) der italienischen Kunst einer genealogischen Reihe einzufügen.« Als Vorbild der verschiedenen Anekdoten, die über die erste Begegnung der beiden existieren, können nach Kris und Kurz die Begegnung zwischen Herodot und Thukydides und zwischen Xenophon und Sokrates gelten. Ernst Kris/Otto Kurz: Die Legende vom Künstler. Ein geschichtlicher Versuch. Frankfurt/Main 1980, S. 48

379 Purgatorio XI, 91-102

380 Ernst Gombrich: Gab es ein Dante-Portrait von Giotto?, in: ders., Neues über alte Meister. Zur Kunst der Renaissance IV. Stuttgart 1988, S. 17

381 Der Begriff der »Renaissance« kam erst Mitte des neunzehnten Jahrhunderts nach Deutschland, und Philippi schreibt, der Historiker

Ranke zum Beispiel habe ihn noch nicht verwendet. Der Begriff sagt demnach auch mehr über die Geschichtsschreibung in Deutschland und auch Frankreich aus denn über die Zeit, die damit umrissen werden sollte. Vergleiche hierzu auch: Adolf Philippi: Der Begriff der Renaissance. Daten zu seiner Geschichte. Leipzig 1912, und Wallace K. Ferguson: The Renaissance in Historical Thought. Five Centuries of Interpretation. Boston 1948

382 Philippi, a. a. O., S. 4

383 Es war eine Gruppe italienischer Kunstfreunde, die, angeregt durch die Lektüre Vasaris, 1839 unter der Tünche das beschriebene Porträt fanden.

384 Ein Dichter unseres Jahrhunderts, nämlich Stefan George, gebärdete sich eben in dieser Nachfolge der äußeren Erscheinung Dantes. Das Bild nahm in ihm Gestalt an.

385 Antonio Pucci cit. nach Gombrich, a. a. O., S. 18

386 Gombrich, a. a. O., S. 26

387 Jacques Le Goff: Zeit der Kirche und Zeit des Händlers im Mittelalter, in: Claudia Honegger (Hg.), Schrift und Materie der Geschichte. Vorschläge zur systematischen Aneignung historischer Prozesse. Frankfurt/Main 1977, S. 403

388 Philippe Ariès: Geschichte des Todes. München 1989, S. 23

389 Zu den Veränderungen, die diese Angst bei den Reichen in bezug auf das Bestattungsritual und die Pflege der Toten zeitigte, vergleiche: Richard C. Trexler: Ritual Behaviour in Renaissance Florence: The Setting, in: Medievalia et Humanistica, n. s. IV 1973, S. 125-144. Zur geschlechtsspezifischen Ausbildung der Totenpflege vergleiche: Sharon T. Strocchia: Funerals and the Politics of Gender in Early Renaissance Florence, in: Marilyn Migiel/Juliana Schiesari (Hg.), Refiguring Woman. Perspectives on Gender and the Italian Renaissance, Ithaca/London 1991, S. 155-168

390 Ariès, a. a. O., S. 144

391 Georges Duby: Die Zeit der Kathedralen. Kunst und Gesellschaft 980-1420. Frankfurt/Main 1992, S. 421

392 Hans Blumenberg: Die Legitimität der Neuzeit. Frankfurt/Main 1988, S. 404

393 Dominick LaCapra: Geschichte und Kritik. Frankfurt/Main 1987

394 Vilem Flusser: Die Schrift. Hat Schreiben Zukunft? Göttingen 1990, S. 43

395 Für Jean Despautère war Petrarca derjenige, »who not without divine inspiration about the year 1340 opened war on the barbarians; and, recalling the Muses who had fled, vehemently excited the study of eloquence«. Jean Despautère cit. nach Wallace K. Ferguson: The Renaissance in Historical Thought. Five Centuries of Interpretation. 1948, S. 31

396 Oskar Roth: Francesco Petrarca, in: Martin Greschat (Hg.), Mittelalter II. Stuttgart/Berlin/Köln/Mainz 1983, S. 202

397 Zu der Frage, welche Figuren dargestellt waren und wie sich das Verhältnis des Dichters und des Tyrannen gestaltete, sei verwiesen auf Theodor E. Mommsen: Petrarch and the Decoration of the Sala Virorum Illustrium in Padua, in: The Art Bulletin 34, No. 2, 1952, S. 95-116

398 Petrarca hat uns einen Brief hinterlassen, in dem er Francesco Bruni von dem Wunsch seines Verehrers Pandolfo Malatesta berichtet: »Da er mich nur aus meinen Werken kannte«, schreibt der Dichter, »sandte er auf große Kosten einen Maler aus einem entfernten Ort dahin, wo ich mich aufhielt, um mein Porträt zu malen. Ich wußte nicht, daß er es aufbewahrte, aber als er viele Jahre später wieder nach Mailand kam, war sein erstes Anliegen, den Menschen persönlich kennenzulernen, den er bisher nur von seinem Porträt her kannte (...), und bevor er wieder nach Hause zurückkehrte, schickte er mir nochmals einen Maler, da er mit dem ersten Porträt nicht ganz zufrieden war und, wie nur natürlich, feststellen mußte, daß mein Aussehen sich verändert hatte.« Francesco Petrarca cit. nach Gombrich, a. a. O., S. 25. Gombrich meint diesen Brief könne man »als die Gründungsurkunde der National Portrait Gallery bezeichnen«.

399 In seinem Testament hat Petrarca verfügt, daß seinem Herrn »das Würdigste«, das er besitzt, zukommt, und dies ist ein Bildnis der Jungfrau Maria, »ein Werk des auserlesenen Malers Giotto«. Dieses Bild kam wahrscheinlich um 1365 in den Besitz des Dichters. Was nach dessen Tod damit geschehen ist, ist nach Ernest H. Wilkins ungewiß. »The only extant Madonna that is certainly by Giotto is the great Madonna with angels in the Uffizi. Petrarch's Madonna was undoubtedly a smaller painting, but we know nothing of its specific character«. Ernest H. Wilkins: On Petrarch's Appreciation of Art, in: ders., Studies on Petrarch and Boccaccio. Padua 1978, S. 199

400 Daß sich diese tierischen Gefährten in der Studierstube der mit ihren Gedanken ringenden Gelehrten auch in hilfreiche Geister verwandeln können, darauf hat Johann Wolfgang Goethe an prominenter Stelle hingewiesen.

401 Franz Xaver Kraus: Francesco Petrarca in seinem Briefwechsel, in: ders., Essays. Erste Sammlung. Berlin 1896, S. 491

402 Eckhard Kessler: Antike Tradition, historische Erfahrung und philosophische Reflexion in Petrarcas »Brief an die Nachwelt«, in: August Buck (Hg.), Biographie und Autobiographie in der Renaissance. Wiesbaden 1983, S. 21

403 Francesco Petrarca: Brief an die Nachwelt, in: ders., Dichtungen, Briefe, Schriften. Frankfurt/Main 1980, S. 27

404 »Sueton lebte von etwa 70 bis 140 oder 150 n. Chr. in Rom als ›Ritter‹,

Rechtsanwalt und Sekretär (ab epistulis) bei Kaiser Hadrian. Sein großes biographisches Werk ist De vita caesarum: zwölf Kaiserbiographien von Caesar bis Domitian in acht Büchern geordnet.« Walter Berschin: Sueton und Plutarch im 14. Jahrhundert, in: August Buck (Hg.), Biographie und Autobiographie in der Renaissance. Wiesbaden 1983, S. 35. Sueton ist neben Plutarch der große biographische Autor der Antike.

405 Kessler, a. a. O., S. 24

406 Francesco Petrarca, a. a. O., S. 30

407 »The father of Petrarch, Pietro di Parenzo, or Ser Petracco (a florentine notary before he was forced to flee in 1302), who had himself been interested in Cicero and had commissioned the famous Milan manuscript of Vergil later possessed by his son, settled in Avignon in 1312.« Charles Trinkaus: The Scope of Renaissance Humanism. Michigan 1983, S. 11

408 Gustav Koerting: Geschichte der Literatur Italiens im Zeitalter der Renaissance. Band 1. Petrarcas Leben und Werke. Leipzig 1878, S. 75

409 »Although there is no evidence that he was ordained as a priest, Petrarch enjoyed the living of a number of benefices granted to him as a kind of ecclesiastical patronage of his literary career. But he never actively filled the priestly office.« Charles Trinkaus: The Scope of Renaissance Humanism. Michigan 1983, S. 196

410 Vergleiche zu des Dichters Laufbahn als Geistlicher Ernest H. Wilkins: Petrarch's Ecclesiastical Career, in: ders., Studies in the Life and Works of Petrarch. Cambridge 1955, S. 3-32

411 Francesco Petrarca, a. a. O., S. 34

412 »Petrarch found the Euganean region delightful, healthful, and beautiful (Sen. XIII 10). His house still stands, on a southern hillside, facing south.« Ernest H. Wilkins: Petrarch's Later Years. Cambridge 1959, S. 181

413 Leonardo Bruni cit. nach Roth, a. a. O., S. 199

414 »The egoism of Petrarch was so monumental and so acute that it was an event in European intellectual history.« Thomas Greene: The Flexibility of the Self in Renaissance Literature, in: P. Denmetz/ Th. Greene/L. Nelson (Eds.), Disciplines of Critizism. New Haven/ London 1968, S. 246

415 Koerting, a. a. O., S. 109

416 Hans Blumenberg: Die Legitimität der Neuzeit. Frankfurt/Main 1988, S. 397

417 Jacob Burckhardt hatte in seinem einflußreichen, 1860 erschienenen Buch »Die Kultur der Renaissance« die Entdeckung der Landschaft für die »erregbare Seele« durch Petrarca gefeiert.

418 Diese behauptete Modernität gipfelt in der Bezeichnung Petrarcas als des Mannes »der das Bergsteigen entdeckte«. Die Zeit cit. nach Enrico

Straub 1983, S. 271. In diesem Sinne fand ich eine bibliophile Ausgabe des Briefes, herausgegeben von der »Gesellschaft alpiner Bücherfreunde«, aus dem Jahre 1936. Der Brief war stark gekürzt worden, und die Herausgeber bemühten sich um die »Eindeutschung« des Erlebnisses. Dabei hatte man nicht vergessen, Petrarca als Franz und seinen Bruder als Gerd zu bezeichnen.

419 Enrico Straub: Bericht und Reflexion in Petrarcas Ventoux-Epistel (Familiares IV,1), in: Klaus W. Kempfer/Enrico Straub (Hg.), Italien und die Romania in Humanismus und Renaissance. Wiesbaden 1983, S. 272

420 Der Mont Ventoux, Mons Ventosus (Windberg) genannt, liegt am Südwestrand der Alpen und ist 1912 m hoch.

421 Francesco Petrarca: An Francesco Dionigi von Borgo San Sepolcro in Paris. Die Besteigung des Mont Ventoux, in: ders., Dichtungen, Briefe, Schriften. Frankfurt/Main 1980, S. 88

422 Petrarca, a. a. O., S. 90

423 Petrarca, a. a. O., S. 90

424 »Aus einem der typischen Motive der curiositas, aus dem Vorbehalt und Verbot, steigert sich die Begierde: crescebat ex prohibitione cupiditas.« Blumenberg, a. a. O., S. 398

425 Petrarca, a. a. O., S. 92

426 Petrarca, a. a. O., S. 95

427 Petrarca war geographisch gebildet, und er wußte sich nicht nur in den Zeiten zu orientieren.

428 Petrarca, a. a. O., S. 95

429 Petrarca, a. a. O., S. 96

430 Petrarca, a. a. O., S. 96

431 Leonid Batkin: Die italienische Renaissance. Versuch einer Charakterisierung eines Kulturtyps. Frankfurt/Main 1981, S. 199

432 Zur Echtheit der veröffentlichten Briefe vergleiche Franz Xaver Kraus: Francesco Petrarca in seinem Briefwechsel, in: ders., Essays. Erste Sammlung, Berlin 1896, S. 408 ff. Daten und bibliographische Hinweise zu den Briefen Petrarcas finden sich in Ernest H. Wilkins: The Prose Letters of Petrarch: A Manual. New York 1951.

433 Batkin, a. a. O., S. 200

434 Batkin, a. a. O., S. 202

435 Francesco Petrarca cit. nach Kraus, a. a. O., S. 411

436 Straub, a. a. O., S. 277

437 Giuseppe Billanovich: Petrarca und der Ventoux, in: August Buck (Hg.), Petrarca. Darmstadt 1976, S. 459

438 Ruth Groh/Dieter Groh: Petrarca und der Mont Ventoux, in: Merkur 46, Nr. 4, 1992, S. 292

439 Straub, a .a. O., S. 279

440 Groh, a. a. O., S. 297

441 Petrarca, a. a. O., S. 93

442 Karlheinz Stierle: Petrarcas Landschaften. Zur Geschichte ästhetischer Landschaftserfahrung. Krefeld 1979, S. 26. – Giotto war einer der ersten, der die Landschaft zu einem Thema in der Malerei machte. »In den Fresken der Capella degli Scrovegni in Padua sind die Ereignisse der Heilsgeschichte mehrfach vor dem Hintergrund eines oder mehrerer aufragender, mit einzelnen Bäumen besetzter Felsen situiert, über die sich der Himmel als Ort der Heilswirkung erhebt. Zwischen den Gruppen der vom Heilsgeschehen ergriffenen Männer und Frauen, denen auch, wenngleich dominierend, der Mensch gewordene Christus zugehört, und dem Raum der zur Erscheinung kommenden himmlischen Mächte verläuft gleichsam als Scheidelinie die aufragende Hintergrundlandschaft, in deren Bewegung die Bewegtheit der vom Heilsgeschehen umgriffenen Gruppe ihr formales Echo findet.« Stierle, a. a. O, S. 55

443 »When he finally visitited his brother in 1354, they talked about Augustine's Confessions; for Gherado asked Petrarch to send him a copy as a gift.« Hans Baron: Petrarch: His Inner Struggles and the Humanistic Discovery of Man's Nature, in: J. G. Rowe/W. H. Stockdale (Eds.), Florilegium Historiale. Toronto 1971, S. 24

444 Bernhard König: Petrarcas Landschaften. Philologische Bemerkungen zu einer neuen Deutung, in: Romanische Forschungen 92, 1980, S. 279

445 Augustinus: Bekenntnisse. Eingeleitet, übersetzt und erläutert von Joseph Bernhart. Frankfurt/Main 1987, S. 569

446 Augustinus, a. a. O., S. 573

447 Kurt Flasch: Augustin. Einführung in sein Denken. Stuttgart 1980, S. 41 ff. Zum Leben des Augustinus vergleiche außerdem Peter Brown: Augustinus von Hippo. Frankfurt/Main 1982

448 »Ambrosius stammte aus einer der einflußreichsten römischen Familien; er blieb auch als Bischof Verwaltungschef und Politiker. Er war der erste Bischof, der nicht nur Kirchenpolitik, sondern Reichspolitik trieb. Ambrosius gelang offenbar die Verbindung von römischem Machtsinn, christlicher Ethik und neuplatonischer ›Weisheit‹. Was Augustin in der Rhetorik gesucht, aber nicht gefunden hatte, kam bei Ambrosius zusammen: politischer Einfluß und Wahrheit«. Flasch, a. a. O., S. 42

449 Augustinus, a. a. O., S. 399

450 Augustinus, a. a. O., S. 409

451 Augustinus, a. a. O., S. 415

452 Augustinus, a. a. O., S. 417

453 Augustinus, a. a. O., S. 419

454 Augustinus meldete sich nach diesem Erlebnis für das nächste Osterfest zur Taufe an.

455 »Nathanael spricht zu ihm: Woher kennest du mich? Jesus antwortete und sprach zu ihm: Ehe denn dir Philippus rief, da du unter dem Feigenbaum warest, sahe ich dich.« (Johannes 1, 48) In dem Werk Petrarcas »Secretum« wird ein Dialog zwischen dem beichtenden Franciscus und dem Beichtvater Augustinus nachgezeichnet. »Schon zu Beginn ihres Dialogs hat Augustinus an seine eigene Bekehrung erinnert und Franciscus aufgerufen, den Feigenbaum als Lebensziel über den Lorbeer, seinen Abgott, zu stellen: Lorbeer und Feigenbaum verkörpern als Gegenembleme die Opposition von Weltverfallenheit und Heilssorge.« Groh, a. a. O., S. 305

456 Michael O'Connell: Authority and the Truth of Experience in Petrarch's »Ascent of Mount Ventoux«, in: Philological Quarterly 62, No. 4, 1983, S. 507-520

457 Eugen Wolf: Petrarca. Darstellung eines Lebensgefühls. Leipzig/Berlin 1926, S. 64

458 »Diese Erfahrung (der Einsamkeit, K. W.) hat er in den 16 Jahren gesammelt, in denen er (etwa vom 33. bis nahe an das 50. Lebensjahr hin, in der späteren Zeit freilich nur mehr mit recht langen Unterbrechungen) in seiner berühmten Einsiedelei der Vaucluse, an der Quelle der Sorgue, der ›Königin der Bäche‹, verbracht hat«. Michael Seidlmayer: Petrarca, das Urbild des Humanisten, in: Archiv für Kulturgeschichte XXXX, 1958, S. 145

459 Francesco Petrarca cit. nach Wolf, a. a. O., S. 43

460 Theodor W. Mommsen: Der Begriff des »finsteren Mittelalters« bei Petrarca, in: August Buck (Hg.), Zu Begriff und Problem der Renaissance. Darmstadt 1969, S. 177. Mommsen verweist auf die Studien von Lucie Varga, die deutlich gemacht haben, daß der Ausdruck »finsteres Mittelalter« eher ein Schlachtruf und eine Ablehnung des Mittelalters denn ein wissenschaftlicher Terminus war.

461 Francesco Petrarca cit. nach Mommsen, a. a. O., S. 170

462 Petrarca war allerdings voll Verachtung für die Geschichte des Römischen Reichs während der Spätantike und des Mittelalters. Zum Beispiel redete er Karl den Großen in einem 1333 geschriebenen Brief als »König Karl« an. Er brachte dadurch seine ganze Mißachtung der Institution des mittelalterlichen Reichs gegenüber zum Ausduck.

463 Petrarca schrieb rückblickend an seinen Begleiter: »Wenn wir nach dem Durchwandern des ungeheuren Stadtgebietes ermüdet waren, pflegten wir oft bei den Bädern des Diocletian einzuhalten; manchmal kletterten wir sogar auf das gewölbte Dach dieses einstmals prachtvollen Gebäudes; denn nirgends gibt es gesündere Luft, unbegrenztere Aussicht oder größere Stille und wünschenswertere Einsamkeit. Dort sprachen wir weder über Geschäfte noch über Privates noch über Staatsangelegenheiten, über die wir schon Tränen genug vergossen hatten.« Francesco Petrarca cit. nach Mommsen, a. a. O., S. 162-163.

Edward Gibbon schreibt vierhundert Jahre später: »Es war am fünfzehnten Oktober (1764) in der Abenddämmerung, als ich sinnend auf dem Kapitol saß – während die barfüßigen Mönche im Jupiter-Tempel ihre Litaneien sangen –, daß ich den ersten Gedanken zu meinem Geschichtswerk faßte.« Edward Gibbon cit. nach Mommsen, a. a. O., S. 163-164. Gibbon inspirierte der Anblick der Ruinen, über den Niedergang Roms zu forschen, während Petrarca dagegen den Niedergang beweinte und mit Worten die Wiedergeburt der Stadt beschwor.

464 Der Volkstribun ist eine Figur, die der Feder Petrarcas entsprungen sein könnte. 1347 wagte er – es wundert uns nicht, daß er sein damaliges Alter mit 33 Jahren angibt – einen Staatsstreich in Rom. Er war ein Held der Worte, der durch seine mitreißenden Reden und gelungenen Selbstinszenierungen das Volk beeindruckte. So nahm er z. B. in einer prunkvoll gestalteten Zeremonie das Ritterbad in der Taufwanne Konstantins und ließ sich danach zum Ritter gürten.

465 Francesco Petrarca cit. nach Karl Brandi: Cola di Rienzo und sein Verhältnis zu Renaissance und Humanismus. Darmstadt 1965, S. 24

466 Francesco Petrarca cit. Hanns Wilhelm Eppelsheimer: Petrarca. Bonn 1926, S. 56

467 Francesco Petrarca cit. nach Eppelsheimer, a. a. O., S. 58

468 Francesco Petrarca cit. nach Wolf, a. a. O., S. 10

469 Ernst H. Kantorowicz: Die Wiederkehr gelehrter Anachorese im Mittelalter, in: ders., Selected Studies. New York 1965, S. 346

470 Francesco Petrarca cit. nach Kantorowicz, a. a. O., S. 348

471 Kantorowicz, a. a. O., S. 347

472 Im »Secretum«, dem bereits erwähnten Gespräch zwischen Augustinus und Franciscus, eröffnet der Beichtvater seinem beichtenden Schützling, der sich von den Menschen fernhält, folgende Zukunft: »So wirst du dann einmal am sicheren trockenen Ufer stehen und anderer Menschen Schiffbruch betrachten und das jammervolle Klagen der Ertrinkenden ruhigen Herzens hören. Und neben dem Mitleid, das dieses traurige Schauspiel in dir erregen mag, wirst du eine tiefe Freude empfinden über dein festbegründetes sicheres Glück, das du aus so vielen Gefahren dir errettet hast.« Francesco Petrarca cit. nach Kantorowicz, a. a. O., S. 348

473 Francesco Petrarca: An Guido Scetten in Genua, in: ders., Dichtungen, Briefe, Schriften. Frankfurt/Main 1980, S. 166

474 Petrarca, a. a. O., S. 166

475 Doch der Dichter blieb nicht verschont vor dem mittäglichen Dämon, der bereits die Wüstenväter in der heißesten Stunde des Tages in ihrer enthaltsamen Einsamkeit mit sündigen Versuchungen geplagt hatte. Petrarca gab diesem »Dämon« den Namen acedia. Vergleiche hierzu Erich Loos: Die Hauptsünde der acedia in Dantes Commedia und Petrarcas Secretum, in: Fritz Schalck (Hg.), Petrarca 1304-1374.

Beiträge zu Werk und Wirkung. Frankfurt/Main 1975, S. 156-183. Nach Klibansky, Panofsky und Saxl erlebte Pertraca die »acedia« als einen Gemütszustand, der zwischen Krankheit und Sünde angesiedelt war, und es lag ihm fern, seinen künstlerischen Enthusiasmus und seine acedia »als verschiedene Aspekte ein und derselben, durch ihre Polarität bestimmten Seelenlage aufzufassen«. Raymond Klibansky/Erwin Panofsky/Fritz Saxl: Saturn und Melancholie. Studien zur Geschichte der Naturphilosophie und Medizin, der Religion und der Kunst. Frankfurt/Main 1990, S. 360. Dieses leidvolle Schwanken zwischen Euphorie und Melancholie für die Künstlerperson in Anspruch zu nehmen blieb seinen Nachfahren der kommenden Jahrhunderte vorbehalten.

476 Francesco Petrarca cit. nach Seidlmayr, a. a. O., S. 144

477 Für die eitlen Bibliophilen hatte der ernsthafte Büchersammler nur Hohn übrig: »Manche halten sich für Kenner alles dessen, was in den Büchern ihrer Hausbibliothek steht. Wird irgendeine Sache erwähnt, sagen sie: ›Ein Buch darüber steht in meinem Schrank‹, weiter nichts; das, so meinen sie, genüge doch, gleichsam als hätten sie es damit auch inwendig; dann ziehen sie die Augenbrauen hoch und verstummen – ein lächerlicher Menschenschlag!« Francesco Petrarca cit. nach Rudolf Schottländer: Petrarcas universeller Latinismus, in: Fritz Schalck (Hg.), Petrarca 1304-1374. Beiträge zu Werk und Wirkung. Frankfurt/Main 1975, S. 257

478 Georg Voigt: Die Wiederbelebung des classischen Alerthums. Band I. Berlin 1893, S. 38

479 Vergleiche zu den Unterschieden zwischen Dante und Petrarca August Buck: Die antiken Autoren aus der Sicht Dantes und Petrarcas, in: ders., Studia humanitatis. Gesammelte Aufsätze 1973-1980. Wiesbaden 1981, S. 97-108

480 Georg Voigt berichtet, eine alte Haushälterin und zwei Diener hätten sich um den Dichter gekümmert.

481 August Buck: Die antiken Autoren aus der Sicht Dantes und Petrarcas, in: ders., Studia humanitatis. Gesammelte Aufsätze 1973-1980. Wiesbaden 1981, S. 162

482 Francesco Petrarca cit. nach Wolf, a. a. O., S. 27

483 »Er liebte es eine Zeitlang, seine Briefe ›in der Stille der düsteren Nacht‹ oder ›bei dem Beginn der Mörgenröthe‹ zu datieren«. Voigt, a. a. O., S. 108

484 Voigt, a. a. O., S. 45

485 Francesco Petrarca cit. nach Wolf, a. a. O., S. 28

486 Francesco Petrarca cit. nach Wolf, a. a. O., S. 28

487 Francesco Petrarca cit. nach Seidlmayr, a. a. O., S. 146

488 Francesco Petrarca cit. nach Wolf, a. a. O., S. 29

489 Der Dichter war ein begeisterter Gärtner. »Da ist der selbstbebaute

Garten, ›mit meinem Ingenium und meiner Absicht so in Einklang stehend wie nichts anderes‹ und daher für Petrarca so wichtig, daß er auch an seinen späteren Wohnsitzen in Italien, wo immer es möglich erscheint, einen Garten nicht missen will.« Seidlmayer, a. a. O., S. 147

490 Francesco Petrarca cit. nach Seidlmayer, a. a. O., S. 174

491 Michel de Montaigne cit. nach Jean Starobinski: Montaigne. Denken und Existenz. Frankfurt/Main 1986, S. 21

492 Petrarca über die Bücher: »Viele Menschen betrachten die Vergnügungen der Welt als ihr höchstes Gut. Sie begreifen nicht, daß man dem entsagen kann. Ich habe Freunde, deren Gesellschaft mir höchst angenehm ist. Sie sind aus allen Ländern, aus allen Jahrhunderten. Sie haben sich im Kriege hervorgetan, in Staatsgeschäften und in den Wissenschaften. Es ist leicht, mit ihnen fertig zu werden, sie stehen mir immer zu Diensten. Ich lasse sie kommen und schicke sie wieder weg, so oft ich will. Sie sind nicht verdrießlich und antworten mir auf alle meine Fragen. Andere entdecken mir die Geheimnisse der Natur. Andere lehren mich, wohl zu leben und ruhig zu sterben. Andere verjagen mir durch ihre Munterkeit Kummer und belustigen mich durch ihren Witz. Andere machen meine Seele fähig, alles zu dulden und nichts zu wünschen, und lehren mich, mich selbst zu ertragen. Kurz, sie öffnen mir den Weg zu allen Wissenschaften und Künsten. Zur Vergeltung für so viele Dienste verlangen sie nichts als ein wohlverschlossenes Zimmer in einer Ecke meines kleinen Hauses, wo sie vor dem Wurm geschützt sind. Endlich nehme ich sie auch mit mir in die Felder, deren Stille ihnen besser gefällt als der Tumult der Städte.« Francesco Petrarca: Über die Bücher. Hamburg 1927. – Montaigne schreibt über seinen bevorzugten Umgang mit Büchern: »... er tröstet mich im Alter und in der Einsamkeit; er nimmt von mir die Last der Langeweile und befreit mich jederzeit von unangenehmer Gesellschaft. Er stumpft die Spitzen des Schmerzes ab, falls dieser nicht übermäßig stark ist. Um eine lästige Vorstellung zu vertreiben, brauche ich nur zu den Büchern zu greifen ... Sie sind nicht empört, wenn sie bemerken, daß ich sie nur aufsuche in Ermangelung anderer Unterhaltungen, die dem Leben, der Wirklichkeit und der Natur näher stehen. Sie empfangen mich stets mit dem gleichen Gesicht.« Michel de Montaigne cit. nach August Buck: Vom humanistischen Umgang mit Büchern, in: ders. (Hg.), Studia humanitatis. Gesammelte Aufsätze 1973-1980. Wiesbaden 1981, S. 165

493 Francesco Petrarca cit. nach Wolf, a. a. O., S. 61

494 Michel de Montaigne cit. nach Starobinski, a. a. O., S. 22. Bezüglich weiterer Gemeinsamkeiten der beiden Gelehrten sei auf Petrarcas Schrift »De vita solitaria« und Montaignes Essay »Über die Einsamkeit« verwiesen.

495 Kantorowicz, a. a. O., S. 349

496 Wolf, a. a. O., S. 20. Eine Beschreibung, die man mühelos auf das Werk und die Lebensgestaltung von Peter Handke anwenden kann.

497 Francesco Petrarca: An Socrates in Avignon, in: ders., Dichtungen, Briefe, Schriften. Frankfurt/Main 1980, S. 73

498 Eugen Wolf verweist auf Goethe und Nietzsche als verwandte Geister Petrarcas. Goethe nahm das Sinnbild des Wanderers im »Wilhelm Meister« und in seiner Rede zum Shakespeare-Tag auf, in der er diesen als »größten Wanderer« bezeichnet. – Nietzsche schreibt im letzten Aphorismus von »Menschliches, Allzumenschliches«: »Wer nur einigermassen zur Freiheit der Vernunft gekommen ist, kann sich auf Erden nicht anders fühlen, denn als Wanderer, – wenn auch nicht als Reisender nach einem Ziele: denn dieses giebt es nicht. Wohl aber will er zusehen und die Augen dafür offen haben, was Alles in der Welt eigentlich vorgeht; deshalb darf er sein Herz nicht allzu fest an alles Einzelne anhängen; es muss in ihm selber etwas Wanderndes sein, das seine Freude an dem Wechsel und der Vergänglichkeit habe.« Friedrich Nietzsche: Menschliches, Allzumenschliches. Berlin/New York 1980, S. 363

499 Francesco Petrarca cit. nach Wolf, a. a. O., S. 52

500 Zu Petrarca und seiner Nähe zu den franziskanischen Idealen vergleiche Hans Baron: Franciscan Poverty and Civic Wealth as Factors in the Rise of Humanistic Thought, in: Speculum XIII, No 1, 1938, S. 1-37

501 Julia Kristeva: Fremde sind wir uns selbst. Frankfurt/Main 1990, S. 20

502 Francesco Petrarca: Canzoniere. Nach einer Interlinearübersetzung von Geraldine Gabor. In deutsche Verse gebracht von Ernst-Jürgen Dreyer. Frankfurt/Main 1989, Sonett CCXXVII

503 Petrarca, a. a. O., Sonett CIV

504 Petarca, a. a. O., Sonett XC

505 Hans Baron: Petrarcas geistige Entwicklung. Gedanken zum gegenwärtigen Stand der Petrarca-Forschung, in: August Buck (Hg.), Petrarca. Darmstadt 1976, S. 367-423

506 Zu den »Trionfi« vergleiche Aldo S. Bernardo: Laura and the Triumphs. New York 1974

507 Francesco Petrarca cit. nach Umberto Bosco: Petrarcas lyrische Sprache zwischen Dante und Bembo, in: August Buck (Hg.), Petrarca. Darmstadt 1976, S. 337

508 Vergleiche hierzu Karl Voßler: Die philosophischen Grundlagen zum »suessen neuen Stil« des Guido Guinicelli, Guido Cavalcanti und Dante Alighieri. Heidelberg 1904

509 Leonard Forster: Das eiskalte Feuer. Sechs Studien zum europäischen Petrarkismus. Kronberg 1976

510 Vergleiche hierzu Lothar Goldschmidt: Die Doktrin der Liebe bei den italiänischen Lyrikern des 13. Jahrhunderts. Breslau 1889

511 Heinz Pflaum: Die Idee der Liebe. Tübingen 1926, S. 5

512 Pflaum, a. a. O., S. 5

513 So kennen wir im zwanzigsten Jahrhundert die Motten, die das Licht umschwärmen, aus dem Munde von Marlene Dietrich als Lola im »Blauen Engel«. Ingeborg Bachmann gebraucht das Bild vom Salamander, der durch das Feuer geht, in ihrem Gedicht »Erklär mir Liebe« von 1956:

»Du sagst: es zählt ein andrer Geist auf ihn ...
Erklär mir nichts. Ich seh den Salamander
durch jedes Feuer gehen.
Kein Schauer jagt ihn, und es schmerzt ihn nichts.«

514 Forster bezeichnet Elisabeth I. als einen Fall von politischem Petrarkismus. Sie versuchte, auf Bildnissen dem Ideal Lauras zu entsprechen, und sie war grausam zu Freiern und in sie verliebte Männer. »Als eine ›Virgin Queen‹, d. h. eine jungfräuliche Königin, angebetet zwar, doch aus der Natur der Sache dem gewöhnlichen Bewunderer unerreichbar, war sie die Wirklichkeit gewordene Verkörperung des literarischen Leitbildes.« Forster, a. a. O., S. 94

515 Franz Xaver Kraus schreibt, der Dichter habe Lauras Namen in seinen Briefen nie erwähnt und sich auch nur selten über seinen verliebten Zustand geäußert. Auch Hans Nachod und Paul Stern bemerken im Vorwort zur Ausgabe der Petrarca-Briefe: »Wer die Frau gewesen ist, die das lyrische Feuer entfachte, das für drei Jahrzehnte sein Dichten beherrschte und ihn zum größten Lyriker italienischer Zunge gemacht hat, das ist eine Streitfrage, die schon seit Jahrhunderten die Gelehrten beschäftigt, ohne daß sie sich hätte gegen jeden Einwand gesichert hätte lösen lassen.« Francesco Petrarca: Briefe. Eine Auswahl. Übersetzt von Hans Nachod und Paul Stern. Berlin 1931, S. XVI. Zwar gab es 1764 eine Veröffentlichung des Abbé de Sade »Mèmoires sur la vie de Pétrarque«, in welchem er behauptete, Laura sei 1307 geboren und 1325 mit Hugo de Sade vermählt worden, doch endgültige Sicherheit besteht darüber nicht. Angeblich malte Simone Martini ein Porträt von Laura. »What the size and form of this portrait were, we do not know. Probably it was small: perhaps it was painted on a piece of parchment of folio size, perhaps it was smaller still. Nor do we know the circumstances under which it was painted. Certainly there were no formal sittings: probably Petrarch arranged for Simone to have sight of Laura, so that he could make such mental notes as he might need.« Ernest H. Wilkins: On Petrarch's Appreciation of Art, in: ders., Studies on Petrarch and Boccaccio. Padua 1978, S. 198

516 Sara Sturm-Maddox: La pianta più gradita in cielo: Petrarch's Laurel and Jove, in: Aldo S. Bernardo/Anthony L. Pellegrini (Eds.): Dante, Petrarch, Boccaccio. Studies in The Italian Trecento. In Honour of Charles S. Singleton. Binghampton/New York 1983, S. 255

517 Ovid: Metamorphosen. In der Übertragung von Johann Heinrich Voß. Frankfurt/Main 1990, S. 25
518 Ovid, a. a. O., S. 27
519 Sturm-Maddox, a. a. O., S. 255
520 Petrarca, a. a. O., Sonett XXIX
521 Alfred Noyer-Weidner: Zur Mythologieverwendung in Petrarcas Canzoniere, in: Fritz Schalck (Hg.), Petrarca 1304-1374. Beiträge zu Werk und Wirkung. Frankfurt/Main 1975, S. 237
522 Ernest H. Wilkins: Die Krönung Petrarcas, in: August Buck (Hg.), Petrarca. Darmstadt 1976, S. 123
523 Eugen Wolf: Petrarca. Darstellung eines Lebensgefühls. Leipzig/Berlin 1926, S. 16
524 Zu der zentralen Bedeutung von Licht und Schatten im »Canzoniere« vergleiche Jill Tilden: Conflict in Petrarch's Canzoniere, in: Fritz Schalck (Hg.), Petrarca 1304-1374. Beiträge zu Werk und Wirkung. Frankfurt/Main 1975, S. 287-319
525 Ernst H. Kantorowicz: The Sovereignity of the Artist. A Note on Legal Maxims and Renaissance Theories of Art, in: ders., Selected Studies. New York 1965, S. 363
526 Aldo S. Bernardo: Petrarch, Scipio and the »Africa«. The Birth of Humanism's Dream. Baltimore 1962, S. 24
527 Bernardo, a. a. O., S. 64
528 Vergleiche zu diesem Konflikt auch Klaus Heitmann: Fortuna und Virtus. Eine Studie zu Petrarcas Lebensweisheit. Köln/Graz 1957
529 Francesco Petrarca cit. nach Michael Seidlmayr: Petrarca, das Urbild des Humanisten, in: Archiv für Kulturgeschichte XXXX, 1958, S. 154
530 Sara Sturm-Maddox: Petrarch's Serpent in the Grass: the Fall as Subtext in the Rime sparse, in: The Journal of Medieval and Renaissance Studies 13, No. 2, 1983, S. 214
531 Aldo S. Bernardo: Petrarch's Laura. The Convolutions of a Humanistic Mind, in: Rosemarie Thee Morewedge (Ed.), The Role of Woman in the Middle Ages. London 1975, S. 73
532 Bernardo, a. a. O., S. 73
533 Doch damit nicht genug: »Not only did he presumly start the Africa on 6 April, but he actually arranged for his coronation to take place within the same period. Following his qualifying examination by King Robert, he set out for Rome on 4 April, arrived in the Holy City on 6 April, and was crowned on Easter Sunday.« Bernardo, a. a. O., S. 73
534 Einen Höhepunkt findet das poetologische männliche Begehren in dem Satz Edgar Allan Poes »Der Tod einer schönen Frau ist also ohne Zweifel das poetischste Thema der Welt«.
535 Petrarca, a. a. O., Kanzone CCCLIX, 7-11
536 »So wie für Laura Palme und Lorbeer symbolisch sind für Sieg und

Triumph über sich selbst und die Welt durch Verzicht, so sind und bleiben beide für Petrarca symbolisch für Sinn und Krönung seines dichterischen Schaffens. Denn die Palme, von Laura zu Recht als christliches Siegessymbol und Zeichen sieghafter Vollendung angeführt, ist auch engstens dem Lorbeer beigeordnet als dem Apollo heiliger Baum. Sie ist daher im Gewebe der symbolisch-paranomastischen Namensverknüpfungen des Canzoniere konsequent in ihrer doppelten Bedeutung hier erwähnt. Symbolisch für jenen Zwiespalt des Dichters zwischen der Sorge um das Heil seiner Seele in jener und dem durch seine Dichtung erstrebten Ruhm auf dieser Welt.« Oscar Büdel: Parusia Redemtricis: Lauras Traumbesuche in Petrarcas Canzoniere, in: Fritz Schalck (Hg.), Petrarca 1304-1374. Beiträge zu Werk und Wirkung. Frankfurt/Main 1975, S. 50

537 Georg Rabuse: Petrarcas Marienkanzone im Licht der »Santa Orazione« Dantes, in: Fritz Schalck (Hg.), Petrarca 1304-1374. Beiträge zu Werk und Wirkung. Frankfurt/Main 1975, S. 243-254

538 Petrarca, a. a. O., Kanzone CCCLXVI, 121-123

539 Petrarca wollte in Arqua in einer Kapelle, die er zu Ehren der Jungfrau Maria bauen wollte, begraben werden. Francesco Bruni berichtete er über seine Entschlossenheit, dieselbe zu bauen »even if I should have to mortgage or sell my books«. Francesco Petrarca cit. nach Theodor. E. Mommsen: Petrarch's Testament. Ithaca/New York 1957, S. 16. Um ihr im Tode nahe zu sein, wollte er gar die Bücher, die Worte seiner geliebten Freunde verkaufen.

540 Umberto Bosco: Petrarcas lyrische Sprache zwischen Dante und Bembo, in: August Buck (Hg.), Petrarca. Darmstadt 1976, S. 348

541 »bracht ich mit Tinte zu Papier mein Schreien.« Petrarca, a. a. O., Kanzone XXIII, 99

542 »So ist auch seine Ruhmesliebe ein romantisches Trachten über die Gegenwart hinaus in eine ferne Welt, die, als eine Welt der Ferne und des ›Grenzenlosen‹, schon an sich immer eine bessere Welt ist.« Alfred v. Martin: Petrarca und die Romantik der Renaissance, in: Historische Zeitschrift, Nr. 138, 1928, S. 340

543 »Die Peinlichkeit, mit der er über die Orthographie und Punktierung dessen wacht, was er selber schreibt oder abschreibt, läßt erraten, was er durch die Verwahrlosung der Texte und die Leichtfertigkeit der Ungebildeten leidet.« Eppelsheimer, a .a. O., S. 42

544 Francesco Petrarca cit. nach Wolf, a. a. O., S. 62

545 Karl Reinhardt: Die Krise des Helden, in: ders., Die Krise des Helden. Beiträge zur Literatur-und Geistesgeschichte. München 1962, S. 114

546 »The written word of the past still possessed vital authority, still enclosed the essential material of useful knowledge and right action, still enabled men to visualize and benefit from the heroes, institutions, and ideas of the ancient world. Antiquity had life and force because

of its perpetuation in literature.« Hanna H. Gray: Renaissance Humanism: The Pursuit of Eloquence, in: Journal of History of Ideas 24, 1963, S. 503

547 In »Vita Nova« macht sich Dante Gedanken über das Dichten in Volkssprache und kommt zu dem Schluß: »Und der erste, der in der Umgangssprache zu reimen begann, tat dies wohl deshalb, weil er seine Worte einer Frau verständlich machen wollte, der es Mühe bereitet hätte, lateinische Verse zu verstehen.« Dante: Das neue Leben. Vita Nova. Zürich 1987, S. 52

548 Ernst H. Kantorowicz: Die Wiederkehr gelehrter Anachorese im Mittelalter, in: ders., Selected Studies. New York 1965, S. 351

549 Kantorowicz, a. a. O., S. 350

550 Jacob Burckhardt: Die Kultur der Renaissance in Italien. Ein Versuch. Stuttgart 1981, S. 170

551 Leonid Batkin: Die italienische Renaissance. Versuch einer Charakterisierung eines Kulturtyps. Frankfurt/Main 1981, S. 171

552 Alberti zeichnete einen der frühesten bekannten Stadtpläne von Rom, der auf seine mathematischen Vermessungen gründete.

553 Martin Warnke: Hofkünstler. Zur Vorgeschichte des modernen Künstlers. Köln 1985, S. 62

554 Julius von Schlosser: Ein Künstlerproblem in der Renaissance: L. B. Alberti, in: Akademie der Wissenschaften in Wien, Sitzungsberichte 210. Wien/Leipzig 1929, S. 13

555 Vergleiche hierzu Erwin Panofsky: Das perspektivische Verfahren Leone Battista Albertis, in: Kunstchronik 41/42, 1914/1915, S. 505-506

556 Michael Baxandall: Die Wirklichkeit der Bilder. Malerei und Erfahrung im Italien des 15. Jahrhunderts. Frankfurt/Main 1988, S. 155

557 »Perhaps the most immediate reflection of Alberti's ideas can be detected in certain panels of Ghiberti's Doors of Paradise in which Albertis concepts – the handling of space based on mathematically correct perspective, the human figure all' antica, the handling of drapery and over-all composition within fantastic architectural settings – seem to have left their mark.« Charles Trinkaus: The Scope of Renaissance Humanism. Michigan 1983, S. 36

558 »The many-sideness or all-sideness of the artist as uomo universale, so characteristic of the Renaissance, will correctly be traced back to Vitruvius, who demanded that the architect be literate, able to draw, educated in geometry, poetics, arithmetic, that he know history, philosophy, music, and that he have some knowledge of medicine, jurisprudence, and astrology«. Ernst H. Kantorowicz: The Sovereignity of the Artist. A Note on Legal Maxims and Renaissance Theories of Art, in: ders., Selected Studies. New York 1965, S. 363

559 Als Beispiel einer Malerexistenz vergleiche Carlo Ginzburg: Erkun-

digungen über Piero. Piero della Francesca, ein Maler der frühen Renaissance. Frankfurt/Main 1991

560 Gene Brucker: Florenz in der Renaissance. Stadt, Gesellschaft, Kultur. Reinbek 1990, S. 155

561 »Die Florentiner Humanisten, die Cosimo zunächst als republikanischen, pragmatischen Staatsmann, dann als Philosophen, als ›neuen Aristoteles‹ priesen, feierten ihn etwa seit 1454 als einen Mäzen vom Zuschnitt eines Augustus, denn seine ›Bauten scheinen der Großherzigkeit (magnificentia) von antiken Kaisern oder Königen vergleichbar‹.« Warnke, a. a. O., S. 68

562 Vergleiche hierzu Ernst H. Gombrich: Die Medici als Kunstmäzene, in: ders., Die Kunst der Renaissance I. Norm und Form. Stuttgart 1981, S. 51-78

563 Leon Battista Alberti cit. nach Volker Breidecker: Florenz oder: Die Rede, die zum Auge spricht. Kunst, Fest und Macht im Ambiente der Stadt. München 1990, S. 145

564 Breidecker, a. a. O., S. 145

565 Breidecker, a. a. O., S. 23

566 »The activities of Alberti in those years stand largely outside this development of thought; and though he occasionally frequented the Florentine circle, had many friends there, and was much admired for his learning, there is little evidence in his own works that this contact in any way influenced his thought.« Cecil Grayson: The Humanism of Alberti, in: Italian Studies 12, 1957, S. 55

567 Yves Renouard: Les hommes d'affaires italiens du moyen âge. Paris 1968

568 Alberti hat das erste Grammatikbuch des toskanischen Dialekts geschrieben.

569 Das Kapitel vier ist überschrieben mit »Über die Freundschaft«.

570 Batkin, a. a. O., S. 267

571 Zu Machiavelli und dem Glück vergleiche Hanna Fenichel Pitkin: Fortune is a Woman. Gender and Politics in the Thought of Niccolò Machiavelli. Berkley/Los Angeles/London 1984

572 Leon Battista Alberti: Vom Hauswesen. Della Famiglia. Übersetzt von Walther Kraus. Eingeleitet von Fritz Schalck. München 1986, S. 4

573 Hingewiesen sei auf das Buch von Klaus Reichert: Fortuna oder die Beständigkeit des Wechsels. Frankfurt/Main 1985. Reichert geht in seiner Studie zwar von den Elisabethanern aus, dennoch enthält sein Buch viele interessante Formulierungen und Abbildungen zu dem Phänomen Fortunas allgemein.

574 Alberti, a. a. O., S. 13

575 Alberti, a. a. O., S. 20

576 Alberti, a. a. O., S. 26

577 Alberti, a. a. O., S. 33

578 Lauro Martines: The Social World of Florentine Humanists. Princeton 1963, S. 63
579 Christiane Klapisch-Zuber: Women, Family and Ritual in Renaissance Italy. Chicago/London 1985, S. 118
580 Alberti, a. a. O., S. 39
581 Alberti, a. a. O., S. 42
582 Alberti, a. a. O., S. 56
583 Alberti, a. a. O., S. 62
584 Alberti, a. a. O., S. 78
585 Alberti, a. a. O., S. 87
586 Alberti, a. a. O., S. 88
587 Francis William Kent: Household and Lineage in Renaissance Florence. The Family Life of the Capponi, Ginori, and Rucellai. Princeton 1977, S. 112
588 Alberti, a. a. O., S. 108
589 Alberti, a. a. O., S. 115
590 Alberti, a. a. O., S. 134
591 Alberti, a .a. O., S. 135
592 Dieser Vorschlag Albertis mag darauf zurückzuführen sein, daß den Männern im Quattrocento die Lust am Heiraten vergangen war und die Zahl der Eheschließungen drastisch zurückging. Häufig wird als Grund für die Heiratsmüdigkeit der Männer deren Homosexualität angegeben.
593 Alberti, a. a. O., S. 138
594 Alberti, a. a. O., S. 140
595 Alberti, a. a. O., S. 142
596 Zum Heiratsmarkt in Florenz vergleiche Julius Kirshner/Anthony Molho: The Dowry Fund and the Marriage Market in Early Quattrocento Florence, in: The Journal of Modern Society 50, No. 3, 1978, S. 403-438
597 Alberti, a. a. O., S. 148
598 Alberti, a. a. O., S. 152
599 Ian MacLean: The Renaissance Notion of Woman. A Study in the Fortunes of Scholasticism and Medical Science in European Intellectual Life. Cambridge 1980, S. 59
600 Alberti, a. a. O., S. 201
601 Alberti, a. a. O., S. 216
602 Alberti, a. a. O., S. 228
603 Alberti, a. a. O., S. 239
604 Dazu muß man wissen, daß Alberti ein Umwelthygieniker war, der in jahrelanger Beobachtung genaue Kenntnisse über das Klima gewonnen hatte. »In seinem Hauptwerk ›De architectura‹ erörtert Alberti mit großer Ausführlichkeit die Einflüsse, die von den topographischen Voraussetzungen, der Ortslage, sowie von der Athmosphäre

ausgehen, und die Voraussetzungen für die richtige Anlage einer Stadt in einer Landschaft, für die Auswahl und Herrichtung eines Grundstückes sowie für eine hygienisch einwandfreie Planung des Hauses.« Ernst Rodenwoldt: Leon Battista Alberti – ein Hygieniker der Renaissance. Sitzungsberichte der Heidelberger Akademie der Wissenschaften. Heidelberg 1968, S. 31

605 Alberti, a. a. O., S. 246

606 Alberti, a. a. O., S. 265

607 Alberti, a. a. O., S. 281

608 Alberti, a. a. O., S. 282

609 Alberti, a. a. O., S. 284

610 Die häufige Klage über die Putzsucht der Florentinerinnen war kein Ausnahmefall in Italien, und es wurden sogenannte Luxusgesetze erlassen, in denen festgelegt war, was von wem getragen werden durfte. »Unter den ungefähr 120 vollständigen Luxusgesetzen Italiens zwischen 1299 (Venedig) und 1498 (Mailand), von Agrigento an der Südküste Siziliens bis Bergamo am Rand der Alpen, von der Großstadt Florenz bis zu dem Städtchen Macerata, enthalten nur etwa 30 überhaupt vereinzelte Bestimmungen über die Männerkleidung, der Rest beschäftigt sich intensiv und ausschließlich mit allen möglichen Details der weiblichen Kleidung, sei es das Knopfloch oder die Form der Gürtelschnalle.« Sabine Heißler/Peter Blastenbrei: Frauen der italienischen Renaissance. Heilige – Kriegerinnen – Opfer. Pfaffenweiler 1990, S. 96

611 Über den Umschwung der vormals verachteten Leidenschaften wie Gier, Habsucht oder Geiz zu geschätzten Interessen vor allem im 17. und 18. Jahrhundert vergleiche Albert O. Hirschman: Leidenschaften und Interessen. Politische Begündungen des Kapitalismus vor seinem Sieg. Frankfurt/Main 1980

612 Denys Hay: The Italian Renaissance in its Historical Background. Cambridge 1962, S. 128

613 August Buck: Ökonomische Probleme in den »Libri della Famiglia« des L. B. Alberti, in: ders. (Hg.), Studia humanitatis. Gesammelte Aufsätze 1973-1980. Wiesbaden 1981, S. 232

614 Über den Zusammenhang von Kaufmannsgeist und Malerei vergleiche Michael Baxandall: Die Wirklichkeit der Bilder. Malerei und Erfahrung im Italien des 15. Jahrhunderts. Frankfurt/Main 1988

615 Der Kaufmann kommerzialisiert die Zeit, und die Kirche wirft ihm vor, mit der Zeit, die Gott gehört, Geschäfte zu machen. Zu diesem Themenkomplex von Sünde, Zeit, Profit, Hölle und Gott vergleiche das Werk von Jacques Le Goff.

616 Batkin, a. a. O., S. 176

617 Diese Verwandlung hat Niccolò Machiavelli eindrücklich in seinem Brief vom 10. Dezember 1513 an Francesco Vettori beschrieben: »Ist

es Abend geworden, gehe ich nach Hause und kehre in mein Arbeitszimmer ein. An der Schwelle werfe ich das schmutzige, schmierige Alltagsgewand ab, ziehe mir eine königliche Hoftracht an und betrete passend gekleidet die Hallen der Großen des Altertums. Ich werde von ihnen liebevoll aufgenommen, und hier nehme ich die Nahrung zu mir, die allein mir angemessen ist und für die ich geboren bin. Hier darf ich ohne Scheu mit ihnen reden, sie nach den Beweggründen ihres Handelns fragen, und menschenwürdig antworten sie mir. Vier Stunden lang werde ich dessen nicht müde, vergesse allen Kummer, fürchte die Armut nicht mehr und fürchte mich nicht vor dem Tod, so ganz fühle ich mich unter sie versetzt.« Niccolò Machiavelli cit. nach einer Übersetzung von Friederike Hausmann: Zwischen Landgut und Piazza. Der Alltag von Florenz in Machiavellis Briefen. Berlin 1987, S. 84-85. Genau diesen Abschnitt dieses Briefes begreift Dominick LaCapra als Musterbeispiel dessen, was er als »dialogische Praxis« bezeichnet. Dominick LaCapra: Geschichte und Kritik. Frankfurt/Main 1987, S. 11-37

618 Vergleiche zum Lebensverlauf eines toskanischen Kaufmannes Iris Origo: »Im Namen Gottes und des Geschäfts«. Lebensbild eines toskanischen Kaufmanns der Frührenaissance. München 1986

619 Zur Gewalt, die der Vater nach wie vor über seine verheiratete Tochter hatte, vergleiche Thomas Kuehn: Women, Marriage and Patria Potestas in Late Medieval Florence, in: The Legal History Review XLIX, No. 1-2, 1981, S. 127-147

620 Manlio Bellomo: Die Familie und ihre rechtliche Struktur in den italienischen Stadtkommunen des Mittelalters, in: Alfred Haverkamp (Hg.), Haus und Familie in der spätmittelalterlichen Stadt. Köln/Wien 1984, S. 104

621 Zur Frage, ob es schon immer eine italienische Sprache gegeben habe, schreibt Alberti: »Sie sagen, sie könnten sich nicht vorstellen, daß damals die Frauen alle jene Schwierigkeiten und Dunkelheiten beherrscht hätten, die heute auch die gelehrtesten Männer in der lateinischen Sprache finden, und schließen daraus, daß die Sprache in der die Gelehrten schrieben, gleichsam eine Kunstsprache, eine Erfindung der Schule gewesen sei, die von der Menge zwar einigermaßen verstanden, aber nicht beherrscht wurde.« Alberti, a. a. O., S. 196

622 Die Mitgift wurde in Florenz im Quattrocento über den sogenannten »Monte delle Doti« geregelt. »In 1425 Florentine fathers were invited to provide dowries for their daughters by depositing money in a government-sponsored fund, called the Monte delle doti. The deposit plus the interest it earned would be paid to the son-in-law upon the consummation of the marriage.« Julius Kirshner: Pursuing Honour while avoiding Sin. The Monte delle Doti of Florence, in: Studi Senesi LXXXIX, No. 2, 1977, S. 177

623 Über die unterschiedliche Darstellung von Männern und Frauen im Porträt vergleiche Patricia Simons: Women in Frames: the Gaze, the Eye, the Profile in Renaissance Portraiture, in: History Workshop, No. 25, 1988, S. 4-30
624 cit. nach Charles de La Roncière: Gesellschaftliche Eliten an der Schwelle zur Renaissance. Das Beispiel Toskana, in: Philippe Ariès/Georges Duby (Hg.), Geschichte des privaten Lebens. Band 2. Vom Feudalzeitalter zur Renaissance. Frankfurt/Main 1990, S. 275
625 Richard C. Trexler: Public Life in Renaissance Florence. Ithaca/London 1980, S. 160
626 Vergleiche hierzu Danielle Régnier-Bohler: Die Erfindung des Selbst: Auskünfte der Literatur, in: Philippe Ariès/George Duby (Hg.), Geschichte des privaten Lebens. Band 2. Vom Feudalzeitalter zur Renaissance. Frankfurt/Main 1990, S. 301-369
627 Alberti, a. a. O., S. 222
628 Zur Lage der Frau in der Renaissance vergleiche unter der Literatur neueren Datums Margaret L. King: Women of the Renaissance. Chicago/London 1991 und Marilyn Migiel/Juliana Schiesari (Eds.): Refiguring Woman. Perspectives on Gender and the Italian Renaissance. Ithaca/London 1991.
629 Jacob Burckhardt: Die Kultur der Renaissance in Italien. Ein Versuch. Stuttgart 1981, S. 170
630 Alberti, a. a. O., S. 78
631 Hermann Bauer macht auf die Zwiespältigkeit dieser Auffassung des Schönen als des Guten in der Kunst aufmerksam. »Damit taucht eine Gefahr auf, die von nun an immer wieder die abendländische Kunst bedrohen wird: Die versuchte Legitimation der reinen Form als wegen ihrer bloßen Reinheit bereits auch moralisch gut.« Hermann Bauer: Kunst und Utopie. Studien über das Kunst- und Staatsdenken in der Renaissance. Berlin 1965, S. 30
632 Renée König: Niccolò Machiavelli. Zur Krisenanlayse einer Zeitenwende. Frankfurt/Main/Berlin/Wien 1984, S. 124
633 Joan Gadol: Die Einheit der Renaissance: Humanismus, Naturwissenschaft und Kunst, in: August Buck (Hg.), Zu Begriff und Problem der Renaissance. Darmstadt 1969, S. 404-405. Über Albertis Methoden und Verfahren siehe Joan Gadol: Leon Battista Alberti. Universal Man of the Early Renaissance. Chicago/London 1969
634 Eduard Spranger: Lebensformen. Geisteswissenschaftliche Psychologie und Ethik der Persönlichkeit. Halle 1927, S. 124
635 Gadol, a. a. O., S. 415
636 Ruggiero Romano cit. nach Ruggiero Romano/Alberto Tenenti: Die Grundlegung der modernen Welt. Fischer Weltgeschichte. Band 12. Frankfurt/Main 1987, S. 197
637 Renée Watkins: Leon Battista Alberti's Emblem, The Winged Eye,

and his Name Leo, in: Mitteilungen des Kunsthistorischen Instituts in Florenz V, 1960, S. 258

638 Raffael hat in einem Brief an Castiglione eine seiner wenigen Äußerungen über seine Kunst hinterlassen. Castiglione hatte ihm Komplimente über die Darstellung der Nymphe Galatea an einer Wand im Gartenpalast des päpstlichen Bankiers Agostino Chigi gemacht, und seine berühmte Antwort lautet: »Was die Galatea betrifft, so würde ich mich für einen großen Meister halten, wenn auch nur die Hälfte von all den Dingen wahr wäre, die Euer Gnaden mir schreiben, aber Eure Worte bezeugen mir Eure Liebe zu mir, und so sage ich, daß ich, um eine Schöne zu malen, mehrere Schöne sehen müßte, aber stets unter der Bedingung, daß Eure Gnaden mir zur Seite stünden, um die Auswahl zu treffen. Aber bei dem allgemeinen Mangel an guten Kennern und schönen Frauen bediene ich mich einer gewissen Idee, die mir in den Sinn kommt. Ob diese irgendwelche künstlerischen Vorzüge aufweist, vermag ich nicht zu sagen, aber ich gebe mir große Mühe, daß es so sei.« Raffael cit. nach Ernst H. Gombrich: Ideal und Typus in der Malerei der italienischen Renaissance, in: ders. (Hg.), Neues über alte Meister. Zur Kunst der Renaissance IV. Stuttgart 1988, S. 67

639 André Chastel: Die Krise der Renaissance. 1520-1600. Genf 1968, S. 26

640 »I caress it (...), laugh and joke with it, speak to it as though it were itself capable of speech; and often it seems almost to respond, to indicate a desire to say something, to open its mouth and repeat to me your words.« Baldesar Castiglione cit. nach David Rosand: The Portrait, the Courtier and Death, in: Robert W. Hanning/David Rosand (Eds.), Castiglione. The Ideal and the Real in Renaissance Culture. New Haven/London 1983, S. 94

641 Nach Kantorowicz ist es eine ungeklärte Frage, »whether the vivid memory we retain of the princes of the Renaissance is due to their own genius or to that of the artists who transmitted the essence of their being to posterity.« Ernst H. Kantorowicz: The Este Portrait by Roger van der Weyden, in: ders., Selected Studies. New York 1965, S. 366

642 Vergleiche hierzu D. M. Bueno de Mesquita: Ludovico Sforza and his Vassalls, in: E. F. Jacob (Ed.), Italian Renaissance Studies. London 1960, S. 184-216

643 J. R. Woodhouse: Baldesar Castiglione. A reassessment of the Courtier. Edinburgh 1978, S. 9

644 Vergleiche dazu J. R. Hale: Castiglione's Military Career, in: Robert W. Hanning/David Rosand (Eds.), Castiglione. The Ideal and the Real in Renaissance Culture. New Haven/London 1983, S. 143-164

645 Francesco Gonzaga cit. nach Baldesar Castiglione: Das Buch vom

Hofmann. Il Libro del Cortegiano. Übersetzt und einge
Fritz Baumgart. Mit einem Nachwort von Roger Willemse
chen 1986, S. 423

646 Erich Loos: Literatur und Formung eines Menschenideals. Das L
del Cortegiano von Baldassare Castiglione. Akademie der Wisse
schaft und der Literatur Mainz. Abhandlungen der Geistes- und Sozialwissenschaftlichen Klasse, Nr. 5, Wiesbaden 1980, S. 17

647 Im Zuge der Gegenreformation begann sich auch die Zensur für den »Hofmann« zu interessieren. Annamaria Coseriu hat in ihrer Studie über Zensur im XVI. Jahrhundert nachgewiesen: »Zum ersten Mal offiziell verboten wurde der ›Cortegiano‹ in den Nachtragsindexen von Parma (1580) und in denen unbekannter Herkunft (1575-1589); im römischen Index von 1590 gilt die bereinigte Ausgabe von 1584 als erlaubt.« Annamaria Coseriu: Zensur und Literatur in der italienischen Renaissance des XVI. Jahrhunderts. Tübingen 1987, S. 90. Als Camillo Castiglione 1579 eine Neuauflage des Buches plante, stieß er zunächst auf Schwierigkeiten beim Vatikan. Die Stellen über die Freuden der höfischen Liebe sollten gestrichen werden.

648 »Moreover, he makes his little court into an image of an entire civilisation in a somewhat different way as well; he fills it with courtiers representing almost every city and region in the peninsula effectively suggesting what he doubtless believed, that Urbino epitomizes, sums up the entire culture of Renaissance Italy.« Wayne A. Rebhorn: Courtly Performances. Masking and Festivity in Castiglione's Book of the Courtier. Detroit 1978, S. 87

649 Eduardo Saccone: Grazia, Sprezzatura and Affettazione in the Courtier, in: Robert W. Hanning/David Rosand (Eds.), Castiglione. The Ideal and the Real in Renaissance Culture. New Haven/London 1983, S. 45-67

650 Thomas M. Greene: The Cortegiano and the Choice of a Game, in: ebd., S. 1-15

651 »In Castigliones Tagen zählte der Hof von Urbino ungefähr 350 Personen.« Peter Burke: Der Höfling, in: Eugenio Garin (Hg.), Der Mensch der Renaissance. Frankfurt/Main/New York 1990, S. 147

652 Castiglione, a. a. O., S. 15

653 Castiglione, a. a. O., S. 16

654 Castiglione, a. a. O., S. 16

655 Castiglione, a. a. O., S. 17

656 Castiglione, a. a. O., S. 22

657 Johan Huizinga: Homo Ludens. Vom Ursprung der Kultur im Spiel. Reinbek 1987

658 Castiglione, a. a. O., S. 31

659 Greene, a. a. O., S. 4

660 Castiglione, a. a. O., S. 38

661 Castiglione, a. a. O., S. 43
662 Castiglione, a. a. O., S. 45
663 Castiglione, a. a. O., S. 48
664 Das Ballspiel ist das klassische Spiel dieser Zeit, für das an den Höfen eigens Säle eingerichtet wurden.
665 Castiglione, a. a. O., S. 52
666 Castiglione, a. a. O., S. 53
667 Castiglione, a. a. O., S. 54
668 Der Streit um den Gebrauch der alten oder der neuen Worte war ein Streit, den Castiglione, der Verfechter der neuen Worte, mit Bembo, dem Verfechter der alten Worte, führte. »Bembo plädierte für eine Wiederbelebung des Trecento-Sprachgebrauchs und orientierte seine Normen an der toskanischen Schreibart dieser Zeit; Castiglione dagegen vertrat eine lebendige, mit Dialektausdrücken aller Regionen, mit latinisierten Wendungen und Fremdwörtern angereicherte Sprache, die dem Volgare Bembos ein ›Volgare illustre‹ entgegensetzte«. Willemsen, a. a. O., S. 424
669 Castiglione, a. a. O., S. 76
670 Vergleiche zur französischen Renaissance Lucien Febvre: Der neugierige Blick. Leben in der französischen Renaissance. Berlin 1989
671 Castiglione, a. a. O., S. 79
672 Castiglione, a. a. O., S. 84
673 An dieser Stelle bringt Castiglione seinen Freund Raffael ins Spiel, wenn er Joanni Cristoforo dem Grafen vorwerfen läßt, sein Lob der bildenden Kunst gelte alleine Raffael und lasse die Bildhauer außer acht.
674 Castiglione, a. a. O., S. 97
675 Alfred von Martin: Soziologie der Renaissance. Zur Physiognomik und Rhythmik bürgerlicher Kultur. Stuttgart 1932, S. 102
676 Woodhouse, a. a. O., S. 86
677 Rebhorn, a. a. O., S. 25
678 Castiglione, a. a. O., S. 113
679 Castiglione, a. a. O., S. 114
680 Castiglione, a. a. O., S. 117
681 Castiglione, a. a. O., S. 118
682 Castiglione, a. a. O., S. 126
683 Castiglione, a. a. O., S. 129
684 Castiglione, a. a. O., S. 133
685 Castiglione, a. a. O., S. 132
686 Castiglione, a. a. O., S. 137
687 Castiglione, a. a. O., S. 138
688 Castiglione, a. a. O., S. 140
689 Diese Anforderungen finden wir bei der Kleidung des englischen Gentleman des neunzehnten Jahrhunderts wieder, der als eine Weiter-

entwicklung des von Castiglione entworfenen Höflings gelten kann. »Der Anzug, so wie wir ihn heute kennen, entwickelte sich im letzten Drittel des neunzehnten Jahrhunderts in Europa zum professionellen Kostüm der herrschenden Klasse. Beinahe so anonym wie eine Uniform, war er das erste Kostüm, das eine ausschließlich ruhende Machtausübung idealisieren sollte: die Macht des Administrators und des Konferenztisches. Der Anzug war im wesentlichen für die Gesten des Sprechens und des abstrakten Kalkulierens gemacht. (Im Unterschied zu früheren Oberklasse-Kostümen, die den Gesten des Reitens, Jagens, Tanzes und Fechtens entsprachen.) Es war der englische Gentleman – ganz im Sinne des neu entstandenen Klischees der demonstrativen Zurückhaltung –, der den Anzug lancierte.« John Berger: Der Anzug und die Photographie, in: ders., Das Leben der Bilder oder die Kunst des Sehens. Berlin 1989, S. 42. Was den Gentleman als die Weiterentwicklung des Höflings anbelangt, so schreibt Julia Cartwright, im elisabethanischen England hätten 17 verschiedene Versionen des »Cortegiano« kursiert und »Castiglione's book was in the hands of all cultured Englishmen«. Julia Cartwright: Baldassare Castiglione: The Perfect Courtier. His Life and Letters 1478-1529. London 1908, S. VI. Vergleiche dazu auch Reinhard Bendix: Könige oder Volk. Machtausübung und Herrschaftsmandat. Erster Teil. Frankfurt/Main 1980, S. 300ff., und Walter Schrinner: Castiglione und die Englische Renaissance. Berlin 1939

690 Castiglione, a. a. O., S. 149

691 Castiglione, a. a. O., S. 151

692 Castiglione, a. a. O., S. 198

693 Castiglione, a. a. O., S. 225

694 Dain A. Trafton: Structure and Meaning in The Courtier, in: English Literary Renaissance 2, No. 3, 1972, S. 290

695 »He wishes to please, making himself the object of aesthetic enjoyment by forming his own individuality according to the rules of the work of art.« John S. White: Renaissance Cavalier. New York o. A., S. 12

696 Michael Mallett: Der Condottiere, in: Eugenio Garin (Hg.), Der Mensch der Renaissance. Frankfurt/Main/New York 1990, S. 58

697 Berühmtes Beispiel ist das des Walter von Brienne, der von den Florentinern 1342 zur Hilfe gerufen wurde. Der französische Ritter wollte seine einjährige Herrschaft in eine lebenslange verwandeln. Er wurde von den Bürgern vertrieben, und dieser Vorfall stärkte das republikanische Selbstbewußtsein der Bürger am Arno.

698 Max Scheler cit. nach von Martin, a. a. O., S. 65

699 Castiglione, a. a. O., S. 240

700 Castiglione, a. a. O., S. 243

701 Castiglione, a. a. O., S. 245

702 Castiglione, a. a. O., S. 245

703 Castiglione, a. a. O., S. 251
704 Castiglione, a. a. O., S. 251
705 Castiglione, a. a. O., S. 254
706 Castiglione, a. a. O., S. 258
707 Castiglione, a. a. O., S. 259
708 Castiglione, a. a. O., S. 261
709 Castiglione, a. a. O., S. 263
710 Castiglione, a. a. O., S. 283
711 Castiglione, a. a. O., S. 294
712 Castiglione, a. a. O., S. 298
713 Castiglione, a. a. O., S. 301
714 Castiglione, a. a. O., S. 304
715 Castiglione, a. a. O., S. 306
716 Georg Simmel: Die Geselligkeit. Beispiel der Reinen oder der Formalen Soziologie, in. ders., Grundfragen der Soziologie (Individuum und Gesellschaft). Berlin/New York 1984, S. 59-60
717 Da dies häufig der Fall war, verwandte Castiglione nicht die Bezeichnung »cortegiana«, was auch Kurtisane bedeutete, sondern »donna di palazzo«.
718 Ruth Kelso: Doctrine for the Lady of the Renaissance. Illinois 1956, S. 213
719 Choderlos de Laclos hat in »Schlimme Liebschaften« mit der Figur der Marquise de Merteuil die Weiterentwicklung der donna di palazzo zur versierten Diplomatin und Intrigantin auf dem Feld der Liebe geschaffen.
720 Joan Kelly-Gadol: Did Women Have Renaissance?, in: Renate Bridenthal/Claudia Koonz (Eds.), Becoming Visible. Women in European History. Boston 1977, S. 139-164
721 Dain A. Trafton: Politics and the Praise of Women: Political Doctrine in the Courtier's Third Book, in: Robert W. Hanning/David Rosand (Eds.), Castiglione. The Ideal and the Real in Renaissance Culture. New Haven/London 1983, S. 31
722 Castiglione, a. a. O., S. 334
723 Castiglione, a. a. O., S. 335
724 Castiglione, a. a. O., S. 338
725 Castiglione, a. a. O., S. 345
726 Castiglione, a. a. O., S. 354
727 Castiglione, a. a. O., S. 362
728 Castiglione, a. a. O., S. 362
729 Castiglione, a. a. O., S. 369
730 Castiglione, a. a. O., S. 379
731 Castiglione, a. a. O., S. 387
732 Castiglione, a. a. O., S. 388
733 Castiglione, a. a. O., S. 389

734 Castiglione, a. a. O., S. 397
735 Castiglione, a. a. O., S. 398
736 Castiglione, a. a. O., S. 399
737 Castiglione, a. a. O., S. 402
738 Castiglione, a. a. O., S. 404
739 Castiglione, a. a. O., S. 409-410
740 Castiglione, a. a. O., S. 410
741 Rita Falke betont besonders diese gelungene Überleitung aus dem Reich der Ideen, also von Bembos Monolog über die Liebe, zur Realität der abendlichen Gesellschaft. Ihrer Meinung nach ist es Castiglione gelungen, den Bann, in den Bembo die Versammlung geschlagen hatte, »zu lösen, ohne daß die den Beteiligten zuteilgewordene Erfahrung verlorenging«. Rita Falke: »Furor platonicus« als Kompositionselement im Cortegiano, in: Romanistisches Jahrbuch 10, 1959, S. 118
742 Castiglione, a. a. O., S. 413
743 Jacob Burckhardt: Die Kultur der Renaissance in Italien. Ein Versuch. Stuttgart 1981, S. 418
744 Alfredo Bonadeo: The Function and Purpose of the Courtier in »The Book of the Courtier« by Castiglione, in: Philological Quarterly 50, No. 1, 1971, S. 36-46
745 Lawrence V. Ryan: Book Four of Castiglione's Courtier: Climax or Afterthought?, in: Studies in the Renaissance 19, 1972, S. 179
746 Zu den Auswirkungen der ausländischen Invasionen auf die italienischen Dichter vergleiche Vincent Ilardi: ›Italianità‹ among some Italian Intellectuals in the Early Sixteenth Century, in: ders., Studies in Italian Renaissance Diplomatic History. London 1986, S. 339-367.
747 Garrett Mattingly: Renaissance Italy. London 1958, S. 60
748 Andreas Kraus: Secretarius und Sekretariat. Der Ursprung der Institution des Staatssekretärs und ihr Einfluß auf die Entwicklung moderner Regierungsformen in Europa, in: Römische Quartalsschrift für christliche Altertumskunde und Kirchengechichte 55, 1960, S. 43-84
749 Fritz Ernst: Über Gesandtschaftswesen und Diplomatie an der Wende vom Mittelalter zur Neuzeit, in: Archiv für Kulturgeschichte XXXIII, 1951, S. 65
750 Kraus, a. a. O., S. 73. Vergleiche zu der Kunst der Außenpolitik im Quattrocento Peter Herde: Politik und Rhetorik am Vorabend der Renaissance. Die ideologische Rechtfertigung der Florentiner Außenpolitik durch Coluccio Salutati, in: Archiv für Kulturgeschichte XLVII, 1965, S. 141-220
751 Bei der Intrige bediente man sich oftmals der Tatsache, daß jede Gesandtschaft nach außen hin einen Sinn haben mußte. »Die allgemeine Tendenz der Zeit ist die zur immer raffinierteren Geheimdiplomatie, zur Intrige. Sie bedient sich der Form der von Fall zu Fall geschickten

Gesandtschaften. Die Kontakte werden immer häufiger und wichtiger, aber fast jede dieser diplomatischen Berührungen findet vor der Öffentlichkeit statt. Das führt zur Doppelbödigkeit in einem ganz ungewöhnlichen Maße. Man versucht, den wahren Zweck der Gesandtschaften zu verschleiern, und zwar geht die Verschleierung sehr weit, so daß es für den modernen Beobachter sehr schwer ist, bis zu dem innersten Kern der wahren Absichten vorzudringen. Instruktionen, die uns überliefert sind, sind sehr oft auch da, wo es nicht angegeben ist, ostensible Instruktionen. Audienzen, die vor dem Hof gehalten werden und deren Inhalt dadurch zu den Chronisten gelangt und von diesen aufbewahrt wird, brauchen über den wahren Zweck einer Gesandtschaft gar nichts auszusagen.« Ernst, a.a.O., S. 75. Ernst weist darauf hin, daß diese Form der Geheimdiplomatie durch Telegramm und Telefon eine Änderung erfährt. Die Möglichkeit der schnellen technischen Übermittlung der Worte entzieht diese der öffentlichen Kenntnisnahme und verändert dadurch die Anforderungen an das Raffinement des Diplomaten. So heißt es über den ehemaligen bundesrepublikanischen Außenminister Hans-Dietrich Genscher, er sei ein Meister des telefonischen Gesprächs.

752 Herfried Münkler: Im Namen des Staates. Die Begründung der Staatsraison in der Frühen Neuzeit. Frankfurt/Main 1987, S. 127

753 Über diese Männer, die man als Wegbereiter des fürstlichen Absolutismus bezeichnen kann, schreibt Paul-Ludwig Weinacht: »Und schließlich schien es, als seien sie (die Besten unter ihnen) eine neue Art von Mathematikern, die Erwartungen künstlich erzeugen oder verhindern konnten (simulatio, dissimulatio) und so im politischen Spiel genau kalkulierte Vorteile gewannen.« Paul-Ludwig Weinacht: Der Politiker als »Staatsmann«. Eine Untersuchung über Entstehung, Steigerung und Krise eines politischen Begriffs, in: Civitas. Jahrbuch für Sozialwissenschaften 9, 1970, S. 71. Zu Zeiten der aufkommenden neuzeitlichen Naturwissenschaft scheint also das Wort mit der Zahl eine Verbindung eingegangen zu sein.

754 Mattingly, a.a.O., S. 62

755 Castiglione, a.a.O., S. 354

756 Den Sieg der normativen Worte über das dynastische Blut beschreibt Kantorowicz durch folgende Begebenheit: »At a Star Chamber session, the king (James I., K. W.), taking his seat on the normally empty throne, declared he would ever protect the common law. ›No,‹ interjected Sir Edward Coke, ›the common law protects the king.‹ The angry king, shaking his fist at Coke, later argued that ›he thought the law was founded upon reason, and that he and others had reason as well as the judges.‹ To that Coke replied calmly that indeed the king had excellent gifts by nature, »but his Majesty was not learned in the laws of his realm of England, and causes which concern the life, or inheritance, or goods,

or fortunes of his subjects, are not to be decided by natural reason, but by artificial reason and judgment of law, which requires long study and experience before that a man can attain to the cognizance of it.« Ernst H. Kantorowicz: Kingship under the Impact of Scientific Jurisprudence, in: ders., Selected Studies. New York 1965, S. 156

757 Auf diese neue Form der politischen Männerpaarbildung weisen auch die zu dieser Zeit entstandenen Doppelbildnisse hin. Nach Enrico Castelnuovo erzählen diese »Bildnisse mit Sekretär« von einer neuen Beziehung zwischen den Intellektuellen und den Mächtigen. Enrico Castelnuovo: Das künstlerische Portrait in der Gesellschaft. Das Bildnis und seine Geschichte in Italien von 1300 bis heute. Berlin 1988

758 Die Gesandtschaftsbriefe des Niccolò Machiavelli, die dem Rhythmus »Instruktion« – »Bericht« folgen, sind unter diesem Aspekt betrachtet höchst aufschlußreiche Lektüre. Machiavelli richtete sein umstrittenes Buch »Il Principe« an die Adresse dieser nicht erbberechtigten oder gewählten Fürsten, die durch Gewalt an die Macht gekommen waren und denen er in diesem Buch die Anleitungen dafür gab, wie sie mit List und Gewalt an der Macht bleiben können.

759 Pietro Bembo stammte aus einer venezianischen Patrizierfamilie und wurde nach seinen Höflingsjahren Sekretär von Papst Leo X. In Rom lebte er mit seiner schönen Geliebten zusammen, die ihm drei Kinder schenkte und vor ihm starb. 1520 zog er sich von Rom nach Padua in seine Villa zurück und verwirklichte sich einen Traum, nämlich alleine für die Worte zu leben. »The villa itself resembled a museum. There were portraits of Dante, Petrarca and Boccaccio, and a supposed likeness of Petrarca's Laura; a portrait of Bembo himself, by Raphael, and a picture by Mantegna; a number of female nudes; classical statues of marble and bronze, mostly representing mythological figures; ancient vases, medals of all sorts, richly mounted gems, numerous coins, and old inscriptions. Bembo was also a collector of Greek, Latin, and Provencal manuscripts and possessed an extensive library.« Wilhem Schenk: The »Cortegiano« and the Civilization of the Renaissance, in: Scrutiny 16, No. 2, 1949, S. 95

760 Zu Marsilio Ficino und der 1462 gegründeten »Accademia Platonica« vergleiche Heinz Plaum: Die Idee der Liebe. Tübingen 1926, S. 22ff.

761 Pflaum, a. a. O., S. 24

762 So lautete nach Peter Burke die vornehme, neuplatonische Ausdrucksweise für das Umwerben einer Dame mit anderen Worten: »ihr den Hof zu machen«. Peter Burke: Der Höfling, in: Eugenio Garin (Hg.), Der Mensch der Renaissance. Frankfurt/Main/New York 1990, S. 156

763 Vergleiche hierzu Falke, a. a. O., S. 116

764 »The courtier is an actor playing roles; he takes pleasure in fictionalizing his existence, that is to say, in practicing detached self-control.«

Heinrich F. Plett: The Place and Functions of Style in Renaissance Poetics, in: James J. Murphy (Ed.), Renaissance Eloquence. Studies in the Theory and Practice of Renaissance Rhetorics. Berkeley u. a. 1983, S. 369

765 Eine hervorragende Beschreibung des nachrevolutionären französischen Höflings bietet Stendhals »Rot und Schwarz«. Der bürgerliche Held und Aufsteiger, welcher ein Meister der Worte ist, beschreibt die an den Höfling gestellten Anforderungen wie folgt: »Man müßte eine vollkommene Null sein und doch keinem Menschen Anlaß zu Klagen geben.« Stendhal: Rot und Schwarz. Frankfurt/Main 1980, S. 355

766 Wolf Lepenies: Melancholie und Gesellschaft. Frankfurt/Main 1972, S. 56-57

767 Das Blut Ludwigs XVI. sollte die Franzosen von einem 1300 Jahre alten Stigma reinwaschen, war in der radikalen Zeitung »Révolutions de Paris« zu lesen. Seine Exekution galt den Jakobinern als Inthronisation der Republik, die allen Gerechtigkeit widerfahren läßt. Wie sehr dieses »Blutopfer« Ludwigs XVI. die französischen Literaten und Wissenschaftler von Michelet über Hugo bis Camus beschäftigt hat, ist nachzulesen bei Susan Dunn: The Deaths of Louis XVI. Regicide and French Political Imagination. Princeton 1994

768 Die Ausgestaltung des Amtes des Sekretärs ging in den einzelnen Ländern unterschiedlich vor sich, wie Kraus, der hauptsächlich Frankreich und England untersucht, betont. Erwähnt sei noch, daß im Verlauf dieses Prozesses die moderne Gegenzeichnung des Ministers ihren Ursprung hat. »Unter Karl V. tritt aber, das ist eine außerordentliche Errungenschaft der französischen Sekretäre, 1372 bei Schreiben ›De par le roy‹ neben die Unterschrift des Königs die des Sekretärs, der den Brief verfaßt hatte. Die Staatssekretäre des 16. Jahrhunderts übernahmen diese Gewohnheit, und so hat die moderne Gegenzeichnung des Ministers hier ihren Ausgangspunkt.« Kraus, a. a. O., S. 62

769 Die Untersuchung von Quellen, die wir heute der Geschichtswissenschaft zurechnen, war ursprünglich die als Diplomatie bezeichnete Disziplin. Vergleiche hierzu Hayden White: Die Bedeutung der Form. Erzählstrukturen in der Geschichtsschreibung. Frankfurt/Main 1990, S. 86ff.

770 »Philipp II. entwickelte ein Prinzip, das in manchen Staaten jahrhundertelang den Aufstieg der Staatssekretäre zu leitenden Ministern verhinderte: Philipp teilte die Macht, die er ihnen verlieh.« Kraus, a. a. O., S. 75. Das wiederum konnte er sich nur leisten, weil er selber viel Zeit mit dem Aktenstudium verbrachte.

771 Kraus, a. a. O., S. 73-74

772 Michel Foucault: Für eine Kritik der politischen Vernunft, in: Lettre, Nr. 1, 1988, S. 64

773 Friedrich Meinecke: Die Idee der Staatsräson in der neuen Geschichte. München/Wien 1976, S. 176

774 Paul-Ludwig Weinacht betont, daß im 16. Jahrhundert der Begriff statesman im Englischen, hombre de estado im Spanischen, homme d'etat im Französischen und Staatsmann im Deutschen gebildet wird. Der deutsche Begriff Staatsmann allerdings kannte nie die nüchterne Bedeutung vergleichbar der des englischen statesman, und im 17. Jahrhundert wird der Begriff von den Protestanten in polemischer Weise verwandt. Sie wenden sich gegen die Staatsmänner, die sie als »Machiavellis Lehrsätzen Folge Leistenden« betrachten. Paul-Ludwig Weinacht: Der Politiker als »Staatsmann«. Eine Untersuchung über Entstehung, Steigerung und Krise eines politischen Begriffs, in: Civitas. Jahrbuch für Sozialwissenschaften 9, 1970, S. 75

775 »Er, der wie kein anderer politischer Publizist seiner Zeit sich die Sprache der Dichter von Weimar angeeignet hatte, vermochte die Erlasse der Staatsmänner brillant zu stilisieren und ihnen einen Hauch von Klassizität zu verleihen. Wenn den Hauptakteuren auf der Bühne des Kongresses das rechte Wort fehlte, um ihre Gedanken zu formulieren oder zu verbergen, saß der unentbehrliche Hofrat im Souffleurkasten, von wo er ihnen eben dieses Wort zurief – Chefsekretär, Vorsager und Einhelfer zugleich.« Klaus Günzel: Der Erste Sekretär Europas. Widersacher Napoleons, Adlatus Metternichs: Friedrich von Gentz, Jongleur der Worte und der Macht, in: Die Zeit, Nr. 17, 1992, S. 49

776 Lauro Martines: Power and Imagination. City-States in Renaissance Italy. Baltimore 1988, S. 229

777 Thomas Szabò: Der mittelalterliche Hof zwischen Kritik und Idealisierung, in: Josef Fleckenstein (Hg.), Curialitas. Studien zu Grundfragen der ritterlich-höfischen Kultur. Göttingen 1990, S. 387

778 Johan Huizinga: Homo Ludens. Vom Ursprung der Kultur im Spiel. Reinbek 1987, S. 22

779 Jacob Burckhardt: Die Kultur der Renaissance in Italien. Ein Versuch. Stuttgart 1981, S. 417

780 Michel Foucault: Von der Freundschaft als Lebensweise. Michel Foucault im Gespräch. Berlin o. J., S. 43

781 Michel Covin: Die Passion der Wörter, in: Volker Bohn (Hg.), Bildlichkeit. Internationale Beiträge zur Poetik. Frankfurt/Main 1990, S. 371

782 Covin, a. a. O., S. 362

783 Etienne Gilson: Dante und die Philosophie. Freiburg 1953, S. 277

784 T. S. Eliot: Dante, in: ders., Selected Prose. London 1975, S. 205-230

Literatur

Abaelard, Pierre: Die Leidensgeschichte und der Briefwechsel mit Heloisa. Übertragen und herausgegeben von Eberhard Brost. Heidelberg 1963

Alberti, Leon Battista: Vom Hauswesen. Della Famiglia. Übersetzt von Walther Kraus. Eingeleitet von Fritz Schalck. München 1986

Albertus Magnus: Ausgewählte Texte. Herausgegeben und übersetzt von Albert Fries. Mit einer Kurzbiographie von Willehad Paul Eckert. Darmstadt 1987

Anderson, Bonnie S./Judith P. Zinsser: A History of their Own. Women in Europe from Prehistory to the Present. Volume I. New York 1988

Angenendt, Arnold: Peter Abaelard, in: Martin Greschat (Hg.): Im Mittelalter I. Mainz 1983, S. 148-160

Ariès, Philippe: Zeit und Geschichte. Frankfurt/Main 1988

ders.: Geschichte des Todes. München 1989

Aron, Jean Paul/Kempf, Roger: Der sittliche Verfall. Bourgeoisie und Sexualität in Frankreich. Frankfurt/Main 1982

Assunto, Rosario: Die Theorie des Schönen im Mittelalter. Köln 1982

Auerbach, Erich: Mimesis. Dargestellte Wirklichkeit in der abendländischen Literatur. Bern und München 1982

Augustinus: Bekenntnisse. Eingeleitet, übersetzt und erläutert von Joseph Bernhart. Frankfurt/Main 1987

ders., Vom Gottesstaat. Eingeleitet und übertragen von Wilhelm Thimme. Band II. Zürich 1955

Baier, Lothar: Die große Ketzerei. Verfolgung und Ausrottung der Katharer durch Kirche und Wissenschaft. Berlin 1984

Barasch, Moshe: Gott als Herrscher. Zur Ikonographie der Theokratie, in: Jacob Taubes (Hg.): Religionstheorie und Politische Theologie. Band 3: Theokratie. München/Paderborn/Wien/Zürich 1987, S. 248-265

Baron, Hans: Franciscan Poverty and Civic Wealth as Factors in the Rise of Humanistic Thought, in: Speculum. A Journal of Medieval Studies XIII, No. 1, 1938, S. 1-37

ders.: Petrarch: His Inner Struggles and the Humanistic Discovery of Man's Nature, in: J. G. Rowe/W. H. Stockdale (Eds.): Florilegium Historiale. Toronto 1971, S. 19-51

ders.: Petrarcas geistige Entwicklung. Gedanken zum gegenwärtigen Stand der Petrarca-Forschung, in: August Buck (Hg.): Petrarca. Darmstadt 1976, S. 367-423

Barthélemy, Dominique: Verwandtschaftsverhältnisse und Großfamilie, in: Philippe Ariès/Georges Duby (Hg.): Geschichte des privaten Lebens. Band 2. Vom Feudalzeitalter zur Renaissance. Frankfurt/Main 1990, S. 95-159

Batkin, Leonid: Die italienische Renaissance. Versuch einer Charakterisierung eines Kulturtyps. Frankfurt/Main 1981

Bauer, Hermann: Kunst und Utopie. Studien über das Kunst- und Staatsdenken in der Renaissance. Berlin 1965

Baxandall, Michael: Die Wirklichkeit der Bilder. Malerei und Erfahrung im Italien des 15. Jahrhunderts. Frankfurt/Main 1988

Bell, Rudolph M.: Holy anorexia. Chicago 1985

Bellomo, Manlio: Die Familie und ihre rechtliche Struktur in den italienischen Stadtkommunen des Mittelalters, in: Alfred Haverkamp (Hg.): Haus und Familie in der spätmittelalterlichen Stadt. Köln/Wien 1984, S. 99-135

Bendix, Reinhard: Könige oder Volk. Machtausübung und Herrschaftsmandat. Erster Teil. Frankfurt/Main 1980

Berger, John: Der Anzug und die Photographie, in: ders., Das Leben der Bilder oder die Kunst des Sehens. Berlin 1989, S. 36-44

Bernardo, Aldo S.: Petrarch, Scipio and the »Africa«. The Birth of Humanism's Dream. Baltimore 1962

ders.: Petrarch's Laura. The Convolutions of a Humanistic Mind, in: Rosemarie Thee Morewedge (Ed.): The Role of Woman in the Middle Ages. London 1975, S. 65-89

ders.: Petrarch, Laura and the Triumphs. New York 1974

Bernhard von Clairvaux: Das Hohelied. 80 Ansprachen über die beiden ersten Kapitel des Hohenliedes Salomons. Erstes und Zweites Buch, in: Die Schriften des Honigfließenden Lehrers Bernhard von Clairvaux. Wittlich 1937ff.

Berschin, Walter: Sueton und Plutarch im 14. Jahrhundert, in: August Buck (Hg.), Biographie und Autobiographie in der Renaissance. Wiesbaden 1983, S. 35-43

Billanovich, Giuseppe: Petrarca und der Ventoux, in: August Buck (Hg.): Petrarca. Darmstadt 1976, S. 444-463

Bloch, Marc: Les Rois Thaumaturges. Étude sur le caractère surnaturel attribué à la puissance royale particulièrement en France et en Angleterre. Strasbourg 1924

ders.: Die Feudalgesellschaft. Berlin/Frankfurt/Main/Wien 1982

Bloom, Harold: Die heiligen Wahrheiten stürzen. Dichtung und Glaube von der Bibel bis zur Gegenwart. Frankfurt/Main 1991

Blumenberg, Hans: Die Legitimität der Neuzeit. Frankfurt/Main 1988

Boase, Roger: The Origin and Meaning of Courtly Love. A Critical Study of European Scholarship. Manchester 1977

Bonadeo, Alfredo: The Function and Purpose of the Courtier in »The Book of the Courtier« by Castiglione, in: Philological Quarterly 50, No. 1, 1971, S. 36-46

Bosco, Umberto: Petrarcas lyrische Sprache zwischen Dante und Bembo, in: August Buck (Hg.): Petrarca. Darmstadt 1976, S. 334-348

Borst, Arno: Die Katharer. Stuttgart 1953
ders.: Das Rittertum im Hochmittelalter. Idee und Wirklichkeit, in: ders. (Hg.): Das Rittertum im Mittelalter. Darmstadt 1976, S. 212-246
Brandi, Karl: Cola di Rienzo und sein Verhältnis zu Renaissance und Humanismus. Darmstadt 1965
Braun, Christina von: NICHTICH. Logik Lüge Libido. Frankfurt/Main 1988
dies.: Gott-Essen, Frau-Essen. Christliche Fleischeslust und weibliche Sexualverweigerung, in: Lettre, Nr. 17, 1992, S. 62-67
Bredero, Adriaan H.: Cluny et Cîteaux au Douzième Siècle. L'Histoire d'une Controverse Monastique. Amsterdam 1985
Brentano, Franz: Geschichte der mittelalterlichen Philosophie im christlichen Abendland. Aus dem Nachlaß und eingeleitet von Klaus Hedwig. Hamburg 1980
Breidecker, Volker: Florenz oder: Die Rede, die zum Auge spricht. Kunst, Fest und Macht im Ambiente der Stadt. München 1990
Brown, Peter: Augustinus von Hippo. Frankfurt/Main 1982
ders.: The Body and Society. Men, Women and Sexual Renunciation in Early Christianity. New York 1988
Brucker, Gene: Florenz in der Renaissance. Stadt, Gesellschaft, Kultur. Reinbek 1990
Buck, August (Hg.): Zu Begriff und Problem der Renaissance. Darmstadt 1969
ders.: Die antiken Autoren aus der Sicht Dantes und Petracas, in: ders.: Studia humanitas. Gesammelte Aufsätze 1973-1980. Wiesbaden 1981, S. 97-108
ders.: Vom humanistischen Umgang mit Büchern, in: ders. (Hg.), Studia humanitatis. Gesammelte Aufsätze 1973-1980. Wiesbaden 1981, S. 162-165
ders.: Ökonomische Probleme in den »Libri della Famigilia« des L. B. Alberti, in: ders. (Hg.): Studia humanitatis. Gesammelte Aufsätze 1973-1980. Wiesbaden 1981, S. 227-236
Büdel, Oscar: Parusia Redemtricis: Lauras Traumbesuche in Petrarcas Canzoniere, in: Fritz Schalck (Hg.): Petrarca 1304-1374. Beiträge zu Werk und Wirkung. Frankfurt/Main 1975, S. 33-50
Bueno de Mesquita, D. M.: Ludovico Sforza and his Vassals, in: E. F. Jacob (Ed.): Italian Renaissance Studies. London 1960, S. 184-216
Burdach, Konrad: Sinn und Ursprung der Worte Renaissance und Reformation, in: ders., Reformation Renaissance Humanismus. Zwei Abhandlungen über die Grundlage moderner Bildung und Sprachkunst. Berlin 1918, S. 13-96
ders.: Über den Ursprung des Humanismus, in: ders.: Reformation Renaissance Humanismus. Zwei Abhandlungen über die Grundlage moderner Bildung und Sprachkunst. Berlin 1918, S. 97-203

Burckhardt, Jacob: Die Kultur der Renaissance in Italien. Ein Versuch. Stuttgart 1981
Burke, Peter: Die Renaissance. Berlin 1990
ders.: Der Höfling, in: Eugenio Garin (Hg.): Der Mensch der Renaissance. Frankfurt/Main/New York 1990, S. 143-174

Cardini, Franco: Der Krieger und der Ritter, in: Jacques Le Goff (Hg.): Der Mensch des Mittelalters. Frankfurt/Main/New York/Paris 1989, S. 87-129
Castelnuovo, Enrico: Das künstlerische Portrait in der Gesellschaft. Das Bildnis und seine Geschichte in Italien von 1300 bis heute. Berlin 1988
Cassirer, Ernst: Einige Bemerkungen zur Frage der Eigenständigkeit der Renaissance, in: August Buck (Hg.): Zu Begriff und Problem der Renaissance. Darmstadt 1969, S. 212-221
Chasseguet-Smirgel, Janine: Gefügige Töchter. Einige Hypothesen über die primäre Passivität und ihre Auswirkungen auf den Mechanismus des Denkens, in: dies.: Zwei Bäume im Garten. Zur psychoanalytischen Bedeutung der Vater- und Mutterbilder. München/Wien 1988, S. 47-67
Cartwright, Julia: Baldassare Castiglione. The Perfect Courtier. His Life and Letters 1478-1529. London 1908
Castiglione, Baldesar: Das Buch vom Hofmann. Il Libro del Cortegiano. Übersetzt und eingeleitet von Fritz Baumgart. Mit einem Nachwort von Roger Willemsen. München 1986
Charrier, Charlotte: Héloise. Dans L'Histoire Et Dans La Légende. Genf 1977
Chastel, André: Die Krise der Renaissance. 1520-1600. Genf 1968
Colpe, Carsten: Der »Heilige Krieg«. Benennung und Wirklichkeit, Begründung und Widerstreit. Bodenheim 1994
Congar, Yves M.-J.: Die Ekklesiologie des heiligen Bernhard, in: Joseph Lortz (Hg.): Bernhard von Clairvaux. Mönch und Mystiker. Internationaler Bernhardkongress Mainz 1953. Wiesbaden 1955, S. 76-119
O' Connell, Michael: Authority and the Truth of Experience in Petrarch's »Ascent of Mount Ventoux«, in: Philological Quarterly 62, No. 4, 1983, S. 507-520
Coseriu, Annamaria: Zensur und Literatur in der italienischen Renaissance des XVI. Jahrhunderts. Tübingen 1987
Covin, Michel: Die Passion der Wörter, in: Volker Bohn (Hg.): Bildlichkeit. Internationale Beiträge zur Poetik. Frankfurt/Main 1990, S. 357-384
Curtius, Ernst Robert: Europäische Literatur und lateinisches Mittelalter. Bern 1954

Dante: Die Göttliche Komödie. Deutsch von Friedrich Freiherrn von Falkenhausen. Frankfurt/Main 1974 ders.: Das neue Leben. Vita Nova. Aus dem Italienischen übertragen von Hannelise Hinderberger. Zürich 1987

Deleuze, Gilles/Guattari, Félix: Kafka. Für eine kleine Literatur. Frankfurt/Main 1976

Denzler, Georg: Päpste und Papsttum. Das Papsttum und der Amtszölibat. Stuttgart 1976

Dickens, Arthur G.: Europas Fürstenhöfe. Herrscher, Politiker und Mäzene 1400-1800. Graz/Wien/Köln 1978

Dolff-Bonekämper, Gabriele/Kimpel, Dieter/Suckale, Robert: Die gotische Kathedrale: Gestalt und Funktion, in: Werner Busch/Peter Schmoock (Hg.): Kunst. Die Geschichte ihrer Funktionen. Weinheim und Berlin 1987, S. 11-30

Duby, George: Die Ursprünge des Rittertums, in: Arno Borst (Hg.): Das Rittertum im Mittelalter. Darmstadt 1976, S. 349-369

ders.: Lignage, Adel und Rittertum im 12. Jahrhundert in der Gegend von Mâcon, in: Claudia Honegger (Hg.): Schrift und Materie der Geschichte. Vorschläge zur systematischen Aneignung historischer Prozesse. Frankfurt/Main 1977, S. 415-439

ders.: The Transformation of the Aristocracy. France at the Beginning of the Thirteenth Century, in: ders.: The Chivalrous Society. London 1977, S. 178-185

ders.: Die drei Ordnungen. Das Weltbild des Feudalismus. Frankfurt/Main 1986

ders.: Krieg und Gesellschaft im Europa der Feudalzeit, in: ders.: Wirklichkeit und höfischer Traum. Zur Kultur des Mittelalters. Berlin 1986, S. 133-170

ders.: Der Rosenroman. Sozialgeschichtliche Hintergründe eines höfischen Traums, in: ders.: Wirklichkeit und höfischer Traum. Zur Kultur des Mittelalters. Berlin 1986, S. 65-102

ders.: Guillaume de Maréchal oder der beste aller Ritter. Frankfurt/Main 1987

ders.: Der Sonntag von Bouvines 27. Juli 1214. Berlin 1988

ders.: Ritter, Frau und Priester. Die Ehe im feudalen Frankreich. Frankfurt/Main 1988

ders.: Die Frau ohne Stimme. Liebe und Ehe im Mittelalter. Berlin 1989

ders.: Über die höfische Liebe, in: ders., Die Frau ohne Stimme. Liebe und Ehe im Mittelalter. Berlin 1989, S. 81-90

ders.: Der heilige Bernhard und die Kunst der Zisterzienser. Frankfurt/Main 1991

ders: Die Zeit der Kathedralen. Kunst und Gesellschaft 980-1420. Frankfurt/Main 1992

ders./Guy, Lardreau: Geschichte und Geschichtswissenschaft. Dialoge. Frankfurt/Main 1982

Dumont, Louis: Individualismus. Zur Ideologie der Moderne. Frankfurt/Main/New York 1991
Dunn, Susan: The Deaths of Louis XVI. Regicide and the French Political Imagination. Princeton 1994

Ehlers, Joachim: Geschichte Frankreichs im Mittelalter. Stuttgart/Berlin/Köln/Mainz 1987
Elias, Norbert: Über den Prozeß der Zivilisation. Soziogenetische und psychogenetische Untersuchungen. Zweiter Band. Wandlungen der Gesellschaft. Entwurf zu einer Theorie der Zivilisation. Frankfurt/Main 1979
Eliot, T. S.: Dante, in: ders., Selected Prose. London 1975, S. 205-230
Eppelsheimer, Hanns Wilhelm: Petrarca. Bonn 1926
Ernst, Fritz: Über Gesandtschaftswesen und Diplomatie an der Wende vom Mittelalter zur Neuzeit, in: Archiv für Kulturgeschichte XXXIII, 1951, S. 64-95

Falke, Rita: »Furor platonicus« als Kompositionselement im Cortegiano, in: Romanistisches Jahrbuch 10, 1959, S. 112-118
Fasoli, Gina: Grundzüge einer Geschichte des Rittertums, in: Arno Borst (Hg.): Das Rittertum im Mittelalter. Darmstadt 1976, S. 198-211
Febvre, Lucien: Der neugierige Blick. Leben in der französischen Renaissance. Berlin 1989
Feher, Michel: Liebeskünste im Abendland. Maskenspiele, lodernde Glut – Figuren aristokratischer Erotik, in: Lettre, Nr. 17, 1992, S. 46-54
Ferguson, Wallace K.: The Renaissance in Historical Thought. Five Centuries of Interpretation. Boston 1948
Flasch, Kurt: Augustin. Einführung in sein Denken. Stuttgart 1980
Fleckenstein, Josef: Miles und clericus am Königs- und Fürstenhof. Bemerkungen zu den Voraussetzungen, zur Entstehung und zur Trägerschaft der höfisch-ritterlichen Kultur, in: ders. (Hg.): Curialitas. Studien zu Grundfragen der höfisch-ritterlichen Kultur. Göttingen 1990, S. 302-325
Flusser, Vilém: Die Schrift. Hat Schreiben Zukunft? Göttingen 1990
Ford, J. Massingberd: A Trilogy on Wisdom and Celibacy. Notre Dame/London 1967
Forster, Leonard. Das eiskalte Feuer. Sechs Studien zum europäischen Petrarkismus. Kronberg 1976
Foucault, Michel: Von der Freundschaft als Lebensweise. Michel Foucault im Gespräch. Berlin o. J.
ders.: Für eine Kritik der politischen Vernunft, in: Lettre, Nr. 1, 1988, S. 58-66
Frevert, Ute: Ehrenmänner. Das Duell in der bürgerlichen Gesellschaft. München 1991

Friedrich II.: Über die Kunst mit Vögeln zu jagen. Miniaturen aus einer Handschrift des Falken-Buches von Kaiser Friedrich II. und mit einem Geleitwort von Carl A. Willemsen. Frankfurt/Main 1988

Gabrieli, Francesco (Hg.): Die Kreuzzüge aus arabischer Sicht. Zürich/München 1973
Gadol, Joan: Leon Battista Alberti. Universal Man of the Early Renaissance. Chicago/London 1969
dies.: Die Einheit der Renaissance: Humanismus, Naturwissenschaft und Kunst, in: August Buck (Hg.): Zu Begriff und Problem der Renaissance. Darmstadt 1969, S. 395-426
Ganshof, François Louis: Was ist das Rittertum?, in: Arno Borst (Hg.): Das Rittertum im Mittelalter. Darmstadt 1976, S. 130-141
Gilson, Etienne: Die Mystik des heiligen Bernhard von Clairvaux. Wittlich 1936
ders.: Dante und die Philosophie. Freiburg 1953
ders./Böhner, Philotheus: Christliche Philosophie. Von ihren Anfängen bis Nikolaus von Cues. Paderborn 1954
ders.: Héloise and Abélard. Michigan 1960
Ginzburg, Carlo: Erkundungen über Piero. Piero della Francesca, ein Maler der frühen Renaissance. Frankfurt/Main 1991
Gobry, Ivan: Franz von Assisi. Hamburg 1991
Goetz, Walter: Die Entwicklung des Wirklichkeitssinnes vom 12. zum 14. Jahrhundert, in: Archiv für Kulturgeschichte XXVII, 1966, S. 3-73
Gössmann, Elisabeth: Antiqui und Moderni im Mittelalter. Eine geschichtliche Standortbeschreibung. München/Paderborn/Wien 1974
dies.: Zur Auseinandersetzung zwischen Abaelard und Bernhard von Clairvaux um die Gotteserkenntnis im Glauben, in: Rudolf Thomas (Hg.): Petrus Abaelardus (1079-1142). Person, Werk und Wirkung. Trierer Theologische Schriften 38. Trier 1980, S. 233-242
Goldschmidt, Lothar: Die Doktrin der Liebe bei den italiänischen Lyrikern des 13. Jahrhunderts. Breslau 1889
Gombrich, Ernst H.: Die Medici als Kunstmäzene, in: ders.: Die Kunst der Renaissance I. Norm und Form. Stuttgart 1981, S. 51-78
ders.: Gab es ein Dante-Porträt von Giotto?, in: ders. (Hg.): Neues über alte Meister. Zur Kunst der Renaissance IV. Stuttgart 1988, S. 9-27
ders.: Ideal und Typus in der Malerei der italienischen Renaissance, in: ders. (Hg.): Neues über alte Meister. Zur Kunst der Renaissance IV. Stuttgart 1988, S. 66-81
Gray, Hanna H.: Renaissance Humanism: The Pursuit of Eloquence, in: Journal of History of Ideas 24, 1963, S. 497-514
Grayson, Cecil: The Humanism of Alberti, in: Italian Studies 12, 1957, S. 37-56
Greene, Thomas : The Flexibility of the Self in Renaissance Literature, in:

P. Demetz/Th. Greene/L. Nelson (Eds.): Disciplines of Critizism. New Haven/London 1968, S. 241-264
Greene, Thomas M.: The Cortegiano and the Choice of a Game, in: Robert W. Hanning/David Rosand (Eds.): Castiglione. The Ideal and the Real in Renaissance Culture. New Haven/London 1983, S. 1-15
Grodecki, Louis: Abélard et Suger, in: Pierre Abélard Pierre le Vénérable. Les Courants Philosophiques, Litteraires et Artistiques en Occident au Milieu du XIIe Siècle. Paris 1975, S. 279-286
Groh, Ruth/Groh, Dieter: Petrarca und der Mont Ventoux, in: Merkur 46, Nr. 4, 1992, S. 290-307
Grundmann, Herbert: Vom Ursprung der Universität im Mittelalter. Berlin 1957
Gülke, Peter: Mönche/Bürger Minnesänger. Musik in der Gesellschaft des europäischen Mittelalters. Wien/Köln/Graz o. J.
Günzel, Klaus: Der Erste Sekretär Europas. Widersacher Napoleons, Adlatus Metternichs: Friedrich von Gentz, Jongleur der Worte und der Macht, in: Die Zeit, Nr. 17, 1992, S. 49-50
Gurjewitsch, Aaron J.; Das Individuum im europäischen Mittelalter. München 1994

Hagemann, Kurt: Der Zölibat der römisch-katholischen Kirche. Meisenheim am Glan 1971
Hale, J. R.: Castiglione's Military Career, in: Robert W. Hanning/David Rosand (Eds.): Castiglione. The Ideal and the Real in Renaissance Culture. New Haven/London 1983, S. 143-164
Häring, Nikolaus M.: Abelard yesterday and today, in: Pierre Abélard Pierre le Vénérable. Les Courants Philosophiques, Litteraires et Artistiques en Occident au Milieu du XIIe Siècle. Paris 1975, S. 341-403
Hassauer, Friederike: Die alte und die neue Heloisa: weibliche Zugänge zur Schrift, in: Bea Lundt (Hg.): Auf der Suche nach der Frau im Mittelalter. Fragen, Quellen, Antworten. München 1991, S. 277-303
Hausmann, Friederike: Zwischen Landgut und Piazza. Der Alltag von Florenz in Machiavellis Briefen. Berlin 1987
Hay, Denys: The Italian Renaissance in its Historical Background. Cambridge 1962
Heimerl, Hans: Der Zölibat. Recht und Gerechtigkeit. Wien/New York 1985
Heißler, Sabine/Blastenbrei, Peter: Frauen der italienischen Renaissance. Heilige – Kriegerinnen – Opfer. Pfaffenweiler 1990
Heitmann, Klaus: Fortuna und Virtus. Eine Studie zu Petrarcas Lebensweisheit. Köln/Graz 1958
Herde, Peter: Politik und Rhetorik in Florenz am Vorabend der Renaissance. Die ideologische Rechtfertigung der Florentiner Außenpolitik durch Coluccio Salutati, in: Archiv für Kulturgeschichte XLVII, 1965, S. 141-220

Hiestand, Rudolf: Der Kreuzfahrer und sein islamisches Gegenüber, in: Forschungsinstitut für Mittelalter und Renaissance (Hg.): Das Ritterbild in Mittelalter und Renaissance. Düsseldorf 1985, S. 51-68

Hirschberger, Johannes: Geschichte der Philosophie. Altertum und Mittelalter. Freiburg/Basel/Wien 1976

Hirschman, Albert O.: Leidenschaften und Interessen. Politische Begründungen des Kapitalismus vor seinem Sieg. Frankfurt/Main 1980

Hoefs, Karl-Heinz: Erfahrung Gottes bei Bonaventura. Untersuchungen zum Begriff »Erfahrung« in seinem Bezug zum Göttlichen. Leipzig 1989

Honegger, Claudia: Die Hexen der Neuzeit. Studien zur Sozialgeschichte eines kulturellen Deutungsmusters. Frankfurt/Main 1978

Huizinga, Johan: Homo Ludens. Vom Ursprung der Kultur im Spiel. Reinbek 1987

Ilardi, Vincent: »Italianità« among some Italian Intellectuals in the Early Sixteenth Century, in: ders., Studies in Italian Dipomatic History. London 1986, S. 339-367

Jaedicke, Hans-Georg: Bernhard von Clairvaux. Versuch eines Persönlichkeitsbildes, in: W. Blankenburg u. a. (Hg.): Kerygma und Melos: Christhard Mahrenholz. Kassel/Basel 1970, S. 495-511

Jantzen, Grace M.: Mysticism and Experience, in: Religious Studies 25, 1989, S. 295-315

dies.: »Where Two are to Become One«: Mysticism and Monism, in: Godfrey Vesey (Ed.): The Philosophy of Christianity. Cambridge 1989, S. 147-166

Kampers, Franz: Kaiser Friedrich II. Der Wegbereiter der Renaissance. Bielefeld und Leipzig 1929

Kantorowicz, Ernst H.: Kingship under the Impact of Scientific Jurisprudence, in: ders.: Selected Studies. New York 1965, S. 151-166

ders.: Kaiser Friedrich II. und das Königsbild des Hellenismus. Marginalia Miscellanea, in: ders.: Selected Studies. New York 1965, S. 264-283

ders.: Zu den Rechtsgrundlagen der Kaisersage, in: ders.: Selected Studies. New York 1965, S. 284-307

ders.: Pro Patria Mori in Medieval Political Thought, in: ders.: Selected Studies. New York 1965, S. 308-324

ders.: Die Wiederkehr gelehrter Anachorese im Mittelalter, in: ders.: Selected Studies. New York 1965, S. 339-351

ders.: The Sovereignity of the Artist. A Note on Legal Maxims and Renaissance Theories of Art, in: ders.: Selected Studies. New York 1965, S. 352-365

ders.: The Este Portrait by Roger van der Weyden, in: ders.: Selected Studies. New York 1965, S. 366-380

ders.: Die zwei Körper des Königs. Eine Studie zur politischen Theologie des Mittelalters. München 1990
ders.: Kaiser Friedrich der Zweite. Stuttgart 1991
Kay, Sarah: Women's body of knowledge: epistemology and misogyny in the Romance of the Rose, in: Sarah Kay/Miri Rubin (Eds.): Framing medieval bodies. Manchester 1994, S. 211-235
Keen, Maurice: Das Rittertum. Reinbek 1991
Kelly-Gadol, Joan: Did Women Have Renaissance?, in: Renate Bridenthal/Claudia Koonz (Eds.): Becoming Visible. Women in European History. Boston 1977, S. 139-164
Kelso, Ruth: Doctrine for the Lady of the Renaissance. Illinois 1956
Kent, Francis William: Household and Lineage in Renaissance Florence. The Family Life of the Capponi, Ginori, and Rucellai. Princeton 1977
Kessler, Eckhard: Antike Tradition, historische Erfahrung und philosophische Reflexion in Petrarcas »Brief an die Nachwelt«, in: August Buck (Hg.): Biographie und Autobiographie in der Renaissance. Wiesbaden 1983, S. 21-34
Kimpel, Dieter/Suckale, Robert: Die gotische Kathedrale in Frankreich 1130-1270. München 1985
King, Margaret L.: Women of the Renaissance. Chicago and London 1991
Klapisch-Zuber, Christiane: Women, Family and Ritual in Renaissance Italy. Chicago and London 1985
Klein, Melanie: Der Ödipuskomplex unter dem Aspekt früher Angstsituationen, in: dies.: Frühstadien des Ödipuskomplexes. Frühe Schriften 1928-1945. Frankfurt/Main 1985, S. 107-169
Kleineidam, Erich: Wissen, Wissenschaft, Theologie bei Bernhard von Clairvaux, in: Joseph Lortz (Hg.): Bernhard von Clairvaux. Mönch und Mystiker. Internationaler Bernhardkongreß Mainz 1953. Wiesbaden 1955, S. 128-167
Klibansky, Raymond/Panofsky, Erwin/Saxl, Fritz: Saturn und Melancholie. Studien zur Geschichte der Naturphilosophie und Medizin, der Religion und der Kunst. Frankfurt/Main 1990
Kirshner, Julius: Pursuing Honor while avoiding Sin. The Monte delle Doti of Florence, in: Studi Senesi LXXXIX, No. 2, 1977, S. 177-235
Kirshner, Julius/Molho, Anthony: The Dowry Fund and the Marriage Market in Early Quattrocento Florence, in: The Journal of Modern Society 50, No. 3, 1978, S. 403-438
Köhler, Erich: König Artus und sein Reich. Geschichtliche Wirklichkeit und ritterliches Wunschbild, in: ders.: Ideal und Wirklichkeit in der höfischen Epik. Studien zur Form der frühen Artus- und Graldichtung. Tübingen 1956, S. 5-36
ders.: Verdichtung und Wandlung der Ideal-Wirklichkeitsspannung in der Liebe. Erec, Cligès, Tristan, Lancelot, Yvain, in: ders.: Ideal und Wirk-

lichkeit in der höfischen Epik. Studien zur Form der frühen Artus- und Gralsdichtung. Tübingen 1956, S. 139-180
ders.: Die Rolle des niederen Rittertums bei der Entstehung der Trobadorlyrik, in: Arno Borst (Hg.): Das Rittertum im Mittelalter. Darmstadt 1976, S. 293-314
König, Bernhard: Petrarcas Landschaften. Philologische Bemerkungen zu einer neuen Deutung, in: Romanische Forschungen 92, 1980, S. 251-282
König, Renée: Niccolò Machiavelli. Zur Krisenanalyse einer Zeitenwende. Frankfurt/Main/Berlin/Wien 1984
Köpf, Ulrich: Wesen und Funktion religiöser Erfahrung – Überlegungen im Anschluß an Bernhard von Clairvaux, in: Neue Zeitschrift für systematische und theologische Religionsphilosophie 22, Heft 2, 1980, S. 150-165
Koerting, Gustav: Geschichte der Literatur Italiens im Zeitalter der Renaissance. Band 1. Petrarcas Leben und Werke. Leipzig 1878
Kraus, Andreas: Secretarius und Sekretariat. Der Ursprung der Institution des Staatssekretariats und ihr Einfluß auf die Entwicklung moderner Regierungsformen in Europa, in: Römische Quartalsschrift für christliche Altertumskunde und Kirchengeschichte 55, 1960, S. 43-84
Kraus, Franz Xaver: Francesco Petrarca in seinem Briefwechsel, in: ders.: Essays. Erste Sammlung. Berlin 1896, S. 401-546
Krauß, Christel: ... und ohnehin die schönen Blumen. Essays zur frühen christlichen Blumensymbolik. Tübingen 1994
Kris, Ernst/Kurz, Otto: Die Legende vom Künstler. Ein geschichtlicher Versuch. Frankfurt/Main 1980
Kristeva, Julia: Fremde sind wir uns selbst. Frankfurt/Main 1990
Krüger, Sabine: »Verhöflichter Krieger« und miles illiteratus, in: Josef Fleckenstein (Hg.): Curialitas. Studien zu Grundfragen der höfisch-ritterlichen Kultur. Göttingen 1990, S. 326-349
Kuehn, Thomas: Women, Marriage and Patria Potestas in Late Medieval Florence, in: The Legal History Review XLIX, No. 1-2, 1981, S. 127-147

LaCapra, Dominick: Geschichte und Kritik. Frankfurt/Main 1987
Laclos, Choderlos de: Schlimme Liebschaften. Übertragen und eingeleitet von Heinrich Mann. Frankfurt/Main 1976
Ladner, Bernhard B.: Pflanzensymbolik und der Renaissance-Begriff, in: August Buck (Hg.): Zu Begriff und Problem der Renaissance. Darmstadt 1969, S. 336-394
Lagercrantz, Olof: Von der Hölle zum Paradies. Dante und die Göttliche Komödie. Frankfurt/Main 1964
Lambert, Malcolm D.: Ketzerei im Mittelalter. Häresien von Bogumil bis Hus. München 1981
Landgraf, Artur Michael: Der heilige Bernhard in seinem Verhältnis zur Theologie des zwölften Jahrhunderts, in: Joseph Lortz (Hg.): Bernhard

von Clairvaux. Mönch und Mystiker. Internationaler Bernhardkongreß Mainz 1953. Wiesbaden 1955, S. 44-62
Leclercq, Jean: New Recruitment – New Psychology, in: ders., Monks and Love in Twelfth-Century France. Psycho-Historical Essays. Oxford 1979, S. 8-26
ders.: Another Master in the Art of Loving: Ovid, in: ders., Monks and Love in Twelfth-Century France. Psycho-Historical Essays. Oxford 1979, S. 62-85
ders.: Aggressiveness or Repression in St. Bernard and in his Monks, in: ders., Monks and Love in Twelfth-Century France. Psycho-Historical Essays. Oxford 1979, S. 86-108
ders.: Saint Bernard and El Cid: Knighthood and two Models of Interpretation, in: Patrick J. Gallacher/Helen Damico (Eds.), Hermeneutics and the Medieval Culture. New York 1989, S. 71-83
Leff, Gordon: Paris and Oxford Universities in the Thirteenth and Fourteenth Centuries. An Institutional and Intellectual History. New York/ London/Sydney 1968
Le Goff, Jacques: Zeit der Kirche und Zeit des Händlers im Mittelalter, in: Claudia Honegger (Hg.), Schrift und Materie der Geschichte. Vorschläge zur systematischen Aneignung historischer Prozesse. Frankfurt/Main 1977, S. 393-414
ders., Die Intellektuellen im Mittelalter. Stuttgart 1986
ders., Wucherzins und Höllenqualen. Ökonomie und Religion im Mittelalter. Stuttgart 1988
ders., Das Hochmittelalter. Fischer Weltgeschichte. Band 11. Frankfurt/ Main 1989
ders., Head or Heart? The Political Use of Body Metaphors in the Middle Ages, in: Michel Feher (Ed.), Fragments for a History of the Human Body. Part 3. New York 1989, S. 12-27
ders., Die Geburt des Fegefeuers. Vom Wandel des Weltbildes im Mittelalter. München 1990
ders.: Die Wahrnehmung des Raums der Christenheit durch die römische Kirche und die Organisation des ökumenischen Konzils im Jahre 1274, in: ders.: Phantasie und Realität des Mittelalters. Stuttgart 1990, S. 339-352
ders.: Ist Politik noch immer das Rückgrat der Geschichte?, in: ders.: Phantasie und Realität des Mittelalters. Stuttgart 1990, S. 98-124
Legendre, Pierre: Der Tod, die Macht, das Wort. Kantorowicz' Arbeit am Fiktiven und am Politischen, in: Tumult. Schriften zur Verkehrswissenschaft, Nr. 16, 1992, S. 109-115
Le Monde (Hg.): Zehn Schriftsteller und der Ruhm. Eine Umfrage. Berlin 1992
Lepenies, Wolf: Melancholie und Gesellschaft. Frankfurt/Main 1972
List, Elisabeth: Der asketische Eros. Über Geschichte und Struktur des

wissenschaftlichen Habitus, in: Manon Andreas-Grisebach/Brigitte, Weisshaupt (Hg.): Was Philosophinnen denken II. Zürich 1986, S. 23-48
Loos, Erich: Die Hauptsünde der acedia in Dantes Commedia und in Petrarcas Secretum. Zum Problem der italienischen Renaissance, in: Fritz Schalck (Hg.): Petrarca 1304-1374. Beiträge zu Werk und Wirkung. Frankfurt/Main 1975, S. 156-183
ders.: Literatur und Formung eines Menschenideals. Das Libro del Cortegiano von Baldassare Castiglione. Akademie der Wissenschaft und der Literatur Mainz. Abhandlungen der Geistes- und Sozialwissenschaftlichen Klasse, Nr. 5, Wiesbaden 1980
Lorris de, Guillaume: Der Rosenroman. Übersetzt und eingeleitet von Gustav Ineichen. Berlin 1987

Machiavelli, Niccolò: Gesandtschaftsberichte, in: Gesammelte Schriften. Unter Zugrundelegung der Übersetzungen von Johann Ziegler und Franz Nicolaus Baur. Herausgegeben von Hanns Floerke. Dritter Band. München 1925
MacLean, Ian: The Renaissance Notion of Woman. A Study in the Fortunes of Scholasticism and Medical Science in European Intellectual Life. Cambridge 1980
Male, Emile: L'Art religieux du XIIe siècle en France. Étude sur l'origine de l'iconographie du Moyen Age. Paris 1924
Mallett, Michael: Der Condottiere, in: Eugenio Garin (Hg.): Der Mensch der Reniassance. Frankfurt/Main/New York 1990, S. 49-78
Mannheim, Karl: Die Bedeutung der Konkurrenz im Gebiete des Geistigen, in: ders.: Wissenssoziologie. Berlin/Neuwied 1964, S. 566-613
Manselli, Raoul: Grundzüge der religiösen Geschichte Italiens im 12. Jahrhundert, in: Konstanzer Arbeitskreis für mittelalterliche Geschichte (Hg.): Beiträge zur Geschichte Italiens im 12. Jahrhundert. Sigmaringen 1971, S. 5-35
Markale, Jean: La Vie, la Légende, l'Influence d'Alienor Comtesse de Poitou, Duchesse d'Aquitaine, Reine de France, puis d'Angleterre. Dame des Troubadours et des Bardes Bretons. Paris 1979
Martin von, Alfred: Petrarca und die Romantik der Renaissance, in: Historische Zeitschrift, Nr. 138, 1928, S. 328-344
ders.: Soziologie der Renaissance. Zur Physiognomik und Rhythmik Bürgerlicher Kultur. Stuttgart 1932
Martines, Lauro: The Social World of Florentine Humanists. Princeton 1963
ders.: Power and Imagination. City-States in Renaissance Italy. Baltimore 1988
Mattingly, Garrett: Renaissance Italy. London 1958
Mayer, Hans-Eberhard: Die Geschichte der Kreuzzüge. Stuttgart/Berlin/Köln/Mainz 1985

McGinn, Bernard: Love, Knowledge, and Mystical Union in Western Christianity: Twelfth to Sixteenth Centuries, in: Church History 56, 1987, S. 7-24
McLaughlin, Mary M.: Peter Abelard and the Dignity of Women: Twelfth-Century »Feminism« in Theory and Practice, in: Pierre Abélard Pierre le Vénérable. Les Courants Philosophiques, Litteraires et Artistiques en Occident au Milieu du XIIe Siècle. Paris 1975, S. 287-334
Meier, Christian: Programm einer Geschichtsschreibung, in: Merkur 47, Nr. 3, 1993, S. 207-217
Meinecke, Friedrich: Die Idee der Staatsräson in der neuen Geschichte. München/Wien 1976
Miethke, Jürgen: Das Reich Gottes als politische Idee im späteren Mittelalter, in: Jacob Taubes (Hg.): Religionstheorie und Politische Theologie. Band 3: Theokratie. München/Paderborn/Wien/Zürich 1987, S. 267-278
Migiel, Marilyn/Juliana Schiesari (Eds.): Refiguring Woman. Perspectives on Gender and the Italian Renaissance. Ithaca and London 1991
Mölk, Ulrich: Curia und curialitas – Wort und Bedeutung im Spiegel der romanischen Dichtung: Zu fr. cortois(ie)/pr. cortes(ia) im 12. Jahrhundert, in: Josef Fleckenstein (Hg.): Curialitas. Studien zu Grundlagen der höfisch-ritterlichen Kultur. Göttingen 1990, S. 27-38
Mommsen, Theodor W.: Petrarch and the Decoration of the Sala Virorum Illustrium in Padua, in: The Art Bulletin 34, No. 2, 1952, S. 95-116
ders.: Petrarch's Testament. Ithaca/New York 1957
ders.: Der Begriff des »Finsteren Zeitalters« bei Petrarca, in: August Buck (Hg.): Zu Begriff und Problem der Renaissance. Darmstadt 1969, S. 151-179
Monfrin, Jacques: Le problème de l'authenticité de la correspondence d'Abélard et d'Héloise, in: Pierre Abélard Pierre le Vénérable. Les Courants Philosophiques, Litteraires et Artistiques en Occident au Milieu du XIIe Siècle. Paris 1975, S. 409-424
Morris, Colin: The Discovery of the Individual 1050-1200. Toronto/Buffalo/London 1972
Mott, Lewis Freeman: The Provencal Lyric. New York 1901
ders.: The System of Courtly Love. Studied as an Introduction to the Vita Nuova of Dante. New York 1965
Münkler, Herfried: Im Namen des Staates. Die Begründung der Staatsraison in der Frühen Neuzeit. Frankfurt/Main 1987
ders.: Das Reich als politische Vision, in: Peter Kemper (Hg.): Macht des Mythos – Ohnmacht der Vernunft? Frankfurt/Main 1989, S. 336-358

Nelson, Benjamin: Wissenschaften und Zivilisationen, »Osten« und »Westen« – Joseph Needham und Max Weber, in: ders.: Der Ursprung der

Moderne. Vergleichende Studien zum Zivilisationsprozeß. Frankfurt/Main 1986, S. 7-57
Nietzsche, Friedrich: Sämtliche Werke. Herausgegeben von Giorgio Colli/Mazzino Montinari. Band 2. Menschliches, Allzumenschliches. Berlin/New York 1980
Noonan, John Thomas Jr.: Empfängnisverhütung. Geschichte ihrer Beurteilung in der katholischen Theologie und im kanonischen Recht. Mainz 1969
Noyer-Weidner, Alfred: Zur Mythologieverwendung in Petrarcas Canzoniere, in: Fritz Schalck (Hg.): Petrarca 1304-1374. Beiträge zu Werk und Wirkung. Frankfurt/Main 1975, S. 221-242

Ohly, Friedrich: Hohelied-Studien. Grundzüge der Hoheliedauslegung des Abendlandes bis 1200. Wiesbaden 1958
ders.: Typologie als Denkform der Geschichtsbetrachtung, in: Volker Bohn (Hg.): Typologie. Internationale Beiträge zur Poetik. Frankfurt/Main 1988, S. 22-63
Oppermann, Hans: Humanismus. Darmstadt 1970
Opitz, Claudia: Hunger nach Unberührbarkeit? Jungfräulichkeitsideal und weibliche Libido im späten Mittelalter, in: Feministische Studien 5, Nr. 1, 1986, S. 59-75
Origo, Iris: »Im Namen Gottes und des Geschäfts«. Lebensbild eines toskanischen Kaufmanns der Frührenaissance. München 1986
Orth, Elsbeth: Formen und Funktionen der höfischen Rittererhebung, in: Josef Fleckenstein (Hg.): Curialitas. Studien zu Grundfragen der höfisch-ritterlichen Kultur. Göttingen 1990, S. 128-170
Ott, Karl August: Der Rosenroman. Erträge der Forschung. Darmstadt 1980
Ovid: Metamorphosen. In der Übertragung von Johann Heinrich Voß. Frankfurt/Main 1990

Painter, Sidney: French Chivalry. Chivalric Ideas and Practices in Medieval France. Ithaca/London 1974
Panofsky, Ernst: Das perspektivische Verfahren Leone Battista Albertis, in: Kunstchronik 41/42, 1915, S. 506-516
ders.: Abbot Suger on the Abbey Church of Saint-Denis and its Treasures. Princeton 1948
ders.: Abt Suger von St. Denis, in: ders., Sinn und Bedeutung in der bildenden Kunst (Meaning in the Visual Arts). Köln 1978, S. 125-166
ders.: Gotische Architektur und Scholastik. Zur Analogie von Kunst, Philosophie und Theologie im Mittelalter. Köln 1989
Pater, Walter: Die Renaissance. Studien in Kunst und Poesie. Jena/Leipzig 1906
Pernoud, Régine: Die Kreuzzüge in Augenzeugenberichten. Düsseldorf 1961

dies.: La femme au temps de cathédrales. Paris 1980
dies.: Christine de Pisan. Das Leben einer außergewöhnlichen Frau und Schriftstellerin im Mittelalter. München 1990
Peters, Ursula: Niederes Rittertum oder hoher Adel? Zu Erich Köhlers historisch-soziologischer Deutung der altprovencalischen und mittelhochdeutschen Minnelyrik, in: Euphorion 67, 1973, S. 244-260
Petrarca, Francesco: Über die Bücher. Hamburg 1927
ders.: Briefe. Eine Auswahl. Übersetzt von Hans Nachod und Paul Stern. Berlin 1931
ders.: Brief an die Nachwelt, in: ders.: Dichtungen, Briefe, Schriften. Frankfurt/Main 1980, S. 27-38
ders.: An Francesco Dionigi von Borgo San Sepolcro in Paris, in: ders.: Dichtungen, Briefe, Schriften. Frankfurt/Main 1980, S. 88-98
ders.: An Guido Scetten in Genua, in: ders.: Dichtungen, Briefe, Schriften. Frankfurt/Main 1980, S. 156-180
ders.: Das Testament Petrarcas, in: ders.: Dichtungen, Briefe, Schriften. Frankfurt/Main 1980, S. 204-212
ders.: Canzoniere. Nach einer Interlinearübersetzung von Geraldine Gabor. In deutsche Verse gebracht von Ernst-Jürgen Dreyer. Frankfurt/Main 1989
Pevsner, Nikolaus: Europäische Architektur von den Anfängen bis zur Gegenwart. München 1957
Pflaum, Heinz: Die Idee der Liebe. Tübingen 1926
Philippi, Adolf: Der Begriff der Renaissance. Daten zu seiner Geschichte. Leipzig 1912
Pieper, Josef: Hinführung zu Thomas von Aquin. Zwölf Vorlesungen. Freiburg/Basel/Wien 1967
Pitkin Fenichel, Hanna: Fortune is a Woman. Gender and Politics in the Thought of Niccolò Machiavelli. Berkely/Los Angeles/London 1984
Plett, Heinrich F.: The Place and Functions of Style in Renaissance Poetics, in: James J. Murphy (Ed.): Renaissance Eloquence. Studies in the Theory and Practice of Renaissance Rhetorik. Berkeley u.a. 1983, S. 356-376
Popper, Karl R.: Objektive Erkenntnis. Ein evolutionärer Entwurf. Hamburg 1974
Pouchelle, Marie-Christine: Corps et chirurgie à l'apogée du Moyen Age: Savoir et imaginaire du corps chez Henri de Mondeville, chirurgien de Philippe le Bel. Paris 1983

Rabuse, Georg: Petrarcas Marienkanzone im Licht der »Santa Orazione« Dantes, in: Fritz Schalck (Hg.): Petrarca 1304-1374. Beiträge zu Werk und Wirkung. Frankfurt/Main 1975, S. 243-254
Rebhorn, Wayne A.: Courtly Performances. Masking and Festivity in Castiglione's Book of the Courtier. Detroit 1978

Régnier-Bohler, Danielle: Die Erfindung des Selbst: Auskünfte der Literatur, in: Philippe Ariès und Georges Duby (Hg.): Geschichte des privaten Lebens. Band 2. Vom Feudalzeitalter zur Renaissance. Frankfurt/Main 1990, S. 301-369
Reichert, Klaus: Fortuna oder die Beständigkeit des Wechsels. Frankfurt/Main 1985
Reinhardt, Karl: Die Krise des Helden, in: ders.: Die Krise des Helden. Beiträge zur Literatur- und Geistesgeschichte. München 1962, S. 107-114
Renouard, Yves: Les hommes d'affaires italiens du moyen age. Paris 1968
Ricoeur, Paul: Zufall und Vernunft in der Geschichte. Tübingen 1986
Rieger, Dietmar (Hg.): Mittelalterliche Lyrik Frankreichs I. Lieder der Trobadors. Stuttgart 1980
Rijk de, L. M.: Peter Abälard (1079-1142): Meister und Opfer des Scharfsinns, in: Rudolf Thomas (Hg.): Petrus Abaelardus (1079-1142). Person, Werk und Wirkung. Trierer Theologische Schriften 38. Trier 1980, S. 125-138
Rodenwaldt, Erwin: Leon Battista Alberti – ein Hygieniker der Renaissance. Sitzungsberichte der Heidelberger Akademie der Wissenschaften. Heidelberg 1968
Das Rolandslied. Herausgegeben von Rudolf Besthorn. Bremen 1981
Romano, Ruggiero/Tenenti, Alberto: Die Grundlegung der modernen Welt. Fischer Weltgeschichte Band 12. Frankfurt/Main 1987
Roncière, Charles de La: Gesellschaftliche Eliten an der Schwelle zur Renaissance. Das Beispiel Toskana, in: Philippe Ariès undGeorges Duby (Hg.): Geschichte des privaten Lebens. Band 2. Vom Feudalzeitalter zur Renaissance. Frankfurt/Main 1990, S. 161-297
Rosand, David: The Portrait, the Courtier and Death, in: Robert W. Hanning/David Rosand (Eds.): Castiglione. The Ideal and the Real in Renaissance Culture. New Haven/London 1983, S. 91-129
Ross, Werner: Rose und Nachtigall. Ein Beitrag zur Metaphorik und Mythologie des Mittelalters, in: Romanische Forschungen 67, 1956, S. 55-82
Rossiaud, Jacques: Der Städter, in: Jacques Le Goff (Hg.): Der Mensch des Mittelalters. Frankfurt/Main/New York/Paris 1989, S. 156-197
Roth, Oskar: Francesco Petrarca, in: Martin Greschat (Hg.), Mittelalter II. Stuttgart/Berlin/Köln/Mainz 1983, S. 199-21
Runciman, Steven: Geschichte der Kreuzzüge. Band 1-3. München 1957ff.
Ryan, Lawrence V.: Book Four of Castiglione's Courtier: Climax or Afterthought?, in: Studies in the Renaissance 19, 1972, S. 156-179

Saccone, Eduardo: Grazia, Sprezzatura and Affettazione in the Courtier, in: Robert W. Hanning/David Rosand (Eds.): Castiglione. The Ideal and the Real in Renaissance Culture. New Haven/London 1983, S. 45-67

Saxl, Fritz: Die Ausdrucksgebärden der bildenden Kunst, in: Bericht über den XII. Kongreß der Deutschen Gesellschaft für Psychologie. Jena 1932, S. 13-25
Schaller, Hans Martin: Die Kaiseridee Friedrich II., in: Josef Fleckenstein (Hg.): Probleme um Friedrich II. Sigmaringen 1974, S. 109-134
Schenk, Wilhelm: The »Cortegiano« and the Civilization of the Renaissance, in: Scrutiny 16, No. 2, 1949, S. 93-103
Schönberger, Rolf: Was ist Scholastik? Hildeheim 1991
Schöne, Wolfgang: Über das Licht in der Malerei. Berlin 1977
Schlosser von, Julius: Ein Künstlerproblem in der Renaissance: L. B. Alberti, in: Akademie der Wissenschaften in Wien, Sitzungsberichte 210. Wien/Leipzig 1929
Schneider, Ambrosius/Wienand, Adam/Bickel, Wolfgang/Coester, Ernst (Hg.): Die Cistercienser. Geschichte Geist Kunst. Köln 1986
Schnell, Rüdiger: Die »höfische« Liebe als »höfischer« Diskurs über die Liebe, in: Josef Fleckenstein (Hg.): Curialitas. Studien zu Grundfragen höfisch-ritterlicher Kultur. Göttingen 1990, S. 231-301
Schottländer, Rudolf: Petrarcas universeller Latinismus, in: Fritz Schalck (Hg.): Petrarca 1304-1374. Beiträge zu Werk und Wirkung. Frankfurt/Main 1975, S. 255-269
Schramm, Percy Ernst: Der König von Frankreich. Das Wesen der Monarchie vom 9. bis zum 16. Jahrhundert. Ein Kapitel aus der Geschichte des abendländischen Staates. Band I. Darmstadt 1960
Schrinner, Walter: Castiglione und die Englische Renaissance. Berlin 1939
Sedlmayr, Hans: Die Entstehung der Kathedrale. Graz 1976
Seibt, Ferdinand: Karl V. Der Kaiser und die Reformation. Berlin 1990
Seidlmayer, Michael: Petrarca, das Urbild des Humanisten, in: Archiv für Kulturgeschichte XXXX, 1958, S. 141-193
Setton, Kenneth M. (Hg.): A History of the Crusades. London/Bombay/Karachi 1958ff.
Sikes, Jeffray Garrett: Peter Abailard. New York 1965
Simmel, Georg: Die Geselligkeit. Beispiel der Reinen oder der Formalen Soziologie, in: ders.: Grundfragen der Soziologie (Individuum und Gesellschaft). Berlin/New York 1984, S. 48-68
Simons, Patricia: Women in Frames: the Gaze, the Eye, the Profile in Renaissance Portraiture, in: History Workshop, No. 25, 1988, S. 4-30
Simson von, Otto: Die Gotische Kathedrale. Beiträge zu ihrer Entstehung und Bedeutung. Darmstadt 1968
Spranger, Eduard: Lebensformen. Geisteswissenschaftliche Psychologie und Ethik der Persönlichkeit. Halle 1927
Staiger, Emil: Grundbegriffe der Poetik. München 1983
Starobinski, Jean: Montaigne. Denken und Existenz. Frankfurt/Main 1986
Stendhal: Rot und Schwarz. Vollständige Ausgabe, aus dem Französischen übersetzt von Walter Widmer. Frankfurt/Main 1980

Stierle, Karlheinz: Petrarcas Landschaften. Zur Geschichte ästhetischer Landschaftserfahrung. Krefeld 1979
Straub, Enrico: Bericht und Reflexion in Petrarcas Ventoux-Epistel (Familiares IV, 1), in: Klaus W. Kempfer/Enrico Straub (Hg.): Italien und die Romania in Humanismus und Renaissance. Wiesbaden 1983, S. 270-288
Strocchia, Sharon T.: Funerals and the Politics of Gender in Early Renaissance Florence, in: Marilyn Migiel/Juliana Schiesari (Eds.): Refiguring Women. Perspectives on Gender and the Italian Renaissance. Ithaca/London 1991, S. 155-168
Sturm-Maddox, Sara: Petrarch's Serpent in the Grass: the Fall as Subtext in the Rime sparse, in: The Journal of Medieval and Renaissance Studies 13, No. 2, 1983, S. 213-226
dies.: La pianta più gradita in cielo: Petrarch's Laurel and Jove, in: Aldo S. Bernardo/Anthony L. Pellegrini (Eds.), Dante, Petrarch, Boccaccio. Studies in The Italian Trecento. In Honour of Charles S. Singleton. Binghampton/New York 1983, S. 255-271
Suger: Œuvres complètes. Herausgegeben von A. Lecoy de la Marche. Hildesheim/New York 1979
Szabò, Thomas: Der mittelalterliche Hof zwischen Kritik und Idealisierung, in: Josef Fleckenstein (Hg.), Curialitas. Studien zu Grundfragen der ritterlich-höfischen Kultur. Göttingen 1990, S. 350-391

Taubes, Jacob: Abendländische Eschatolgie. Bern 1947
Tazi, Nadia: Celestial Bodies: A Few Stops on the Way to Heaven, in: Michel Feher (Ed.), Fragments for a History of the Human Body. Part Two. New York 1989, S. 518-552
Tilden, Jill: Spiritual Conflict in Petrach's Canzoniere, in: Fritz Schalck (Hg.), Petrarca 1304-1374. Beiträge zu Werk und Wirkung. Frankfurt/Main 1975, S. 287-319
Töpfer, Michael: Die Konversen der Zisterzienser. Untersuchungen über ihren Beitrag zur mittelalterlichen Blüte des Ordens. Berlin 1983
Trafton, Dain A.: Structure and Meaning in The Courtier, in: English Literary Renaissance 2, No. 3, 1972, S. 283-297
dies.: Politics and the Praise of Women: Political Doctrine in the Courtier's Third Book, in: Robert W. Hanning/David Rosand (Eds.), Castiglione. The Ideal and the Real in Renaissance Culture. New Haven/London 1983, S. 29-44
Trexler, Richard C.: Ritual Behavior in Renaissance Florence: The Setting, in: Medievalia et Humanistica, n. s. IV 1973, S. 125-144
ders.: Public Life in Renaissance Florence. Ithaca and London 1980
Trier, Jost: Zur Vorgeschichte des Renaissance-Begriffs, in: Archiv für Kulturgeschichte XXXIII, Nr. 195,1950, S. 45-63
Trinkaus, Charles: The Scope of Renaissance Humanism. Michigan 1983

Varga, Lucie: Der Katharismus – ein methodisches Problem der Religionsgeschichte, in: dies.: Zeitenwende. Mentalitätshistorische Studien 1936-1939. Frankfurt/Main 1991, S. 189-199
dies.: Peire Cardenal – ein Häretiker?, in: dies.: Zeitenwende. Mentalitätshistorische Studien 1936-1939. Frankfurt/Main 1991, S. 200-224
dies.: Waren die Katharer Neomanichäer oder Neognostiker?, in: dies.: Zeitenwende. Mentalitätshistorische Studien 1936-1939. Frankfurt/Main 1991, S. 225-242
Veyne, Paul: Der Eisberg der Geschichte. Foucault revolutioniert die Historie. Berlin 1981
ders: Geschichtsschreibung – Und was sie nicht ist. Frankfurt/Main 1990
Vieillard- Troiekouroff, May: L'église Sainte-Geneviève de Paris du temps d'Abélard, in: Pierre Abélard Pierre le Vénérable. Les Courants Philosophiques, Litteraires et Artistiques en Occident au Milieu du XIIe Siècle. Paris 1975, S. 745-761
Voigt, Georg: Die Wiederbelebung des classischen Alterthums. Band I. Berlin 1893
Voßler, Karl: Die philosophischen Grundlagen zum »Suessen Neuen Stil« des Guido Guinicelli, Guido Cavalcanti und Dante Alighieri. Heidelberg 1904

Waas, Adolf: Kreuzzugsbewegung, in: Lexikon für Theologie und Kirche. Herausgegeben von Josef Höfer und Karl Rahner. Band 6. Freiburg 1961
Walter, Eric: Le complexe d'Abélard ou le célibat des gens de lettres, in: Dix-Huitième Siècle, 12, 1980, S. 127-152
Walzer, Michael (Ed.): Regicide and Revolution. Speeches at the trial of Louis XVI. Cambridge 1974
Warner, Marina: Alone of all her Sex. The Myth and the Cult of the Virgin Mary. New York 1983
Warnke, Martin: Hofkünstler. Zur Vorgeschichte des modernen Künstlers. Köln 1985
Watkins, Renée: Leon Battista Alberti's Emblem, The Winged Eye, and his Name Leo, in: Mitteilungen des Kunsthistorischen Instituts in Florenz V, 1960, S. 256-258
Weinacht, Paul-Ludwig: Der Politiker als »Staatsmann«. Eine Untersuchung über Entstehung, Steigerung und Krise eines politischen Begriffs, in: Civitas. Jahrbuch für Sozialwissenschaften 9, 1970, S. 65-97
Wentzlaff- Eggebert, Friedrich-Wilhelm: »Devotio« in der Kreuzzugspredigt des Mittelalters. Ein Beitrag zum ritterlichen Tugendsystem, in: Günter Eifler (Hg.): Ritterliches Tugendsystem. Darmstadt 1970, S. 422-430
Werner, Ernst/Erbstösser, Martin: Kleriker, Mönche, Ketzer. Das religiöse Leben im Hochmittelalter. Berlin 1992

White, Hayden: Die Bedeutung der Form. Erzählstrukturen in der Geschichtsschreibung. Frankfurt/Main 1990
White, John S.: Renaissance Cavalier. New York o. A.
Wilkins, Ernest H.: The Prose Letters of Petrarch: A Manual. New York 1951
ders.: Petrarch's Ecclesiastical Career, in: ders.: Studies in the Life and Works of Petrarch. Cambridge 1955, S. 3-32
ders.: Petrarch's Later Years. Cambridge 1959
ders.: Die Krönung Petrarcas, in: August Buck (Hg.): Petrarca. Darmstadt 1976, S. 100-167
ders.: On Petrarch's Appreciation of Art, in: ders.: Studies on Petrarch and Boccaccio. Padua 1978, S. 197-200
Winkler, Gottfried B.: Bernhard und Abaelard oder: Das Ärgernis am Ursprung der westlichen Theologie, in: W. Baier et al (Hg.): Weisheit Gottes – Weisheit der Welt. Band 1. Erzabtei Sankt Ottilien 1987, S. 729-738
Wolf, Eugen. Petrarca. Darstellung eines Lebensgefühls. Leipzig/Berlin 1926
Woodhouse, J. R.: Baldesar Castiglione. A reassessment of the Courtier. Edinburgh 1978

Zemon-Davis, Natalie: Bindung und Freiheit. Die Grenzen des Selbst im Frankreich des sechzehnten Jahrhunderts, in: dies.: Frauen und Gesellschaft am Beginn der Neuzeit. Studien über Familie, Religion und die Wandlungsfähigkeit des sozialen Körpers. Berlin 1986, S. 7-18

GENDER STUDIES
in der edition suhrkamp

Barbin, Herculine / Michel Foucault: Über Hermaphrodismus. Herausgegeben von Wolfgang Schäffner und Joseph Vogel. es 1733

Benhabib, Seyla: Selbst und Kontext. Geschlecht, Gemeinschaft und Postmoderne in der zeitgenössischen Ethik. Aus dem Amerikanischen von Isabella König. es 1725

Butler, Judith: Das Unbehagen der Geschlechter. Aus dem Amerikanischen von Katharina Menke. es 1722

Bynum, Caroline Walker: Fragmentierung und Erlösung. Aus dem Amerikanischen von Brigitte Große. es 1731

Denksachen. Zur theoretischen und institutionellen Rede vom Geschlecht. Herausgegeben von Gesa Lindemann und Theresa Wobbe. es 1729

Fraser, Nancy: Widerspenstige Praktiken. Macht, Diskurs, Geschlecht. es 1726

Das Geschlecht der Natur. Feministische Beiträge zur Geschichte und Theorie der Naturwissenschaften. Herausgegeben von Barbara Orland und Elvira Scheich. es 1727

Geschlechterverhältnisse und Politik. Herausgegeben vom Institut für Sozialforschung Frankfurt. Redaktion: Katharina Pühl. es 1730

Der große Unterschied. Die soziale Konstruktion der Geschlechterdifferenz. Herausgegeben von Irene Döllig und Beate Krais. es 1732

Hahn, Barbara: Unter falschem Namen. Von der schwierigen Autorschaft der Frauen. es 1723

Politische Theorie: Differenz und Lebensqualität. Herausgegeben von Herlinde Pauer-Studer und Herta Nagl-Docekal. es 1736

Reflexionen vor dem Spiegel. Herausgegeben von Farideh Akashe-Böhme. Mit zahlreichen Abbildungen. es 1724

Von der Auffälligkeit des Leibes. Herausgegeben von Farideh Akashe-Böhme. es 1734

Von fremden Stimmen. Weibliches und männliches Sprechen im Kulturvergleich. Herausgegeben von Susanne Günthner und Helga Kotthoff. es 1721

Was sind Frauen? Was sind Männer? Herausgegeben vom Projekt für historische Geschlechterforschung. es 1735

317/1/12.96

Frauenforschung und Feminismus im Suhrkamp Taschenbuch Verlag

Aus der Zeit der Verzweiflung. Zur Genese und Aktualität des Hexenbildes. Beiträge von Gabriele Becker, Silvia Bovenschen, Helmut Brackert, Sigrid Brauner, Ines Brenner, Gisela Morgenthal, Klaus Schneller, Angelika Tümmler. es 840

Johann Jakob Bachofen: Das Mutterrecht. Eine Untersuchung über die Gynaikokratie der alten Welt nach ihrer religiösen und rechtlichen Natur. Eine Auswahl, herausgegeben von Hans-Jürgen Heinrichs. stw 135

Seyla Benhabib: Selbst und Kontext. Kommunikative Ethik im Spannungsfeld von Feminismus, Kommunitarismus und Postmoderne. Aus dem Amerikanischen von Isabella König. es 1725

Berühmte Frauen. Kalender 1996. Von Luise F. Pusch. st 1996

Silvia Bovenschen: Die imaginierte Weiblichkeit. Exemplarische Untersuchungen zu kulturgeschichtlichen und literarischen Präsentationsformen des Weiblichen. es 921

Briefe berühmter Frauen. Von Liselotte von der Pfalz bis Rosa Luxemburg. Herausgegeben von Claudia Schmölders. it 1505

Judith Butler: Das Unbehagen der Geschlechter. Aus dem Amerikanischen von Kathrina Menke. es 1722

Caroline Walker Bynum: Fragmentierung und Erlösung. Aus dem Amerikanischen von Brigitte Große. es 1731

Dekonstruktiver Feminismus. Literaturwissenschaft in Amerika. Herausgegeben von Barbara Vinken. es 1678

Denksachen. Zur theoretischen und institutionellen Rede vom Geschlecht. Herausgegeben von Gesa Lindemann und Theresa Wobbe. es 1729

Denkverhältnisse. Feminismus und Kritik. Herausgegeben von Elisabeth List und Herlinde Studer. es 1407

Feminismus. Inspektion der Herrenkultur. Ein Handbuch. Herausgegeben von Luise F. Pusch. es 1192

Nancy Fraser: Widerspenstige Praktiken. Macht, Diskurs, Geschlecht. es 1726

Das Geschlecht der Natur. Feministische Beiträge zur Geschichte und Theorie der Naturwissenschaften. Herausgegeben von Barbara Orland und Elvira Scheich. es 1727

Geschlechtsverhältnisse und Politik. Herausgegeben vom Institut für Sozialforschung Frankfurt. Redaktion: Katharina Pühl. es 1730

Susan Griffin: Frau und Natur. Das Brüllen in ihr. Aus dem Amerikanischen von Renate Stendhal. es 1405

Barbara Hahn: Unter falschem Namen. Von der schwierigen Autorschaft der Frauen. es 1723

104/1/7.95

Frauenforschung und Feminismus im Suhrkamp Taschenbuch Verlag

Die Hexen der Neuzeit. Studien zur Sozialgeschichte eines kulturellen Deutungsmusters. Herausgegeben von Claudia Honegger. es 743

Luce Irigaray: Ethik der sexuellen Differenz. es 1362

– Speculum. Spiegel des anderen Geschlechts. Aus dem Französischen übersetzt von Xenia Rajewsky, Gabriele Ricke, Gerburg Treusch-Dieter und Regine Othmer. es 946

Ann Jones: Frauen, die töten. Aus dem Amerikanischen von Ebba D. Drolshagen. es 1350

Die Listen der Mode. Herausgegeben von Silvia Bovenschen. es 1338

Mütter berühmter Männer. Zwölf biographische Portraits. Herausgegeben von Luise F. Pusch. it 1356

Psychoanalyse der weiblichen Sexualität. Herausgegeben von Janine Chasseguet-Smirgel. Aus dem Französischen übersetzt von Grete Osterwald. es 697

Luise F. Pusch: Alle Menschen werden Schwestern. Feministische Sprachkritik. es 1565

– Das Deutsche als Männersprache. Aufsätze und Glossen zur feministischen Linguistik. es 1217

Rechtsalltag von Frauen. Herausgegeben von Ute Gerhard und Jutta Limbach. es 1423

Reflexionen vor dem Spiegel. Herausgegeben von Farideh Akashe-Böhme. Mit zahlreichen Abbildungen. es 1724

Adrienne Rich: Um die Freiheit schreiben. Beiträge zur Frauenbewegung. Aus dem Amerikanischen von Barbara von Bechtolsheim. es 1583

Heidi Rosenbaum: Formen der Familie. Untersuchung zum Zusammenhang von Familienverhältnissen, Sozialstruktur und sozialem Wandel in der deutschen Gesellschaft des 19. Jahrhunderts. stw 374

Giselher Rüpke: Schwangerschaftsabbruch und Grundgesetz. Eine Antwort auf das in der Entscheidung des Bundesverfassungsgerichts vom 25. 2. 1975 ungelöste Verfassungsproblem. Nachwort von Peter Schneider. es 815

Werner Schiffauer: Die Gewalt der Ehre. Erklärungen zu einem deutsch-türkischen Sexualkonflikt. st 894

Schreibende Frauen. Frauen – Literatur – Geschichte. Vom Mittelalter bis zur Gegenwart. Herausgegeben von Hiltrud Gnüg und Renate Möhrmann. st 1603

Schwestern berühmter Männer. Zwölf biographische Porträts. Herausgegeben von Luise F. Pusch. Redaktionelle Mitarbeit: Jutta Wasels. st 2348

104/2/7.95

Frauenforschung und Feminismus
im Suhrkamp Taschenbuch Verlag

Bram van Stolk / Cas Wouters: Frauen im Zwiespalt. Zwischen Frauenhaus und Zuhause: Beziehungsprobleme im Wohlfahrtsstaat. Übersetzt von Michael Schröter. Mit einem Vorwort von Norbert Elias. stw 685

Töchter berühmter Männer. Neun biographische Portraits. Herausgegeben von Luise F. Pusch. st 2349

Von fremden Stimmen. Weibliches und männliches Sprechen im Kulturvergleich. Herausgegeben von Susanne Günthner und Helga Kotthoff. es 1721

Wahnsinnsfrauen. Herausgegeben von Sibylle Duda und Luise F. Pusch. Erstausgabe. st 1876

Wahnsinnsfrauen II. Neue Portraits. Herausgegeben von Sibylle Duda und Luise F. Pusch. st 2493

Ingeborg Weber-Kellermann: Die deutsche Familie. Versuch einer Sozialgeschichte. st 185

Uwe Wesel: Der Mythos vom Matriarchat. Über Bachofens Mutterrecht und die Stellung von Frauen in frühen Gesellschaften vor der Entstehung staatlicher Herrschaft. stw 333

Wie männlich ist die Wissenschaft? Herausgegeben von Karin Hausen und Helga Nowotny. stw 590

104/3/7.95

316/1/4.97

edition suhrkamp
Eine Auswahl

Bloch: Tübinger Einleitung in die Philosophie. es 3308
– Viele Kammern im Welthaus. es 1827
Bloom: Die Topographie des Fehllesens. es 2011
Boal: Theater der Unterdrückten. es 1361
Böhme, Gernot: Ethik im Kontext. es 2025
– Für eine ökologische Naturästhetik. es 1556
Böni: Alvier. es 1146
– Hospiz. es 1004
– Der Johanniterlauf. es 1198
Bohrer: Die Kritik der Romantik. es 1551
– Ohne Gewißheiten. es 1968
– Der romantische Brief. es 1582
Boullosa: Sie sind Kühe, wir sind Schweine. es 1866
– Die Wundertäterin. es 1974
Bourdieu: Praktische Vernunft. es 1985
– Rede und Antwort. es 1547
– Soziologische Fragen. es 1872
– »Die Wirklichkeit ist relational«. es 1842
Bovenschen: Die imaginierte Weiblichkeit. es 921
Braun, Volker: Berichte von Hinze und Kunze. es 1169
– Böhmen am Meer. es 1784
– Es genügt nicht die einfache Wahrheit. es 799
– Gesammelte Stücke. es 1478
– Verheerende Folgen mangelnden Anscheins innerbetrieblicher Demokratie. es 1473
Brecht: Der aufhaltsame Aufstieg des Arturo Ui. es 144
– Aufstieg und Fall der Stadt Mahagonny. es 21
– Ausgewählte Gedichte. es 86
– Baal. es 170
– Biberpelz und roter Hahn. es 634
– Broadway - the hard way. es 1835
– Buckower Elegien. es 1397
– Die Dreigroschenoper. es 229
– Furcht und Elend des Dritten Reiches. es 392
– Die Geschäfte des Herrn Julius Caesar. es 332
– Die Gewehre der Frau Carrar. es 219
– Der gute Mensch von Sezuan. es 73
– Die heilige Johanna der Schlachthöfe. es 113
– Herr Puntila und sein Knecht Matti. es 105
– Ich bin aus den schwarzen Wäldern. es 1832
– Der Jasager und Der Neinsager. es 171
– Der kaukasische Kreidekreis. es 31
– Leben des Galilei. es 1
– Leben Eduards des Zweiten von England. es 245
– Mann ist Mann. es 259
– Die Maßnahme. es 415
– Die Mutter. es 200
– Mutter Courage und ihre Kinder. es 49
– Der Ozeanflug. Die Horatier und die Kuriatier. Die Maßnahme. es 222
– Prosa. es 184
– Die Rundköpfe und die Spitzköpfe. es 605

316/2/4.97

edition suhrkamp
Eine Auswahl

Brecht: Der Schnaps ist in die Toiletten geflossen. es 1833
– Schweyk im zweiten Weltkrieg. es 132
– Stücke. Bearbeitungen. Bd. 1. es 788
– Stücke. Bearbeitungen. Bd. 2. es 789
– Die Tage der Commune. es 169
– Theaterarbeit in der DDR. 1948–1956. es 1836
– Trommeln in der Nacht. es 490
– Über die bildenden Künste. es 691
– Über experimentelles Theater. es 377
– Der Untergang des Egoisten Johann Fatzer. es 1830 und es 3332
– Unterm dänischen Strohdach. es 1834
– Das Verhör des Lukullus. es 740
Bubner: Ästhetische Erfahrung. es 1564
– Dialektik als Topik. es 1591
– Zwischenrufe. Aus den bewegten Jahren. es 1814
Buch: An alle! es 1935
– Der Herbst des großen Kommunikators. es 1344
– Die Nähe und die Ferne. es 1663
– Die neue Weltunordnung. es 1990
– Waldspaziergang. es 1412
Bürger, Peter: Aktualität und Geschichtlichkeit. es 879
– Theorie der Avantgarde. es 727
Bürgergesellschaft, Recht und Demokratie. es 1912
Butler: Körper von Gewicht. es 1737
– Das Unbehagen der Geschlechter. es 1722
Cavelty: Quifezit oder Eine Reise im Geigenkoffer. es 2001
Celan: Ausgewählte Gedichte. Zwei Reden. es 262 und es 3314
Cornell: Die Versuchung der Pornographie. es 1738
Cortázar: Das Observatorium. es 1527
Dalos: Ungarn – Vom Roten Stern zur Stephanskrone. es 2017
Dedecius: Poetik der Polen. es 1690
Dekonstruktiver Feminismus. es 1678
Deleuze: Kritik und Klinik. es 1919
– Die Logik des Sinns. es 1707
– Unterhandlungen. 1972–1990. es 1778
Deleuze/Guattari: Kafka. es 807
Deleuze/Parnet: Dialoge. es 666
Derrida: Das andere Kap. Die vertagte Demokratie. es 1769
– Geschichte der Lüge. es 2019
– Gesetzeskraft. es 1645 und es 3331
– Schreiben der Differenz. es 1843
– Vergessen wir nicht - die Psychoanalyse! es 1980
Deutschsprachige Gegenwartsliteratur wider ihre Verächter. es 1938
Dieckmann: Glockenläuten und offene Fragen. es 1644
Dieckmann: Temperatursprung. Deutsche Verhältnisse. es 1924

316/3/4.97

edition suhrkamp
Eine Auswahl

316/4/4.97

edition suhrkamp
Eine Auswahl

316/5/4.97

edition suhrkamp
Eine Auswahl

316/6/4.97

edition suhrkamp
Eine Auswahl

Hoffmann-Axthelm: Die dritte Stadt. es 1796
Holanda: Die Wurzeln Brasiliens. es 1942
Holbein: Der belauschte Lärm. es 1643
– Ozeanische Sekunde. es 1771
Hrabal: Die Bafler. es 180
Huchel: Gedichte. es 1828
Im Schatten des Siegers: Japan. es 1495-1498
Irigaray: Ethik der sexuellen Differenz. es 1362
– Speculum. es 946
Jaeger: Geschichte der Wirtschaftsordnung in Deutschland. es 1529
Jansen: Heimat. Abgang. Mehr geht nicht. es 1932
– Reisswolf. es 1693
– Splittergraben. es 1873
Jarausch: Dieunverhoffte Einheit. es 1877
Jasper: Die gescheiterte Zähmung. es 1270
Jauß: Literaturgeschichte als Provokation. es 418
Jenseits der Utopie – Theoriekritik der Gegenwart. es 1662
Johansson: Ich habe Shelley geliebt. es 1585
Johnson: Begleitumstände. es 1820 und es 3322
– Das dritte Buch über Achim. es 1819
– Der 5. Kanal. es 1336
– Ingrid Babendererde. es 1817
– Jahrestage 1. es 1822
– Jahrestage 2. es 1823
– Jahrestage 3. es 1824
– Jahrestage 4. es 1825
– Mutmassungen über Jakob. es 1818
– Porträts und Erinnerungen. es 1499
– Versuch, einen Vater zu finden. Marthas Ferien. es 1416
Über Uwe Johnson. es 1821
Joyce: Finnegans Wake. es 1524
– Penelope. es 1106
Judentum im deutschen Sprachraum. es 1613
Kellendonk: Geist und Buchstabe. es 1910
Kenner: Ulysses. es 1104
Ketzer, Zauberer, Hexen. es 1577
Kiesewetter: Industrielle Revolution in Deutschland 1815-1914. es 1539
Kipphardt: In der Sache J. Robert Oppenheimer. es 64
Kirchhoff: Body-Building. es 1005
– Legenden um den eigenen Körper. es 1944
Kleinspehn: Warum sind wir so unersättlich? es 1410
Kling: geschmacksverstärker. es 1523
– Itinerar. es 2006
Klix: Sehen Sprechen Gehen. es 1566
Kluge, Alexander: Gelegenheitsarbeit einer Sklavin. es 733
– Schlachtbeschreibung. es 1193
Koeppen: Morgenrot. es 1454
Kößler/Melber: Chancen internationaler Zivilgesellschaft. es 1797
Kolbe: Abschiede. es 1178
– Bornholm II. es 1402
– Hineingeboren. es 1110

316/7/4.97

316/8/4.97

edition suhrkamp
Eine Auswahl

316/9/4.97